마스터링
TCP/IP
입문편 제6판

이노우에 나오야 · 무라야마 유키오 · 다케시타 다카후미
아라이 토오루 · 가리타 유키오 공저

진강훈 감역 / 이영란 · 김성훈 역

BM (주)도서출판 성안당

日本 옴사 · 성안당 공동 출간

마스터링
TCP/IP 입문편 제6판

Original Japanese Language edition
MASTERING TCP/IP NYUMON–HEN (DAI 6 HAN)
by Naoya Inoue, Yukio Murayama, Takafumi Takeshita, Toru Arai, Yukio Karita
Copyright ⓒ Naoya Inoue, Yukio Murayama, Takafumi Takeshita, Toru Arai, Yukio Karita 2019
Published by Ohmsha, Ltd.
Korean translation rights by arrangement with Ohmsha, Ltd.
through Japan UNI Agency, Inc., Tokyo

Korean translation copyright ⓒ 2021 by Sung An Dang, Inc.

머리말

여러분은 평소 정보 통신 회사라는 말을 들어본 적이 있을 것입니다. 이러한 정보 통신 회사 덕분에 한국 내에서라면 어디서든지 휴대전화와 같은 정보 단말기를 이용하여 각종 정보를 주고받을 수 있습니다. 이러한 통신을 실현시켜주는 환경을 '네트워크'라고 합니다. TCP/IP는 이 네트워크상에서 현재 가장 많이 이용되고 있는 통신 수단(프로토콜)입니다.

TCP/IP가 등장하기 이전의 네트워크는 정보 교환을 목적으로 한정된 컴퓨터끼리만 연결된 것에 불과하였습니다. 연결 가능한 기기는 한정되어 있었고, 사용 방법의 제한도 많았기 때문에 현재의 네트워크와 비교했을 때 결코 사용하기 편한 것만은 아니었습니다. TCP/IP는 이러한 배경 아래 좀 더 자유롭게, 많은 기기를 간단히 연결시키는 것을 목적으로 개발되었습니다.

현재는 컴퓨터뿐만 아니라 자동차나 카메라, 가전제품 등과도 TCP/IP를 통해 연결할 수 있게 되었습니다. 시스템의 가상화나 클라우드와 같은 장치 또한 TCP/IP를 핵심으로 한 네트워크 기술을 이용하고 있습니다. IoT(Internet of Things)의 보급 등 오늘날 TCP/IP를 이용한 네트워크는 다양한 기기의 제어와 정보 전달에 활용되어 중요한 사회 기반으로 진화하고 있습니다.

하지만 이러한 네트워크의 발전 및 보급에도 불구하고 해결해야 할 과제가 많이 남아 있습니다. 이용자의 급증이나 이용 방법의 다양화에 대응하고, 대량의 정보를 순식간에 효율적으로 처리하기 위해서는 복잡한 구조로 된 네트워크가 필요합니다. 더욱이 그 네트워크상에서 경로를 치밀하게 제어할 필요성도 증가하였습니다. 이러한 환경에서는 비용 대비 효과의 향상, 시장의 요구를 반영한 네트워크 설비의 구축, 복잡한 네트워크를 안정적으로 운용하기 위한 운용 툴의 개발, 네트워크 기술자의 조기 육성 등이 절실히 요구됩니다.

또한 이용 측면에서의 과제도 남아 있습니다. 현재 네트워크에서는 의도적이든, 비의도적이든 잘못된 조작이나 행동이 다른 네트워크 이용자에게 큰 피해를 주는 사례가 발생하고 있습니다. 절도나 사기를 목적으로 한 사이트의 출현, 고의로 데이터를 수정하거나 정보를 누출하는 등과 같은 의도적인 범죄도 발생하고 있습니다. 초기의 네트워크는 한정된 사용자에 의해, 이른바 성선설을 바탕으로 운용되어 왔지만, 수상한 메일은 열지 않고, 수상한 사이트는 보지 않고, 수상한 애플리케이션은 이용하지 않는 것뿐만 아니라 네트워크 이용자의 도덕성 향상도 필요합니다.

네트워크를 제공하는 측면에서의 과제는 항상 최신 보안 대책을 실시하고 장애를 사전에 방지하는 것입니다. 만일 장애가 발생하더라도 이용자에게 영향을 주지 않거나 피해를 최소로 하는 대책이 필요하며, 또한 범죄를 예방하고 추적할 수 있어야 합니다.

이런 과제를 해결하고 안심하고 안전한 네트워크를 구축해 유지 운영해 나가려면 TCP/IP를 이해하는 것이 필수입니다. 이 책은 TCP/IP의 기초 기술 이해를 목표로 하고 있습니다.

2019년 10월 저자 일동

제6판 개정에 즈음하여

이 책은 1994년 6월 발행된 '마스터링 TCP/IP 입문편', 1998년 5월에 발행된 '마스터링 TCP/IP 입문편 제2판', 2002년 2월에 발행된 '마스터링 TCP/IP 입문편 제3판', 2007년 2월에 발행된 '마스터링 TCP/IP 입문편 제4판', 2012년 2월에 발행된 '마스터링 TCP/IP 입문편 제5판'에 이은 개정 제6판입니다.

이 책의 초판이 발행된 1994년에는 컴퓨터 네트워크나 인터넷, TCP/IP가 그다지 일반적이지 않았습니다. 그 후 보급기에 접어들면서부터는 '제한 없이 편리하게 연결하려면 어떻게 해야 할 것인지'가 주요 관심사로 떠올랐습니다. 그러나 컴퓨터 네트워크, 인터넷이 널리 보급된 지금은 그 중요성이 더해짐과 동시에 '단지 연결한다'라는 개념에서 벗어나 '안전하게 연결한다', '안전하게 사용한다'라는 개념이 강하게 요구되고 있습니다.

컴퓨터 네트워크, 인터넷은 아직 완성된 단계가 아니라, 이 순간에도 여러가지 새로운 요구와 서비스가 태어나고 있습니다. 앞으로도 더욱 더 다양화, 복잡화하면서 발전을 계속해 갈 것입니다. 컴퓨터 네트워크와 인터넷을 지지하는 TCP/IP 또한 이용자의 요구에 대응한 새로운 기술이 끊임없이 개발되고 있습니다.

이 책은 앞서 출판된 서적의 방침이나 방향성은 그대로 유지한 채 사회기반이 된 인터넷과 네트워크를 둘러싼 사회 상황 변화에 맞추어 제6판의 내용을 새롭게 했습니다.

역자의 말

전자메일을 이용하면 멀리 떨어진 사람에게도 쉽게 소식을 전할 수 있습니다. 그리고 웹 페이지를 검색하면 책상 앞에 앉아 지구 반대편의 정보도 쉽고 편하게 접할 수 있습니다. 그 뿐만 아니라 인터넷상으로 신문 기사 또는 블로그의 글을 읽거나 SNS를 통해 다른 사람과 커뮤니케이션을 할 수도 있습니다. 이 밖에도 인터넷을 통한 쇼핑이나 은행 업무도 가능하며, 외출한 상태에서도 집 안에 있는 에어컨을 작동시킬 수 있습니다. 특히 최근에는 휴대 전화를 사용하여 이동 중에도 이러한 일들을 할 수 있습니다.

지금은 당연하게 생각하는 이러한 모든 일들이 가능해진 이유는 컴퓨터 네트워크가 있기 때문이고, 이 네트워크를 지지하는 핵심 기술이 바로 TCP/IP입니다. TCP/IP라고 하면 우리와 상관없는 어려운 개념으로 생각할 수 있지만, 알고 보면 우리와 매우 가까운 존재라고 할 수 있습니다.

『마스터링 TCP/IP 입문편 6판』은 컴퓨터 네트워크와 TCP/IP의 역사는 물론, TCP/IP에 관해 기본적으로 알고 있어야 하는 내용을 담고 있습니다. 오늘날 우리 일상생활의 많은 부분을 차지하고 있는 네트워크를 안전하고 효율적으로 구축 및 운용하기 위해서는 TCP/IP의 이해가 필수라고 할 수 있습니다.

이 책은 독자들이 TCP/IP의 핵심 기술을 이해하고 그 전체상을 파악하는 데에 도움을 주기 위해 많은 그림과 예시를 사용하여 알기 쉽게 설명하고 있습니다. 네트워크 관련 종사자나 네트워크에 관심이 있는 분이라면 반드시 알고 있어야 하는 기본적인 내용이므로, 이 책을 통해 TCP/IP의 기초 지식을 이해하고, 더 나아가 컴퓨터 네트워크를 이해하는 데에 많은 도움이 되기를 바랍니다.

2021년 4월 역자 이영란

차례

Chapter 01 네트워크 기초 지식

Chapter 02 TCP/IP 기초 지식

Chapter 03 데이터 링크

Chapter 04 IP 프로토콜

Chapter 06 TCP와 UDP

Chapter 07 라우팅 프로토콜(경로 제어 프로토콜)

Chapter 08 애플리케이션 프로토콜

Chapter 09 보안

부록(Appendix)

CHAPTER

01

네트워크 기초 지식

이 장에서는 TCP/IP를 이해하는 데에 필요한 기초 지식을 정리했습니다. 컴퓨터와 네트워크의 역사 및 표준화, OSI 참조 모델, 네트워크를 이해하는 데에 필수적인 개념과 네트워크를 구성하는 기기에 대해 설명합니다.

7 애플리케이션층
6 프리젠테이션층
5 세션층
4 트랜스포트층
3 네트워크층
2 데이터 링크층
1 물리층

〈애플리케이션층〉 TELNET, SSH, HTTP, SMTP, POP, SSL/TLS, FTP, MIME, HTML, SNMP, MIB, SIP,…
〈트랜스포트층〉 TCP, UDP, UDP-Lite, SCTP, DCCP
〈네트워크층〉 ARP, IPv4, IPv6, ICMP, IPsec
이더넷, 무선 LAN, PPP, … (트위스트 페어 케이블, 무선, 광섬유, …)

컴퓨터 네트워크의 등장 배경

01

1 컴퓨터의 보급과 다양화

컴퓨터는 우리의 일상생활에 있어서 상상할 수 없을 정도의 영향을 미치고 있습니다. '20세기 최대의 발명은 컴퓨터'라고 말할 수 있을 정도로 컴퓨터는 다양한 장소에서 활용되고 있습니다. 사무실이나 공장, 학교, 교육 기관 및 연구소에서 컴퓨터(PC)를 사용하는 것은 물론이고, 컴퓨터를 집에서 사용하는 것조차도 이제는 일상적인 일이 되었습니다. 이 밖에 랩톱이나 태블릿 컴퓨터, 휴대용 단말▼을 가지고 다니는 사람들도 점차 증가하고 있습니다. 또한 가전제품이나 음악 플레이어, 사무 기기, 자동차 등에 사용되기 시작한 지도 오래되었습니다. 이러한 곳에 사용되고 있는 대부분의 컴퓨터들은 네트워크를 통해 통신하는 기능을 갖고 있습니다. 컴퓨터는 첫 등장에서부터 오늘날에 이르기까지 다양한 진화와 발전을 거듭해 왔습니다. 대형 범용 컴퓨터▼, 슈퍼 컴퓨터▼, 미니 컴퓨터▼, 퍼스널 컴퓨터▼, 워크스테이션, 랩톱 컴퓨터(노트북), 그리고 스마트폰에 이르기까지 다양한 컴퓨터가 탄생했습니다. 컴퓨터의 성능 또한 해마다 향상되고 있고, 가격은 점차 내려가고 있으며, 크기도 작아지고 있습니다.

2 스탠드얼론에서 네트워크 이용으로

예전에는 컴퓨터를 단독으로 사용했는데, 이러한 상태를 '스탠드얼론'▼이라고 합니다.

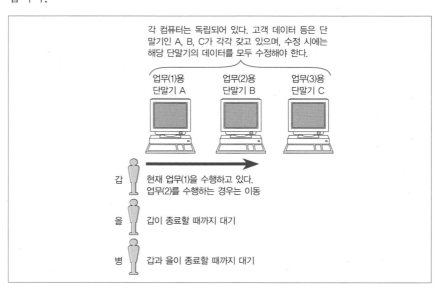

각 컴퓨터는 독립되어 있다. 고객 데이터 등은 단말기인 A, B, C가 각각 갖고 있으며, 수정 시에는 해당 단말기의 데이터를 모두 수정해야 한다.

업무(1)용 단말기 A   업무(2)용 단말기 B   업무(3)용 단말기 C

갑   현재 업무(1)을 수행하고 있다.
     업무(2)를 수행하는 경우는 이동

을   갑이 종료할 때까지 대기

병   갑과 을이 종료할 때까지 대기

:: **휴대용 단말**

모바일 환경의 단말, 휴대 전화, 스마트폰, 태블렛 등을 가리킨다. 모바일 단말이라고도 한다.

:: **대형 범용 컴퓨터**

'범용기' 또는 '메인 프레임' 이라고 불리는 대형 컴퓨터로, '호스트 컴퓨터' 라고도 한다. TCP/IP에서는 랩톱 컴퓨터라도 IP 주소가 설정되어 있는 경우, '호스트'라고 부르므로 혼동하지 않도록 주의해야 한다.

:: **슈퍼 컴퓨터**

계산 능력이 매우 뛰어난 컴퓨터로, 복잡한 과학 기술 계산 등에 사용된다.

:: **미니 컴퓨터**

대형 범용 컴퓨터보다 '작은' 크기의 컴퓨터를 말한다. 실제로는 옷장 크기 정도의 미니 컴퓨터도 있다.

:: **퍼스널 컴퓨터**

personal computer. PC라고 줄여 부르기도 한다.

:: **스탠드얼론**(Stand Alone)

컴퓨터를 네트워크와 연결하지 않고 단독으로 사용하는 상태를 말한다.

○**그림 1.1** 스탠드얼론으로 컴퓨터 사용하기

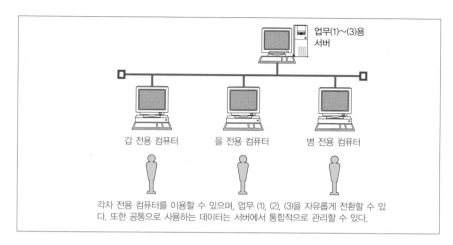

업무(1)~(3)용
서버

갑 전용 컴퓨터　　을 전용 컴퓨터　　병 전용 컴퓨터

각자 전용 컴퓨터를 이용할 수 있으며, 업무 (1), (2), (3)을 자유롭게 전환할 수 있다. 또한 공통으로 사용하는 데이터는 서버에서 통합적으로 관리할 수 있다.

○ **그림 1.2** 네트워크로 컴퓨터 사용하기

:: **WAN**(Wide Area Network)
지리적으로 떨어진 광범위한 네트워크로, '왠'이라고 한다. WAN보다 좁은 도시 레벨의 네트워크를 MAN(Metropolitan Area Network)이라고 하는 경우도 있다.

:: **LAN**(Local Area Network)
한 층이나 한 건물 안, 캠퍼스 안 등과 같이 비교적 좁은 지역의 네트워크를 말하며, '랜'이라고 읽는다.

그런데 컴퓨터가 진화함에 따라 1대의 컴퓨터를 스탠드얼론 상태로 사용하는 것이 아니라, 여러 대의 컴퓨터를 서로 연결시켜 사용하는 컴퓨터 네트워크가 고안되기에 이르렀습니다. 여러 컴퓨터를 서로 연결시키면 각 컴퓨터에 저장되어 있는 정보를 여러 컴퓨터끼리 공유하거나 정보를 멀리 있는 컴퓨터까지 바로바로 보낼 수 있습니다.

컴퓨터 네트워크는 네트워크의 규모에 따라 WAN▼과 LAN▼으로 분류합니다.

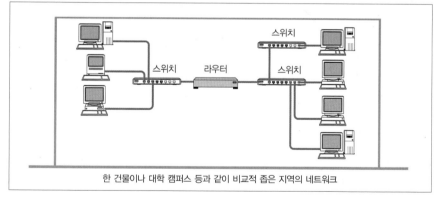

한 건물이나 대학 캠퍼스 등과 같이 비교적 좁은 지역의 네트워크

○ **그림 1.3** LAN

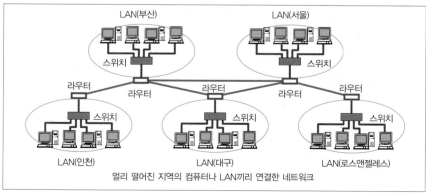

멀리 떨어진 지역의 컴퓨터나 LAN끼리 연결한 네트워크

○ **그림 1.4** WAN

③ 컴퓨터 통신에서 정보 통신 환경으로

초기의 컴퓨터 네트워크는 관리자가 지정한 특정 컴퓨터끼리 연결한 것이었습니다. 즉, 같은 회사나 연구소가 소유하고 있는 컴퓨터들을 연결하거나 거래 관계에 있는 특정 기업이 소유한 컴퓨터들을 사적(프라이빗)으로 연결한 네트워크였습니다.

이러한 사적인 네트워크를 서로 연결시키는 일이 활발해지면서 인터넷을 공공 네트워크로서 이용할 수 있게 되자, 네트워크의 이용 환경은 급속히 바뀌었습니다.

인터넷과 연결되면서 회사나 조직 내의 컴퓨터에 국한되지 않고 인터넷에 연결된 컴퓨터끼리 통신을 할 수 있게 되었습니다. 인터넷은 과거에 전화나 우편, FAX와 같은 통신 수단을 보조하는 역할을 하다가 지금은 그 모든 것을 뛰어넘는 통신 수단으로서 많은 사람들에게 인식되기에 이르렀습니다.

이렇게 인터넷이라는 전 세계 규모의 컴퓨터 네트워크가 구축 및 보급되고 다양한 정보 통신 단말기와 연결할 수 있게 되면서 현재의 통합적인 정보 통신 환경이 실현된 것입니다.

④ 컴퓨터 네트워크의 역할

컴퓨터 네트워크는 사람의 신경과 같은 역할을 하고 있습니다. 신체의 모든 정보가 신경을 통해 뇌에 전달되는 것과 마찬가지로 전 세계의 정보가 네트워크를 통해 여러분의 컴퓨터까지 전달됩니다.

인터넷의 폭발적인 보급으로 말미암아 정보 네트워크는 우리 생활과 매우 밀접한 존재가 되었습니다. 동아리 멤버나 학교 동창생들이 메일링 리스트▼나 홈페이지, 전자게시판 등을 만들고, 약속 장소나 연락 사항을 전달하며, 블로그▼나 채팅, 인스턴스 메시지, SNS▼ 등으로 정보를 교환하는 일도 증가했습니다.

앞으로 네트워크가 더욱 진화한다면 마치 우리 주변의 공기처럼 네트워크의 존재까지도 인식하지 못하는 때가 올 것입니다.

정보 네트워크는 우리에게 매우 가까운 존재로 자리매김하고 있습니다. 하지만 얼마 전까지만 해도 네트워크는 커녕 컴퓨터조차도 일반인이 손쉽게 이용할 수 없었습니다.

:: **메일링 리스트**
(Mailing List)
전자메일을 이용한 알림판과 같은 것으로, 메일 리스트 앞으로 전자메일을 보내면 등록되어 있는 멤버 전원에게 해당 메일이 전달된다.

:: **블로그**(blog, weblog)
사용자가 일기 감각으로 간단히 갱신할 수 있는 텍스트 중심의 홈페이지 또는 해당 서비스를 말한다.

:: **SNS**
(Social Networking Service)
관심사나 활동, 일상적인 발언, 작품 등을 통해 네트워크상에서 개인이나 단체를 연결하거나 서포트하기 위한 장치를 말한다.

컴퓨터와 네트워크 발전의 7단계

02

컴퓨터와 네트워크는 지금까지 어떻게 발전해 왔을까요? 이 책에서 다루고 있는 주제가 TCP/IP라는 것을 생각하면, 컴퓨터와 네트워크의 발전을 제외하고는 TCP/IP를 생각할 수 없습니다. 이러한 역사와 현재의 상태를 알면 TCP/IP의 중요성을 인식할 수 있을 것입니다.

이번에는 컴퓨터의 발달과 네트워크에 관련된 역사를 간단히 소개하겠습니다. 컴퓨터 이용 형태의 변천은 컴퓨터가 세상에 널리 사용되기 시작한 1950년대부터 현재까지 크게 일곱 가지로 분류할 수 있습니다.

1 일괄 처리

일괄 처리(Batch Processing) 형식의 컴퓨터는 많은 사람들이 컴퓨터를 이용할 수 있도록 하기 위해서 등장했습니다. 여기서 일괄 처리란, 처리할 프로그램과 데이터 등을 모아 일괄적으로 처리하는 방식을 말합니다. 프로그램과 데이터를 카드나 테이프에 기록해두고, 이를 순서대로 컴퓨터로 읽어들여 일괄 처리하는 형태로 되어 있었습니다.

이 무렵의 컴퓨터는 고가인 데다 거대하기까지 해서 일반 사무실에 도입하는 것은 불가능했습니다. 컴퓨터는 보통 컴퓨터 관리나 운용을 전문으로 하는 계산기 센터에 있었고, 사용자가 프로그램을 작성하거나 데이터를 처리하고 싶은 경우에는 프로그램과 데이터를 입력한 카드나 테이프를 들고 계산기 센터를 방문해야만 했습니다.

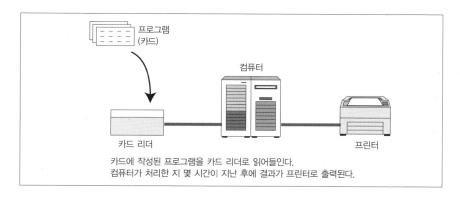

프로그램
(카드)

컴퓨터

카드 리더   **프린터**

카드에 작성된 프로그램을 카드 리더로 읽어들인다.
컴퓨터가 처리한 지 몇 시간이 지난 후에 결과가 프린터로 출력된다.

● 그림 1.5 일괄 처리

이 당시의 컴퓨터 조작은 매우 복잡했습니다. 프로그램을 실행하려면 전문 오퍼레이터에게 의뢰를 해야만 했습니다. 처리 결과가 출력될 때까지 많은 시간이 걸리거나 이용자가 많아서 바로 프로그램을 실행시킬 수 없을 때에는 나중에 계산기 센터까지 결과를 받으러 가야 했습니다. 일괄 처리 시대의 컴퓨터는 대규모 계산이나 처리를 수행하기 위한 기계로, 편리한 도구라는 느낌도 없었을 뿐만 아니라 누구나 손쉽게 다룰 수 있는 것도 아니었습니다.

2 시분할 시스템

일괄 처리 형식 다음에 등장한 것이 1960년대에 나타난 시분할 시스템(TSS)입니다. TSS▼란, 1대의 컴퓨터에 여러 개의 단말기를 연결시켜 여러 사용자가 동시에 컴퓨터를 이용할 수 있도록 한 시스템을 말합니다. 이 무렵의 컴퓨터는 매우 고가였기 때문에 사용자가 1대의 컴퓨터를 혼자 이용하는 일은 상상할 수도 없었습니다. 하지만 TSS가 등장하면서 비록 가상적이기는 하지만 한 사람이 1대의 컴퓨터를 사용할 수 있게 되었습니다. 이처럼 각 단말기▼의 이용자가 '마치 자기 혼자만 컴퓨터를 이용하고 있다'는 느낌을 주는 것이 TSS의 특징입니다.

:: **TSS**

Time Sharing System

:: **단말기**

키보드와 디스플레이를 갖춘 입출력 장치로, 초기에는 타자기가 이용되었다.

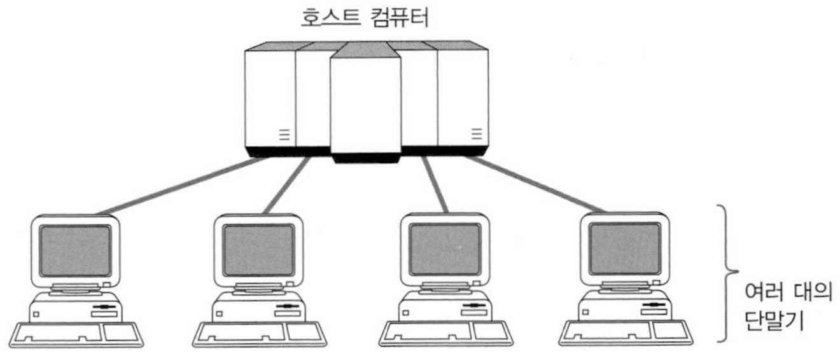

호스트 컴퓨터

여러 대의 단말기

각 단말기에서 호스트 컴퓨터에 액세스한다.

○그림 1.6 시분할 방식(TSS)

:: 사람이 지시를 내릴 때마다 컴퓨터가 처리를 하여 결과를 반환하는 조작 방법으로, 오늘날의 컴퓨터에서는 이러한 대화형 조작이 일반적이지만, TSS 이전에는 이러한 조작이 불가능했다.

:: **BASIC**(Beginner's All purpose Symbolic Instruction Code)

1965년에 미국 다트머스 대학의 케메니와 크루츠가 개발한 프로그래밍 언어로, '베이직'이라고 한다. 원래는 TSS 환경에서 초보자가 이용할 것을 예상하고 개발된 언어인데, 알기 쉬운 문법으로 인정받아 초기 PC에 탑재되었다.

:: **성형(星形)**

별 모양의 통신 연결 방법으로, *의 중심에 컴퓨터가 있고, 선으로 연결된 주위에 단말기를 배치하는 형태를 말한다.

TSS의 등장으로 컴퓨터 사용의 편리함은 한 단계 향상되었습니다. 특히 중요한 것은 인터랙티브형(대화형) 조작▼이 가능해졌다는 것입니다. 이렇게 해서 컴퓨터는 조금씩 사람에게 친근한 존재로 바뀌어 갔습니다.

또한 컴퓨터와 대화하듯이 프로그램을 작성할 수 있는 BASIC▼이라는 프로그래밍 언어가 개발되었습니다. 그때까지 이용되던 COBOL이나 FORTRAN과 같은 언어는 일괄 처리를 전제로 하는 것이었습니다. BASIC은 TSS를 의식한 초보자용 언어로, 보다 많은 사람이 프로그래밍을 배울 수 있도록 하기 위해 개발되었습니다.

TSS의 등장으로 사용자가 직접 컴퓨터를 조작할 수 있는 환경에 대한 정비가 진행되었습니다. TSS에서는 컴퓨터와 단말기를 스타형(성형▼, 星形) 통신 회선으로 연결했습니다. 비로소 '네트워크(통신)'와 '컴퓨터'의 연결이 시작된 것입니다. 또한 소형 컴퓨터도 등장하여 사무실이나 공장 등에 조금씩 컴퓨터가 도입되기 시작했습니다.

❸ 컴퓨터 간 통신

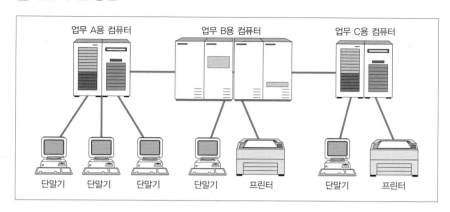

업무 A용 컴퓨터 　　 업무 B용 컴퓨터 　　 업무 C용 컴퓨터

단말기 　 단말기 　 단말기 　 단말기 　 프린터 　 단말기 　 프린터

◎ 그림 1.7 컴퓨터 간 통신

TSS의 경우, 컴퓨터와 단말기가 회선으로 연결되어 있을 뿐 컴퓨터와 컴퓨터가 직접 연결된 것은 아닙니다.

1970년대에 들어서면서 컴퓨터의 성능이 비약적으로 향상됨과 동시에 소형화가 진행되었고, 가격도 급격히 낮아졌습니다. 그 결과, 연구 기관뿐만 아니라 일반 기업에서도 컴퓨터를 도입하기 시작했습니다. 기업 내의 업무 처리 등에 컴퓨터를 사용하고 싶다는 욕구가 높아진 것입니다. 그리고 컴퓨터로 업무를 처리하기 위해 컴퓨터끼리 통신을 하는 기술이 생겨났습니다.

그때까지는 데이터를 컴퓨터에서 다른 컴퓨터로 옮기려면 자기 테이프나 플로피 디스크와 같은 외부 기억 매체▼에 데이터를 일단 저장한 다음, 원하는 컴퓨터에 복사해야만 했습니다. 하지만 컴퓨터 통신의 발달로 데이터 전송에 걸리는 시간이나 수고가 현저히 줄어들게 되었습니다.

컴퓨터 간 통신의 등장으로 컴퓨터는 매우 편리한 도구가 되었습니다. 1대의 컴퓨터에서 일괄하여 처리를 수행할 필요가 없어짐으로써 여러 컴퓨터에 분산시켜 처리한 후 결과를 모을 수도 있게 되었습니다.

그리고 지금까지 회사 안에 1대밖에 없던 컴퓨터를 부서나 영업소 단위로 도입하게 되었습니다. 부서 내의 데이터는 부서 내에서 처리하고 최종 결과만 통신 회선을 통해 본부로 보내는 형태의 운용이 가능해진 것입니다. 이로써 이용자의 목적이나 규모에 맞춰 시스템을 유연하게 구축하거나 운용할 수 있게 되었고, 컴퓨터는 그 어떤 때보다 우리에게 가까운 존재가 되었습니다.

:: **외부 기억 매체**

정보를 기록한 후 컴퓨터에 끼우고 뺄 수 있는 것으로, 예전에는 자기 테이프나 플로피 디스크를 사용했지만, 현재는 CD/DVD 디스크나 USB 메모리와 같은 전자 매체를 사용하는 경우가 많다.

4 컴퓨터 네트워크의 등장

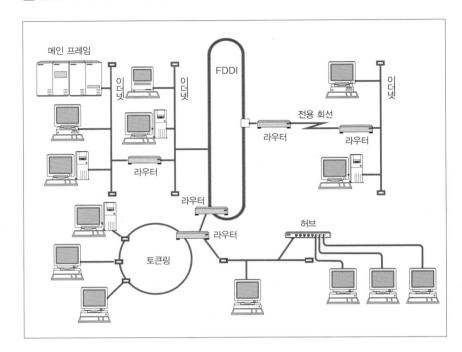

:: **토큰링**(Token Ring)

프레임이 충돌하지 않도록, 권리를 얻은 컴퓨터만 송신할 수 있는 데이터 링크를 말한다.

○ 그림 1.8 컴퓨터 네트워크
   (1980년대)

1970년대 초기에는 패킷 교환 기술에 의한 컴퓨터 네트워크 실험이 시작되어 서로 다른 제조업체의 컴퓨터끼리도 통신을 할 수 있는 기술이 연구되고 있었습니다. 그리고 1980년대에 들어서는 다양한 종류의 컴퓨터를 서로 연결시킬 수 있는 컴퓨터 네트워크가 등장했습니다. 소형 컴퓨터에서 슈퍼 컴퓨터나 메인 프레임과 같은 대형 컴퓨터에 이르기까지 다양한 컴퓨터가 네트워크를 통해 연결되었습니다.

컴퓨터의 발전과 보급은 네트워크를 보다 가까운 존재로 만들어주었습니다. 그 중에서도 윈도 시스템의 등장은 사용자가 네트워크를 더욱 편리하게 사용할 수 있도록 만들어주었습니다. 윈도 시스템▼을 사용하면 여러 프로그램을 동시에 실행시켜 놓은 상태에서 자신이 원하는 작업을 할 수 있습니다. 예를 들어 책상 위의 워크스테이션에서 문서를 작성함과 동시에 메인 프레임에 로그인하여 프로그램을 실행시키고, 데이터베이스 서버로부터 필요한 데이터를 다운로드하고, 메시지를 사용하여 멀리 떨어진 사람과 메시지를 주고받는 등의 작업을 동시에 할 수 있게 되었습니다. 윈도 시스템과 네트워크가 연결됨으로써 우리는 자신의 책상 앞에 앉아서 컴퓨터 네트워크 속을 종횡무진하며 여러 곳에 산재되어 있는 컴퓨터 자원을 활용할 수 있게 되었습니다.

:: **윈도 시스템**
(Window System)

컴퓨터 화면상에 여러 개의 창(윈도)를 열 수 있는 시스템으로, 대표적인 예로는 UNIX 머신에서 주로 사용되는 X Window System, Microsoft의 Windows, Apple의 Mac OS를 들 수 있다. 여러 개의 프로그램을 각각의 윈도로 나누어 전환하면서 실행할 수 있다는 특징이 있다.

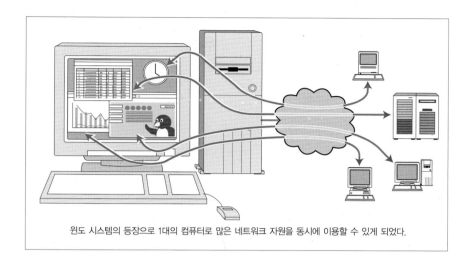

○ **그림 1.9** 윈도 시스템의 등장과 컴퓨터 네트워크

윈도 시스템의 등장으로 1대의 컴퓨터로 많은 네트워크 자원을 동시에 이용할 수 있게 되었다.

5 인터넷의 보급

1990년대 초반에는 정보 처리에 힘을 쏟는 기업이나 대학에서 한 사람에게 1대씩 컴퓨터가 할당되어 사용자가 마음껏 컴퓨터를 사용할 수 있는 환경이 형성되었습니다. 또한 다운사이징과 멀티 벤더▼ 연결(다른 기종 간의 연결)이라는 말이 유행했습니다. 다운사이징과 멀티 벤더 연결의 목적은 제조업체가 다른 컴퓨터와 연결하여 시스템을 저가로 구축하려는 것이었습니다. 이렇게 다른 기종을 연결하기 위해 사용된 것이 인터넷 통신 기술▼이었습니다.

같은 시기에 인터넷 전자메일(E-Mail)의 이용과 WWW(World Wide Web)에 의한 정보 발신 붐이 일어나 기업과 일반 가정에도 인터넷이 보급되기 시작했습니다.

이 흐름에 탄력을 받아 각 컴퓨터 제조업체는 자사의 제품만을 연결시켜 통신하고 있었던 각 사의 독자적인 네트워크 기술을 인터넷 기술에 맞춰 처리하게 되었습니다. 또한 대기업뿐만 아니라 일반 가정이나 SOHO▼용 네트워크 연결 서비스와 각종 네트워크 제품이 등장하게 되었습니다.

:: **멀티 벤더**(Multi Vender)

벤더란, 기기 제조업체나 소프트웨어 제조업체를 가리키는 말로, 단일 제조업체의 기기 및 소프트웨어로 네트워크를 구성하는 것을 '싱글 벤더'라고 한다. 멀티 벤더는 여러 제조업체의 기기와 소프트웨어를 조합하여 네트워크를 구성하는 경우를 말한다.

:: **인터넷 통신 기술**

1990년 당시, PC를 연결하는 LAN 시스템으로 Novel사의 NetWare가 보급되어 있었지만, 메인 프레임, 미니 컴퓨터, UNIX 워크스테이션, PC 등과 같은 모든 컴퓨터를 연결하는 기술로는 TCP/IP가 주목을 받았다.

:: **SOHO**(Small Office /Home Office)

'소호'라고 읽으며, 소규모 오피스나 가정을 사무실로 사용하고 있는 사업자를 의미한다.

다운사이징(Downsizing)

1990년대 후반의 PC나 UNIX 워크스테이션의 성능은 당시 메인 프레임과 크게 다르지 않을 정도로 높은 성능을 지니고 있었습니다. 또한 PC와 UNIX 워크스테이션의 네트워크 기능도 향상되어, 저가의 컴퓨터로도 네트워크를 간단하게 구축할 수 있게 되었습니다. 그 결과 대형 메인 프레임으로 수행해 왔던 기업의 기간 업무를 PC나 UNIX 워크스테이션으로 구축한 시스템으로 대치하려는 움직임이 활발해졌는데, 이러한 움직임을 통틀어 '다운사이징'이라고 합니다.

지금은 인터넷, 전자메일, 웹(Web), 홈페이지라는 말이 일상적인 대화 속에서 자연스럽게 사용될 만큼 정보 네트워크와 인터넷은 우리 사회 속에 깊숙히 침투해 있습니다.

PC도 예전에는 단독(스탠드얼론)으로 사용하는 개인의 도구였지만, 지금은 주로 인터넷에 연결하기 위한 도구로 사용하는 사람이 많아졌습니다. 그리고 네트워크를 통해 전 세계의 컴퓨터가 연결되어 거리나 국경을 의식하지 않고 세계 여러 나라 사람들과 커뮤니케이션을 할 수 있게 되었습니다.

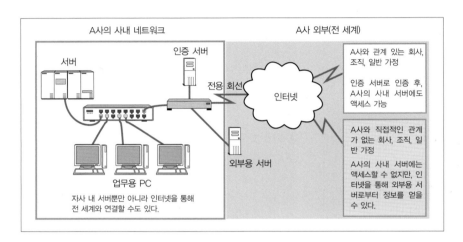

○**그림 1.10** 기업과 일반 가정의 인터넷 연결

⑥ 인터넷 기술 중심 시대로

인터넷의 보급과 발전은 통신과 관련된 모든 분야에 영향을 미쳤습니다. 인터넷은 제각각 발전해 온 많은 기술을 모두 인터넷에 도입하려는 방향으로 나아가고 있습니다. 과거에 통신을 지지해 온 네트워크는 전화망이었지만, 인터넷의 급격한 발달로 말미암아 그 입장이 역전되고 있습니다. 예를 들어 지금은 범용 통신 기반으로 전화망 대신 인터넷 기술인 IP망이 마련되어, 이 망에 전화나 텔레비전 방송, 컴퓨터 통신, 인터넷을 구축하고 있습니다. 네트워크로 연결하는 기기도 이른바 '컴퓨터'뿐만 아니라 휴대전화나 가전제품, 게임기 등으로 확산되고 있습니다.

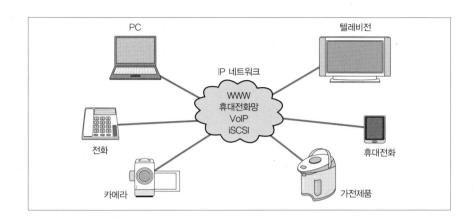

◐ 그림 1.11 IP 프로토콜에
의한 통신 및 방송의 통일

또한 인터넷과의 접속을 전제로 하지 않는 제어시스템 분야에서도 IP가 사용됩니다. 예를 들어 화력발전소의 보일러 제어, 공장의 로봇 제어, 오피스 빌딩의 공조·조명 제어, 상하수도국의 펌프·밸브 제어, 철도의 열차 위치정보획득·신호 제어 등의 제어시스템은 기존에는 전용 프로토콜을 사용했었습니다. 그러나 인터넷 기술의 발전과 보급에 따라 현재는 많은 시설이나 설비에서 IP가 이용되고 있습니다. 예전에는 보안 문제로 외부와 연결하지 않는 폐역망▼으로 제어계 시스템 네트워크를 구축했지만, 현재는 인터넷에 연결하는 경우가 늘고 있습니다. 공장 등에서는 효과적인 서플라이 체인(supply-chain) 매니지먼트▼를 실현하고자, 인터넷을 이용해 거래처와 수요와 재고량 정보를 공유하려는 움직임이 증가하고 있습니다. 또 철도 노선에 따라 열차 위치 정보 등을 스마트폰으로도 알 수 있는데, 이는 열차 운행 관리 시스템 정보를 인터넷에 배포함으로써 실현됩니다. 이처럼 앞으로는 모든 것이 인터넷에 연결되게 될 것입니다.

:: 폐역망
폐색망, 클로즈드 네트워크
(closed network)라고도 한다.

:: 서플라이 체인 매니지먼트
거래처와 수요나 재고량 정보를 공유해 효율적인 물류를 목표로 관리하는 것. 상품을 만들 때는 여러 공장에서 제조된 부품을 조합하는 일이 많다. 이때 특정 부품이 부족하면 제품을 생산할 수 없어 손실이 발생한다. 이런 문제를 막기 위해 서플라이 체인 매니지먼트가 도입된다.

:: 369쪽 참조.

■ IT, ICT, OT

IT는 Information Technology의 줄임말입니다. '정보기술'로 번역되며, 컴퓨터를 중심으로 한 기술 전반을 가리킵니다. IT는 네트워크와 함께 사용되는 경우가 일반적이므로, 강조하기 위해 ICT라는 말을 사용하기도 합니다. ICT는 Information and Communication Technology의 줄임말로, '정보통신기술'이라고 번역됩니다.
OT는 Operational Technology의 줄임말로, 제어기술이나 운용기술이라는 의미입니다. 발전소나 공장 등에서 이용하는 제어시스템의 의미로 쓰입니다.▼ OT는 IT와는 다르게 발전해왔지만, 현재는 IT에서도 OT에서도 인터넷 기술인 TCP/IP가 중요한 역할을 하고 있습니다.

7 '단순 연결' 시대에서 '안전 연결' 시대로

인터넷은 전 세계 사람들이 컴퓨터를 매개로 국경을 초월하여 자유롭게 연결되는 유일한 네트워크로 진화했습니다. 인터넷을 통한 정보 검색, 커뮤니케이션, 정보 공유, 보도, 기기 제어 등으로 말미암아 20년 전에는 상상할 수도 없었던 편리한 정보 환경이 우리 앞에 펼쳐져 있습니다. 인터넷은 이미 사회 인프라의 필수 요소가 되었습니다.

하지만 편리함의 이면에 다른 면도 부각되고 있습니다. 컴퓨터 바이러스에 의한 피해, 기업 정보나 개인 정보의 유출, 네트워크를 이용한 사기 사건 등 인터넷을 이용함으로써 생겨나는 부작용이 증가했습니다. 현실 세계에서는 위험한 장소에 발을 들여놓지 않으면 피해를 입지 않지만, 사무실이나 집안에 있더라도 인터넷에 연결하는 것만으로 이러한 피해를 당할 가능성이 있습니다. 또한 기기의 부작용 등으로 말미암아 인터넷을 이용할 수 없게 되면 기업이나 개인 활동에 큰 손실을 끼칠 수 있다는 측면도 간과할 수 없습니다.

인터넷이 보급되던 초기에는 인터넷에 연결하는 것, 그것도 가능한 한 제한없이 자유롭게 연결하는 것을 목표로 했습니다. 하지만 지금은 '단순히 연결'한다는 것을 넘어 '안전하게 연결'하는 것이 요구되고 있습니다.

기업이나 공공 단체 등에서 인터넷 연결을 제공할 때에는 통신 구조를 이해하고, 연결 후의 운용 등을 검토함으로써 충분한 자기 방어를 통해 안전하고 건전한 통신 수단으로 유지해 나가는 것이 필수불가결한 시대가 되었습니다.

○ **표 1.1** 컴퓨터 이용 형태의 변천

연대	내용
1950년대	일괄 처리 시대
1960년대	시분할 시스템 시대
1970년대	컴퓨터 간 통신 시대
1980년대	컴퓨터 네트워크 시대
1990년대	인터넷 보급 시대
2000년대	인터넷 기술 중심 시대
2010년대	언제, 어디서나, 무엇이든 TCP/IP 네트워크 시대
2020년대	다양한 구조가 네트워크로 연결되는 시대

8 사람에서 사물로, 사물에서 일로

컴퓨터 네트워크의 목적은 컴퓨터와 컴퓨터를 연결해 더욱 편리한 컴퓨팅 환경을 구축하는 것입니다. 컴퓨터 네트워크의 목적을 한마디로 말하자면 '생산성 향상'에 있다고 할 수 있습니다.

이렇게 생각하면 배치 처리에서부터 컴퓨터 네트워크까지 발전한 경위가 이해될 것입니다. 하지만 지금은 이 목적이 조금씩 달라지고 있습니다. 인터넷의 등장으로 멀리 떨어져 있는 전 세계 사람들에게 정보를 발신하거나 이에 관한 의견을 듣는 등, 서로 실시간으로 커뮤니케이션 할 수 있게 되었습니다. 모두 인터넷이 등장하기 전에는 할 수 없었던 일입니다. 또 집밖에서 집에 있는 에어컨이나 전기, 목욕탕 등을 제어할 수도 있게 되었습니다. 차량에 탑재된 컴퓨터에서 얻을 수 있는 다양한 정보를 인터넷을 통해 관리하고, 점검이 필요한지 검토하거나 교통 정보로도 활용합니다. 이런 방식은 이제까지 정보통신과 별로 관계가 없던 산업에도 진출하고 있습니다.

예를 들어, 병원이나 제조 공장, 농장 등에서도 적극적으로 인터넷 기술을 이용해 정보를 수집해 대처합니다. 지금까지는 인터넷 기술을 중심으로 발전해왔지만 앞으로는 인터넷 활용이 한층 발전해 여러 가지 물건에 접속되어 거기에서 얻은 정보를 바탕으로 새로운 일을 창조하는 시스템이 늘어나고 있습니다. 이런 구조를 IoT(Internet of Things)라고 부릅니다. 제조 공장에 도입하는 경우는 IIoT(Industrial IoT) 혹은 Industry 4.0이라고 합니다. 이처럼 일상생활이나 학교 교육, 연구 활동, 기업 활동 등에 큰 변화를 일으킨다는 점에서 인터넷 기술은 4차 산업혁명으로도 불립니다.

🄬 모든 열쇠를 쥐고 있는 TCP/IP

지금까지 소개한 것처럼 인터넷은 독자적으로 발달해 온 여러 통신 기술을 조합한 것입니다. 그리고 이러한 조합을 실현시키는 응용력을 가진 기술이 바로 TCP/IP입니다. 그렇다면 이 TCP/IP는 어떤 구조로 작동하는 것일까요?

TCP/IP란, 통신 프로토콜의 총칭입니다. 다음 03에서 TCP/IP의 구조를 배우기 전에 '프로토콜'에 대해 제대로 이해하고 넘어갑시다.

프로토콜이란?

03

:: **IPX/SPX**(Internetwork
Packet Exchange/
Sequenced Packet
Exchange)

Novel 사가 개발 및 판매하는
NetWare 시스템의 프로토콜을
말한다.

:: **SNA**(System Network
Architecture)

:: **DEC**(Digital Equipment
Corporation)

1998년까지 여러 기업에 인수
합병되었다.

❍ **표 1.2** 다양한 네트워크 아키
텍처와 프로토콜

1 프로토콜이 가득!

컴퓨터 네트워크나 정보 통신에서는 '프로토콜'이라는 말을 자주 사용합니다.
대표적인 프로토콜로는 인터넷에서도 이용하고 있는 IP, TCP, HTTP를 들
수 있습니다. 이 밖에도 LAN에서 주로 사용하고 있는 IPX/SPX▼와 같은 프
로토콜도 있습니다.

다양한 프로토콜을 체계적으로 한데 모은 것을 '네트워크 아키텍처'라고 하는
데, 'TCP/IP'도 IP, TCP, HTTP 등의 프로토콜의 집합체입니다. 현재는 많
은 기기에서 TCP/IP를 이용할 수 있지만, Novel사의 IPX/SPX, 현 Apple사
의 컴퓨터에서 사용되던 AppleTalk, IBM사가 개발한 대규모 네트워크 등에
서 이용되는 SNA▼, 구 DEC▼사가 개발한 DECnet 등과 같이 TCP/IP 이외의
네트워크 아키텍처를 이용한 기기 및 환경도 있습니다.

통신 체계	프로토콜	주요 용도
TCP/IP	IP, ICMP, TCP, UDP, HTTP, TELNET, SNMP, SMTP ⋯	인터넷, LAN
IPX/SPX (NetWare)	IPX, SPX, NPC ⋯	PC LAN
AppleTalk	DDP, RTMP, AEP, ATP, ZIP ⋯	현 Apple사 제품의 LAN에서 사용
DECnet	DPR, NSP, SCP ⋯	구 DEC사의 미니 컴퓨터 등에서 사용
OSI	FTAM, MOTIS, VT, CMIS/CMIP, CLNP, CONP ⋯	–
XNS▼	IDP, SPP, PEP ⋯	Xerox사의 네트워크에서 주로 사용

:: **XNS**(Xerox Network
Services)

2 프로토콜이 필요한 이유

보통 우리가 메시지를 보낼 때나 홈 페이지에서 정보를 수집할 때에는 프로토콜에 대해 의식할 필요가 없습니다. 프로토콜을 의식해야 할 때에는 컴퓨터를 네트워크에 연결하여 네트워크를 설정할 때 정도일 것입니다. 설정이 끝난 후에 네트워크에 연결할 수 있게 되면 프로토콜에 대해서는 잊어버립니다. 애플리케이션 프로그램의 사용법만 알고 있으면 네트워크를 이용할 수 있기 때문입니다. 프로토콜을 모른다고 해서 문제가 되는 경우는 별로 없습니다. 하지만 네트워크를 이용한 커뮤니케이션을 하기 위해서는 프로토콜의 존재에 대해 알고 있어야 합니다.

프로토콜은 컴퓨터와 컴퓨터가 네트워크를 이용하여 통신하기 위해 정해 놓은 '약속'이라고 할 수 있습니다. 제조업체나 CPU, OS가 다른 컴퓨터끼리도 동일한 프로토콜을 사용하면 서로 통신할 수 있습니다. 이와 반대로 동일한 프로토콜을 사용하지 않으면 통신할 수 없습니다. 프로토콜에는 몇 가지 종류가 있는데, 각 사양이 명확히 정해져 있습니다. 컴퓨터끼리 서로 통신하기 위해서는 양쪽이 모두 동일한 프로토콜을 이해하고 처리할 수 있어야 합니다.

CPU와 OS

CPU(Central Processing Unit)는 '중앙 연산 장치'라고 하는데, 이는 프로그램을 실행하는 컴퓨터의 심장에 해당합니다. 이 CPU의 성능이 대부분의 컴퓨터 성능을 결정하므로 컴퓨터의 역사는 CPU의 역사라고 보아도 무방합니다.

현재 주로 사용되는 CPU 제품으로는 Intel Core나 Intel Atom, ARM Cortex 등이 있습니다.

OS(Operating System)란, '기본 소프트웨어'라고 부르기도 하며, 컴퓨터의 CPU 및 메모리, 주변 기기, 실행 프로그램 등을 관리하는 프로그램(소프트웨어)을 모아놓은 것을 말합니다. 이 책에서 설명하는 TCP와 IP 프로토콜 처리도 대부분의 경우 OS에 포함되어 있습니다. 현재 PC에서 이용하는 대표적인 OS로는 UNIX, Windows, macOS, Linux 등을 들 수 있습니다.

컴퓨터가 실행할 수 있는 명령은 CPU와 OS에 따라 다르므로, 한 CPU 및 OS용 프로그램을 다른 CPU나 OS에서 그대로 실행시킬 수는 없습니다. 컴퓨터에서 취급하는 데이터의 형식도 일반적으로 CPU와 OS의 종류에 따라 다릅니다. 서로 다른 CPU와 OS를 갖고 있는 컴퓨터가 통신할 수 있는 이유는 서로가 공통된 프로토콜을 이해하고 이를 사용하여 데이터를 주고받고 있기 때문입니다.

또한 컴퓨터의 CPU는 보통 동시에 한 프로그램밖에 실행할 수 없습니다. 그래서 OS가 여러 개의 프로그램을 짧은 시간 간격으로 전환하면서 CPU에게 처리를 요청하는데, 이를 '멀티 태스킹'이라고 합니다. 마찬가지로 OS에서 멀티코어 CPU와 복수의 CPU 이용 및 20쪽에서 설명한 TSS도 이 기능을 사용하여 구현한 것입니다.

❸ 프로토콜을 대화로 비유하면

한국어밖에 모르는 A씨와 영어밖에 모르는 B씨, 영어와 한국어를 모두 할 줄 아는 C씨가 있다고 가정해보겠습니다. 그런데 A씨와 B씨가 대화를 한다면 어떻게 될까요? 또한 A씨와 C씨가 대화를 한다면 어떻게 될까요? 이때,

- 한국어나 영어를 '프로토콜'
- 언어로 커뮤니케이션하는 것을 '통신'
- 대화의 내용을 '데이터'

라고 생각해봅시다. A씨와 B씨가 대화를 하려고 해도 A씨는 한국어만, B씨는 영어만 사용하므로 두 사람 모두 상대방이 무슨 말을 하는지 이해할 수 없습니다. 그 결과 A씨와 B씨는 자신이 전달하고 싶은 내용을 상대에게 이해시킬 수 없기 때문에 커뮤니케이션이 성립되지 않습니다. 이 예에서는 A씨와 B씨가 사용하는 언어 프로토콜이 다르기 때문에 서로 데이터(대화 내용)를 전달할 수 없는 것입니다.▼

그 다음으로 A씨와 C씨의 경우는 어떨까요? 양쪽 모두 '한국어' 프로토콜을 사용하면 상대방의 말을 이해할 수 있습니다. A씨와 C씨가 동일한 프로토콜을 사용하기 때문에 전달하고 싶은 데이터(대화 내용)를 상대에게 전달하여 이해시킬 수 있으므로 그 결과 통신(커뮤니케이션)이 성립합니다.

위와 같이 생각하면 프로토콜의 의미를 어느 정도 이해할 수 있으리라 생각합니다. 여기서는 단순히 사람들이 얼굴을 마주보고 대화를 하는 경우를 예로 설명했는데, 컴퓨터와 컴퓨터가 네트워크를 통해 통신하는 경우도 이와 거의 비슷하다고 생각해도 됩니다.▼

:: 두 사람 사이에 통역이 있으면 커뮤니케이션이 성립한다. 네트워크의 경우는 67쪽에서 설명할 게이트웨이가 통역 역할을 한다.

:: 이렇게 우리가 일상생활에서 당연히 하고 있는 일에도 프로토콜이라는 개념을 적용시켜 생각할 수 있다.

○ **그림 1.12** 프로토콜을 대화로 구성하면

4 컴퓨터에서 본 프로토콜

사람은 지능, 응용력, 이해력을 지니고 있으므로 어느 정도 규칙에서 벗어나거나 갑자기 규칙을 변경, 확장하더라도 의사소통을 할 수 있습니다.

하지만 컴퓨터 통신의 경우는 그렇지 못합니다. 컴퓨터는 사람과 같은 지능, 응용력, 이해력을 갖고 있지 않기 때문에 커넥터의 모양과 같은 물리적인 레벨부터 애플리케이션의 종류와 같은 소프트웨어 레벨에 이르기까지 다양한 부분에 대해 분명한 약속을 정해 놓고, 그것을 서로 지켜야 정상적으로 통신할 수 있습니다. 그리고 양쪽 컴퓨터에 통신에 필요한 최소한의 기능이 모두 프로그래밍되어 있어야 합니다. 앞의 예에서 본 A씨, B씨, C씨를 컴퓨터로 바꿔서 생각하면, 프로토콜을 명확하게 정의한 후 그 프로토콜을 지켜서 소프트웨어나 하드웨어를 작성해야 한다는 뜻이 됩니다.

보통 사람은 특별한 의식 없이 말을 해도, 대부분의 경우 상대방의 오해를 사지 않고 의사를 전달할 수 있습니다. 설령 대화 도중에 말을 놓치더라도 전후 문맥으로 의미를 유추하여 상대가 무슨 말을 하려는 것인지 이해할 수 있습니다. 하지만 컴퓨터의 경우는 그렇지 않습니다. 프로그램이나 소프트웨어를 작성할 때 도중에 장애가 발생하면 어떻게 처리할 것인지 등과 같이 통신 중에 일어날 수 있는 다양한 문제까지도 미리 예상해두어야 합니다. 그리고 실제로 장애가 발생한 경우에는 통신하고 있는 컴퓨터끼리 서로 적절한 처리를 하도록 기기나 프로그램을 작성해야 합니다.

이렇게 컴퓨터 통신에서는 컴퓨터끼리 약속을 자세하게 정한 후 이를 지키는 것이 중요한데, 이러한 약속을 '프로토콜'이라고 합니다.

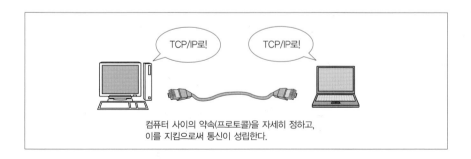

● 그림 1.13 컴퓨터 통신의 프로토콜

컴퓨터 사이의 약속(프로토콜)을 자세히 정하고, 이를 지킴으로써 통신이 성립한다.

5 패킷 교환에서 본 프로토콜

패킷 교환이란, 큰 데이터를 패킷(Packet)이라는 단위로 잘라서 송신하는 방법을 말합니다. 패킷이라는 단어를 사전에서 찾아보면 '소포'라고 되어 있습니다. 말 그대로 큰 데이터를 소포로 나누어 상대에게 보내는 것입니다.

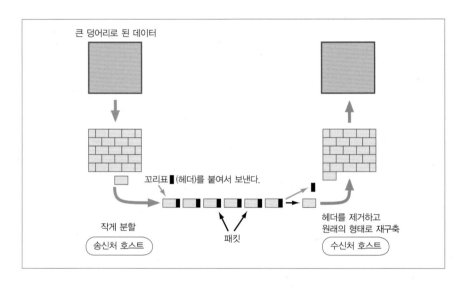

큰 덩어리로 된 데이터

꼬리표 (헤더)를 붙여서 보낸다.

작게 분할

송신처 호스트

패킷

헤더를 제거하고
원래의 형태로 재구축

수신처 호스트

○**그림 1.14** 패킷 통신

물품을 소포로 보낼 때에는 보내는 이의 주소와 받는 이의 주소를 쓴 표를 붙여 우체국 등에 가지고 갑니다. 컴퓨터 통신의 경우도 이와 마찬가지로 데이터를 분할하여 하나의 패킷을 만든 후 이곳에 보내는 쪽 컴퓨터와 받는 쪽 컴퓨터의 주소를 써서 통신 회선으로 내보냅니다. 이때 자신의 주소와 상대방의 주소, 데이터 번호가 기록되어 있는 부분을 '패킷의 헤더'라고 합니다.

또한 큰 데이터를 몇 개의 패킷으로 나눈 경우에는 해당 패킷이 원래 데이터의 어느 부분이었는지를 가리키는 번호도 함께 기록됩니다. 수신하는 쪽은 이 번호를 조사함으로써 작게 나누어진 데이터를 원래의 데이터로 복원할 수 있습니다.

통신 프로토콜에서는 헤더에 기록된 정보와 그 정보를 어떻게 처리할 것인지가 정해져 있습니다. 통신하는 각 컴퓨터는 프로토콜에 따라 헤더를 작성하고 헤더의 내부를 해독하여 처리합니다. 통신을 정상적으로 하기 위해서는 패킷의 송신 측과 수신 측에서 수행하는 헤더의 내용에 대한 정의 및 해석이 동일해야 합니다.

그렇다면 통신 프로토콜은 누가 정하는 것일까요? 여러 제조업체의 컴퓨터가 서로 통신할 수 있도록 통신 프로토콜의 사양을 결정하고 전 세계에서 이용되는 표준을 작성하는 기관이 있습니다. 다음 04에서는 프로토콜의 표준화에 대해 설명하겠습니다.

S T O R Y

프로토콜은 누가 정하나?

04

1 컴퓨터 통신의 등장부터 표준화까지

컴퓨터 통신이 막 시작되었을 당시에는 체계화나 표준화가 중요하다고 생각하지 않았습니다. 각 컴퓨터 제조업체는 독자적으로 네트워크 제품을 만들어 컴퓨터 통신을 구현하고 있었습니다. 프로토콜의 기능을 체계화하고 계층화하는 일도 특별히 크게 의식하고 있지 않았습니다.

IBM사는 1974년에 자사의 컴퓨터 통신 기술을 체계화한 네트워크 아키텍처인 SNA▼를 발표했습니다. 그 후 각 컴퓨터 제조업체는 각자 독자적인 네트워크 아키텍처를 발표하고 프로그램군의 체계화를 도모했습니다. 하지만 각 업체의 독자적인 네트워크 아키텍처와 프로토콜에는 호환성이 없었기 때문에 서로 다른 제조업체의 제품을 물리적으로 연결시키더라도 통신이 정상적으로 이루어지지 않았습니다.

:: SNA(Systems Network Architecture)

이것은 이용자의 입장에서 볼 때 매우 불편한 일이었습니다. 컴퓨터 네트워크를 한번 도입하면 같은 제조업체 제품을 계속해서 사야 했기 때문입니다. 심지어 제조업체가 없어지거나 해당 제품을 더 이상 지원하지 않게 되면 모든 기기를 통째로 바꿔야 했습니다. 또한 다른 부서에서 다른 제조사 제품을 도입하게 되면 각 부서의 네트워크를 서로 연결시켜도 프로토콜이 다르기 때문에 통신할 수 없는 경우가 많았습니다. 이렇게 유연하지 않은 네트워크는 확장성이 없어서 이용자가 사용하기에 불편하기 마련입니다.

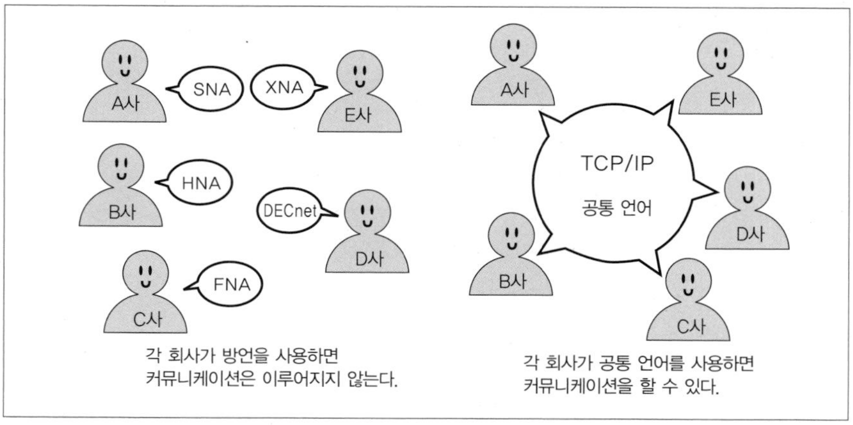
A사
SNA
XNA
E사
B사
HNA
DECnet
D사
C사
FNA
각 회사가 방언을 사용하면
커뮤니케이션은 이루어지지 않는다.
A사
E사
TCP/IP
공통 언어
D사
B사
C사
각 회사가 공통 언어를 사용하면
커뮤니케이션을 할 수 있다.

그림 1.15 프로토콜의 방언과 공통어

하지만 컴퓨터의 중요성이 증가하고 많은 기업에서 컴퓨터 네트워크를 도입함에 따라 제조업체가 달라도 서로 통신할 수 있는 호환성이 중요하다는 사실을 인식하게 되었습니다. 이것이 바로 네트워크의 오픈화, 즉 '멀티 벤더화'입니다. 서로 다른 제조업체의 컴퓨터끼리도 자유롭게 통신할 수 있는 환경이 강력히 필요하게 된 것입니다.

2 프로토콜의 표준화

ISO▼(국제 표준화 기구)는 이러한 문제를 해결하기 위해 OSI라는 국제 표준의 통신 체계를 발표했습니다. 현재 OSI▼로 정해 놓은 프로토콜은 보급되지 않았지만, OSI 프로토콜을 설계할 때의 방침으로 제안된 OSI 참조 모델은 네트워크 프로토콜을 고려할 때에 자주 인용됩니다.

이 책에서 설명하는 TCP/IP는 ISO의 국제 표준이 아닙니다. TCP/IP는 IETF▼가 제안 및 표준화 작업을 진행하고 있는 프로토콜입니다. 대학과 같은 연구 기관이나 컴퓨터 업계가 중심이 되어 표준화가 추진되어 발전해 왔습니다. TCP/IP는 인터넷상의 표준이며, 디팩토 스탠더드▼로 전 세계에서 가장 널리 사용되고 있는 통신 프로토콜입니다. 인터넷에서 이용되는 기기나 소프트웨어는 IETF가 표준화한 TCP/IP를 따릅니다.

프로토콜이 표준화되어 모든 기기가 이에 따르면, 컴퓨터의 하드웨어나 OS의 차이를 의식하지 않고도 네트워크로 연결된 컴퓨터와 통신할 수 있게 됩니다. 컴퓨터 네트워크는 표준화로 말미암아 더욱 편리해졌습니다.

표준화

표준화란 서로 다른 제조업체의 제품끼리라도 호환성을 갖고 이용할 수 있는 규격을 만드는 것을 말합니다.

'표준'은 컴퓨터 통신 이외에도 연필이나 휴지, 전원 콘센트, 오디오, 비디오 테이프 등과 같이 일상생활에서 많이 접할 수 있습니다. 이러한 제품의 크기나 모양이 제조업체에 따라 다르면 곤란합니다.

표준화를 수행하는 조직은 크게 국제 기관, 국가 기관, 민간 단체로 나눌 수 있습니다. 국제적인 조직으로는 ISO나 ITU-T▼ 등을, 국가 기관으로는 한국의 KS를 제정하는 KSIC▼, 미국의 ANSI▼를, 민간 단체로는 인터넷 프로토콜의 표준화를 담당하는 IETF를 들 수 있습니다.

실제로 뛰어난 기술이라도 그것을 개발한 기업이 사양을 공개하지 않기 때문에 일반에게는 보급되지 않아서 사용하지 않게 된 기술이 많이 있습니다. 그 중에는 '기업이 독점하지 않고 사양을 공개하여 업계 표준으로 했더라면 계속 사용되었을 텐데….' 하는 아쉬움이 남는 기술도 있습니다. 표준화는 이처럼 우리 사회에 큰 영향을 미치는 매우 중요한 작업이라고 할 수 있습니다.

프로토콜의 계층화와 OSI 참조 모델

05

1 프로토콜의 계층화

ISO는 OSI 프로토콜을 표준화하기 전에 네트워크 아키텍처에 관한 논의를 충분히 한 후, 통신 프로토콜을 설계할 때의 지표로서 OSI 참조 모델을 제안했습니다. OSI 참조 모델은 통신에 필요한 기능을 7개의 계층으로 나누고, 기능을 분할함으로써 복잡해지기 쉬운 네트워크 프로토콜을 단순화하기 위한 것입니다. 각 계층은 하위층으로부터 특정 서비스를 받아 상위층에 특정 서비스를 제공합니다. 이처럼 상위층과 하위층 사이에서 서비스를 주고받을 때의 약속을 '인터페이스'라고 하며, 통신 상대가 같은 계층과 서비스를 주고받을 때의 약속을 '프로토콜'이라고 합니다.

프로토콜의 계층화는 소프트웨어를 개발할 때의 모듈화▼와 비슷합니다. OSI 참조 모델의 경우에는 제1층에서 제7층까지 7개의 모듈을 만들어 각각을 서로 연결하여 통신하는 것이 가장 이상적입니다. 계층화하면 각 계층을 독립적으로 취급할 수 있다는 장점이 있습니다. 시스템의 한 계층을 변경하더라도 시스템 전체에 영향을 미치지 않기 때문에 확장성이나 유연성이 뛰어난 시스템을 구축할 수 있습니다. 또한 통신 기능이 분할되어 있기 때문에 각 계층의 프로토콜을 설치하기 쉽고, 이에 따른 책임 한계도 명확해진다는 장점이 있습니다. 한편 너무 지나치게 모듈화하면 처리가 어려워지고, 각 모듈에서 비슷한 처리를 해야 한다는 단점이 있습니다.

∷ 모듈화

어떤 기계를 실행하는 덩어리를 모듈이라고 하고, 그것을 개발할 때의 부품으로써 이용하는 것.

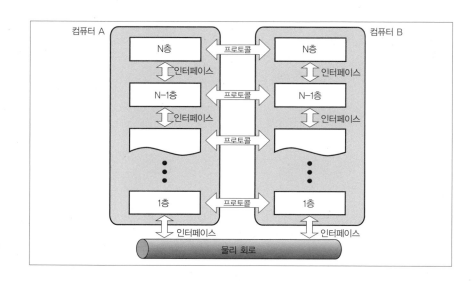

○ 그림 1.16 프로토콜의 계층 구조

② 계층화의 개념

프로토콜의 계층화를 A씨와 C씨의 대화를 예로 들어 간단히 설명해보겠습니다. 여기서는 언어층과 통신장치층을 예로 들겠습니다.

먼저 전화를 사용하여 대화를 하는 경우를 생각해봅시다. 그림 1.17의 위쪽 그림에서는 A씨와 C씨가 전화라는 통신장치층으로 한국어 언어 프로토콜을 사용하여 대화를 하고 있습니다. 이 상황을 좀 더 구체적으로 살펴보겠습니다.

A씨와 C씨가 한국어로 직접 대화를 하는 것처럼 보이지만, 사실은 두 사람 모두 전화기 스피커로부터 들리는 음성을 듣고 마이크에 대고 말하고 있다는 점에 주의해야 합니다. 전화기를 모르는 사람이 이 광경을 보면, 아마 A씨와 C씨가 수화기와 대화를 하고 있는 것처럼 보일 것입니다.

사람이 말하는 언어 프로토콜은 음파로 수화기 마이크에 들어가 통신장치층에서 전기 신호파로 변환됩니다. 그리고 상대방의 전화기까지 전달되어 통신장치층에서 다시 음파로 변환됩니다. 즉, A씨와 C씨는 전화기를 사이에 두고 음파에 의해 언어를 전달한다는 인터페이스를 이용하고 있는 것입니다.

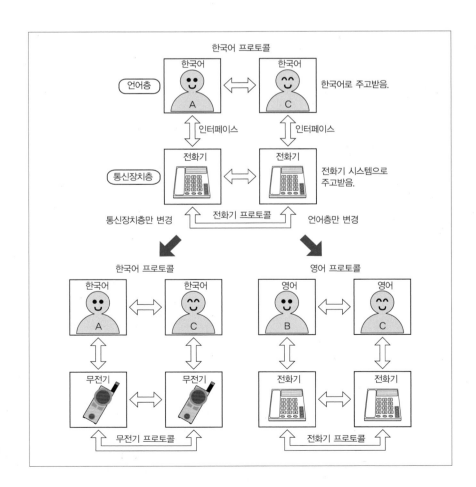

● **그림 1.17** 언어층과 장치층의 2계층 모델

보통은 전화를 사용하여 상대방과 직접 말하고 있는 것처럼 느낄지 모르지만, 자세히 분석해보면 전화기가 사람 사이를 중개하고 있다는 사실에는 변함이 없습니다. 만약 A씨의 전화기로부터 전달된 전기 신호를 C씨의 전화기에서 동일한 주파수의 음파로 변환하지 못한다면 어떻게 될까요? 다시 말하면 A씨의 전화기와 C씨의 전화기가 서로 다른 프로토콜을 이용하고 있다는 뜻입니다. C씨에게는 A씨가 아닌 다른 사람이 말하고 있는 것처럼 느낄지도 모릅니다. 주파수가 너무 어긋나면 한국어로 들리지 않을지도 모릅니다.

언어층이 동일한 상태에서 통신장치층을 변경하면 어떻게 될까요? 예를 들어 전화를 무전기로 바꿔봅시다. 통신장치층에서 무전기를 사용하게 되면 두 계층 간의 인터페이스인 무전기 사용법을 습득해야 합니다. 하지만 언어층의 프로토콜로는 계속해서 한국어를 사용하고 있으므로 전화의 경우와 똑같이 대화를 할 수 있습니다.

그렇다면 통신장치층은 전화기를 사용하고, 언어층은 영어로 바꾸면 어떻게 될까요? 당연한 이야기지만 전화기는 한국어든, 영어든 상관없이 사용할 수 있으므로 한국어의 경우와 마찬가지로 통신할 수 있습니다.

너무 당연한 예였지만, 이것으로 프로토콜의 계층화가 편리하며 의미 있는 작업이라는 점을 이해했으면 좋겠습니다. 이러한 이유 때문에 네트워크 프로토콜을 계층화하는 것입니다.

❸ OSI 참조 모델

앞에서는 프로토콜을 간단한 2계층 모델을 사용하여 설명했습니다. 하지만 패킷 통신의 프로토콜은 이보다도 훨씬 복잡합니다. 이를 알기 쉽게 정리하기 위한 것이 7계층의 OSI 참조 모델입니다.

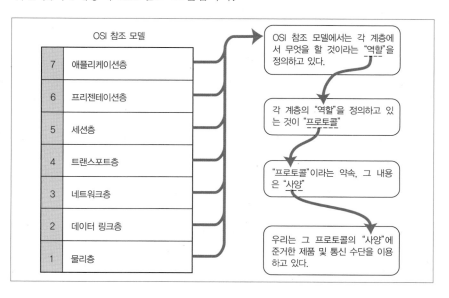

○ 그림 1.18 OSI 참조 모델과 프로토콜의 의미

OSI 참조 모델은 통신에 필요한 기능을 잘 정리하고 있습니다. 또한 네트워크 엔지니어가 프로토콜에 관한 논의를 할 때, 이 OSI 참조 모델 계층을 바탕으로 이야기를 하는 경우가 있습니다. 컴퓨터 네트워크를 배우는 사람에게 있어서 OSI 참조 모델은 가장 먼저 배워야 하는 첫 관문이라고 할 수 있습니다.

그런데 OSI 참조 모델은 어디까지나 '모델'로, 각 계층의 대표적인 역할을 정한 것일 뿐 프로토콜이나 인터페이스의 상세 내용을 정해 놓은 것은 아닙니다. 즉, OSI 참조 모델은 프로토콜을 설계하거나 학습할 때의 '가이드라인'인 것입니다. 상세 내용을 알고 싶은 경우는 개별 프로토콜의 사양서를 읽을 필요가 있습니다.

대부분의 통신 프로토콜은 이 OSI 참조 모델의 7계층 중 어느 한 계층에 적용시켜 생각할 수 있습니다. OSI 참조 모델에 적용시켜봄으로써 전체 통신 기능 중에서 해당 프로토콜이 어디에 위치하는지, 대표적인 역할은 무엇인지를 알 수 있습니다.

프로토콜의 자세한 사양에 대해 알기 위해서는 각 사양서를 읽어야 하지만, 대부분의 역할은 이 계층 모델의 어느 층에 해당하는지에 따라 대강 파악할 수 있습니다. 각 프로토콜의 상세 내용을 학습하기 전에 OSI 참조 모델을 배워야 하는 이유는 바로 이 때문입니다.

> **OSI 프로토콜과 OSI 참조 모델**
> 이 장에서는 OSI 참조 모델에 대해 설명하고 있지만, OSI 프로토콜이라는 말을 들어본 적이 있을 것입니다. OSI 프로토콜이란, 서로 다른 컴퓨터 간에 통신을 하기 위해 ISO와 ITU-T가 표준화했던 네트워크 아키텍처입니다.
> OSI에서는 통신의 기능을 7개의 계층으로 분류하는데, 이것이 바로 OSI 참조 모델입니다. OSI에서는 이 OSI 참조 모델을 바탕으로 각 계층의 프로토콜과 계층 간의 인터페이스에 대한 표준을 정해 놓았는데, 이것이 OSI 프로토콜로, 여기에 준거한 제품이 OSI 제품, 준거한 통신이 OSI 통신이라고 할 수 있습니다. 이처럼 'OSI 참조 모델'과 'OSI 프로토콜'이라는 말의 의미는 다르므로 주의해야 합니다.
> 이 책에서는 이 OSI 참조 모델의 기능 분류에 TCP/IP의 기능을 적용시키는 형태로 설명합니다. 실제의 TCP/IP 계층 모델은 OSI와 약간 다르지만, OSI 참조 모델을 사용하면 이해도를 높일 수 있습니다.

4 OSI 참조 모델 각 계층의 역할

이번에는 OSI 참조 모델 각 계층의 역할에 대해 간단히 설명하겠습니다. 그림 1.19는 OSI 참조 모델 각 계층의 역할을 표로 정리한 것입니다.

	층	기능	각 계층의 기능 이미지
7	애플리케이션층	• 특정 애플리케이션에 특화된 프로토콜	애플리케이션별 프로토콜 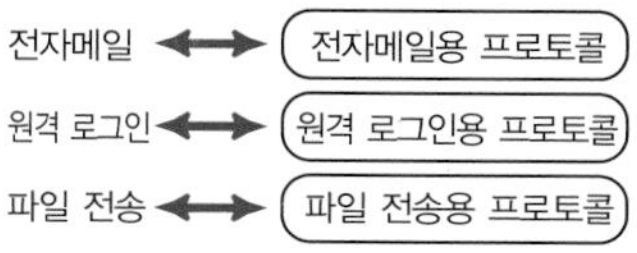 전자메일 ↔ 전자메일용 프로토콜 원격 로그인 ↔ 원격 로그인용 프로토콜 파일 전송 ↔ 파일 전송용 프로토콜
6	프리젠테이션층	• 기기 고유의 데이터 포맷과 네트워크 공통의 데이터 포맷 교환	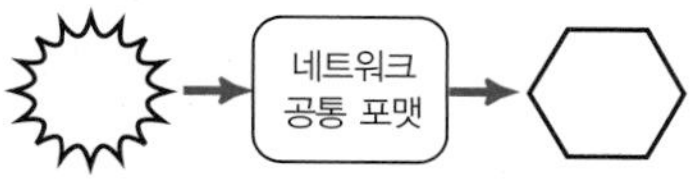 네트워크 공통 포맷 문자열이나 이미지, 음성과 같은 정보 표현의 차이를 흡수한다.
5	세션층	• 통신의 관리 • 커넥션(데이터가 흐르는 논리적인 통신로)의 확립/끊기 • 트랜스포트층 이하의 층 관리	커넥션을 언제 확립하고, 언제 끊을 것인가? 몇 개나 확립할 것인가? 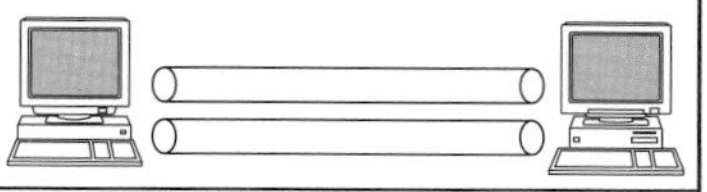
4	트랜스포트층	• 양끝 노드▼ 간의 데이터 전송 관리 • 데이터 전송의 신뢰성을 제공(데이터를 상대에게 확실하게 보내는 역할)	데이터의 누락은 없는가? 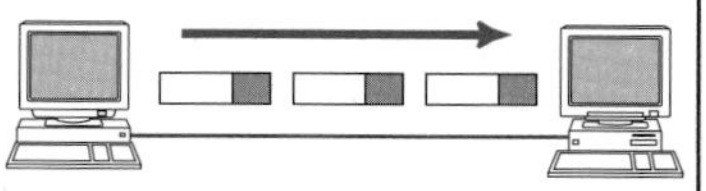
3	네트워크층	• 주소 관리와 경로 선택	어떤 경로를 통해 상대에게 전달할 것인가? 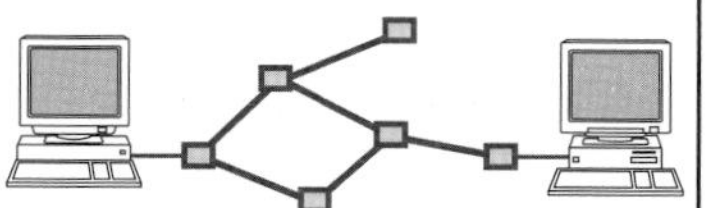
2	데이터 링크층	• 직접 연결된 기기 간의 데이터 프레임의 식별 및 전송	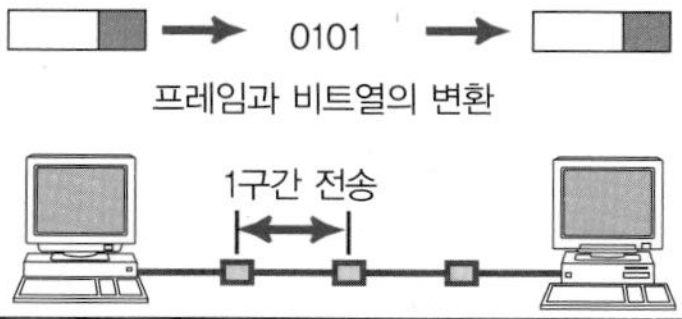 0101 프레임과 비트열의 변환 1구간 전송
1	물리층	• "0"과 "1"을 전압의 고저나 빛의 점멸로 변환 • 커넥터나 케이블 모양을 규정	 0101 → 0101 비트열과 신호의 변환 커넥터나 케이블의 모양

:: **노드**(Node)
네트워크로 연결된 종단 컴퓨터와 같은 기기를 가리킨다.

○ **그림 1.19** OSI 참조 모델 각 계층의 역할

❖ 애플리케이션층

이용되는 애플리케이션 중에서 통신과 관련된 부분을 정해 놓고 있습니다. 파일 전송이나 전자메일, 원격 로그인(가상 단말) 등을 실현하기 위한 프로토콜이 있습니다.

❖ 프리젠테이션층

애플리케이션이 취급하는 정보를 통신에 적합한 데이터 형식으로 만들거나 하위층으로부터 올라온 데이터를 상위층이 처리할 수 있는 데이터 형식으로 변환하는 등 데이터 형식과 관련된 책임을 지고 있습니다.

좀 더 구체적으로 말하면, 기기 고유의 데이터 표현 형식(데이터 포맷) 등을 네트워크 공통의 데이터 형식으로 변환하는 역할을 합니다. 동일한 비트열이라도 기기가 다르면 다른 의미로 해석될 가능성이 있는데, 이러한 무결성을 책임지는 역할을 합니다.

❖ 세션층

커넥션의 확립과 끊기, 전송할 데이터의 분량을 설정하는 등과 같은 데이터 전송에 관련된 역할을 합니다.

❖ 트랜스포트층

수신처 애플리케이션에게 데이터를 확실하게 보내는 역할을 합니다. 통신을 수행하는 양쪽 노드에서만 처리되고, 중간에 있는 라우터에서는 처리되지 않습니다.

❖ 네트워크층

데이터를 수신처까지 보내는 역할을 합니다. 수신처는 여러 개의 네트워크가 라우터로 연결된 곳에 있는 경우도 있습니다. 이러한 경우를 처리하기 위한 주소 체계를 결정하거나 어느 경로를 사용할 것인지 등과 같이 경로를 선택하는 역할을 합니다.

❖ 데이터 링크층

물리층에서 직접적으로 연결된 노드 간, 예를 들면 하나의 이더넷에 연결된 두 노드 사이에서 통신이 가능하게 하는 역할을 합니다.

0과 1로 된 숫자열을 의미가 있는 덩어리(프레임)로 나누어 상대방에게 전달합니다(프레임의 생성과 수신).

❖ 물리층

비트열(0과 1로 된 숫자열)을 전압의 고저 또는 빛의 점멸로 변환하거나, 이와 반대로 전압의 고저 또는 빛의 점멸을 비트열로 변환합니다.

STORY

OSI 참조 모델에 의한 통신 처리의 예

06

:: **호스트**(Host)

여기서 말하는 호스트란, 네트워크에 연결된 컴퓨터를 의미한다. OSI 용어에서는 통신을 수행하는 컴퓨터를 '노드'라고 부르지만, TCP/IP 용어로는 '호스트'라고 부른다. 이 책은 TCP/IP에 관한 책이므로, 통신을 수행하는 컴퓨터를 주로 '호스트'라 부른다(157쪽 칼럼 참조).

앞에서 살펴본 7계층의 기능을 구체적인 통신을 예로 들어 설명해보겠습니다. 호스트▼ A를 사용하는 A씨가 호스트 B를 사용하는 B씨에게 메시지를 보내는 경우를 생각해봅시다.

단, 한 가지 주의할 점은 엄밀히 말해 실제 OSI나 인터넷의 전자메일은 여기서 설명하는 구조로 되어 있지 않다는 것입니다. 여기서는 OSI 참조 모델을 알기 쉽게 설명하기 위한 예라고 생각하기 바랍니다.

1 7계층 통신

OSI의 7계층 모델에서는 통신을 어떻게 모델화하고 있을까요?

전체적인 개념은 그림 1-17(36쪽)에서 소개한 언어와 전화기라는 2계층 모델과 똑같습니다. 송신 측에서는 7층, 6층과 같이 윗층에서 아래층으로 순서대로 데이터가 전달되고, 수신 측에서는 1층, 2층과 같이 아래층에서 윗층으로 순서대로 데이터를 받습니다. 각 계층에서는 상위층으로부터 받은 데이터에 자신의 계층 프로토콜 처리에 필요한 정보를 '헤더'라는 형태로 덧붙입니다. 수신 측에서는 수신한 데이터를 처리하여 '헤더'와 상위층으로 가는 '데이터'를 분리한 후, 상위층으로 데이터를 전달합니다. 이렇게 송신한 데이터가 원래의 데이터로 복원되는 것입니다.

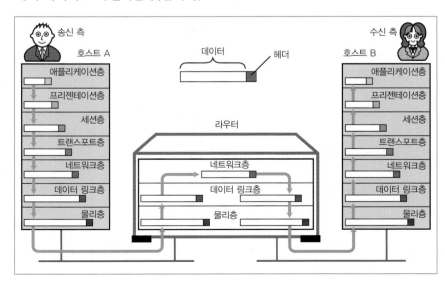

○ 그림 1.20 통신과 7계층

☑ 세션층 이상에서의 처리

A씨가 B씨에게 "안녕하세요?"라는 문장을 보내는 경우 어떻게 처리될까요? 상위층부터 순서대로 살펴봅시다.

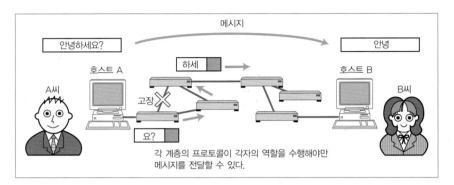

○ **그림 1.21** 메시지의 통신 예

❖ 애플리케이션층

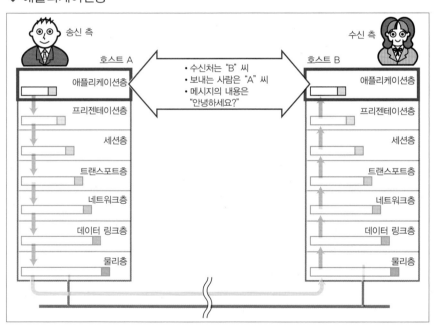

○ **그림 1.22** 애플리케이션층이 하는 일

A씨는 호스트 A상에서 메시지 소프트웨어를 실행시켜 새로운 메시지를 작성합니다. 그리고 수신처를 "B" 씨로 하고, 키보드로 "안녕하세요?"라고 입력합니다. 메시지 소프트웨어의 기능은 통신에 관련된 부분과 그 밖의 부분으로 나눌 수 있습니다. 예를 들어 "안녕하세요?"라는 데이터를 입력하는 부분은 통신과 관계 없는 부분입니다. 이 문장을 호스트 B에게 송신하는 부분은 통신과 관계가 있습니다. 여기서 '문장을 입력한 후 데이터를 송신하는 부분'이 애플리케이션층에 해당합니다.

사용자가 문장의 입력을 끝낸 후 '보내기' 버튼을 마우스로 클릭하면 애플리케이션 프로토콜의 처리가 시작됩니다. 예를 들어 "안녕하세요?"에 메시지의 본문이라는 정보나 수신처가 "B"씨라는 정보를 나타내는 헤더(태그)가 붙여집니다. 이 헤더가 붙여진 데이터가 호스트 B에서 메시지 수신 처리를 담당하는 애플리케이션에게 전달됩니다. 호스트 B의 애플리케이션은 호스트 A의 애플리케이션에서 송신한 정보를 분석합니다. 그리고 헤더와 데이터를 해석하여 메시지를 하스디스크나 비휘발성 메모리▼에 저장하는 등과 같이 필요한 처리를 합니다. 만약, 호스트 B가 어떤 이유로 메시지를 수신할 수 없게 되면 오류 메시지를 반환합니다. 이러한 애플리케이션 고유의 오류 처리도 애플리케이션층의 역할에 해당합니다.

호스트 A의 애플리케이션층은 호스트 B의 애플리케이션층과 통신하여 메시지를 저장하는 최종 처리까지 수행합니다.

❖ 프리젠테이션층

:: 비휘발성 메모리
전원을 꺼도 데이터가 사라지지 않는 기억 장치를 말한다.

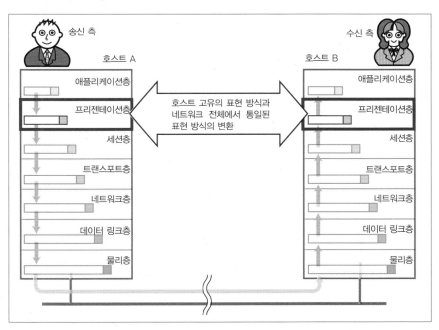

◐ 그림 1.23 프리젠테이션층이 하는 일

:: 잘 알려진 것으로는 컴퓨터 내부에서 데이터를 메모리상에 배치하는 형식이 있다. 빅 엔디안 방식과 리틀 엔디안 방식이 대표적인 예다.

프리젠테이션이란 '표현'이나 '제시'라는 뜻으로, 데이터의 표현 형식을 나타냅니다. 데이터의 표현 형식은 컴퓨터 시스템의 종류에 따라 다릅니다.▼ 또한 사용하는 소프트웨어가 다르면 데이터의 표현 형식이 달라지는 경우도 있습니다. 예를 들어 한 워드 프로세서에서 작성한 문서 파일은 '해당 제조업체의 특정 버전의 워드 프로세서에서만 읽을 수 있는 경우'가 있습니다.

이와 똑같은 일이 메시지에서 일어나면 어떻게 될까요? A씨와 B씨가 사용하고 있는 메시지 소프트웨어가 완전히 동일한 것이라면 문제 없이 메시지를 읽을 수 있지만, 그렇지 않은 경우에는 메시지를 읽을 수 없게 됩니다. 이러한 경우가 발생하면 매우 곤란하겠지요.▼

이러한 문제를 해결하기 위한 몇 가지 방법 중의 하나는 프리젠테이션층을 이용하는 것입니다. 즉, 송신할 데이터를 '컴퓨터 고유의 표현 형식'에서 '네트워크 전체에서 공통된 표현 방식'으로 변환하여 송신하는 것입니다. 이를 수신한 호스트는 다시 '컴퓨터 고유의 표현 형식'으로 변환하여 사후 처리를 하게 됩니다. 이렇게 데이터를 공통된 표현 형식으로 변환한 후에 주고받음으로써 다른 기종 간에도 데이터 표현 형식의 무결성을 보장할 수 있습니다. 이것이 프리젠테이션층의 역할입니다. 프리젠테이션층은 '네트워크 전체에서 통일된 표현 방식'과 '컴퓨터나 소프트웨어에 최적화된 표현 형식'을 서로 변환해주는 계층이라고 할 수 있습니다.

이 예의 경우에는 "안녕하세요?"라는 문자를 정해진 부호화 방식에 따라 '네트워크 전체에서 통일된 표현 방식'으로 변환합니다. 단순한 문자열이라고 해도 다양하고 복잡하기 때문에 한국어의 경우만 보더라도 EUC-KR, ISO-2022-KR, UTR-8, UTF-16과 같이 다양한 부호화 방식이 있습니다. 이 부호화가 제대로 되지 않으면 상대방에게 힘들게 메일이 도달해도 '문자가 깨져서 읽을 수 없게' 됩니다.▼

프리젠테이션층에도 프리젠테이션층 사이에서 데이터의 부호화 방식을 식별하기 위해 헤더가 붙여집니다. 그리고 실제로 데이터를 전송하는 처리는 세션층 이하에게 맡깁니다.

❖ 세션층

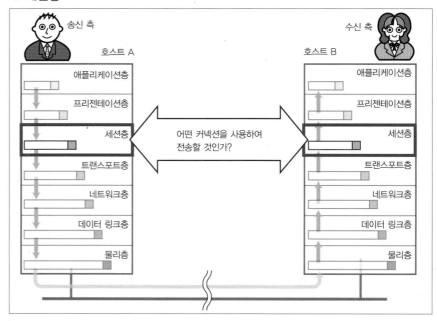

● **그림 1.24** 세션층이 하는 일

그 다음으로 양쪽 호스트의 세션층에서는 데이터를 어떻게 보내면 효율적으로 주고받을 수 있을 것인지, 데이터는 어떤 방식으로 송신할 것인지와 같은 논의가 이루어집니다.

예를 들어 A씨가 B씨 앞으로 메시지를 5통 작성했다고 가정합시다. 이를 송신하는 데에는 여러 가지 방법이 있습니다. 먼저 메시지를 하나 송신할 때마다 커넥션▼을 확립하고 끊는 방법을 생각할 수 있습니다. 또 다른 하나는 하나의 커넥션을 이용하여 5통의 메시지를 순서대로 송신하는 방법이 있습니다. 이 밖에 커넥션을 동시에 5개 확보하여 5통의 메시지를 병렬로 송신하는 방법도 생각할 수 있습니다. 이러한 것들을 판단하고 제어하는 것이 세션층의 역할입니다. 세션층에서도 애플리케이션층이나 프리젠테이션층과 같이 태그나 헤더가 붙여져서 데이터가 하위층으로 전달됩니다. 이 태그나 헤더에는 데이터를 어떤 방법으로 전달할 것인지가 기록되어 있습니다.

:: **커넥션**(Connection)
'접속'이라고도 하며, 통신 경로를 말한다.

❸ 트랜스포트층 이하에서의 처리

지금까지의 흐름을 정리해보면, 애플리케이션층에서 작성한 데이터는 프리젠테이션층에서 부호화되고, 세션층에서 판단한 방법을 이용하여 데이터가 전송됩니다. 그런데 세션층은 커넥션을 확립할 타이밍이나 데이터를 전송할 타이밍을 관리할 뿐, 실제로 데이터를 전송하는 기능은 없습니다. 세션층보다 하위에 있는 계층이 실제로 네트워크를 사용하여 데이터의 송신 처리를 하는 배후 존재라고 할 수 있습니다.

❖ 트랜스포트층

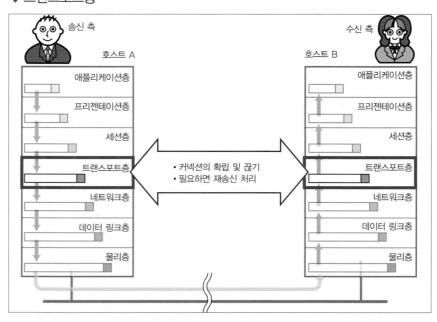

○그림 1.25 트랜스포트층이 하는 일

호스트 A는 호스트 B로 가는 통신로를 확보하고 데이터를 전송할 준비를 합니다. 이를 '커넥션의 확립'이라고 합니다. 이 통신로를 사용하여 호스트 A에서 호스트 B 안의 메시지를 처리하는 프로그램까지 데이터를 전달할 수 있게 됩니다. 또한 통신이 끝나면 확립한 커넥션을 끊어야 합니다.

이렇게 커넥션의 확립이나 끊기를 처리하고▼ 호스트 간의 논리적인 통신 수단을 만드는 것이 트랜스포트층의 역할입니다. 그리고 데이터를 확실히 상대방에게 전달하기 위해서 통신하는 컴퓨터 간에 데이터가 제대로 전달되었는지 확인하고, 전달되지 않았다면 재전송합니다.

예를 들어 "안녕하세요?"라는 데이터를 호스트 A가 호스트 B에게 보냈다고 가정합시다. 그런데 어떤 원인으로 말미암아 데이터가 손상되거나 네트워크에 이상이 발생하여 일부 데이터가 상대방에게 도달하지 않았을 가능성이 있습니다. 여기서 호스트 B에게 "안녕"까지만 전달되었다고 합시다. 그러면 호스트 B는 "안녕"까지는 받았지만 그 이후를 받지 못했다는 사실을 호스트 A에게 알려줍니다. 이 사실을 알게 된 호스트 A는 "하세요?"를 다시 한 번 보내고 제대로 받았는지 확인합니다. 이는 다른 사람과 대화할 때 '어, 방금 뭐라고 했지?'라고 되묻는 것과 똑같은 이치입니다. 컴퓨터 프로토콜이라고 해서 일상생활에서는 상상할 수 없는 특수하고 어려운 일만 하는 것은 아닙니다. 기본적인 구조는 사람의 일상생활과 똑같은 점이 많이 있습니다.

이렇게 통신에서 발생하는 데이터 전송의 신뢰성을 보증하는 것이 트랜스포트층의 역할입니다. 신뢰성을 보증하기 위해 보낼 데이터를 식별하는 표시와 같은 정보를 포함한 헤더가 데이터에 붙여집니다. 그리고 실제로 데이터를 상대방에게까지 전달하는 처리는 네트워크층에게 맡깁니다.

:: 세션층의 역할
커넥션의 확립 및 끊기를 언제 수행할 것인지를 정하는 것은 세션층의 역할이다.

❖ 네트워크층

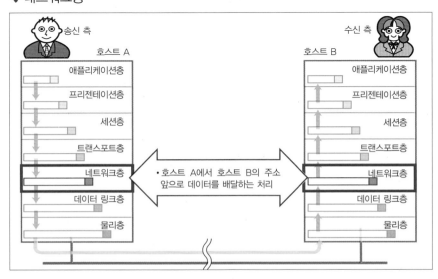

○**그림 1.26** 네트워크층이 하는 일

네트워크층은 네트워크와 네트워크가 연결된 환경에서 데이터를 송신 호스트에서 수신 호스트로 배달하는 역할을 합니다. 그림 1.27의 예와 같이 중간에 다양한 데이터 링크가 있더라도 호스트 A에서 호스트 B로 데이터가 전달되는 것은 이 네트워크층의 덕분이라고 할 수 있습니다.

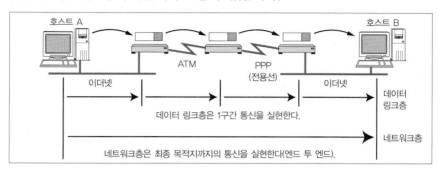

:: 주소는 55쪽 참조.

ㅇ그림 1.27 네트워크층과 데이터 링크층의 역할 분담

실제로 데이터를 전송하기 위해서는 수신처의 주소, 즉, 어드레스가 필요합니다.▼ 이 주소는 통신을 하는 전 세계 네트워크에서 유일하게 사용됩니다. 전화번호와 같은 것으로 생각해도 됩니다. 주소가 정해지면 많은 컴퓨터 중에서 어떤 컴퓨터에게 데이터를 전송하면 좋을 것인지가 정해집니다. 이 주소를 바탕으로 네트워크층에서 패킷의 배송 처리가 일어납니다. 이 주소와 네트워크층의 패킷 배송 처리에 의해 지구 반대편까지 패킷을 보낼 수 있습니다. 네트워크층에서는 네트워크층의 상위층으로부터 받은 데이터에 주소 정보 등을 붙여 데이터 링크층으로 전달합니다.

> **트랜스포트층과 네트워크층의 관계**
> 네트워크 아키텍처에 따라서는 네트워크층에서 데이터의 도달성을 보장하지 않는 경우가 있습니다. 예를 들어 TCP/IP의 네트워크층에 해당하는 IP에서는 데이터가 상대방 호스트에 확실히 전달된다는 보장은 없습니다. 중간에 데이터가 소실되거나, 순서가 바뀌거나 2개 이상으로 늘어날 가능성이 있기 때문입니다. 이렇게 신뢰성이 없는 네트워크층의 경우, '올바르게 데이터를 전달하는 처리'는 트랜스포트층이 담당합니다. TCP/IP에서는 네트워크층과 트랜스포트층이 같이 움직임으로써 전 세계로 패킷을 전달할 수 있으며, 아울러 신뢰성 있는 통신을 제공할 수 있습니다.
> 역할을 계층별로 분명하게 나누면 프로토콜의 사양을 정하기 쉽고, 프로토콜을 구현▼하는 작업도 편해집니다.

:: **프로토콜의 구현**
프로토콜을 프로그래밍하여 컴퓨터상에서 움직이도록 하는 일을 말한다.

❖ 데이터 링크층과 물리층

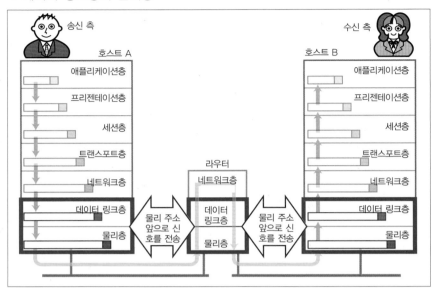

○ 그림 1.28 데이터 링크층과 물리층이 하는 일

통신은 실제로 물리적인 통신 매체를 사용하여 일어납니다. 데이터 링크층은 통신 매체에 직접 연결된 기기 사이에 데이터를 주고받을 수 있도록 하는 역할을 합니다. 물리층에서는 데이터의 0과 1을 전압이나 빛의 펄스로 변환하여 물리적인 통신 매체에 흘려보냅니다. 직접 연결된 기기 간에서도 주소를 이용하는 경우가 있습니다. 이러한 주소를 'MAC 주소', '물리 주소', '하드웨어 주소'라고 합니다. 이 주소는 동일한 통신 매체에 연결된 기기를 식별하기 위한 것입니다. 이 MAC▾ 주소 정보를 포함한 헤더가 네트워크층으로부터 받은 데이터에 붙여져 실제 네트워크로 흘러갑니다.

:: **MAC**(Media Access Control)
매체 액세스 제어

네트워크층이든, 데이터 링크층이든 주소를 근거로 데이터를 수신처까지 전달한다는 점은 같지만, 네트워크층은 최종 목적지까지의 데이터 배달을 담당하고, 데이터 링크층은 한 구간의 데이터 배달을 담당한다는 점이 다릅니다. 자세한 내용은 157쪽에서 설명하겠습니다.

❖ 호스트 B에서의 처리

수신 측인 호스트 B는 호스트 A와는 반대 순서로 작동하여 데이터를 상위층으로 전달합니다. B씨는 최종적으로 호스트 B상에서 메시지 소프트웨어를 사용하여 A씨가 보낸 "안녕하세요?"라는 메시지를 읽을 수 있습니다.

앞에서 설명한 바와 같이 통신 네트워크에 필요한 기능은 계층화하여 생각할 수 있습니다. 그리고 각 계층의 역할을 담당하는 프로토콜이 있기 때문에 각 헤더와 같은 데이터 포맷과 헤더와 데이터를 처리하는 방법이 구체적으로 정의되어 있는 것입니다.

통신 방식의 종류

07

네트워크나 통신은 데이터의 전송 방법에 따라 분류할 수 있습니다. 분류 방법이 하나만 있는 것은 아니므로, 여기서는 몇 가지 분류 방법만을 소개하겠습니다.

1 커넥션형과 커넥션리스형

네트워크에서 데이터 전송은 크게 커넥션형과 커넥션리스형▼으로 나눌 수 있습니다.

:: 커넥션리스형에는 이더넷이나 IP, UDP와 같은 프로토콜이 있으며, 커넥션형으로는 ATM, 프레임 릴레이, TCP 등의 프로토콜이 있다.

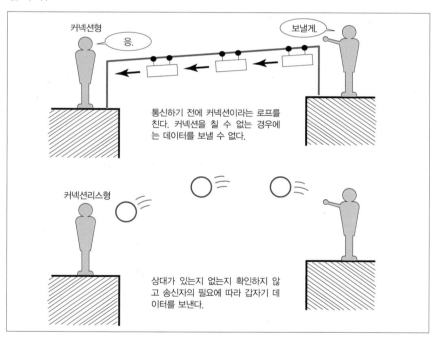

● **그림 1.29** 커넥션형과 커넥션리스형

:: 커넥션형의 경우 송수신하는 데이터가 반드시 패킷일 필요는 없다. 6장에서 설명할 TCP는 커넥션형으로 송신하고 데이터는 패킷이지만, 51쪽에서 설명할 회선 교환 방식은 커넥션형이라도 데이터가 패킷 형식이 아닌 예다.

:: 프로토콜의 계층에 따라 커넥션의 의미가 조금 달라지는데, 데이터 링크의 경우에는 물리적인 통신 회선의 연결을 의미한다. 트랜스포트의 경우에는 논리적인 커넥션을 만들어 관리한다.

❖ 커넥션형

커넥션형에서는 데이터▼ 송신을 시작하기 전에 송신 호스트와 수신 호스트 사이에 회선을 연결합니다.▼

커넥션형은 전화 통신과 같이 상대방의 전화번호를 입력하여 상대가 전화를 받으면 대화를 하는 것과 거의 비슷합니다. 그리고 이야기가 끝나면 전화를 끊습니다. 커넥션형의 경우에는 통신 전후에 커넥션의 확립과 끊기 처리를 할 필요가 있는데, 상대가 통신할 수 없는 경우에는 쓸데없는 데이터를 보내지 않아도 된다는 장점이 있습니다.

:: 커넥션리스형은 패킷 교환 (51쪽 참조)인 경우가 많기 때문에 이 데이터는 패킷으로 생각해도 된다.

❖ 커넥션리스형

커넥션리스형은 커넥션의 확립과 끊기 처리가 없습니다. 송신하고 싶은 컴퓨터는 언제든지 데이터를 보낼 수 있습니다.▼ 반대로 받는 쪽은 언제, 누구로부터 데이터를 수신할지 모릅니다. 그러므로 커넥션리스형의 경우에는 데이터를 받았는지, 받지 않았는지를 항상 확인해야 합니다.

이를 우편 배달에 비유하면 쉽게 이해할 수 있습니다. 우체국에서는 수취인의 주소를 확인하거나 수취인이 우편물을 받았는지를 확인하지 않은 상태에서 받는 이에게 우편물을 배달합니다. 전화처럼 걸거나 끊을 필요도 없고 상대에게 배달하고 싶은 것을 발송할 뿐입니다.

커넥션리스형은 통신 상대가 있는지, 없는지는 확인하지 않습니다. 그렇기 때문에 수신 상대가 없는 경우나 상대에게 도달하지 않는 경우에도 데이터를 송신할 수 있습니다.

커넥션과 커넥션리스

커넥션이라는 말은 '인맥'이라는 뜻도 가지고 있습니다. 즉, '교제 또는 우호 관계에 있고 서로 연락을 취하는 사이'와 같은 뜻도 있는데, 커넥션리스형의 경우에는 이러한 인맥이 없습니다.

야구나 골프에서 '공은 어디로 튈지 모른다'라는 말을 많이 하는데, 이것이야말로 커넥션리스형 통신의 송신 측 처리를 나타내는 말처럼 느껴집니다.

'커넥션리스는 너무 불안한 통신 방법이 아닌가?' 라는 의문을 가지는 분도 있겠지만, 이 방법은 어떤 종류의 기기에 있어서는 아주 효과적인 수단이라고 할 수 있습니다. 절차나 정해진 동작을 생략함으로써 처리를 단순화할 수 있으며, 저비용 제품을 만들거나 처리 부하를 경감할 수 있기 때문입니다. 통신 내용에 따라 커넥션형, 커넥션리스형에 맞는 것도 있고, 각각 구분하여 사용해야 하는 것도 있습니다.

2 회선 교환과 패킷 교환

현재 네트워크에서는 크게 '회선 교환'과 '패킷 교환'을 사용하고 있습니다. 회선 교환은 종래의 전화에서 사용해 왔던 방식으로 역사가 긴 것에 비해, 패킷 교환은 1960년대 후반부터 필요성을 인정받기 시작한 비교적 새로운 통신 방식입니다. 이 책의 주제인 TCP/IP는 패킷 교환 방식을 채택하고 있습니다.

회선 교환의 경우는 교환기가 데이터의 중계 처리를 합니다. 컴퓨터는 교환기와 연결되어 있고, 교환기 사이는 여러 개의 통신 회선으로 연결됩니다. 통신을 하고 싶은 경우에는 교환기를 통해 목적하는 컴퓨터와의 회선을 설정합니다. 이때 회선을 연결하는 것을 '커넥션의 확립'이라고 합니다. 한 번 커넥션이 확립되면 커넥션을 끊을 때까지 그 회선을 점유하게 됩니다.

2대의 컴퓨터를 연결하여 통신하고 있는 회선의 경우, 해당되는 두 컴퓨터만 서로 통신하면 되므로 회선을 점유해도 문제가 되지 않습니다. 하지만 회선에 여러 대의 컴퓨터를 연결하여 서로 데이터를 주고받으려고 하면 큰 문제가 발생합니다. 특정 컴퓨터가 송수신을 하면서 회선을 점유해버리므로 다른 컴퓨터는 그동안에 회선을 이용하여 데이터를 송수신할 수 없습니다. 또한 다음 전송이 언제 시작하여 언제 끝날지도 예상할 수 없습니다. 교환기 사이의 회선 수보다 통신을 희망하는 사용자 수가 많아지면 통신을 할 수 없게 됩니다.

이러한 이유 때문에 회선에 연결되어 있는 컴퓨터가 송신하는 데이터를 여러 개의 작은 덩어리로 나누어 전송 순서를 기다리는 행렬에 넣는 방법을 고안했는데, 이것이 바로 '패킷 교환'입니다. 데이터를 패킷으로 세분화함으로써 각 컴퓨터가 일제히 데이터를 송수신할 수 있게 되어 회선을 효율적으로 이용할 수 있게 되었습니다. 각각의 패킷에는 헤더가 있고, 헤더에는 자신의 주소와 상대방의 주소가 적혀 있으므로 하나의 회선을 여러 사용자가 공유하고 있더라도 각 패킷을 어디로 날라야 할 것인지, 어떤 컴퓨터와 통신할 것인지를 구별할 수 있습니다.

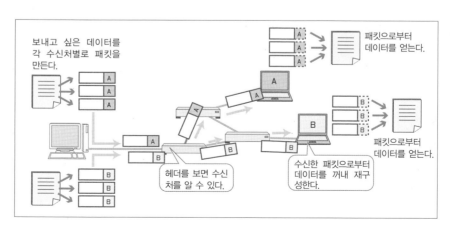

○ 그림 1.30 패킷 통신

패킷 교환의 경우에는 패킷 교환기(라우터)를 사용하여 통신 회선을 연결합니다. 컴퓨터에서 데이터를 패킷으로 송신하면, 이를 라우터가 받습니다. 라우터 안에는 버퍼라는 기억 장치가 있기 때문에 흘러들어온 패킷을 일단 이 버퍼에 저장합니다. 패킷 교환은 '축적 교환'이라고도 부르는데, 이는 전송된 패킷이 라우터의 버퍼에 저장된 후 전송되는 것에 착안한 호칭입니다.

:: 특정 수신처의 패킷을 우선적으로 전송하는 제어를 하는 경우도 있다.

라우터에 들어온 패킷은 순서대로 대기 행렬(큐)을 만들면서 버퍼에 저장됩니다. 그리고 먼저 들어온 패킷부터 순서대로 전송됩니다.▼

패킷 교환의 경우, 컴퓨터와 라우터 사이에는 보통 하나의 회선밖에 없기 때문에 이 한 회선을 공유하여 사용하게 됩니다. 회선 교환에서는 통신하는 컴퓨터 간의 회선 속도가 모두 일정하지만, 패킷 교환에서는 회선 속도가 달라지거나 네트워크의 혼잡도에 따라 패킷의 도착 간격이 짧아지거나 길어지는 일도 있습니다. 또한 라우터의 버퍼가 넘칠 정도로 대량의 패킷이 흘러들어오면 패킷이 분실되어 상대방에게 전달되지 않는 일도 발생합니다.

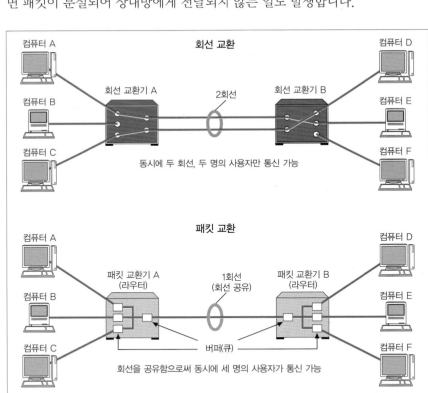

○ 그림 1.31 회선 교환과 패킷 교환의 특징

3 통신 상대의 수에 따른 통신 방식의 분류

통신의 대상이 되는 상대방의 수와 그 후의 동작에 따라 통신을 분류할 수 있습니다. 브로드캐스트나 멀티캐스트라는 말은 이러한 분류에 따른 통신 방식을 가리킵니다.

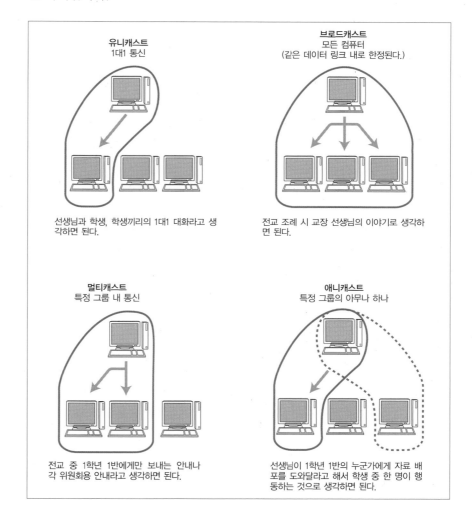

유니캐스트
1대1 통신

선생님과 학생, 학생끼리의 1대1 대화라고 생각하면 된다.

브로드캐스트
모든 컴퓨터
(같은 데이터 링크 내로 한정된다.)

전교 조례 시 교장 선생님의 이야기로 생각하면 된다.

멀티캐스트
특정 그룹 내 통신

전교 중 1학년 1반에게만 보내는 안내나 각 위원회용 안내라고 생각하면 된다.

애니캐스트
특정 그룹의 아무나 하나

선생님이 1학년 1반의 누군가에게 자료 배포를 도와달라고 해서 학생 중 한 명이 행동하는 것으로 생각하면 된다.

○**그림 1.32** 유니캐스트, 브로드캐스트, 멀티캐스트, 애니캐스트

❖ 유니캐스트(Unicast)

'1'을 뜻하는 'Uni'와 '던지다'를 뜻하는 'Cast'가 조합된 것으로, 1대1 통신을 가리킵니다. 종래의 전화는 대표적인 유니캐스트 통신입니다.

❖ 브로드캐스트(Broadcast)

:: TCP/IP의 브로드캐스트 통신에 대해서는 170쪽 참조.

'방송'을 뜻하는 'Broadcast'의 경우는 1대의 호스트에서, 이에 연결된 모든 호스트에게 정보를 발신합니다. 대표적인 브로드캐스트 통신▼으로는 불특정 다수를 향해 일제히 동일한 정보(일제 동보)를 보내는 텔레비전 방송이 있습니다.

또한 텔레비전 방송을 수신할 수 있을 것인지는 전파가 닿는 범위로 한정되는 것처럼 컴퓨터 네트워크의 브로드캐스트도 보통은 통신할 수 있는 범위가 한정됩니다. 브로드캐스트로 통신할 수 있는 범위(브로드캐스트가 미치는 범위)를 '브로드캐스트 도메인'이라고 합니다.

❖ 멀티캐스트(Multicast)

:: TCP/IP의 멀티캐스트 통신에 대해서는 172쪽 참조.

멀티캐스트는 브로드캐스트와 마찬가지로 여러 개의 호스트와 통신을 하지만 통신처를 특정 그룹으로 한정하고 있습니다. 대표적인 멀티캐스트 통신▼으로는 여러 사람이 각기 다른 장소에서 참가하는 '영상 회의'가 있습니다. 이러한 영상 회의에서는 1대의 호스트에서 특정 다수의 접속처를 한정하여 지명하고 동보 통신을 수행합니다. 만일 영상 회의를 브로드캐스트 통신으로 수행하면 이용 가능한 영상 회의 호스트가 모두 연동하여 어디서, 누가 영상 회의를 시청하고 있는지를 파악할 수 없는 사태가 발생합니다.

❖ 애니캐스트(Anycast)

:: TCP/IP의 애니캐스트 통신에 대해서는 244쪽 참조.

애니캐스트는 이름에 포함된 'Any(아무것이나)'가 뜻하는 대로 여러 대의 특정 호스트에 대고 '누군가 한 사람 대답해'라는 물음을 던지는 장치입니다. 멀티캐스트처럼 1대의 호스트에서 여러 대의 특정 호스트를 향해 정보를 발신하는 통신이기는 하지만, 동작이 멀티캐스트와는 다릅니다. 애니캐스트 통신▼에서는 특정한 여러 호스트 중에서 네트워크상에 최적의 조건을 갖고 있는 대상을 하나 선별하여 그 대상에게만 보내집니다. 보통은 선정된 특정 호스트로부터 애니캐스트로 답신이 있어서 이후의 통신은 그 호스트 사이에서 이루어집니다.

애니캐스트가 실제 네트워크에서 사용되고 있는 예로는 207쪽에서 설명할 DNS 루트 네임 서버 등이 있습니다.

주소란?

08

통신의 주체, 즉 통신의 송신처와 수신처는 '어드레스(주소)'를 기준으로 정합니다. 전화의 경우에는 전화번호가 어드레스에 해당합니다. 편지의 경우에는 주소와 이름이 어드레스가 됩니다.

컴퓨터 통신에서는 프로토콜의 각 계층에서 서로 다른 주소를 사용하고 있습니다. 예를 들어 TCP/IP로 통신하는 경우에는 MAC 주소(112쪽 참조), IP 주소(159쪽 참조), 포트 번호(257쪽 참조) 등을 사용합니다. TCP/IP보다 위에 있는 층에서는 전자메일 주소(338쪽 참조) 등을 사용합니다.

1 주소의 유일성

주소가 주소로서의 기능을 다하기 위해 가장 먼저 필요한 것은 통신 상대를 특정할 수 있어야 합니다. 한 주소로 나타낼 수 있는 대상을 명확하게 특정할 수 있어야 하며, 동일한 주소로 나타나는 대상이 여러 개 존재해서는 안 되는데, 이를 '주소의 유일성'이라고 합니다. 이러한 유일성을 '유니크하다(고유하다)'라고 합니다.

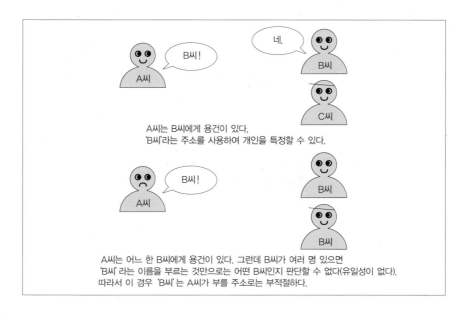

● 그림 1.33 주소의 유일성

앞에서 동일한 주소로 나타나는 대상이 여러 개 존재해서는 안 된다고 했는데, '유니캐스트의 경우는 상대 주소가 하나뿐이지만 브로드캐스트나 멀티캐스트, 애니캐스트에 사용하는 주소는 여러 상대에게 똑같은 주소가 붙는 것이 아닐까?' 라는 의문을 가질지도 모르겠습니다. 이 경우 기기는 여러 대 있지만 기기 전체를 특정하는 주소가 있기 때문에 그 주소로 나타내는 대상을 분명하게 특정할 수 있습니다. 이러한 경우에도 주소의 유일성이 있다고 할 수 있습니다.

예를 들어 선생님이 '1학년 1반 여러분!' 이라고 부르는 것은 멀티캐스트에 해당하는데, 1학년 1반 학생이라는 명확한 대상을 가리키고 있으므로, '1학년 1반'에는 주소로서 유일성이 있는 것입니다.

또한 '1학년 1반 중 아무나 자료를 받으러 오세요!' 라고 하는 것은 애니캐스트인데, 이 경우 '1학년 1반 중 아무나(아무라도 좋으니 한 명)'에도 주소의 유일성이 있습니다.▼

:: 비행기 기내에서 급한 환자가 발생했을 때 '아무나 의사 없습니까?'라고 승무원이 말하는 것도 이 메시지가 누군가 한 명의 의사에게 전달되면 되는 상황에서 말하는 것이기 때문에 애니캐스트의 일종이라고 할 수 있다.

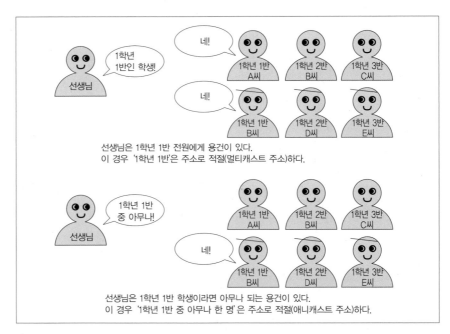

선생님은 1학년 1반 전원에게 용건이 있다.
이 경우 '1학년 1반'은 주소로 적절(멀티캐스트 주소)하다.

선생님은 1학년 1반 학생이라면 아무나 되는 용건이 있다.
이 경우 '1학년 1반 중 아무나 한 명'은 주소로 적절(애니캐스트 주소)하다.

◐ **그림 1.34** 멀티캐스트와 애니캐스트 주소의 유일성

② 주소의 계층성

주소의 총 개수가 그다지 많지 않은 경우, 유일성만 보장되면 통신 상태를 특정할 수 있습니다. 하지만 주소의 총 수가 많아지면 해당 주소를 어떻게 찾을 것인지가 문제가 됩니다. 그래서 필요한 것이 '계층성'입니다. 전화번호에는 국가 번호와 국번이 있으며, 주소에는 나라명, 시·구·동명 등이 있는데, 이것이 바로 '계층성'입니다. 계층성 덕분에 주소를 찾기가 쉬워지는 것입니다.

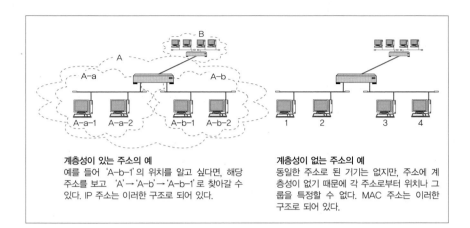

계층성이 있는 주소의 예
예를 들어 'A-b-1'의 위치를 알고 싶다면, 해당 주소를 보고 'A'→'A-b'→'A-b-1'로 찾아갈 수 있다. IP 주소는 이러한 구조로 되어 있다.

계층성이 없는 주소의 예
동일한 주소로 된 기기는 없지만, 주소에 계층성이 없기 때문에 각 주소로부터 위치나 그룹을 특정할 수 없다. MAC 주소는 이러한 구조로 되어 있다.

◑ **그림 1.35** 주소의 계층성

:: 데이터 링크층, 물리층(48쪽) 참조.

:: 컴퓨터를 네트워크에 연결할 때 사용하는 부품으로, NIC (Network Interface Card)라고 한다(자세한 내용은 61쪽 참조).

:: **MAC 주소의 유일성의 담보**
MAC 주소는 유일해야 하지만, 제조 시 설정을 소프트웨어에서 변경할 수 있는 구조도 있다(자세한 내용은 113쪽 참조).

:: IP 주소의 집약에 대해서는 184쪽 참조.

:: 현재 전송표와 경로 제어표는 통과점별로 수동으로 설정하는 것이 아니라 원칙적으로 자동으로 생성된다. 전송표는 119쪽의 자기 학습에 의해 자동으로 생성되며, 경로 제어표는 7장에서 설명할 경로 제어 프로토콜에 의해 자동 생성된다.

:: 정확하게는 네트워크부와 그것을 가리키는 서브넷 마스크를 말한다(자세한 내용은 174쪽 참조).

컴퓨터 통신에 사용되는 MAC 주소▾와 IP 주소는 둘다 유일성이 있지만, 계층성은 IP 주소에만 있습니다.

MAC 주소는 네트워크 인터페이스 카드▾별로 제조업체 식별자와 제조업체 내 제품 번호, 제품별 통번이 붙어 있기 때문에 유일성이 보장됩니다.▾ 하지만 어떤 네트워크 인터페이스 카드가 전 세계의 어디에서 사용되는지를 특정할 방법은 없습니다. MAC 주소의 제조업체 식별자, 제품번호, 통번은 어떤 의미에서는 계층성이라고 할 수 있지만, 주소를 찾을 때에 도움이 되는 것은 아니기 때문에 MAC 주소에 계층성이 있다고 할 수 없습니다. 최종적으로 실제 통신을 담당하는 것은 MAC 주소이지만, MAC 주소에는 계층성이 없기 때문에 IP 주소가 필요해졌다고 생각할 수도 있습니다.

한편 IP 주소는 네트워크부와 호스트부라는 두 부분으로 구성되어 있기 때문에 호스트부는 달라도 네트워크부가 동일한 IP 주소인 것은 반드시 동일한 조직이나 그룹에 연결되어 있습니다. 또한 네트워크부는 조직, 프로바이더, 지역 등으로 집약할 수 있기 때문에 주소를 찾기 쉽습니다.▾ 즉, IP 주소는 계층성을 갖고 있다고 할 수 있습니다.

네트워크 도중에 있는 통과점에서는 각 패킷의 수신 주소를 보고 어떤 네트워크 인터페이스에서 보낼 것인지를 결정합니다. 그렇기 때문에 주소별로 송출 인터페이스를 기재한 테이블을 참조합니다. 이는 MAC 주소든, IP 주소든 모두 똑같습니다. MAC 주소의 경우는 이 테이블을 전송표(포워딩 테이블)라고 하며, IP 주소의 경우는 경로 제어표(라우팅 테이블)이라고 합니다.▾ 전송표에는 MAC 주소가 그대로 써 있는데 비해, 경로 제어표에 써 있는 IP 주소는 집약된 네트워크부▾입니다.

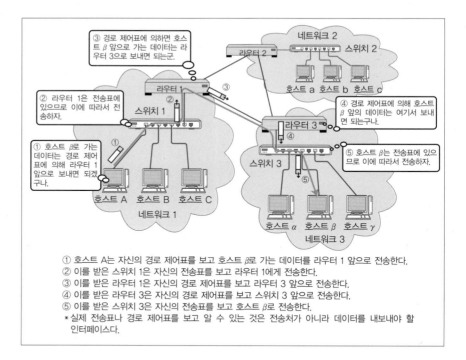

③ 경로 제어표에 의하면 호스트 β 앞으로 가는 데이터는 라우터 3으로 보내면 되는군.

② 라우터 1은 전송표에 있으므로 이에 따라서 전송하자.

① 호스트 β로 가는 데이터는 경로 제어표에 의해 라우터 1 앞으로 보내면 되겠구나.

④ 경로 제어표에 의해 호스트 β 앞의 데이터는 여기서 보내면 되는구나.

⑤ 호스트 β는 전송표에 있으므로 이에 따라서 전송하자.

네트워크 2   스위치 2
호스트 a 호스트 b 호스트 c

라우터 2

라우터 1
스위치 1

라우터 3
스위치 3

호스트 A 호스트 B 호스트 C
네트워크 1

호스트 α 호스트 β 호스트 γ
네트워크 3

① 호스트 A는 자신의 경로 제어표를 보고 호스트 β로 가는 데이터를 라우터 1 앞으로 전송한다.
② 이를 받은 스위치 1은 자신의 전송표를 보고 라우터 1에게 전송한다.
③ 이를 받은 라우터 1은 자신의 경로 제어표를 보고 라우터 3 앞으로 전송한다.
④ 이를 받은 라우터 3은 자신의 경로 제어표를 보고 스위치 3 앞으로 전송한다.
⑤ 이를 받은 스위치 3은 자신의 전송표를 보고 호스트 β로 전송한다.
＊실제 전송표나 경로 제어표를 보고 알 수 있는 것은 전송처가 아니라 데이터를 내보내야 할 인터페이스다.

○ 그림 1.36 전송표와 경로 제어표에 의한 패킷 송출처 결정

네트워크의 구성 요소

09

실제로 네트워크를 구축할 때에는 각종 케이블이나 기기가 필요합니다. 이번에는 컴퓨터끼리 연결하기 위한 하드웨어에 대해 설명하겠습니다.

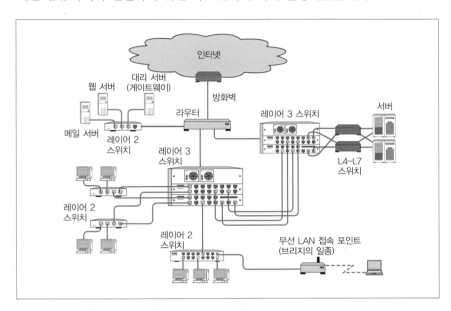

○ 그림 1.37 네트워크의 구성 요소

○ 표 1.3 네트워크를 구성하는 기기와 역할

기기	역할	해설 위치
네트워크 인터페이스	컴퓨터를 네트워크에 연결하기 위한 장치 (Network Interface)	61쪽
리피터(Repeater)	네트워크를 물리층에서 연장하는 장치	62쪽
브리지(Bridge) /레이어 2 스위치	네트워크를 데이터 링크층에서 연장하는 장치	63쪽
라우터(Router) /레이어 3 스위치	네트워크층에 의해 패킷을 전송하는 장치	65쪽
레이어 4-7 스위치	트랜스포트층보다 위에 있는 정보로 트래픽을 처리하는 장치	66쪽
게이트웨이(Gateway)	프로토콜을 변환하는 장치	67쪽

1 통신 매체와 데이터 링크

컴퓨터 네트워크란, 컴퓨터와 컴퓨터를 연결시키는 것을 말합니다. 그렇다면 실제로는 어떻게 연결시키는 것일까요?

컴퓨터를 연결하는 케이블로는 트위스트 페어 케이블이나 광섬유 케이블, 동축 케이블, 시리얼 케이블 등을 들 수 있습니다. 사용하는 데이터 링크▾의 종류에 따라 케이블의 종류가 달라집니다. 통신 매체로 전파나 마이크로파와 같은 전자파를 이용하는 경우도 있습니다. 표 1.4는 다양한 데이터 링크와 이를 연결할 때에 사용하는 통신 매체 및 전송 속도의 표준을 정리한 것입니다.

:: **데이터 링크**(Datalink)
데이터 링크란, 직접적으로 연결된 기기끼리 통신을 하기 위한 프로토콜이나 네트워크를 가리키는 말로, 이를 지원하는 통신 매체도 다양하다(자세한 내용은 3장 참조).

○ **표 1.4 다양한 데이터 링크**

데이터 링크명	통신 매체	전송 속도	주요 용도
이더넷	동축 케이블	10Mbps	LAN
	트위스트 페어 케이블	10Mbps~10Gbps	LAN
	광섬유 케이블	10Mbps~100Gbps	LAN
무선	전자파	수 Mbps~수 Gbps	LAN~WAN
ATM※	트위스트 페어 케이블 광섬유 케이블	25Mbps 155Mbps 622Mbps	LAN~WAN
FDDI※	트위스트 페어 케이블 광섬유 케이블	100Mbps	LAN~WAN
프레임 릴레이※	트위스트 페어 케이블 광섬유 케이블	64k~1.5Mbps 정도	WAN
ISDN※	트위스트 페어 케이블 광섬유 케이블	64k~1.5Mbps	WAN

※ 현재는 그다지 사용되지 않습니다.

:: 빛의 속도나 전류가 흐르는 속도는 일정하기 때문이다.

> **전송 속도와 스루풋**
>
> 데이터 통신을 할 때에 두 기기 사이에 흐르는 데이터의 물리적인 속도를 '전송 속도'라고 합니다. 단위는 bps(Bits Per Second)로 표시합니다. 속도라고 해도 매체 안을 흐르는 신호의 속도는 일정하므로 데이터 링크의 전송 속도가 달라도 빨라지거나 느려지는 일은 없습니다▾. 전송 속도가 빠르다는 것은 데이터가 흐르는 속도가 빨라지는 것이 아니라 짧은 시간에 보다 많은 데이터를 보낼 수 있다는 뜻입니다.
>
> 도로를 예로 들어 보면 저속 데이터 링크는 차선의 개수가 적기 때문에 '한 번에 많은 차가 달릴 수 없는 길'이라고 할 수 있습니다. 이에 반해 고속 데이터 링크는 '차선 수가 많아서 한 번에 많은 차가 달릴 수 있는 길'이라고 할 수 있습니다. 전송 속도를 '대역(Bandwidth)'이라고도 하는데, 대역이 넓을수록 고속 네트워크를 의미합니다.
>
> 또한 실제로 호스트끼리 주고받는 전송 속도를 '스루풋'이라고 합니다. 단위는 전송 속도(대역)와 마찬가지로 bps(Bits Per Second)로 나타냅니다. 스루풋은 데이터 링크의 대역뿐만 아니라 호스트의 CPU 성능이나 네트워크 혼잡도, 패킷 안에서 데이터가 차지하는 비율(헤더를 포함하지 않고 데이터만으로 계산함) 등도 고려한 실효적인 전송 속도를 뜻합니다.

네트워크 기기의 상호 연결

네트워크의 상호 연결을 가능하게 하려면 규격이나 업계 표준과 같은 일종의 '규칙'이 필요합니다. 이것은 네트워크를 구축하는 데에 있어서 매우 중요한 요소입니다. 만일 각 제조업체의 제품이 자사 고유의 매체나 프로토콜을 사용하고 있다면, 다른 부서나 다른 네트워크와 연결할 때에 곤란한 일이 발생할지도 모릅니다. 프로토콜이나 규격은 이러한 일을 방지하기 위한 것이며, 이를 지키는 일은 매우 중요합니다. 이를 지키지 않으면 통신이 불가능하거나 장애가 발생할 가능성이 높습니다.

그런데 기술의 과도기에는 '항상'이라고 표현해도 좋을 정도로 '호환성 문제'가 발생합니다. ATM이나 기가비트 이더넷(Gigabit Ethernet), 무선 LAN 등 새로운 기술이 등장한 지 얼마 되지 않았을 때에는 다른 제조업체와의 상호 연결성에 많은 문제가 발생했습니다. 물론 시간이 지나면서 조금씩 개선되기는 했지만 100% 완벽한 호환성을 실현하는 것은 매우 어려운 일입니다.

네트워크를 도입할 때에는 카탈로그의 사양뿐만 아니라 호환성 또는 실제로 도입되어 장기간 운용된 실적도 잘 살펴보아야 합니다.[*] 운용 실적이 적은 새로운 제품을 선택하면, 트러블의 연속으로 고민하게 될지도 모릅니다.

:: 충분한 실적을 갖고 있는 기술을 '오래된 기술'이라고 부르는 경우가 있다. 옛날부터 인기가 있던 피크기를 지나 충분한 실적을 쌓은 기술에 대해 사용하는 말로, 부정적인 표현은 아니다.

:: NIC(Network Interface Card)
LAN을 사용하기 위한 기능이 집약된 부품으로, 컴퓨터의 마더보드에 장착되어 있거나 확장 슬롯에 카드를 증설한다.
'Network Information Center'의 약자도 NIC이므로 주의해야 한다.

② 네트워크 인터페이스

요즘 컴퓨터는 처음부터 무선 LAN(Wi-Fi) 인터페이스를 갖춘 기종이 많지만, 그 중에는 USB 포트를 통해 네트워크를 이용하도록 설계된 기종도 있습니다. 이처럼 컴퓨터를 네트워크에 연결하려면 네트워크에 연결하기 위한 전용 인터페이스가 필요합니다. 이 인터페이스를 네트워크 인터페이스라고 부릅니다. 이전 컴퓨터에서는 유선 LAN이 주류고 외장 옵션으로 인터페이스가 준비된 경우가 많아 NIC(Network Interface Card) 또는 네트워크 어댑터, 네트워크 카드, LAN 카드라고 불렀습니다. 실제로 연결할 때는 해당 프로토콜에 맞는 하드웨어를 선택해야 합니다. 무선 LAN도 마찬가지로 접속 프로토콜에 맞춰야 하는데, 최신 프로토콜은 과거 프로토콜도 지원하는 경우가 많아서 Wi-Fi 환경이 잘 갖춰져 있으면 약간의 제약은 있지만 네트워크 인터페이스로써 통신할 수 있습니다.

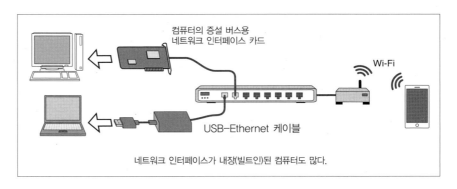

컴퓨터의 증설 버스용
네트워크 인터페이스 카드

Wi-Fi

USB-Ethernet 케이블

네트워크 인터페이스가 내장(빌트인)된 컴퓨터도 많다.

○ 그림 1.38 네트워크 인터페이스

3 리피터

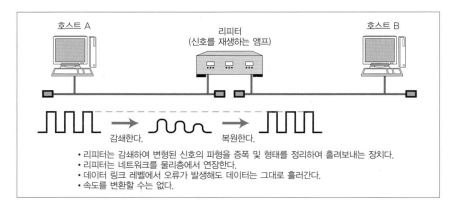

○ 그림 1.39 리피터

호스트 A

리피터
(신호를 재생하는 앰프)

호스트 B

감쇄한다.   복원한다.

- 리피터는 감쇄하여 변형된 신호의 파형을 증폭 및 형태를 정리하여 흘려보내는 장치다.
- 리피터는 네트워크를 물리층에서 연장한다.
- 데이터 링크 레벨에서 오류가 발생해도 데이터는 그대로 흘러간다.
- 속도를 변환할 수는 없다.

리피터(Repeater)는 OSI 참조 모델의 제1계층인 물리층에서 네트워크를 연장하는 기기로, 케이블상으로 흘러들어온 전기나 빛 신호를 수신하여 증폭하거나 파형을 정리한 후에 다른 측으로 재생하는 역할을 합니다.

통신 매체를 변환할 수 있는 리피터도 있습니다. 예를 들어 동축 케이블과 광섬유 간의 신호를 변환할 수 있습니다. 단, 이 경우에도 통신로를 흐르는 신호인 0과 1을 단순히 바꾸기만 할 뿐, 오류 프레임은 그대로 송신됩니다. 또한 전기 신호를 단순히 광신호로 변환하기만 하기 때문에 전송 속도가 다른 매체 간을 연결할 수는 없습니다.

리피터에 의해 네트워크를 연장할 때에는 리피터의 연결 개수에 제한이 있는 경우가 있습니다. 예를 들어 10Mbps의 이더넷은 최대 4개의 리피터를 연결할 수 있지만, 100Mbps인 이더넷에서는 최대 2개의 리피터밖에 연결할 수 없습니다.▾

여러 개의 선을 수용할 수 있는 리피터도 있는데, 이러한 리피터를 '리피터 허브'라고 합니다. 리피터 허브▾는 각각의 포트가 리피터로 이루어져 있다고 이해하면 됩니다.

∷ 리피터로는 100Mbps와 10Mbps의 이더넷을 서로 연결할 수 없다. 속도 변환이 필요한 경우에는 브리지나 라우터가 필요하다.

∷ 리피터 허브를 그냥 '허브'라고 부르는 경우도 있지만, 현재 허브라고 하면 나중에 설명할 스위칭 허브(63쪽 참조)를 가리키는 경우가 많다.

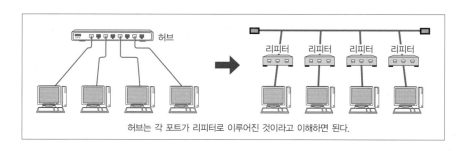

○ 그림 1.40 허브형 리피터

허브

리피터   리피터   리피터   리피터

허브는 각 포트가 리피터로 이루어진 것이라고 이해하면 된다.

④ 브리지/레이어 2 스위치

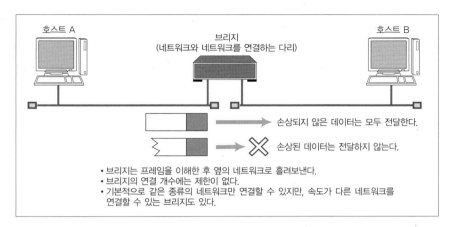

호스트 A

브리지
(네트워크와 네트워크를 연결하는 다리)

호스트 B

손상되지 않은 데이터는 모두 전달한다.

손상된 데이터는 전달하지 않는다.

• 브리지는 프레임을 이해한 후 옆의 네트워크로 흘려보낸다.
• 브리지의 연결 개수에는 제한이 없다.
• 기본적으로 같은 종류의 네트워크만 연결할 수 있지만, 속도가 다른 네트워크를 연결할 수 있는 브리지도 있다.

○ 그림 1.41 브리지

∷ 프레임(Frame)

패킷과 거의 비슷한 의미로 사용되지만, 데이터 링크층에서는 프레임이라고 표현하는 것이 일반적이다(101쪽 칼럼 참조).

∷ 세그먼트(Segment)

원래는 분할, 구분이라는 뜻이지만, '네트워크'를 가리키는 데 사용된다(111쪽 칼럼 참조). TCP에서 데이터를 나타내는 뜻으로도 사용된다(101쪽 칼럼 참조).

∷ FCS(Frame Check Sequence)

CRC(Cyclic Redundancy Check)라고 하는 방식에 따라 프레임을 체크하기 위해 사용하는 필드로, 노이즈 등으로 말미암아 통신 도중에 프레임이 손상되지 않았는지를 체크한다.

∷ 트래픽(Traffic)

네트워크상에 흐르는 패킷이나 패킷의 양을 뜻한다.

브리지는 OSI 참조 모델의 제2계층인 데이터 링크층에서 네트워크끼리 연결시키는 장치입니다. 데이터 링크의 프레임▼을 인식하고 브리지 내부의 메모리에 일단 축적한 다음, 연결된 상대 측의 세그먼트▼에 새로운 프레임으로써 송출합니다. 브리지는 프레임을 일단 축적하기 때문에 10BASE-T, 100BASE-TX 등과 같이 전송 속도가 다른 데이터 링크를 연결할 수 있습니다. 다단계 연결에 관한 제한은 없습니다.

데이터 링크의 프레임에는 프레임이 올바르게 전달되었는지를 확인하기 위한 FCS▼라는 필드가 있습니다. 브리지는 이 필드를 체크하여 손상된 프레임을 다른 세그먼트에 송신하지 않도록 하는 기능을 갖고 있습니다. 또한 주소의 학습 기능과 필터링 기능이 있기 때문에 쓸데없는 트래픽▼이 방출되지 않도록 제어합니다.

여기서 말하는 주소란, MAC 주소, 하드웨어 주소, 물리 주소(Physical Address), 어댑터 주소라고 불리는 것으로, 네트워크에 연결된 NIC에 붙어 있는 주소를 말합니다. 그림 1.42와 같이 호스트 A와 B 사이에서 통신이 일어나는 경우에는 네트워크 A에만 프레임이 보내지면 됩니다.

대부분의 브리지는 패킷을 인접한 세그먼트에 보낼 것인지, 보내지 않을 것인지를 판단하는 기능을 갖고 있습니다. 이러한 브리지를 '러닝 브리지(Learning Bridge)'라고도 합니다. 한 번 해당 브리지를 통과한 프레임의 MAC 주소는 일정 시간 동안 브리지 내부의 테이블에 등록(메모리에 기억)되어, 어떤 세그먼트에 어떤 MAC 주소를 가진 기기가 존재하는지를 판단합니다.

이러한 기능은 OSI 참조 모델에서 제2계층(레이어)인 데이터 링크층에 주어진 역할입니다. 그렇기 때문에 브리지를 '레이어 2 스위치(L2 스위치)'라고 부르기도 합니다.

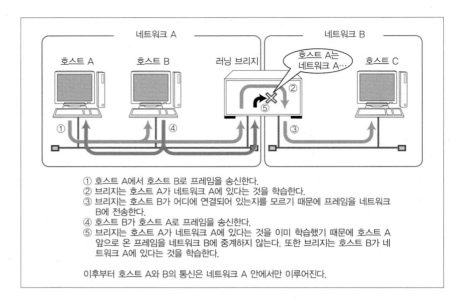

① 호스트 A에서 호스트 B로 프레임을 송신한다.
② 브리지는 호스트 A가 네트워크 A에 있다는 것을 학습한다.
③ 브리지는 호스트 B가 어디에 연결되어 있는지를 모르기 때문에 프레임을 네트워크 B에 전송한다.
④ 호스트 B가 호스트 A로 프레임을 송신한다.
⑤ 브리지는 호스트 A가 네트워크 A에 있다는 것을 이미 학습했기 때문에 호스트 A 앞으로 온 프레임을 네트워크 B에 중계하지 않는다. 또한 브리지는 호스트 B가 네트워크 A에 있다는 것을 학습한다.

이후부터 호스트 A와 B의 통신은 네트워크 A 안에서만 이루어진다.

○ 그림 1.42 러닝 브리지에 의한 학습 예

:: 브리지의 기능을 가진 허브를 '스위칭 허브'라고 한다. 또한, 리피터 기능만 있는 허브를 '리피터 허브'라고도 한다.

현재 이더넷 등에서 사용하는 스위칭 허브(허브▼)는 대부분 브리지의 일종입니다. 스위칭 허브는 케이블을 연결하는 포트가 모두 브리지로 되어 있는 것처럼 기능합니다.

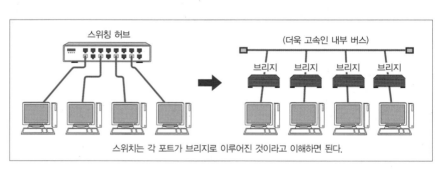

스위치는 각 포트가 브리지로 이루어진 것이라고 이해하면 된다.

○ 그림 1.43 스위칭 허브는 브리지의 일종

5 라우터/레이어 3 스위치

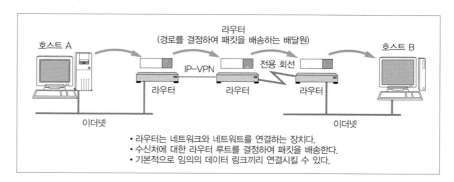

그림 1.44 라우터

라우터
(경로를 결정하여 패킷을 배송하는 배달원)

호스트 A   IP-VPN   전용 회선   호스트 B

라우터   라우터   라우터   라우터

이더넷   이더넷

- 라우터는 네트워크와 네트워트를 연결하는 장치다.
- 수신처에 대한 라우터 루트를 결정하여 패킷을 배송한다.
- 기본적으로 임의의 데이터 링크끼리 연결시킬 수 있다.

라우터는 OSI 참조 모델의 제3계층인 네트워크층의 처리를 수행합니다. 간단히 설명하면 라우터란, 네트워크와 네트워크를 연결하여 패킷을 중계하는 장치를 말합니다. 브리지는 물리 주소(MAC 주소)로 처리하지만, 라우터/레이어 3 스위치는 네트워크층의 주소로 처리합니다. TCP/IP에서 네트워크층의 주소는 IP 주소가 됩니다.

라우터는 서로 다른 데이터 링크를 상호 연결시킬 수 있습니다. 이더넷과 이더넷을 연결시키거나, 이더넷과 무선 LAN을 연결시킬 수 있습니다. 가정이나 사무실에서 인터넷을 연결할 때 브로드밴드 라우터나 CPE(Consumer Premises Equipment)라는 장비를 사용하는데 이것 또한 라우터의 일종입니다.

라우터는 네트워크의 부담을 덜어주는 역할도 합니다.▼ 그리고 보안 기능을 겸비한 라우터도 있습니다.

라우터는 이렇게 네트워크와 네트워크를 연결하는 기기로, 매우 중요한 역할을 담당하고 있습니다.

:: 라우터로 네트워크를 연결시키면 라우터 부분에서 데이터 링크가 분단되기 때문에 데이터 링크의 브로드캐스트 패킷이 전달되지 않는다(브로드캐스트에 대해서는 54쪽 참조).

⑥ 레이어 4-7 스위치

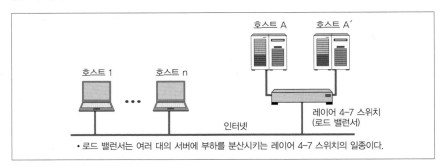

호스트 A 호스트 A´

호스트 1 ・・・ 호스트 n

인터넷

레이어 4-7 스위치
(로드 밸런서)

• 로드 밸런서는 여러 대의 서버에 부하를 분산시키는 레이어 4-7 스위치의 일종이다.

○ **그림 1.45** 레이어 4-7 스위치

:: TCP/IP 계층 모델에 대해
서는 92쪽 참조.

:: **사이트(Site)**
URL(347쪽 참조)이 가리키는,
인터넷에 연결된 서버(또는 서
버군)를 말한다. 제공하는 정보
의 내용에 따라 게임 사이트,
다운로드 사이트, 웹 사이트 등
으로 불린다.

:: **URL**
347쪽 참조.

:: 이 밖에도 DNS(207쪽 참
조)에서 회답하는 IP 주소가 조
회할 때마다 바뀌는 분산 부하
방법도 있다. 이를 'DNS 라운
드 로빈'이라고 한다.

레이어 4-7 스위치는 OSI 참조 모델의 트랜스포트층부터 애플리케이션층의 정보를 바탕으로 배송 처리를 합니다. TCP/IP 계층 모델▼로 표현하면, TCP 프로토콜과 같은 트랜스포트층과 그 위에 있는 애플리케이션층에서 송수신되는 통신 내용을 분석하여 특정 처리를 수행합니다.

예를 들어 열람 요청이 많은 기업의 웹 사이트▼에서는 서버 1대로 모든 것을 제대로 처리할 수 없기 때문에 부하 분산을 위해 여러 대의 웹 서버를 설치하는 경우가 있습니다. 하지만 그 웹 사이트를 방문하는 사람이 접속할 때에 사용하는 URL▼은 하나입니다. 하나의 URL로 여러 대의 서버에 부하를 분산시키는 것입니다. 이 부하 분산을 실현하는 방법 중 하나로 웹 서버로 오기 전에 로드 밸런서라는 레이어 4-7 스위치의 일종을 설치합니다.▼

로드 밸런서에 가상 URL을 설정해 이용자에게 웹 사이트로 공개합니다. 이 가상 URL을 이용자가 열람하면, 로드 밸런서는 실제로 존재하는 복수의 서버로 할당해 이용자와 실제로 정보를 제공하는 서버가 계속해서 이용할 수 있도록 세션을 관리합니다.

또한 통신이 혼잡할 때에는 음성 통화와 같이 빠른 응답이 요구되는 통신을 우선하고, 메일이나 데이터 전송과 같이 다소 늦어도 문제가 없는 통신을 나중에 처리하는 경우도 있습니다. 이러한 처리를 '대역 제어'라고 하는데, 이것도 레이어 4-7 스위치의 기능 중 일부입니다.

이 밖에도 멀리 떨어진 회선 간에 데이터 전송을 고속화하는 장치(WAN 가속기), 특정 애플리케이션의 고속화, 인터넷을 경유한 외부로부터의 부정 액세스 방지를 위한 방화벽 등 용도에 따라 다양한 레이어 4-7 스위치가 사용됩니다.

7 게이트웨이

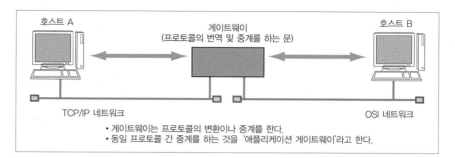

호스트 A

게이트웨이
(프로토콜의 번역 및 중계를 하는 문)

호스트 B

TCP/IP 네트워크

OSI 네트워크

• 게이트웨이는 프로토콜의 변환이나 중계를 한다.
• 동일 프로토콜 간 중계를 하는 것을 '애플리케이션 게이트웨이'라고 한다.

○ **그림 1.46** 게이트웨이

:: 라우터를 '게이트웨이'라고 표현하는 경우도 있지만, 이 책에서는 OSI 참조 모델의 트랜스포트층 이상의 계층에서 프로토콜 교환을 수행하는 것을 '게이트웨이'라고 한다.

게이트웨이란, OSI 참조 모델의 트랜스포트층부터 애플리케이션층까지의 계층에서 데이터를 변환하여 중계하는 장치를 말합니다.▼ 레이어 4-7 스위치와 마찬가지로 트랜스포트층 이상의 정보를 보고 패킷을 처리하는데, 게이트웨이는 데이터를 중계하는 것뿐만 아니라 데이터를 변환하는 역할도 합니다. 특히 서로 직접 통신할 수 없는 2개의 서로 다른 프로토콜의 번역 작업을 하여, 서로 통신할 수 있도록 하기 위해 프리젠테이션층이나 애플리케이션층을 다루는 게이트웨이가 많이 사용되고 있습니다. 한 마디로 말하면, 서로 다른 프로토콜을 번역하고 중계하는 기능입니다.

알기 쉬운 예가 바로 스마트폰 번역 애플리케이션입니다. 이용해 본 적이 있는 분도 많을 겁니다. 스마트폰에 우리말로 말하고 버튼을 누르면 영어 등 지정한 언어로 번역된 음성이 출력됩니다. 그리고 답장 버튼을 누르면, 상대편 말을 다시 우리말로 번역해 줍니다. 이것은 훌륭한 게이트웨이의 기능이라고 할 수 있습니다. '말'이라는 서로 다른 프로토콜을 번역해 상대방에게 전달하는(중계하는) 기능이 있기 때문입니다.

컴퓨터 네트워크 세계에서는 다양한 애플리케이션을 연결하는 역할이나 프로토콜을 변환하는 구조 등 넓은 범위에서 게이트웨이라는 말이 사용되고 있습니다.

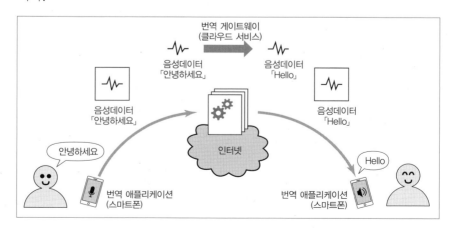

번역 게이트웨이
(클라우드 서비스)

음성데이터
「안녕하세요」

음성데이터
「Hello」

음성데이터
「안녕하세요」

음성데이터
「Hello」

인터넷

안녕하세요

Hello

번역 애플리케이션
(스마트폰)

번역 애플리케이션
(스마트폰)

○ **그림 1.47** 게이트웨이의 이미지

또한 WWW(World Wide Web)을 사용할 때 네트워크 트래픽의 경감이나 보안을 목적으로 프록시 서버(Proxy Server: 대리 서버)를 설정하는 경우가 있습니다. 이 프록시 서버도 게이트웨이의 일종으로, '애플리케이션 게이트웨이'▼라고도 부릅니다. 이 경우 클라이언트와 서버는 네트워크층에서 직접 통신하지 않습니다. 트랜스포트층과 애플리케이션층 사이의 계층에서 프록시 서버에 의한 다양한 제어가 발생합니다. 방화벽에도 애플리케이션별로 게이트웨이를 사이에 두고 통신을 수행함으로써 보다 안전성을 강화한 제품도 있습니다.

:: 프록시 서버를 사용하는 경우에는 클라이언트가 인터넷 서버와 직접 커넥션을 확립하는 것이 아니다. 클라이언트는 대리 서버와 커넥션을 확인하고 대리 서버가 인터넷 서버와 커넥션을 확립한다.

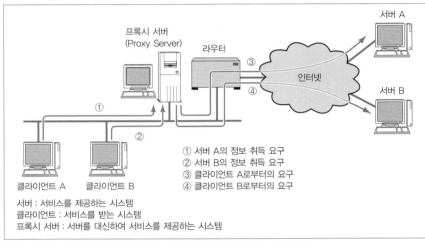

○ 그림 1.48 프록시 서버

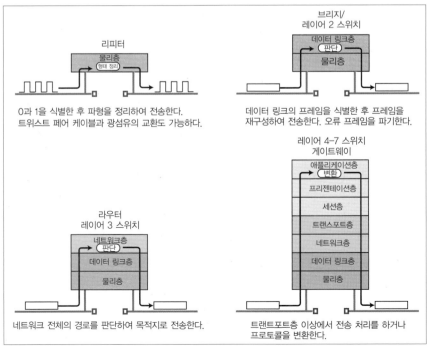

○ 그림 1.49 각 기기와 해당 계층의 정리

네트워크의 현재 모습

10

지금까지 배운 것을 바탕으로 실제 네트워크는 어떤 모습인지 잠깐 살펴봅시다.

1 네트워크의 실제 구성

실제 컴퓨터 네트워크가 어떻게 구성되어 있는지를 도로를 예로 들어 설명하겠습니다.

도로망에서 고속도로에 해당하는 것이 '백본' 또는 '코어'로 불리는 부분입니다. 이 부분은 그 이름 그대로 네트워크의 중심적인 존재입니다. 대량의 데이터를 고속으로 송수신하는 것을 목적으로 구축되어 있기 때문에 보통은 고속 라우터로 연결되어 있습니다.

고속도로의 출입구인 인터체인지에 해당하는 부분은 '에지'라고 합니다. 에지에서는 다기능 라우터▼나 고속 레이어 3 스위치를 이용합니다.

고속도로의 인터체인지에는 국도가 연결되어 시가지에 액세스할 수 있는데, 컴퓨터 네트워크에서 에지에 연결되어 있는 부분을 '액세스' 또는 '애그리게이션'이라고 합니다. 이 부분에서 안쪽 네트워크의 정보가 집약되고, 에지를 넘어서 주고받을 정보와 네트워크 안에 머물러 있을 정보를 제어합니다. 여기서는 레이어 2 스위치나 레이어 3 스위치를 사용하는 경우가 많습니다.

:: 백본으로의 트래픽 감소와 부하 경감을 목적으로 통상적인 라우팅 처리와 더불어 정보의 종류나 우선순위에 따라 송수신을 제어하는 기능이나 특정 기기에서 데이터를 수집하거나 가공한 다음 정기적으로 전송하는 기능 등을 갖추고 있다.

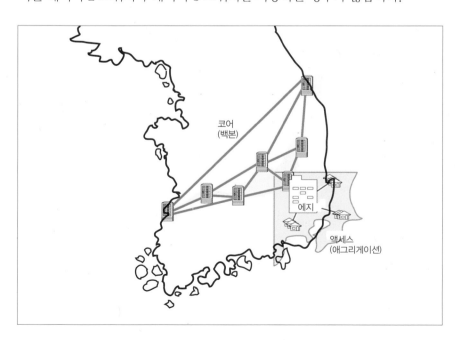

◐ 그림 1.50 네트워크 전체 상

네트워크의 물리 구성과 논리 구성

도로의 경우 계절이나 시간대에 따라 정체나 혼잡이 발생하여 목적지까지의 도착 시간이 늦어지는 일이 종종 있습니다. 네트워크상에서도 이와 비슷한 정체나 혼잡이 발생하는 일이 있습니다.

실제 도로의 경우는 정체를 해소하기 위해 차선을 확장하거나 우회로를 건설해야 합니다. 이를 네트워크로 말하자면, 통신 케이블을 늘리거나 물리층(물리 구성)을 확장하는 것에 해당합니다.

하지만 네트워크의 경우 통신은 물리적인 회선뿐만 아니라 그 상위층에 있는 논리적인 회선에서도 이루어집니다(논리 구성). 그렇기 때문에 사전에 준비해두면 필요에 따라 도로의 폭을 '가상으로' 넓히거나, 반대로 제한할 수 있습니다.

도로의 폭을 가상으로 넓힌다는 것은 서울에서 부산까지 자동차로 이동하는 경우에 경부고속도로가 정체되어 있으면, 중부고속도로로 루트를 변경하여 정체를 회피하는 것과 비슷합니다. '경부고속도로'와 같은 구체적인 도로가 아니라 '서울에서 부산으로 가는 고속도로'라는 논리적인 도로로 생각하면 경부고속도로를 달려도, 우회하여 중부고속도로를 달려도 똑같은 (가상의) 도로를 달리게 되는 것입니다. 현재 컴퓨터 네트워크는 고속인 광통신과 기기의 고성능화에 의한 기기 내의 지연 감소 덕분에 한국 내라면 어느 루트를 선택하더라도 큰 지연은 발생하지 않습니다. 메일이나 파일 전송 등의 지연을 신경 쓰지 않는 통신을 선별하여 우회시킬 수도 있습니다.▼

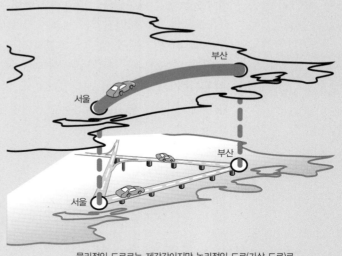

물리적인 도로로는 제각각이지만 논리적인 도로(가상 도로)로 생각하면 하나의 도로다.

∷ 해외 등에 나가서 국제 간이나 국토가 넓은 지역의 네트워크를 이용하면 이용 시 회선 사업자가 선택하는 루트에 따라 '느리다'고 느낄 수도 있다. 이는 회선 속도가 느리거나 다단계 연결 또는 장거리로 인해 지연이 발생한 것 등이 원인인 경우가 있다.

◉그림 1.51 물리적인 도로와 가상적인 도로

2 인터넷 연결 서비스를 이용한 통신

이번에는 실제 네트워크에서 어떻게 통신이 성립되는지를 살펴봅시다.

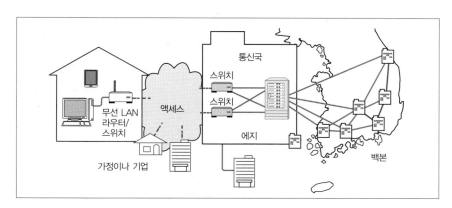

○ 그림 1.52 인터넷 연결 서비스

가정이나 회사에서 외부 네트워크를 이용할 때 대부분의 경우는 인터넷 연결 서비스를 사용하고 있을 것입니다. 가장 가까운 스위치나 무선 LAN 라우터에서 집약된 통신은 앞에서 말한 '액세스'에 연결되어▼, 필요한 경우는 '에지'나 '백본'을 경유하여 통신 상태와 연결됩니다.

3 휴대단말에 의한 통신

휴대단말기의 전원을 넣으면 자동으로 전파가 발신되고 가장 가까운 기지국과 통신이 일어납니다.▼ 기지국에는 계약하고 있는 모바일 오퍼레이터(휴대전화 제공회사)의 휴대전화용 안테나가 설치되어 있습니다. 이 기지국이 '액세스'에 해당합니다.

휴대단말기에서 접속처 번호로 발신을 하면 해당 번호가 등록되어 있는 기지국까지 호출 신호가 전달되고, 상대방이 접속을 받아들이면 통신로가 확립됩니다. 기지국에 모인 정보가 통신국('에지')에 집약되어 통신국 간의 기간 네트워크('백본')에 연결되는 구성은 앞에서 말한 인터넷 연결 서비스와 똑같습니다.

:: 회사의 규모가 크고 이용자가 많은 경우나 외부로부터 액세스가 많이 발생할 때에는 직접 '에지'에 연결하는 경우도 있다.

:: 단말기가 이동 중인 경우에는 자동으로 기지국 간에 정보를 교환하여 통신을 이어간다. 이를 '로밍'이라고 한다.

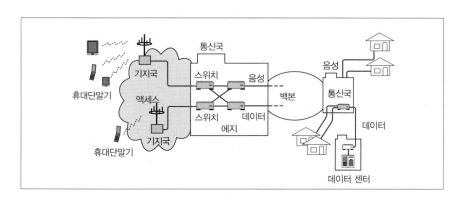

○ 그림 1.53 휴대전화에 의한 통신

:: **LTE**
(Long Term Evolution)

:: **3GPP(Third Generation Partnership Project)**

각국의 표준화 단체의 의한 3세대 휴대전화 시스템 검토 프로젝트를 말한다.

:: 현재도 대부분의 음성 통화는 디지털화되어 TCP/IP 기술을 이용하여 전송되고 있다.

:: **CSFB**(Circuit Switched Fallback)

:: **5G(5세대 이동통신 시스템)**

LTE는 3.5G, LTE-Advance는 4G라고도 한다.

LTE와 음성 통화

얼마 전까지 주로 이용되던 3세대나 3.5세대 휴대전화 네트워크는 최대 64kbps의 속도로 전송되는 음성 통화나 소량의 데이터 통신을 염두에 두고 설계된 것입니다. LTE▼는 4세대 휴대전화로 가는 다리 역할을 하고 있는 것으로, 3GPP▼가 책정하고 있는 휴대전화의 통신 규격입니다. 조건에 따라 다운로드는 최대 300Mbps, 업로드는 75bps의 고속 무선 통신이 가능합니다.

LTE 규격에서는 음성도 IP 패킷으로 전송하도록 되어 있기 때문에▼ 네트워크 전체에서 TCP/IP에 대한 지원이 필요해졌습니다. 하지만 전체 네트워크 기기를 한꺼번에 바꾸는 일은 현실적으로 불가능하기 때문에 당분간 음성 통화에 대해서는 종래와 똑같이 휴대전화 네트워크로 전송하는 장치(CSFB▼)가 사용될 전망입니다.

이를 도로에 비유하여 설명하면, 집에서부터 연결되는 도로의 폭을 넓게 개량한 후에, 시가지에서 간선 도로로 연결되는 길을 2개 정비하고, 각각을 일반차(통화)와 대형차(비디오 데이터나 통신량이 방대한 애플리케이션)로 나누어 사용하는 것과 같습니다.

이로 말미암아 휴대단말기에서도 통화 음성은 종래와 똑같은 고품질 음성을 제공하면서 집이나 회사와 똑같은 대역폭으로 막힘 없이 네트워크 환경을 이용할 수 있게 되는 것입니다.

제공되는 서비스의 다양화나 연결하는 단말기의 고속화·고기능화와 함께 네트워크의 이용 환경을 진화시키는 LTE와 같은 장치가 여러 방면으로 검토되고 있습니다.

앞으로는 5G▼ 규격에 따른 통신 방식이 보급됩니다. 이 규격은 더 많은 단말기가 빠르고 확실하게 접속하는 것을 목적으로 합니다. 인터넷이 발전함에 따라 인터넷이 전화망을 도입했지만, 앞으로는 휴대전화망과 인터넷망이 합쳐져 휴대단말기뿐만 아니라 모든 사물이나 일이 필요에 따라 회선 속도나 빈도에 대응하는 형태로 인터넷을 이용할 수 있게 됩니다. 그리고 인터넷은 지금까지보다 한층 중요한 사회 인프라가 되어 갈 것입니다.

공중 무선 LAN과 휴대단말에서의 인증

집이나 회사의 무선 LAN의 경우는 회선 연결 장소가 고정되어 있고 이용자도 한정되어 있지만, 공중 무선 LAN에서는 이용자를 특정하기 위해 계약된 이용자인지, 아닌지를 확인하는 인증 절차를 실시하고 있는 경우가 있습니다. 그래서 '액세스'에 접속하기 전에 일단 해당 공중 무선 LAN을 운영하는 조직의 네트워크에 연결하여 인증한 후 확인이 끝난 단말기만을 '액세스'에 다시 연결시키고 있습니다.

휴대전화나 스마트폰과 같은 휴대단말기를 이용하는 경우는 미리 한군데 모바일 오퍼레이터와 계약을 해야 합니다. 따라서 그 단말기 정보로부터 이용자를 특정할 수 있기 때문에 특별한 인증은 요구되지 않습니다.

4 정보 발신자 측에서 본 네트워크

네트워크에서 정보 발신이라고 하면, 옛날에는 개인이나 기업이 직접 서버를 마련해 웹사이트(홈페이지)를 만들고 공개하는 것이 일반적이었습니다. 현재는 페이스북이나 Instagram, Twitter, YouTube 등을 이용한 정보 발신이 주류가 되고 있습니다. 이들 SNS▼ 등의 사이트에는 정보의 수집과 발신을 지체 없이 할 수 있는 구조가 준비되어 있습니다.

가령 YouTube 같은 동영상 업로드 사이트는 정보 발신자(투고자)를 대신해 동영상을 재배포합니다. 동영상 업로드는 전 세계적으로 시행되고 있으며, 동영상 업로드 사이트는 업로드되는 많은 영상을 저장하고 배포해줍니다. 인기 동영상에는 하루에도 수십 만의 접속이 이루어지는데, 이 사이트들은 전 세계에서 이런 대량의 트래픽을 순식간에 처리하기 위해 수많은 스토리지 기기나 서버를 여러 곳의 전용 시설에 설치해 고속 네트워크로 연결하고 있습니다. 그렇게 함으로써 더 많은 요구에 대응할 수 있는 시스템이 구축되어 있습니다. 이러한 정보처리 전용 시설을 데이터센터라고 부릅니다.

:: SNS(Social Networking Service)
인터넷 상에서 구축된 개인이나 가족, 친구나 회사 등에 커뮤니케이션의 장을 제공하는 서비스를 말한다.

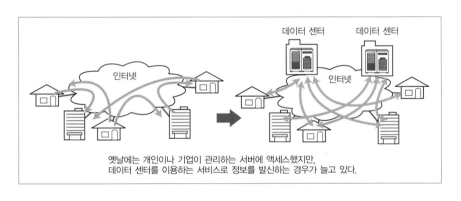

옛날에는 개인이나 기업이 관리하는 서버에 액세스했지만,
데이터 센터를 이용하는 서비스로 정보를 발신하는 경우가 늘고 있다.

○ 그림 1.54 데이터 센터

데이터 센터는 거대한 서버와 스토리지, 그리고 네트워크로 구성됩니다. 대규모 데이터 센터는 직접 '백본'과 연결됩니다. 소규모인 경우에도 '에지'와 연결되는 경우가 많습니다.

데이터 센터 내부에서는 레이어 3 스위치나 고속 라우터를 이용한 네트워크가 구축되어 있습니다. 지연을 더욱 줄이기 위해 고성능 레이어 2 스위치의 이용도 검토됩니다.

:: 콘텐츠(Contents)

원래는 '내용'을 뜻하는 영어 단어지만, 동영상이나 문장, 음악, 애플리케이션, 게임 소프트웨어를 집약하여 열람이나 다운로드, 업로드 등을 할 수 있도록 정비된 정보의 집합체를 총칭하는 말로 사용되고 있다.

5 가상화와 클라우드

경품 사이트나 게임 사이트, 콘텐츠▼ 다운로드 사이트 등에서는 이용 기간이나 시간대에 따라 접속 수가 일정하지 않습니다. 경품 사이트를 예로 들자면, 응모 기간을 제외하고는 거의 액세스가 없습니다. 응모 기간 중에는 응모자의 경향에 따라 평일 액세스 수가 많은 경우도 있고, 휴일 액세스 수가 많은 경우도 있습니다. 또한 응모 기간 중 액세스를 모두 정확히 처리하지 않으면 클레임이 들어오게 됩니다.

이렇게 제공하는 정보의 종류나 성질에 따라 실제로 필요한 네트워크 자원이 시시각각으로 바뀝니다. 특히, 데이터 센터와 같이 대량의 서버를 운영하여 정보를 제공하는 환경에서는 사이트나 콘텐츠별로 네트워크 자원을 고정적으로 할당하는 것은 비효율적입니다. 그래서 등장한 것이 '가상화 기술'입니다. 이는 서버, 스토리지, 네트워크를 물리적으로 늘리거나 줄이는 것이 아니라, 소프트웨어를 사용하여 필요할 때 필요한 양을 논리적으로 제공할 수 있도록 하는 장치입니다. 요청이 많은 콘텐츠에는 자원 할당을 늘려 운용함으로써 정보를 확실히 제공할 수 있게 합니다.

가상화 기술을 이용하여 이용자에게 필요한 자원을 자동으로 제공하는 장치를 '클라우드'라고 합니다. 또한 가상화된 시스템 전체를 필요에 따라 자동으로 제어하는 장치를 '오케스트레이션(Orchestration)'이라고 합니다. 클라우드로 말미암아 네트워크 이용자가 언제 어디서든지 필요한 만큼 정보를 수집하고 제공할 수 있는 장치가 실현되는 것입니다.

클라우드의 출현으로 지금까지 장비를 구입해서 스스로 운용하던 '소유'에서, 클라우드를 필요한 때에 필요한 만큼 쓰는 '이용'으로 자원 활용 방식이 크게 변화하고 있습니다. IoT처럼 온갖 기기를 네트워크에 연결해 정보를 수집하는 경우 24시간 365일, 다양한 타이밍에 엄청난 양의 정보가 수집됩니다. 이 데이터를 클라우드에서 일시적으로 축적해 필요한 연산을 처리하는 일도 많아졌습니다. 또한, 클라우드 상에서 여러 가지 서비스도 시작됐습니다. IoT에서도 클라우드 상에서 간단히 환경을 구축할 수 있는 각종 툴을 갖춘 서비스와 여러 클라우드 서비스의 입출력을 순서대로 정의해서 하나의 서비스처럼 동작하는 클라우드 서비스가 있습니다.

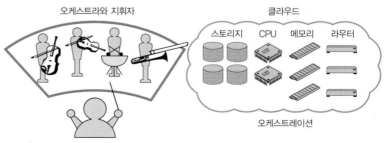

○그림 1-55 클라우드와 오케스트레이션

클라우드에서는 마치 오케스트라의 지휘자처럼 자동으로 조정함으로써 스토리지나 CPU와 같은 자원을 필요에 따라 이용자에게 제공한다.

6 클라우드의 구조와 이용

다양한 클라우드 서비스가 보급되기 시작하면서, 이전에는 PC에 Microsoft Office를 설치하고 Outlook으로 메일이나 일정을 관리하던 사람이 많았지만, 지금은 Office 365라는 클라우드 서비스 이용으로 변화하고 있습니다. 이처럼 클라우드상의 애플리케이션을 이용하는 형태를 SaaS(Software as a Service)라고 합니다.

혹은 클라우드 상에서 개발을 하고 싶어 직접 애플리케이션을 설치하고 계산할 수 있는 환경만 갖고 싶어하는 분도 있습니다. 이러한 제공 형태를 PaaS(Platform as a Service)라고 합니다.

사람에 따라서는 직접 CPU 성능이나 메모리 용량, 스토리지 용량, 사용법 등을 결정하고 싶을 수 있습니다. 이러한 제공 형태를 IaaS(Infrastructure as a service)▼라고 합니다. 어느 경우나 모두 서버나 스토리지, 네트워크를 가상화해 각 기기를 요구에 맞는 구성으로 자동으로 오케스트레이션해 이용자가 요구하는 환경을 원활하게 제공합니다. 이러한 환경을 실현하는 데는 많은 기술이나 아이디어가 사용됩니다. 그 중에서 SDx라는 말이 자주 쓰입니다. 클라우드를 실현하기 위한 네트워크 부분의 경우는 마지막의 x가 네트워크의 N으로 바뀌어 SDN으로 불립니다. SDN은 Software Defined Network의 줄임말로 전체 제어시스템 (소프트웨어)에서 네트워크를 제어하는 기술입니다. SDN을 실현하는 방법으로는 OpenFlow 등의 기술이 있습니다. 또한 L2 네트워크를 가상화하여 제어하는 구조도 몇몇 등장했습니다. 한편, 이용 측면에서도 진보를 볼 수 있습니다. 클라우드와 대비해 지금까지 회사나 개인이 구축해서 이용하던 시스템을 온프레미스 (on premises)라고 합니다. 온프레미스로 실행하던 환경을 모두 클라우드로 이행하는 움직임도 활발해졌습니다.

:: Hardware as a Service 라고도 한다.

클라우드의 이용 형태도 온프레미스와 클라우드를 병행해 운용하는 하이브리드 클라우드나 여러 클라우드를 동시에 이용하는 멀티 클라우드 등으로 진화 및 변화되고 있습니다. 이처럼 구조나 접속 형태는 복잡한 방향으로 나아가는 반면, 클라우드 구조의 단순화나 개발 환경의 간소화, 속도 향상을 목적으로 한 컨테이너라고 불리는 기술도 활발하게 되어 왔습니다.

이러한 기술은 나날이 발전하고 새로운 활용 방법으로 보급이 진행될 것이며, 그리고 그 기술은 모든 네트워크에서 전개되어 이용 및 운용될 것입니다.

이 장에서는 네트워크의 기초 지식과 TCP/IP의 관계를 중심으로 설명했습니다. 요즘은 인터넷 열람뿐만 아니라 TV나 전화와 같은 일상적인 활동이나 각종 클라우드 서비스도 모두 TCP/IP와 그와 관련된 기술로 실현되고 있습니다. 다음 장이후에는 TCP/IP와 그와 관련된 기술을 설명하겠습니다. 이 책에서 다루는 범위는 기초적인 내용이지만, 네트워크와 관련된 기술의 기본이 되므로 개념을 확실히 익히도록 합니다.

02

TCP/IP 기초 지식

TCP는 'Transmission Control Protocol', 'IP는 Internet Protocol'의 약자입니다. TCP/IP는 인터넷 환경의 통신을 실현하기 위한 프로토콜로, 가장 유명한 프로토콜이라고 할 수 있습니다. 이 장에서는 TCP/IP의 탄생부터 현재까지의 역사, 그리고 프로토콜의 개요에 대해 소개합니다.

7 애플리케이션층
6 프리젠테이션층
5 세션층
4 트랜스포트층
3 네트워크층
2 데이터 링크층
1 물리층

〈애플리케이션층〉 TELNET, SSH, HTTP, SMTP, POP, SSL/TLS, FTP, MIME, HTML, SNMP, MIB, SIP, …
〈트랜스포트층〉 TCP, UDP, UDP-Lite, SCTP, DCCP
〈네트워크층〉 ARP, IPv4, IPv6, ICMP, IPsec
이더넷, 무선 LAN, PPP, … (트위스트 페어 케이블, 무선, 광섬유, …)

TCP/IP의 등장 배경과 역사

01

현재 컴퓨터 네트워크에서 가장 유명한 프로토콜은 TCP/IP로, 가장 많이 사용되고 있습니다. 그렇다면 TCP/IP가 이렇게까지 많이 보급된 이유는 무엇일까요? 어떤 사람은 Windows나 Mac OS와 같은 퍼스널 컴퓨터의 OS가 TCP/IP를 표준으로 지원했기 때문이라고 주장하는 사람도 있지만 이는 단지 결과일 뿐, TCP/IP가 널리 보급된 이유라고는 볼 수 없습니다. 왜냐하면 당시 컴퓨터 업계를 둘러싼 회사 전체가 TCP/IP를 지원하는 분위기였고, 제조업체가이에 발맞추어 각 회사가 TCP/IP를 지원하고 있었기 때문입니다. 현재는 TCP/IP를 지원하지 않는 OS는 거의 판매하고 있지 않습니다.

그렇다면 각 컴퓨터 제조업체는 왜 TCP/IP를 지원하게 되었을까요? 그 배경을 인터넷 발달의 역사를 통해 생각해봅시다.

■ 군사 기술의 응용에서

1960년대에는 대학이나 각 연구소 등에서 새로운 통신 기술에 대한 연구가 활발하게 일어나고 있었습니다. 그 중 하나로 미국 국방성(DoD : The Department of Defence)이 중심이 되어 진행되고 있던 연구 개발이 있었습니다.

DoD는 통신을 군사적으로 매우 중요한 것으로 여기고 있었습니다. 통신하는 도중에 네트워크의 일부가 적의 공격으로 파괴되더라도 우회로를 통해 데이터를 전송하여 통신이 정지하지 않는 네트워크가 필요했습니다. 그림 2.1과 같은 중앙 집중식 네트워크에서는 통신 회선의 교환국이 공격을 받으면 통신 불능 상태가 되어 버리지만, 그림 2.2와 같이 우회로가 많이 있는 분산형 네트워크▼의 경우에는 공격을 받더라도 우회로가 있는 한 통신을 계속할 수 있습니다. 바로 이러한 네트워크를 실현하기 위해 패킷 통신의 필요성을 제창하게 된 것입니다. 패킷 통신에 주목하게 된 것은 단지 군사적인 이유 때문만은 아닙니다. 패킷 통신을 이용하면 여러 사용자가 하나의 회선을 동시에 공유할 수 있습니다. 그 결과 회선의 이용 효율이 향상되고 회선 비용을 낮출 수 있다는 장점도 있습니다.▼

이렇게 1960년대 후반에 이르러 많은 연구자가 패킷 교환 기술과 패킷 통신에 주목하게 되었습니다.

:: 분산형 네트워크는 1960년 미국 RAND 연구소의 폴 배런이 제창했다.

:: 패킷 교환에 따른 통신은 1965년 영국 NPL(영국 국립 물리학 연구소)의 도널드 왓츠 데이비스가 제창했다.

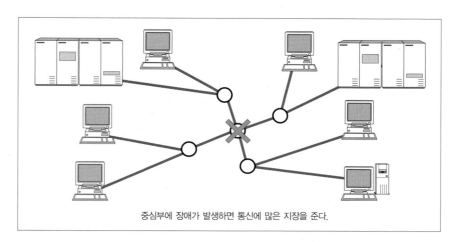

○ 그림 2.1 장애에 약한 중앙
집중식 네트워크

중심부에 장애가 발생하면 통신에 많은 지장을 준다.

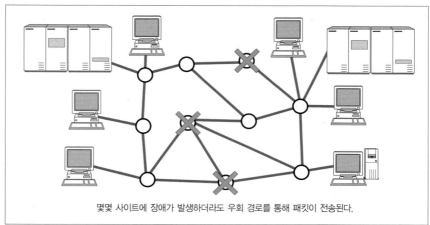

○ 그림 2.2 장애에 강한 패킷
네트워크

몇몇 사이트에 장애가 발생하더라도 우회 경로를 통해 패킷이 전송된다.

:: **4군데 노드**

– UCLA(캘리포니아 대학 LA)
– UCSB(캘리포니아 대학 산타
바바라)
– SRI(스탠포드 연구소)
– 유타 대학

:: **ARPANET**

Advanced Research
Projects Agency Network.
'아파넷' 이라고 한다.

:: 이 APRANET에서 한 실험
이나 프로토콜 개발에 소요되는
자금은 DARPA(Defense
Advanced Research Pro-
jects Agency : 미국 국방성
고등연구 계획국)라는 정부 기
관이 조성했다.

② ARPANET의 탄생

1969년에는 패킷 교환 기술의 실용성을 시험하기 위한 네트워크가 구축되었습니다. 당시 네트워크는 미국 서해안의 대학과 연구 기관 중에서 4군데 노드▼를 연결한 것이었습니다. 이 네트워크는 미국 국방성이 중심이 되어 개발되었다는 점과 기술이 비약적으로 진보했다는 점 때문에 일반 사용자도 포함시킨 당시로서는 매우 대규모의 네트워크로 발달해 나갔습니다.

이는 'ARPANET'▼이라고 하는 네트워크로, 인터넷의 기원이라고 말하고 있습니다. 불과 3년 동안 4개의 노드에서 34개 노드를 연결하는 형태로 발전하여, 이 실험은 대성공이라는 평가를 받았습니다.▼ 이 실험으로 말미암아 패킷을 사용한 데이터 통신 방법의 실용성이 증명된 것입니다.

③ TCP/IP의 탄생

ARPANET에서는 단순히 대학과 연구 기관을 연결하는 간선에서 패킷 교환을 이용하는 실험뿐만 아니라 이용자의 컴퓨터 사이에서도 신뢰성 높은 통신 수단을 제공하는 종합적인 통신 프로토콜 실험도 실시했습니다. 그리고 1970년대 전반에는 ARPANET 내 연구 그룹이 TCP/IP를 개발했습니다. 그후 1982년 무렵에는 TCP/IP의 사양이 결정되었고, 1983년에는 ARPANET에서 사용하는 유일한 프로토콜이 되었습니다.

○ 표 2.1 TCP/IP의 발전 연대

연도	내용
1960년대 후반	DoD에 의해 통신 기술에 관한 연구 개발이 시작되었다.
1969년	ARPANET의 탄생, 패킷 교환 기술의 개발
1972년	ARPANET의 성공, 50노드 이상까지 확대
1975년	TCP/IP 탄생
1982년	TCP/IP의 사양 결정. UNIX가 제공되기 시작함. 이 UNIX 안에는 TCP/IP가 내장되어 있었음.
1983년	ARPANET의 정식 연결 방법이 TCP/IP로 결정됨.
1989년 무렵	LAN상에서 TCP/IP 이용이 급속히 확대됨.
1990년 무렵	LAN, WAN을 불문하고 TCP/IP를 사용하는 방향으로 발전
1995년 무렵	인터넷의 상용화가 진행되고, 수많은 프로바이더가 생김.
1996년	차세대 IP인 Ipv6의 사양이 결정되고, RFC가 등록됨(1998년에 수정됨).

④ UNIX의 보급과 인터넷의 확대

TCP/IP의 등장에는 ARPANET이 중요한 역할을 했습니다. 하지만 이것만으로는 TCP/IP가 한정된 세계 속에서만 사용될 뿐 일반에게는 그다지 보급되지 않았을 것입니다. 그렇다면 TCP/IP가 컴퓨터 네트워크 세계에서 널리 보급된 이유는 무엇일까요?

1980년 전후에는 대학과 연구소 등에서 컴퓨터의 OS(Operating System)로 BSD UNIX▼를 많이 사용하고 있었고, 이 OS의 내부에 TCP/IP가 내장되어 있었습니다. 1983년에는 ARPANET의 정식 연결 방법으로 TCP/IP가 채택되었습니다. 그리고 같은 해 구 Sun Microsystems 사가 TCP/IP를 내장한 제품을 일반 사용자용으로 제공하기 시작했습니다.

1980년대는 LAN이 발달함과 동시에 UNIX 워크스테이션의 보급이 급속히 진행된 시절이었습니다. 또한 TCP/IP에 의한 네트워크 구축이 활발하게 일어나게 되었습니다. 이러한 흐름과 함께 대학과 기업 연구소 등이 서서히 ARPANET이나 그 후속 NSFnet에 연결하게 되었습니다. TCP/IP에 의한 전세계적인 네트워크를 '인터넷'(The Internet)이라고 부르게 된 것도 이 무렵부터입니다.

:: BSD UNIX

미국 UC 버클리에서 개발하여 무료로 배포된 UNIX를 말한다.

인터넷은 종단 노드에 있는 UNIX 기기들을 연결하는 형태로 크게 보급되기 시작했습니다. 컴퓨터 네트워크의 주류 프로토콜이라 할 수 있는 TCP/IP도 UNIX와 밀접한 관계를 가지면서 더욱 발전하였습니다. 1980년대 후반 무렵부터는 기업 등을 중심으로 도입이 진행되고 있던 각 컴퓨터 제조업체의 독자적인 프로토콜도 차츰 TCP/IP를 지원하게 되었습니다.

5 상용 인터넷 서비스의 개시

당시에는 인터넷이 실험이나 연구 목적으로 시작되었지만, 1990년대에 들어서면서 기업이나 일반 가정에 인터넷 연결을 제공하는 서비스가 보급되어 널리 이용되었습니다. 이러한 서비스를 제공하는 회사를 'ISP▾(인터넷 서비스 프로바이더)'라고 합니다. 이와 동시에 인터넷을 이용한 온라인 게임이나 SNS, 동영상 배포 등과 같은 상용 서비스도 시작되었습니다.

그때까지만해도 일반인 사이에서는 PC 통신▾에 대한 수요가 높았습니다. 하지만 PC 통신은 한정된 회원끼리만 커뮤니케이션할 수 있거나 여러 PC 통신에 가입하면 각각 조작 방법이 다르다는 등의 불편한 점이 많았습니다.

이러한 상황에서 인터넷을 기업이나 일반 가정에 연결시켜 상용 이용▾을 허가하는 ISP가 등장하게 되었습니다. TCP/IP는 연구 네트워크로서 인터넷에서 오랜 기간 운용되고 있었기 때문에 상용 서비스에도 견딜 수 있는 완성도 높은 프로토콜이 될 수 있었습니다.

인터넷을 이용하면 WWW로 전 세계적으로 정보를 모으거나 전자메일로 커뮤니케이션을 할 수 있습니다. 세계를 향해 스스로 정보를 발신하는 일도 가능합니다. 인터넷 자체에는 회원이라는 것이 없기 때문에 전 세계가 연결되어 공공에게 개방된 네트워크라고 할 수 있습니다. 또한 그 안에서 다양한 서비스가 제공되고 자신이 새로운 서비스를 시작할 수도 있습니다.

결과적으로 인터넷은 유료 상용 서비스로 급성장했습니다. 그때까지 보급되어 있던 PC 통신과 같은 서비스도 인터넷을 도입하게 되었습니다. 자유롭게 오픈된 인터넷이 기업이나 일반인에게 급속이 받아들여진 것입니다.

:: **ISP**(Internet Service Provider)
개인이나 회사, 교육기관 등에 인터넷 연결을 제공하는 회사. '아이에스피'라고 하거나 그냥 '프로바이더'라고도 부른다.

:: **PC 통신**
1980년 후반에 보급된 네트워크 서비스를 말한다. 모뎀을 통해 전화기로 PC 통신 서비스의 호스트 컴퓨터에 연결하여 메일이나 게시판 등의 서비스를 이용했다.

:: NSFnet은 상용 목적의 접속이 금지되어 있다.

TCP/IP의 표준화

O2

1990년대에 이르러 ISO에서는 OSI라고 하는 국제 표준 프로토콜의 표준화 작업이 진행되었습니다. 하지만 현재 OSI는 거의 보급되지 않고, TCP/IP가 사용되고 있습니다. 왜 OSI가 아니라 TCP/IP였을까요?

TCP/IP의 표준화에는 다른 프로토콜의 표준화에서는 찾아볼 수 없는 특징이 있습니다. 이것이 프로토콜의 급속한 실현과 보급에 큰 원동력이 되었습니다. 이번에는 TCP/IP의 표준화에 대해 알아보겠습니다.

■ TCP/IP라는 말은 무엇을 가리키는가?

우선 TCP/IP라는 말이 가지는 의미에 대해 설명하겠습니다. TCP/IP라는 말을 문자 그대로 해석하면, TCP와 IP라는 2개의 프로토콜을 의미한다고 할 수 있습니다. 실제로 이 두 프로토콜만을 뜻하는 경우도 있습니다.

하지만 대부분의 경우 TCP/IP라는 말은 TCP와 IP라는 2개의 프로토콜이 아니라 IP를 이용하거나 IP로 통신할 때에 필요한 많은 프로토콜군을 통틀어 말합니다. 좀 더 구체적으로 말하자면 IP나 ICMP, TCP나 UDP, TELNET이나 FTP, HTTP 등과 같이 TCP나 IP에 깊이 관계하는 많은 프로토콜이 포함됩니다. TCP/IP를 '인터넷 프로토콜 스위트'▼라고 부르는 경우도 있는데, 이는 '인터넷을 구축하는 데에 필요한 프로토콜의 집합'이라는 뜻입니다.

:: 인터넷 프로토콜 스위트
(Internet Protocol Suite)
인터넷 프로토콜 일체 또는 집합이라는 뜻이다.

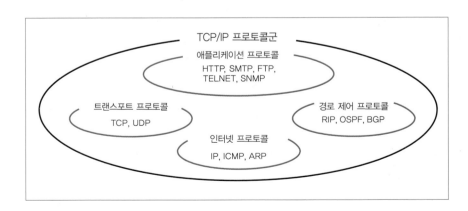

⊕ **그림 2.3** TCP/IP 프로토콜군

② TCP/IP 표준화의 정신

TCP/IP 프로토콜의 표준화는 다른 표준화와 비교했을 때 두 가지가 크게 다릅니다. 첫째는 오픈되어 있다는 점이고, 둘째는 표준화할 프로토콜이 실제로 사용할 수 있는 프로토콜인지, 아닌지를 중시한다는 점입니다.

첫째, 오픈되어 있다는 점에 대해서 설명하겠습니다. TCP/IP의 프로토콜은 IETF▼의 회의를 통해 정해집니다. 이 IETF에는 누구나 참가할 수 있습니다. 이 회의는 보통 전자메일의 메일링 리스트로 하게 되는데, 메일링 리스트에는 누구나 참가할 수 있습니다.

:: **IETF**(Internet Engineering Task Force)

둘째, TCP/IP의 표준화에서는 프로토콜의 사양을 정하는 것을 중시하는 것이 아니라 상호 통신할 수 있는 기술 추구를 중시해 왔다는 것입니다. TCP/IP는 '사양을 생각하기 전에 프로그램이 먼저 개발되었다'라는 말을 들을 정도로 개발 중심의 자세로 프로토콜을 결정해 왔습니다.

'프로그램을 만든 후에 사양을 적는다'라고 하면 조금 과장으로 들릴지도 모르지만, TCP/IP 프로토콜의 사양을 정할 때에는 실장(실제 작동)▼을 염두에 두면서 작업을 진행합니다. 그리고 프로토콜군의 세부 사양을 결정할 때에는 해당 프로토콜이 실제로 작동하고 있는 장치가 존재하고, 한정된 형태일지라도 실제로 통신이 가능해야 합니다.

:: **실장**
컴퓨터 등과 같은 기기에서 작동하도록 하기 위해 프로그램이나 하드웨어를 개발하는 일을 말한다.

TCP/IP에서는 프로토콜의 사양이 어느 정도 결정된 후에 여러 기기에서 제대로 작동되는지 상호 연결 실험을 합니다. 문제가 있는 경우에는 논의를 하고, 프로그램이나 프로토콜, 도큐멘트를 수정하는 작업을 합니다. 이러한 작업을 반복하면서 프로토콜을 표준화하는 것입니다. TCP/IP 프로토콜은 실제 작동을 중시하여 사양이 정해지고 있기 때문에 실용성이 높은 프로토콜로 완성되는 것입니다.

하지만 상호 연결 실험 등에서는 예상하지 않았던 환경의 경우, 정상적으로 작동하지 않을 가능성도 있습니다. 이러한 경우에는 나중에 개선을 합니다.

TCP/IP와 비교하여 OSI가 일반적으로 보급되지 않은 원인은 실제로 작동하는 프로토콜을 빨리 만들지 못했다는 점과 급속도로 발전하는 기술 혁신에 발빠르게 대응할 수 있는 프로토콜의 결정 및 개선을 할 수 있는 사양이 없었다는 점을 들 수 있습니다.

③ TCP/IP의 사양서 RFC

:: RFC의 문자적 의미는 '의견을 구하는 도큐멘트'다.
:: 프로토콜의 실제 작동 및 운용에 관한 유효한 정보를 FYI(For Your Information)라고 한다.
:: 표준화를 목표로 하지 않는 실험 프로토콜을 'Experimental'이라고 한다.

TCP/IP의 프로토콜은 IETF에서 의논하여 표준화합니다. 표준화하려고 하는 프로토콜은 RFC(Request For Comments)▼라는 도큐멘트로 인터넷상에 공개됩니다. RFC에는 프로토콜의 사양서뿐만 아니라 프로토콜의 실제 작동 및 운용에 관한 유효한 정보▼와 프로토콜의 실험에 관한 정보▼도 포함되어 있습니다.

RFC로 된 도큐멘트에는 번호가 붙여져 있습니다. 예를 들어 IP의 사양을 정하고 있는 것은 'RFC791'이며, TCP의 사양을 정하고 있는 것은 'RFC793'입니다. RFC 번호는 정해진 순서대로 부여됩니다. 그리고 일단 RFC가 되면 내용의 수정은 허락되지 않습니다. 프로토콜의 사양을 확장하는 경우에는 새로운 번호의 RFC로 확장 부분을 정의해야 합니다. 프로토콜 사양을 변경하는 경우에는 새로운 RFC가 발행되어 예전의 RFC는 무효가 됩니다. 새 RFC에는 어떤 RFC를 확장하는지, 어떤 RFC를 무효로 했는지 등의 정보가 들어 있습니다.

RFC는 프로토콜의 사양이 변경될 때마다 번호가 바뀌므로 불편하다는 의견이 있었습니다. 그래서 주요한 프로토콜이나 표준에 대해서는 STD (Standard)라는, 바뀌지 않는 번호를 부여하고 있습니다. STD의 경우 어떤 번호가 어떤 프로토콜의 사양을 가리키는지가 정해져 있기 때문에 동일한 프로토콜이라면 사양이 변경되어도 STD 번호는 바뀌지 않습니다.▼

나중에 프로토콜 사양이 바뀌더라도 프로토콜 사양서의 STD 번호가 바뀌는 일은 없습니다. 단, STD가 가리키는 RFC 번호는 늘거나, 줄거나, 교체될 가능성이 있습니다.

또한 인터넷 사용자나 관리자에게 유익한 정보를 제공하기 위해 'FYI(For Your Information)'라는 번호도 부여하고 있습니다. 이것도 STD와 마찬가지로 실제 내용은 RFC이지만, 사용자가 참조하기 쉽도록 내용이 변경되어도 번호는 바뀌지 않도록 되어 있습니다.

STD1에는 RFC로 나온 프로토콜의 표준화 작업 상태가 정리되어 있습니다. 2012년 1월 현재, STD1에 해당하는 것은 'RFC5000'입니다(끊기 편한 번호로 갱신되는 경우가 많습니다).

:: 예를 들어 STD5는 ICMP를 포함한 IP의 표준을 나타내고 있다. 그리고 STD5의 실제 내용은 RFC791, RFC919, RFC922, RFC792, RFC950, RFC1112라는 6개의 RFC로 구성되어 있다.

○표 2.2 대표적인 RFC(2019
년 10월 현재)

프로토콜	STD	RFC	상태
IP(버전 4)	STD5	RFC791, RFC919, RFC922	표준
IP(버전 6)	STD86	RFC8200	표준
ICMP	STD5	RFC792, RFC950, RFC6918	표준
ICMPv6	−	RFC4443, RFC4884	표준
ARP	STD37	RFC826, RFC5227, RFC5494	표준
RARP	STD38	RFC903	표준
TCP	STD7	RFC793, RFC3168	표준
UDP	STD6	RFC768	표준
IGMP(버전 3)	−	RFC3376, RFC4604	제안 표준
DNS	STD13	RFC1034, RFC1035, RFC4343	표준
DHCP	−	PRFC2131, RFC2132	드래프트 표준
HTTP(버전 1.1)	−	RFC2616, RFC7230	제안 표준
SMTP	−	RFC821, RFC2821, RFC5321	드래프트 표준
POP(버전 3)	STD53	RFC1939	표준
FTP	STD9	RFC959, RFC2228	표준
TELENT	STD8	RFC854, RFC855	표준
SSH	−	RFC4253	제안 표준
SNMP	STD15	RFC1157	역사적
SNMP(버전 3)	STD62	RFC3411, RFC3418	표준
MIB-II	STD17	RFC1213	표준
RMON	STD59	RFC2819	표준
RIP	STD34	RFC1058	역사적
RIP(버전 2)	STD56	RFC2453	표준
OSPF(버전 2)	STD54	RFC2328	표준
EGP	STD18	RFC904	역사적
BGP(버전 4)	−	RFC4271	드래프트 표준
PPP	STD51	RFC1661, RFC1662	표준
PPPoE	−	RFC2516	정보
MPLS	−	RFC3031	제안 표준
RTP	STD64	RFC3550	표준
호스트에 대한 요구 조건	STD3	RFC1122, RFC1123	표준
라우터에 대한 요구 조건	−	RFC1812, RFC2644	제안 표준

각 RFC의 최신 정보는 https://www.rfc-editor.org/rfc-index.html 참조.

※ 이 표는 대표적인 프로토콜로 좁혀 RFC 번호를 추출한 것으로, 최신 업데이트나 부분적으로 갱신
된 RFC 등은 포함하고 있지 않습니다. 상세한 것은 상기 URL을 참조해 확인하세요.

:: RFC1122와 RFC1812에는 ICMP뿐만 아니라 IP나 TCP, ARP 등과 같이 많은 프로토콜의 실제 작동 시 필요한 요구 사항이 기술되어 있다.

④ TCP/IP 프로토콜 표준화의 흐름

프로토콜의 표준화 작업은 IETF에서 논의를 거쳐 이루어집니다. IETF에서는 1년에 세 번의 미팅이 있는데, 보통은 메일링 리스트를 통해 전자메일로 논의합니다. 이 메일링 리스트에는 누구나 참가할 수 있습니다.

TCP/IP 표준화 작업도 RFC로 정의되어 있습니다. RFC2026에 따라 대략적으로 설명하면, 다음과 같은 단계를 거칩니다. 먼저, 사양을 충분히 검토하여 결정하는 인터넷 드래프트(I-D : Internet-Draft) 단계가 있습니다. 그리고 표준화하는 것이 좋다고 인정되면 RFC가 되어 제안 표준(Proposed Standard)이 됩니다. 그 다음으로 표준의 초안인 드래프트 표준(Draft Standard)를 거쳐, 최종적으로 표준(Standard)이 결정됩니다.

이 흐름을 좀 더 자세히 살펴보겠습니다. 프로토콜이 표준화되기 전에 먼저 프로토콜을 제안하는 단계가 있습니다. 프로토콜을 제안하고 싶은 사람이나 그룹은 도큐멘트를 작성하고 인터넷 드래프트로 공개합니다. 이 도큐멘트를 바탕으로 논의가 이루어집니다. 그리고 실제 작동이나 시뮬레이션, 운용 실험 등이 이루어집니다. 논의는 주로 메일링 리스트로 하게 됩니다.

인터넷 드래프트의 유효 기간은 6개월입니다. 이 말은 논의에 들어가면 6개월마다 변경 사항을 반영해야 한다는 것을 의미하는 동시에, 더 이상 논의가 되지 않는 무의미한 인터넷 드래프트는 자동으로 제거한다는 목적도 있습니다. 전 세계적으로도 정보가 범람하고 있지만, TCP/IP의 표준화에서도 제안이 넘칠 정도로 난립하고 있습니다. 따라서 불필요한 정보를 조속히 제거하지 않으면 어떤 것이 필요하고, 어떤 것이 불필요한지 판단할 수 없게 됩니다.

충분히 논의를 한 후 IETF의 중요 멤버로 구성된 IESG(IETF Engineering Steering Group)의 승인을 받으면, RFC 도큐멘트로 정식 등록됩니다. 처음에는 '제안 표준(Proposed Standard)'으로 불립니다.

제안 표준으로 제안된 프로토콜이 많은 기기에 제공되고, 널리 운용되어 IESG의 승인을 얻으면 '드래프트 표준(Draft Standard)'이 됩니다. 실제로 운용하여 명백한 문제가 발생한 경우에는 드래프트 표준이 되기 전에 수정을 합니다. 이 수정 작업도 인터넷 드래프트 단계를 거칩니다.

드래프트 표준이 된 후 표준(Standard)이 되기 위해서는 더욱 많은 기기에서 제공되거나 이용되어야 합니다. 그리고 표준화에 종사하는 많은 사람이 '실용성이 충분히 입증되었고 문제가 없다'고 생각하고 IESG로부터 승인을 받으면 비로소 표준이 됩니다.

이렇게 표준이 되기까지의 과정은 길고 험난합니다. 인터넷에서 널리 사용되지 않으면 표준이라고 부를 수 없기 때문입니다.

이상이 RFC2026에 따른 설명입니다. RFC2026도 2011년 10월에 RFC6410으로 업데이트됐습니다. [그림 2.4]처럼 RFC6410은 기본적으로 RFC2026을 답습했지만, 제안 표준, 드래프트 표준, 표준의 3단계 표준 레벨▼을, 드래프트 표준과 표준을 통합해 2단계로 변경해 새롭게 인터넷 표준으로 부르는 것을 정의했습니다. 또한 지금까지의 경과도 고려해 현재 논의되고 있는 RFC는 RFC2026의 표준 명칭을 남기는 것도 정의되어 있습니다.

TCP/IP의 표준화는 표준을 정한 후 보급시키는 표준화 단체와는 근본적으로 생각 자체가 다릅니다. TCP/IP에서 표준이 되었다는 것은 이미 많이 보급되어 있다는 것을 의미하기 때문입니다.▼ 이렇게 해서 표준이 된 프로토콜은 이미 폭넓은 운용 실적이 있기 때문에 매우 실용성이 높은 기술이라고 할 수 있습니다.

:: RFC6410에서는 래더(ladder)로 표현했다.

:: 표준화를 목표로 하지 않는 실험용 프로토콜은 실험 프로토콜(Experimental)로 등록된다.

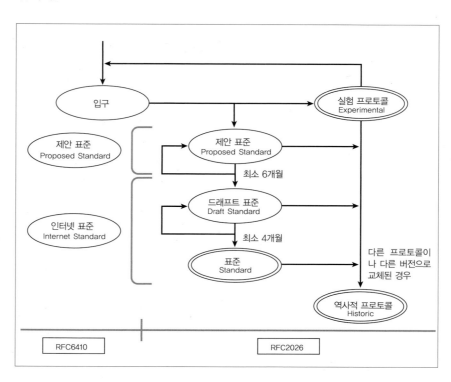

○ 그림 2.4 프로토콜의 표준화의 흐름

제안 표준과 드래프트 표준의 지원

RFC로 제안된 프로토콜을 지원하는 제품을 판매하는 경우, 표준만 지원하게 되면 시대에 뒤떨어진 제품이 되고 맙니다. 왜냐하면 이미 많은 사람이 사용하고 있는 것만 표준이 되기 때문입니다.

시대에 앞서 가려면 드래프트 표준은 물론이고 제안 표준도 지원해야 합니다. 그리고 사양이 변경되었을 때에는 신속하게 업그레이드를 할 수 있는 지원 체제를 갖춰야 합니다.

⑤ RFC 입수 방법

RFC는 인터넷 기술 표준화를 추진하는 IETF(Internet Engineering Task Force)의 RFC Editor로 관리됩니다. RFC를 입수하려면 몇 가지 가지 방법이 있습니다. 가장 손쉬운 것은 인터넷을 이용해 입수하는 방법입니다.

• `https://www.rfc-editor.org/report-summary/ietf/`
이 홈페이지에 활동 설명이나 RFC 관련 소개가 있습니다.
• `ftp://ftp.rfc-editor.org/in-notes/`
FTP에서 파일을 다운로드하고 싶을 때 이용합니다.

우선, `https://www.rfc-editor.org/rfc-index.html`에서 RFC의 HTML 버전을 읽어보세요(HTML 버전 이외에 텍스트나 XML 버전도 있습니다). 여기에 모든 RFC가 저장되어 있습니다. RFC Editor 웹사이트에는 RFC에 관한 정보가 게재되어 있으며, 또한 RFC를 검색할 수도 있으므로 꼭 한번 참조해 보세요.

STD, FYI, I-D 입수처

STD나 FYI, 인터넷 드래프트(I-D : Internet-Draft)는 다음 사이트에서 입수할 수 있습니다. 여기에도 std-index.txt, fyi-index.txt라는 파일에 목록이 들어 있으므로 이 파일을 먼저 입수한 후 필요한 도큐멘트 번호를 조사하는 것이 좋습니다.

STD
`http://www.rfc-editor.org/in-notes/std/`

FYI
`http://www.rfc-editor.org/in-notes/fyi/`

I-D
`http://www.rfc-editor.org/internet-drafts/`

인터넷 기초 지식

03

여러분은 평소 인터넷이라는 말을 자주 들어보았을 것입니다. 이 책에서도 이미 몇 번이나 이 말이 등장했는데, '인터넷'이란 도대체 무엇을 말하는 것일까요? 또한 인터넷과 TCP/IP는 어떤 관계가 있는 것일까요?

이번에는 TCP/IP와는 떼려야 뗄 수 없는 관계를 가진 인터넷에 대해 간단하게 소개하겠습니다.

1 인터넷이란?

'인터넷'이라는 말은 본래 어떤 뜻을 갖고 있을까요? 영어로 'internet'은 '여러 개의 네트워크를 연결하여 하나의 네트워크로 만드는 것'을 말합니다. 2개의 이더넷 세그먼트를 라우터로 연결하는 단순한 네트워크 간의 연결도 '인터넷'이라고 부릅니다. 또한 기업 내 부서 간 네트워크나 사내 네트워크를 기업끼리 연결하여 서로 통신할 수 있도록 연결한 것도 인터넷입니다. 그리고 지역 네트워크 간의 연결, 전 세계 규모의 네트워크 간 연결도 모두 인터넷입니다. 하지만 최근에는 이러한 의미로는 그다지 사용하고 있지 않습니다. 이러한 의미를 전하고 싶을 때에는 '인터 네트워킹(Inter Networking)'이라는 말을 사용합니다. 현재 인터넷이라고 하면 ARPANET으로부터 발전하여 전 세계를 연결하고 있는 컴퓨터 네트워크를 가리킵니다. 이 인터넷은 고유 명사입니다. 2016년에 AP 통신이 발행한 스타일북에서는 영어 표기가 internet으로 되어 있습니다. 이전에는 Internet이나 The Internet으로도 표기됐습니다.▼

:: 인터넷과 대조적으로 인트라넷(Intranet)이라는 말도 사용되는데, 인트라넷은 인터넷 기술을 사용하여 회사와 같은 조직 내부에 닫힌 통신 서비스를 제공하는 것을 목적으로 구축된 네트워크라는 뜻으로 사용하는 경우가 많다.

2 인터넷과 TCP/IP의 관계

인터넷에서 통신을 하기 위해서는 프로토콜이 필요합니다. TCP/IP는 원래 인터넷을 운용하기 위해 개발된 프로토콜입니다. 인터넷 프로토콜이라고 하면 'TCP/IP'이고, TCP/IP라고 하면 '인터넷 프로토콜'이라고 할 수 있습니다.

3 인터넷의 구조

위에서 말했듯이 인터넷의 어원은 네트워크와 네트워크를 연결하는 것입니다. 전 세계를 연결하는 인터넷의 구조도 근본적으로는 네트워크와 네트워크를 연결한 형태로 되어 있습니다. 작은 네트워크끼리 연결하여 조직 내 네트워크를 구성합니다. 그리고 조직 네트워크끼리가 연결되어 지역 네트워크가 만들어집니다. 그리고 지역 네트워크끼리 연결되어 최종적으로 전 세계를 잇는 거대한 인터넷을 형성하고 있습니다. 이렇게 인터넷은 계층적인 구조를 갖고 있습니다.

각 네트워크는 '백본'이라고 하는 기간 네트워크와 '스터브'라고 하는 단말의 네트워크 부분으로 구성됩니다. 네트워크와 네트워크는 'NOC'▼로 연결됩니다. 또한 네트워크의 운용자나 운용 방침, 이용 방침 등이 다른 네트워크를 대등하게 연결하는 포인트를 'IX'▼라고 합니다. 인터넷을 한마디로 설명하자면 '서로 다른 조직이 IX에 의해 상호 연결된 거대한 네트워크'라고 할 수 있습니다.

:: **NOC**(Network Operation Center)

:: **IX**(Internet Exchange)

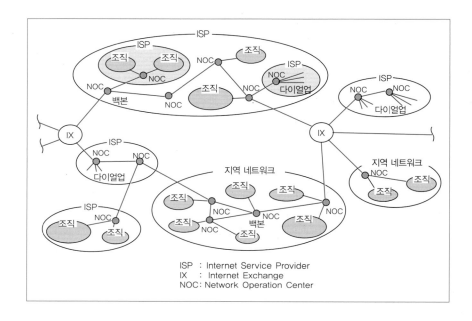

○ **그림 2.5** 인터넷의 구조

4 ISP와 지역 네트워크

인터넷에 연결하기 위해서는 ISP나 지역 네트워크에 접속을 의뢰해야 합니다. 회사나 가정에서 컴퓨터를 인터넷과 연결하는 경우, ISP와 인터넷에 대한 연결 계약을 하게 됩니다. 대부분의 ISP에서는 다양한 연결 메뉴(서비스 품목)를 준비해두고 있습니다. 한 달에 몇 번만 짧게 연결하는 경우에 유리한 계약, 이동처에서도 자유롭게 이용할 수 있는 계약, 이동은 하지 않지만 고속의 상시 접속이 가능한 계약 등 다양한 서비스 품목이 있습니다.

지역 네트워크는 특정 지역에서 자치 단체나 자원 봉사자 등이 운영하는 네트워크입니다. 비교적 저렴한 가격에 이용할 수 있지만, 접속 조건이 복잡한 경우나 이용에 제약이 있는 경우도 있습니다.

실제로 인터넷에 연결하는 경우에는 계약한 ISP 또는 지역 네트워크의 서비스 품목이나 이용 조건, 비용 등을 잘 살펴보고 자신의 이용 목적이나 비용에 맞는지를 충분히 검토하기 바랍니다.

:: 실제 인터넷을 '외부'로 간주하여 외부와 연결하는 기기나 프로토콜을 제한하고 있는 기업 네트워크도 많다.

인터넷의 내부와 외부

사내 LAN이나 집의 PC가 인터넷과 연결되어 있는 경우, 이 모든 것을 인터넷의 일부로 볼 수 있습니다(그림 2.6). 한편 사내 LAN이나 집의 PC 입장에서 보았을 때에는 접속한 곳의 네트워크가 인터넷이라는 견해도 가능합니다. 이 견해는 서비스의 제공자를 자신의 '외부'에 존재하는 것으로 강하게 인식하고, 내부와 외부를 나눈 표현이라고 할 수 있습니다(그림 2.7).

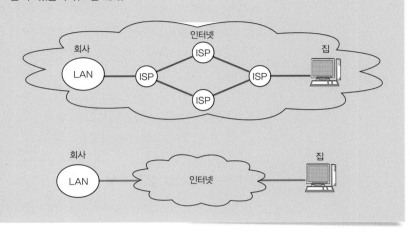

○ 그림 2.6 회사도 집도 인터넷의 일부라는 견해

○ 그림 2.7 연결 상대가 인터넷이라는 견해

TCP/IP 프로토콜의 계층 모델

04

현재 TCP/IP는 컴퓨터 네트워크에서 가장 많이 사용하고 있는 프로토콜입니다. 네트워크를 도입하는 사람이나 네트워크를 구축하는 사람, 네트워크를 관리하는 사람, 네트워크 기기를 설계하거나 제조하는 사람, 그리고 네트워크에 연결하는 기기를 프로그래밍하는 사람은 이 TCP/IP에 대해 충분한 지식을 갖고 있어야 합니다.

그렇다면 원래 'TCP/IP'란 무엇을 말하는 것일까요? 여기서는 TCP/IP 프로토콜의 전체 상에 대해 설명하겠습니다.

1 TCP/IP와 OSI 참조 모델

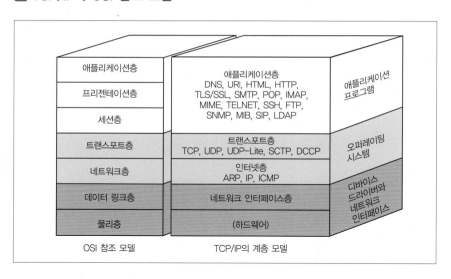

○ 그림 2.8 OSI 참조 모델과 TCP/IP의 관계

1장에서 OSI 참조 모델과 각 계층의 역할에 대해 설명했는데, TCP/IP에서 나오는 각종 프로토콜도 기본적으로는 OSI 참조 모델에 적용시킬 수 있습니다. 각 프로토콜이 OSI 참조 모델의 어느 층에 해당하는지를 알면, 그 프로토콜이 무엇을 하기 위한 것인지 짐작할 수 있습니다. 그 다음은 기술적으로 어떤 구조로 작동하는지 이해하면 됩니다. 각 프로토콜의 상세한 내용에 대해서는 4장 이후에서 설명합니다. 여기서는 TCP/IP의 각 프로토콜과 OSI 참조 모델과의 대응 관계에 대해 살펴보겠습니다.

그림 2.8은 TCP/IP와 OSI의 계층화 모델을 비교한 것으로, TCP/IP와 OSI는 계층 모델이 약간 다릅니다. OSI 참조 모델은 '통신 프로토콜에 필요한 기능

이 무엇인지'를 중심으로 고안하여 모델화한 데 비해, TCP/IP의 계층 모델은 '프로토콜을 컴퓨터에 적용시키려면 어떻게 프로그래밍해야 좋을지'를 중심 으로 고안한 것이기 때문입니다.

2 하드웨어(물리층)

TCP/IP 계층 모델에서는 최하위층에 물리적으로 데이터를 전송해주는 하드 웨어가 위치하고 있습니다. 이 하드웨어란, 이더넷이나 전화 회선과 같은 물 리층을 말하는데, 그 내용에 대해서는 아무것도 정해져 있지 않습니다. 사용 할 통신 매체가 케이블이든, 무선이든 상관없으며 통신을 할 때의 신뢰성이나 보안, 대역, 지연 시간 등에 대해서도 특별한 제한 없이 이용할 수 있도록 되 어 있습니다. 결국 TCP/IP는 네트워크로 연결된 장치 간에 통신할 수 있다는 것을 전제로 만들어진 프로토콜이라고 할 수 있습니다.

3 네트워크 인터페이스층(데이터 링크층)

네트워크 인터페이스층▾은 이더넷과 같은 데이터 링크를 이용하여 통신을 하 기 위한 인터페이스가 되는 계층입니다. 즉, NIC를 작동시키기 위한 '디바이 스 드라이버'라고 생각해도 괜찮습니다. 디바이스 드라이버는 OS와 하드웨어 를 이어주는 소프트웨어입니다. 컴퓨터의 주변 기기나 확장 카드는 컴퓨터에 연결하거나 확장 슬롯에 꽂는다고 해서 저절로 작동하는 것이 아닙니다. OS 가 해당 카드를 인식하고 그 카드를 이용할 수 있도록 설정해야 합니다. NIC 와 같은 하드웨어를 새로 구입한 경우에는 하드웨어뿐만 아니라 주변 기기를 이용하기 위한 소프트웨어가 부속되어 있습니다. 이 소프트웨어가 바로 '디바 이스 드라이버'입니다. 사용하는 컴퓨터의 OS에 디바이스 드라이버를 인스톨 해야만 네트워크 인터페이스를 이용할 수 있는 환경이 정비되는 것입니다.▾

4 인터넷층(네트워크층)

인터넷층에서는 IP 프로토콜을 사용합니다. 이는 OSI 참조 모델의 제3층인 네트워크층의 역할에 해당합니다. IP 프로토콜은 IP 주소를 바탕으로 패킷을 전송합니다.

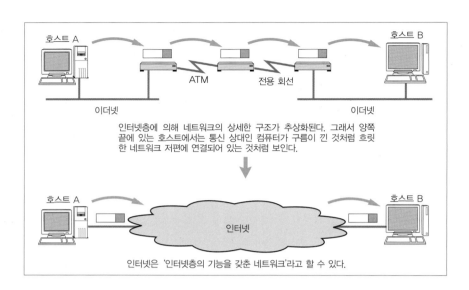

호스트 A

ATM 전용 회선

호스트 B

이더넷 이더넷

인터넷층에 의해 네트워크의 상세한 구조가 추상화된다. 그래서 양쪽 끝에 있는 호스트에서는 통신 상대인 컴퓨터가 구름이 낀 것처럼 흐릿한 네트워크 저편에 연결되어 있는 것처럼 보인다.

호스트 A

인터넷

호스트 B

인터넷은 '인터넷층의 기능을 갖춘 네트워크'라고 할 수 있다.

○그림 2.9 인터넷층

TCP/IP 계층 모델에서는 일반적으로 인터넷층과 트랜스포트층이 호스트의 OS에 내장되어 있다고 전제합니다. 특히, 라우터는 인터넷층을 이용하여 패킷을 전송하는 기능을 갖고 있어야 합니다.

인터넷으로 연결되는 모든 호스트와 라우터는 반드시 IP 기능을 갖고 있어야 합니다. 인터넷에 연결되는 기기라도 브리지, 리피터, 허브의 경우에는 반드시 IP나 TCP를 갖고 있을 필요는 없습니다.▼

:: 브리지, 리피터, 허브 등을 감시 및 관리하기 위해 IP, TCP를 지원하는 경우도 있다.

❖ IP(Internet Protocol)

네트워크를 통해 패킷을 배송하거나 인터넷 전체에 패킷을 전달하기 위한 프로토콜입니다. IP가 있기 때문에 지구 반대편까지 패킷을 보낼 수 있습니다. 각 호스트를 식별하기 위해 IP 주소라는 식별자를 사용합니다.▼

:: IP 네트워크에 연결되는 모든 기기에는 서로 다른 IP 주소를 붙여야 한다. 패킷은 이 IP 주소를 근거로 배달된다.

IP에는 데이터 링크의 특성을 감추는 역할도 있습니다. IP로 말미암아 통신하고 싶은 호스트 간의 경로가 어떤 데이터 링크로 되어 있는지와는 상관없이 통신이 가능합니다.

IP는 패킷 교환 프로토콜이지만, 패킷이 상대방에게 도착되지 않은 경우 패킷의 재전송은 일어나지 않습니다. 이러한 의미에서 '신뢰성이 없는 패킷 교환 프로토콜'이라고 할 수 있습니다.

❖ ICMP(Internet Control Message Protocol)

IP 패킷의 배송 중에 어떤 이상이 발생하여 패킷을 전송할 수 없는 경우, 패킷의 송신처에 이상을 알려주기 위해 사용하는 프로토콜입니다. 네트워크의 진단 등에도 이용합니다.

❖ ARP(Address Resolution Protocol)

IP 주소로부터 패킷을 보낼 곳의 물리적인 주소(MAC 주소)를 구하는 프로토콜입니다.

5 트랜스포트층

TCP/IP에는 2개의 대표적인 트랜스포트 프로토콜이 있습니다. 이 층은 기본적으로는 OSI 참조 모델의 트랜스포트층과 똑같은 역할을 하고 있습니다.

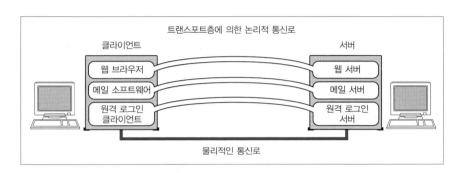

○그림 2.10 트랜스포트층

트랜스포트층의 가장 중요한 역할은 애플리케이션 프로그램 간의 통신을 구현하는 것입니다. 컴퓨터 내부에서는 여러 프로그램이 동시에 작동하고 있습니다. 따라서 어떤 프로그램과 어떤 프로그램이 통신하고 있는지를 식별할 필요가 있습니다. 애플리케이션 프로그램의 식별에는 '포트 번호'라는 식별자를 사용합니다.

❖ TCP(Transmission Control Protocol)

TCP는 커넥션형으로, 신뢰성이 있는 트랜스포트층 프로토콜입니다. 양쪽 끝의 호스트 간에 데이터가 무사히 도착하는 것을 보증합니다. 만일 경로 도중에 데이터를 옮기고 있는 패킷이 없어지거나 순서가 바뀌어도 TCP가 바르게 해결해줍니다. 또한 네트워크의 대역폭을 효과적으로 이용하는 장치나 네트워크의 혼잡을 완화시켜 주는 장치 등과 같이 다양한 기능을 갖고 있기 때문에 신뢰성 향상을 꾀할 수 있습니다.

단, 커넥션의 확립 및 끊기 제어만을 위해 패킷을 7번이나 주고받으므로, 전송할 데이터의 총량이 적은 경우에는 쓸데없는 데이터가 늘어납니다. 또한 네트워크의 이용 효율을 향상시키기 위한 복잡한 장치를 이것저것 많이 가지고 있기 때문에 비디오 회의의 음성이나 영상 데이터와 같이 일정 간격으로 정해진 양의 데이터를 전송하는 통신에는 그다지 적합하지 않습니다.

❖ UDP(User Datagram Protocol)

UDP는 TCP와는 달리 커넥션리스형으로, 신뢰성이 없는 트랜스포트층 프로토콜입니다. UDP는 송신한 데이터가 상대에게 도달했는지, 아닌지를 확인하지 않습니다. 패킷이 상대방에게 도착했는지나 상대방 컴퓨터가 제대로 네트워크에 연결되어 있는지 등의 확인이 필요한 경우에는 애플리케이션 프로그램이 수행하도록 되어 있습니다.

UDP는 패킷 수가 적은 통신이나 브로드캐스트, 멀티캐스트 통신, 비디오나 음성 등의 멀티미디어 통신에 적합합니다.

6 애플리케이션층(세션층 이상의 상위 계층)

TCP/IP 계층 모델에서는 OSI 참조 모델의 세션층, 프리젠테이션층, 애플리케이션층 모두 애플리케이션 프로그램 안에서 구현하도록 고안되어 있습니다. 단일 애플리케이션 내부에 각각의 기능을 제공하는 경우도 있으며, 여러 애플리케이션 프로그램으로 나누어 제공하는 경우도 있습니다. 따라서 TCP/IP의 애플리케이션 프로그램의 기능을 자세히 살펴보면, OSI 참조 모델의 애플리케이션층의 기능뿐만 아니라 세션층의 기능이나 프리젠테이션층의 기능도 볼 수 있습니다.

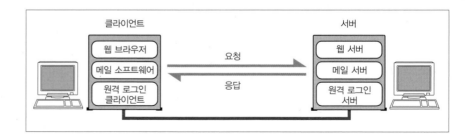

○그림 2.11 클라이언트/서버 모델

대부분의 TCP/IP 애플리케이션은 클라이언트/서버 모델로 되어 있습니다. 서비스를 제공하는 프로그램을 '서버', 서비스를 받는 프로그램을 '클라이언트'라고 합니다. 이 통신 모델에서는 서비스를 제공하는 서버 프로그램을 미리 호스트상에서 작동시켜두어야 합니다. 클라이언트로부터 요청이 와도 즉시 대응할 수 있도록 하기 위해서입니다.

클라이언트는 언제든지 원할 때에 서비스를 요청할 수 있습니다. 서버가 작동하지 않거나 요청이 집중되어 서비스를 받지 못하는 경우에는 잠시 기다렸다가 다시 서비스를 요청해야 합니다.

❖ WWW(World Wide Web)

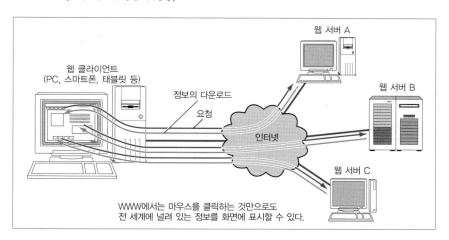

⊙ 그림 2.12 WWW

:: **WWW**(World Wide Web)
인터넷에서 정보를 주고받는 장치로, 웹(Web), 더블유 더블유 더블유(WWW), 더블유 쓰리(W3)라고도 힌다.

:: 그냥 브라우저라고도 부른다. Microsoft 사의 Internet Explorer나 Mozilla Foundation의 Firefox가 널리 사용되고 있다.

WWW(World Wide Web)▼은 인터넷이 일반에게 보급될 수 있었던 원동력이 된 애플리케이션입니다. 사용자는 마우스나 키보드로 조작하는 웹 브라우저▼라는 소프트웨어를 통해 네트워크 속을 여행할 수 있습니다. 마우스로 클릭하는 것만으로도 네트워크 저편의 서버에 있는 각종 정보가 화면에 나타납니다. 웹 브라우저 안에서는 문자나 그림, 애니메이션이 표시되거나 소리가 나거나 프로그램이 움직입니다.

웹 브라우저와 서버 간 통신에 사용되는 프로토콜은 'HTTP(HyperText Transfer Protocol)'입니다. 송신에 사용되는 주요한 데이터 포맷은 'HTML(HyperText Markup Language)'입니다. WWW에서 HTTP는 OSI 참조 모델의 애플리케이션층의 프로토콜, HTML은 프리젠테이션층의 프로토콜이라고 할 수 있습니다.

❖ 전자메일(E-Mail)

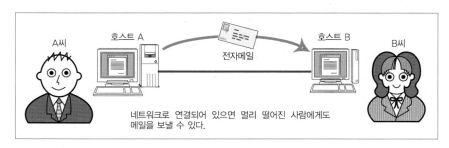

⊙ 그림 2.13 전자메일

전자메일(E-mail)은 '전자우편' 즉, '네트워크상의 우편 배달'이라고 할 수 있습니다. 전자메일을 이용하면 멀리 떨어진 사람에게도 메시지를 쉽게 전달할 수 있습니다. 전자메일의 배송에는 'SMTP(Simple Mail Transfer Protocol)'라는 프로토콜이 이용됩니다.

초기의 인터넷 전자메일은 텍스트 형식▼으로만 메시지를 보낼 수 있었는데, 현재는 전자메일로 보낼 수 있는 데이터 형식을 확장해주는 MIME▼ 장치가 일반화되어 영상이나 음성 파일 등과 같은 다양한 정보를 보낼 수 있습니다. 또한 메일의 글자 크기를 바꾸거나 색을 바꾸는 일도 가능해졌습니다.▼ MIME는 OSI 참조 모델의 제6층인 프리젠테이션층의 기능이라고 할 수 있습니다. 전자메일은 스마트폰이나 PC로도 송신 가능합니다. 또한, 메일 앱에서도 웹 메일과 동일하게 이용할 수 있습니다. 표현 방법이나 편의성은 다르지만, 모두 TCP/IP 상의 프로토콜은 같습니다.

❖ 파일 전송(FTP)

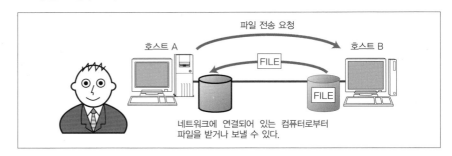

◐ 그림 2.14 FTP

파일 전송 요청

호스트 A

호스트 B

네트워크에 연결되어 있는 컴퓨터로부터 파일을 받거나 보낼 수 있다.

파일 전송이란, 다른 컴퓨터의 하드디스크상에 존재하는 파일을 자신의 컴퓨터의 하드디스크로 전송하거나 반대로 자신의 컴퓨터에 있는 파일을 다른 컴퓨터로 옮기는 것을 말합니다.

파일 전송 프로토콜로는 오래전부터 FTP(File Transfer Protocol)가 사용되고 있습니다.▼ FTP로 파일을 전송할 때에는 바이너리 모드와 텍스트 모드 중 선택할 수 있습니다.▼

FTP에서는 파일 전송을 지시하기 위한 제어 커넥션과 실제로 데이터를 전송하기 위한 데이터 커넥션이라는 2개의 TCP 커넥션을 확립합니다.▼

:: 텍스트 형식
문자만으로 이루어진 정보로, 초기에는 전자메일에 7비트로 된 ASCII 코드가 권장되었다.

:: MIME(Multipurpose Internet Mail Extensions)
'마임'이라고 부르는데, 인터넷에서 폭넓게 사용할 수 있도록 메일 데이터 형식을 확장한 것을 말한다. WWW나 인터넷 뉴스에서도 이용한다(자세한 내용은 338쪽 참조).

:: 메일을 받는 사람의 메일 소프트웨어에 따라서는 일부 기능을 사용할 수 없는 경우가 있으므로 주의해야 한다.

:: 최근에는 파일 전송에 WWW에서 사용하는 HTTP를 이용하는 경우도 늘고 있다.

:: 텍스트 모드는 Windows나 Mac OS, UNIX 등 개행 코드가 다른 OS 간에 텍스트 파일을 전송할 때 자동으로 개행 코드를 변환시켜준다. 이 기능은 프리젠테이션층의 기능이라고 할 수 있다.

:: 이 둘을 제어하는 것이 세션층이라고 할 수 있다.

❖ 원격 로그인(TELNET과 SSH)

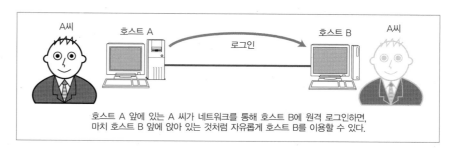

호스트 A 앞에 있는 A 씨가 네트워크를 통해 호스트 B에 원격 로그인하면,
마치 호스트 B 앞에 앉아 있는 것처럼 자유롭게 호스트 B를 이용할 수 있다.

◐ 그림 2.15 TELNET

:: TELNET

TELetypewriter NETwork의
약자로 '텔넷'이라고 한다.

:: SSH(Secure SHell)

:: rlogin
RFC1283

:: X프로토콜
RFC1198

원격 로그인이란 멀리 떨어진 컴퓨터에 로그인하여 그 컴퓨터에서 프로그램을 실행시킬 수 있도록 하는 기능을 말합니다.

TCP/IP 네트워크에서는 원격 로그인에 TELNET▼ 프로토콜이나 SSH▼ 프로토콜을 많이 사용합니다. 이 밖에도 BSD UNIX 계열의 rlogin▼과 같이 r 커맨드 계열의 프로토콜도 이용합니다. X Window System에서 사용하는 X 프로토콜▼은 원격 클라이언트 단말을 구현하는 프로토콜입니다. 마찬가지로 Remote Desktop을 이용해 원격 로그인하는 사용자도 많을 겁니다. 이 경우는 프로토콜로 RDP가 사용되지만, RFC로 규정된 프로토콜은 아닙니다.

❖ 네트워크 관리(SNMP)

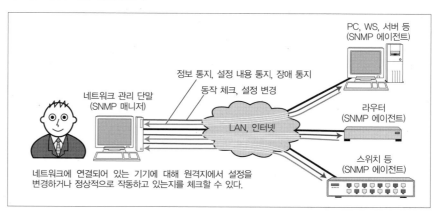

네트워크에 연결되어 있는 기기에 대해 원격지에서 설정을
변경하거나 정상적으로 작동하고 있는지를 체크할 수 있다.

◐ 그림 2.16 네트워크 관리

TCP/IP에서는 네트워크 관리에 SNMP(Simple Network Management Protocol)라는 프로토콜을 사용하고 있습니다. SNMP에서 관리하는 라우터나 브리지, 호스트 등을 '에이전트'라고 합니다. SNMP에서 네트워크 기기를 관리하는 프로그램은 '매니저'라고 합니다. SNMP는 에이전트와 매니저의 통신에 사용하는 프로토콜입니다.

SNMP의 에이전트에서는 네트워크 인터페이스의 정보나 통신 패킷의 양, 이상 패킷의 양, 기기의 온도 정보 등과 같은 각종 정보를 저장하고 있습니다.

그 정보는 'MIB(Management Information Base)'라는 구조로 액세스할 수 있습니다. 즉, TCP/IP의 네트워크 관리에서는 애플리케이션 프로토콜이 'SNMP', 프리젠테이션층이 'MIB'라고 할 수 있습니다.

네트워크가 커질수록 네트워크 관리는 중요해집니다. SNMP를 이용하면 네트워크의 혼잡 정도 조사나 장애 발견, 네트워크 확장을 위한 정보 수집 등에 도움이 됩니다.

TCP/IP의 계층 모델과 통신 예

05

TCP/IP는 어떻게 미디어상에서 통신을 수행하는 것일까요? 이번에는 TCP/IP를 사용할 때 애플리케이션층부터 물리 매체까지 도달하는 데이터와 처리의 흐름에 대해 살펴보겠습니다.

1 패킷 헤더

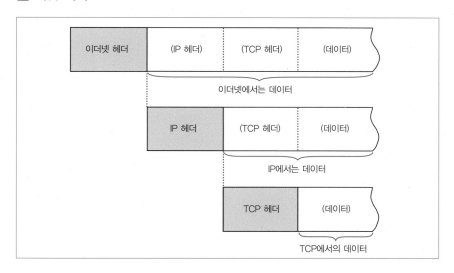

○그림 2.17 패킷 헤더의 계층화

각 계층에서는 받은 데이터에 '헤더'라는 정보를 붙입니다. 이 헤더에는 해당 층에서 필요로 하는 정보가 기술되어 있습니다. 좀 더 구체적으로 말하면 송신처나 수신처의 정보와 해당 프로토콜이 전송하고 있는 데이터에 관한 정보가 들어 있습니다. 프로토콜을 위한 정보가 '헤더'이고, 보내지는 정보가 '데이터'입니다. 그림 2.17에 나타낸 것처럼 하위층에서 보면 상위층으로부터 받은 것은 모두 단순히 하나의 데이터로 인식합니다.

> 패킷, 프레임, 데이터그램, 세그먼트, 메시지
> 이 다섯 가지 용어는 모두 데이터를 나타내는 단위입니다. 대강 다음과 같이 분류하여 사용합니다. 패킷은 무엇에나 사용할 수 있는 만능 용어입니다. 프레임은 데이터 링크의 패킷을 나타낼 때에 사용합니다. 데이터그램은 IP나 UDP 등과 같이 네트워크층 이상에서 패킷 단위의 데이터 구조를 가진 프로토콜에서 사용합니다. 세그먼트는 스트림 베이스인 TCP에 포함되는 데이터를 나타낼 때에 사용합니다. 메시지는 애플리케이션 프로토콜의 데이터 단위를 나타낼 때에 사용합니다.

2 패킷의 송신 처리

TCP/IP에 의한 통신의 예를 들어 보겠습니다. TCP/IP상에서 2대의 컴퓨터 간에 전자메일을 이용하여 "안녕하세요"라는 문자열을 주고받는 경우를 생각해봅시다.

① 애플리케이션의 처리

애플리케이션 프로그램을 실행시켜 메일을 작성한 후 메일 소프트웨어를 실행하여 메일의 수취인을 지정하고, 키보드로 "안녕하세요"라고 입력합니다. 그 다음 마우스로 '보내기' 버튼을 클릭하면 TCP/IP에 의한 통신이 시작됩니다.

우선 애플리케이션 프로그램에서는 부호화 처리를 하게 됩니다. 예를 들어 한국어 전자메일에서는 EUC-KR이나 UTF-8과 같은 규격을 바탕으로 부호화되는데, 이러한 부호화는 OSI의 프리젠테이션층에 해당하는 기능입니다.

변환 후 실제로 메일이 보내지는데, 소프트웨어에 따라서는 메일을 바로 보내지 않고 여러 통의 메일을 모아서 보내거나 메일의 수신 버튼을 눌렀을 때에 메일을 모아 수신하는 기능을 갖고 있는 경우가 있습니다. 이렇게 통신의 커넥션이 언제 확립되어, 언제 데이터를 전송할 것인지를 관리하는 기능은 넓은 의미에서 OSI 참조 모델의 세션층에 해당하는 기능이라고 할 수 있습니다.

애플리케이션은 메일을 보낼 때 TCP에 커넥션 확립을 지시합니다. 그리고 TCP의 커넥션이 확립되면 이를 이용하여 메일 데이터를 송신합니다.

그 후 애플리케이션의 데이터가 하위층인 TCP에 전달되어 실제 전송 처리가 일어납니다.

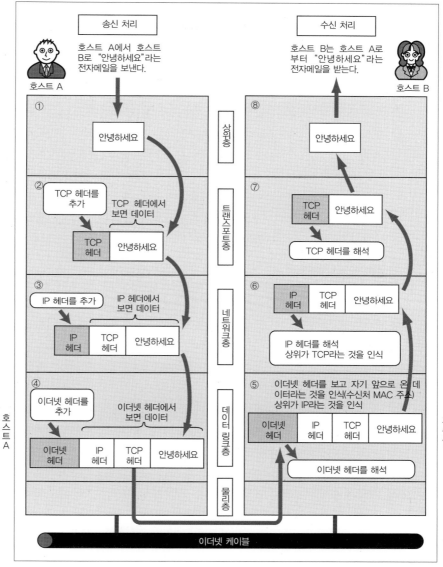

○ 그림 2.18 TCP/IP 계층에
의한 메일의 송수신 처리

∷ 커넥션에 대한 지시를 OSI
참조 모델이라고 가정하면 '세
션층의 처리'에 해당한다.

② TCP 모듈의 처리

TCP는 애플리케이션의 지시▾에 따라 커넥션을 확립하거나, 데이터를 보내거
나, 커넥션을 끊습니다. TCP는 애플리케이션으로부터 전달받은 데이터를 상
대방에게 확실히 전달하기 위해 신뢰성 있는 데이터 전송을 제공합니다.

TCP의 기능을 실현하기 위해서는 애플리케이션으로부터 전달된 데이터 앞에
TCP 헤더를 붙여야 합니다. TCP 헤더에는 송신 호스트와 수신 호스트의 애
플리케이션을 식별하기 위한 포트 번호, 해당 패킷의 데이터가 앞에서 몇 바
이트째 데이터인지를 나타내는 시퀀스 번호, 데이터가 손상되지 않았다는 것

:: **체크섬**(Check Sum)
주고받은 데이터가 올바른 데이터인지, 아닌지를 검사하는 방법을 말한다.

을 보증하기 위한 체크섬▾ 등이 포함됩니다. 그리고 TCP 헤더가 붙여진 데이터는 IP로 보내집니다.

③ IP 모듈의 처리

IP에서는 TCP로부터 전송받은 TCP 헤더와 데이터를 묶어서 하나의 데이터로 취급합니다. 그리고 TCP 헤더 앞에 IP 헤더를 붙입니다. 이렇게 IP 패킷에서는 IP 헤더 다음에 TCP 헤더가 오고, 그 다음에 애플리케이션 헤더와 데이터가 오게 됩니다. IP 헤더에는 수신처의 IP 주소와 송신처의 IP 주소, IP 헤더 다음에 오는 데이터가 TCP인지, UDP인지를 구별하는 정보가 포함됩니다. IP 패킷이 완성되면 경로 제어표(라우팅 테이블)를 참조하여 IP 패킷을 전달할 라우터나 호스트를 결정합니다. 그리고 해당 기기가 연결되어 있는 네트워크 인터페이스의 드라이버에게 IP 패킷을 전달하고, 실제 통신 처리를 의뢰합니다.

통신처 기기의 MAC 주소를 모르는 경우에는 ARP(Address Resolution Protocol)를 사용하여 MAC 주소를 조사합니다. 상대방의 MAC 주소를 찾으면 이더넷 드라이버에게 MAC 주소와 IP 패킷을 보내 송신 처리를 의뢰합니다.

④ 네트워크 인터페이스(이더넷 드라이버)의 처리

IP로부터 전송받은 IP 패킷은 이더넷 드라이버에서 보면 단순한 데이터에 지나지 않습니다. 이 데이터에 이더넷 헤더를 붙여 송신 처리를 수행합니다. 이더넷 헤더에는 수신처의 MAC 주소와 송신처의 MAC 주소, 이더넷 헤더에 이어지는 데이터의 프로토콜을 나타내는 이더넷 타입이 기술되어 있습니다.

이와 같이 처리하여 만들어진 이더넷 패킷이 물리층에 의해 상대방에게 보내지는 것입니다. 송신 처리 중에 FCS▾가 하드웨어에서 계산되어 패킷의 마지막에 붙여집니다. 이 FCS는 노이즈 등으로 말미암아 패킷이 손상되었다는 것을 검출할 때에 사용하는 것입니다.

:: **FCS**(Frame Check Sequence)

❸ 데이터 링크를 흐르는 패킷의 모습

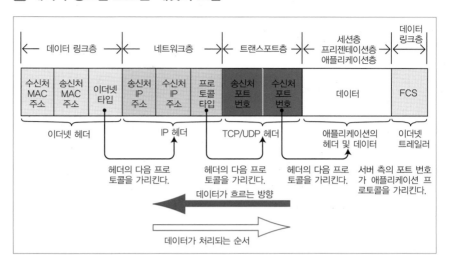

○ **그림 2.19** 계층화에 의한 패킷의 구조

패킷이 이더넷과 같은 데이터 링크를 흐를 때에는 그림 2.19와 같은 형식을 취합니다. 단, 이 그림은 헤더에 포함되는 정보 등을 많은 부분 생략한 것입니다. 패킷이 흐를 때에는 맨 앞에 이더넷 헤더가 붙고, 그 뒤에 IP 헤더가 붙습니다. 그리고 그 뒤에 TCP 헤더 또는 UDP 헤더가 붙고, 그 뒤에 애플리케이션의 헤더와 데이터가 연결됩니다. 패킷의 마지막에는 이더넷 트레일러▼가 붙습니다.

:: 헤더는 패킷의 맨 앞에 붙는데 비해, 트레일러는 패킷의 맨 뒤에 붙는다.

각 헤더에는 적어도 '수신처와 송신처의 주소'와 '상위층 프로토콜이 무엇인지를 가리키는 정보'가 포함되어 있습니다.

각 프로토콜의 계층별로 패킷을 송수신할 호스트 및 프로그램을 식별하기 위한 정보가 정해져 있습니다. 이더넷의 경우는 MAC 주소를 사용하고, IP에서는 IP 주소를 사용합니다. TCP/UDP의 경우는 '포트 번호'라는 식별자를 사용합니다. 애플리케이션에서도 전자메일의 메일 주소와 같이 주소가 사용되는 경우가 있습니다. 이러한 주소나 식별자는 패킷이 보내질 때 각각의 계층의 헤더에 저장된 후 보내집니다.

또한 각 계층의 헤더에는 해당 헤더에 이어지는 데이터가 무엇인지를 나타내는 식별자가 붙어 있습니다. 이 식별자는 상위층 프로토콜의 종류를 나타내는 정보입니다. 이더넷 헤더의 경우에는 이더넷 타입이 이 정보에 해당하며, IP의 경우에는 프로토콜 타입이 이 정보에 해당합니다. TCP/UDP의 경우에는 2개의 포트 번호 중 서버 측의 포트 번호가 이 정보에 해당합니다. 애플리케이션 헤더에도 애플리케이션의 데이터의 종류를 나타내는 태그 등이 붙는 경우가 있습니다.

◢ 패킷의 수신 처리

패킷을 수신한 호스트 측에서의 처리는 송신 호스트의 처리와 완전히 반대 순서로 진행됩니다.

① 네트워크 인터페이스(이더넷 드라이브)의 처리

이더넷 패킷을 받은 호스트는 먼저 이더넷 헤더의 수신처 MAC 주소가 자기 앞으로 온 것인지, 아닌지를 조사합니다. 자기 앞으로 온 것이 아닌 경우에는 해당 패킷을 버립니다.▼

패킷이 자기 앞으로 온 경우에는 이더넷 타입 필드를 조사하여 이더넷 프로토콜이 전송하고 있는 데이터의 종류를 조사합니다. 이 예에서는 IP이므로 IP를 처리하는 루틴에게 데이터를 전달합니다. ARP 등과 같이 다른 프로토콜인 경우에는 해당 루틴▼에게 데이터를 전달합니다. 또한 처리할 수 없는 프로토콜의 값이 이더넷 타입 필드에 들어 있는 경우에는 데이터를 버립니다.

:: 대부분의 NIC 제품에서는 자기 앞으로 온 것이 아닌 이더넷 패킷(프레임)을 버리지 않도록 설정할 수 있는데, 이는 네트워크의 패킷을 모니터링할 때에 사용한다.

:: 루틴
정해진 처리를 행하는 프로그램을 가리킨다.

② IP 모듈의 처리

IP 루틴에 IP 헤더 다음 부분이 전달되면, 그대로 IP 헤더를 처리합니다. 수신처 IP 주소가 자신의 호스트 IP 주소이면, 그대로 수신하여 상위층 프로토콜을 조사합니다. 그리고 상위층 프로토콜이 TCP인 경우는 TCP 처리 루틴에게, UDP인 경우는 UDP 처리 모듈에게 IP 헤더를 제거한 데이터 부분을 보냅니다. 라우터의 경우에는 수신하는 IP 패킷의 수신처가 대부분 자기 앞으로 온 것이 아닙니다. 이 경우에는 경로 제어표에서 다음에 전송할 호스트나 라우터를 조사하여 전송 처리를 하게 됩니다.

③ TCP 모듈의 처리

TCP에서는 체크섬을 계산하여 헤더와 데이터가 손상되지 않았는지를 확인합니다. 그리고 데이터를 순서대로 수신하고 있는지를 확인합니다. 또한 포트 번호를 조사하여 통신을 수행하고 있는 애플리케이션을 특정합니다.

데이터가 제대로 도착한 경우에는 송신 호스트에게 데이터가 도착했다는 것을 확인시키기 위한 '확인 응답'을 반환합니다. 이 확인 응답이 데이터를 송신한 호스트에 도달하지 않은 경우, 송신 호스트는 확인 응답이 올 때까지 반복하여 데이터를 보냅니다.

데이터를 올바르게 수신한 경우에는 포트 번호로 식별한 애플리케이션 프로그램에게 데이터를 그대로 전달합니다.

④ 애플리케이션의 처리

수신 측 애플리케이션은 송신 측이 송신한 데이터를 그대로 수신하게 됩니다. 수신한 데이터를 해석하여 B씨 앞으로 온 메일이라는 것을 알립니다. 만일 B씨의 메일 박스가 존재하지 않는 경우에는 송신처 애플리케이션에게 '수취인이 없다'는 오류를 반환합니다.

지금 예에서는 B씨의 메일 박스가 존재하므로 메일의 본문을 수신하게 됩니다. 수신을 하면 하드디스크 등에 메시지를 저장합니다. 전자메일의 모든 메시지가 무사히 저장되면 처리가 정상적으로 종료되었다는 것을 송신 측 애플리케이션에게 전합니다. 하지만 도중에 디스크가 가득 차서 메시지를 저장하지 못한 경우에는 '이상 종료 메시지'를 송신합니다.

이것으로 B씨는 메일 소프트웨어를 사용하여 A씨가 보낸 메일을 읽을 수 있게 됩니다. 이러한 처리를 거쳐 디스플레이상에 "안녕하세요"라고 표시되는 것입니다.

SNS에서의 통신 예

SNS(Social Network Service)란, 순간적으로 떠오른 생각 등을 공개하여 정보를 공유하거나 아는 사람만 열람할 수 있도록 한정하여 코멘트나 사진, 동영상을 공유하는 서비스입니다. 앞에서는 메일 송신을 예로 들어 실제로 통신이 일어나는 과정을 설명했지만, 이와 마찬가지로 모바일 단말을 이용하여 SNS에서 데이터를 주고받을 때에 실제 통신은 어떻게 이루어지는지를 살펴봅시다.

먼저 휴대전화나 스마트폰, 태블릿 등은 패킷 통신을 하고 있으므로, 이러한 단말의 전원을 넣어서 초기 설정을 한 시점에 통신 회사로부터 IP 주소가 설정됩니다.

휴대용 단말에 인스톨되어 있는 애플리케이션을 실행시키면 지정된 서버로 연결되고 사용자 ID와 비밀번호로 인증을 합니다. 그리고 서버에 축적된 정보가 단말로 송신되어 해당 정보를 단말에 표시합니다.

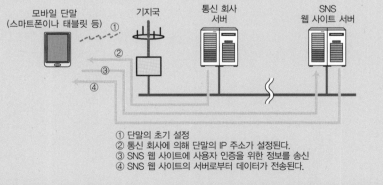

① 단말의 초기 설정
② 통신 회사에 의해 단말의 IP 주소가 설정된다.
③ SNS 웹 사이트에 사용자 인증을 위한 정보를 송신
④ SNS 웹 사이트의 서버로부터 데이터가 전송된다.

○ 그림 2.20 네트워크 서비스에서 TCP/IP의 계층

이렇게 SNS를 통해 원클릭으로 실행할 수 있는 각종 툴이나 동영상 배포도 인터넷상에서 TCP/IP를 이용하여 이루어지고 있습니다. 그 흐름이나 처리 문제를 해결하는 경우 등과 같이 TCP/IP 지식이 필요한 경우도 적지 않습니다.

03

데이터 링크

이 장에서는 컴퓨터 네트워크의 기본이라고 할 수 있는 '데이터 링크층'에 대해 설명합니다. 데이터 링크층이 없으면 TCP/IP에 의한 통신도 성립하지 않습니다. 좀 더 구체적으로 말하면, TCP/IP 네트워크에서 많이 사용되는 데이터 링크인 이더넷, 무선 LAN, PPP 등에 대해 설명합니다.

7 애플리케이션층	〈애플리케이션층〉
6 프리젠테이션층	TELNET, SSH, HTTP, SMTP, POP, SSL/TLS, FTP, MIME, HTML,
5 세션층	SNMP, MIB, SIP, …
4 트랜스포트층	〈트랜스포트층〉 TCP, UDP, UDP-Lite, SCTP, DCCP
3 네트워크층	〈네트워크층〉 ARP, IPv4, IPv6, ICMP, IPsec
2 데이터 링크층	이더넷, 무선 LAN, PPP, …
1 물리층	(트위스트 페어 케이블, 무선, 광섬유, …)

데이터 링크의 역할

01

'데이터 링크'라는 말은 OSI 참조 모델의 데이터 링크층을 가리키는 용어로 사용하는 경우와 구체적인 통신 수단(이더넷, 무선 LAN 등)을 가리키는 일반적인 용어로 사용하는 경우가 있습니다.

TCP/IP에서는 OSI 참조 모델의 데이터 링크층 이하(데이터 링크층과 물리층)를 정의하지 않습니다. 이러한 것은 기본적으로 기능하고 있다고 전제하고 있습니다. 하지만 TCP/IP와 네트워크에 대한 이해를 높이기 위해서는 데이터 링크에 대한 지식이 필요합니다.

데이터 링크층의 프로토콜은 통신 매체로 직접 연결된 기기와 통신하기 위한 사양을 정하고 있습니다. 통신 매체로는 트위스트 페어 케이블, 동축 케이블, 광섬유, 전파, 적외선 등을 들 수 있습니다. 또한 기기와 기기 사이를 스위치나 브리지, 리피터 등이 중계하는 경우도 있습니다.

실제로 기기 간 통신을 하는 경우에는 데이터 링크층과 물리층이 둘 다 필요합니다. 컴퓨터의 정보는 모두 이진수로 된 0과 1로 나타내는데, 실제 통신 매체에서 주고받는 것은 전압의 변화, 빛의 점멸, 전파의 강약 등입니다. 이러한 것들을 이진수로 된 0과 1로 변환하는 역할을 하고 있는 것이 물리층(부록 3 참조)입니다. 데이터 링크층에서는 단순히 0과 1을 나열하는 것이 아니라 '프레임'▼이라는 의미 있는 덩어리로 모아서 상대 기기에 전달합니다.

이 장에서는 OSI 참조 모델의 데이터 링크층과 관련된 기술인 MAC 주소, 매체 공유 및 비공유 네트워크, 스위칭 기술, 루프 검출, VLAN 등과 함께, 구체적인 통신 수단인 이더넷, 무선 LAN, PPP 등과 같은 데이터 링크에 대해 설명하겠습니다. 전 세계를 잇는 인터넷에 의한 통신도 자세히 보면 많은 데이터 링크가 모인 '데이터 링크의 집합체'라고 할 수 있습니다.

이더넷이나 FDDI의 경우, OSI 참조 모델의 제2층인 데이터 링크층에 해당하

:: **프레임**(Frame)

프레임은 패킷과 거의 비슷한 뜻으로 사용되지만, 주로 데이터 링크에서 사용되는 용어를 말한다. 인접하는 비트열을 '틀'로 구분한다는 뜻을 지니고 있다(101쪽 칼럼 참조).

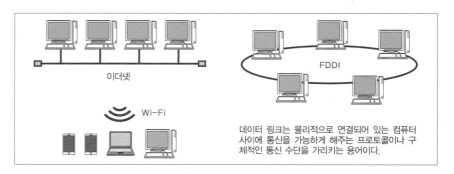

◑ **그림 3.1** 데이터 링크

데이터 링크는 물리적으로 연결되어 있는 컴퓨터 사이에 통신을 가능하게 해주는 프로토콜이나 구체적인 통신 수단을 가리키는 용어이다.

는 기술뿐만 아니라 제1층인 물리층에 관해서도 규격이 정해져 있습니다. 또한 ATM에는 제3층인 네트워크층의 기능도 일부 도입하고 있습니다.

데이터 링크의 세그먼트
데이터 링크에 있어서 세그먼트라는 말은 '구분된 하나의 네트워크'를 가리키는 데에 사용합니다. 그런데 그 사용법에는 다양한 케이스가 있습니다. 예를 들어 리피터를 사이에 두고 2개의 케이블을 연결하여 하나의 네트워크를 구축했다고 가정하면, 이 두 데이터 링크는 아래와 같이 해석할 수 있습니다.

• 네트워크층의 개념에서 보면 1개의 네트워크(논리 구성)
  → 네트워크층의 입장에서 말하면 이 두 케이블이 한 세그먼트
• 물리층의 개념에서 보면 2개의 케이블은 별도의 것(물리 구성)
  → 물리층의 관점에서는 한 케이블이 한 세그먼트

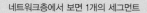

네트워크층에서 보면 1개의 세그먼트

리피트

물리층에서 보면 2개의 세그먼트

○ **그림 3.2** 세그먼트의 범위

네트워크의 토폴로지
네트워크의 연결 형태 및 구성 형태를 '토폴로지(Topology)'라고 합니다. 토폴로지에는 버스형이나 링형, 스타형, 메시형 등이 있습니다. '토폴로지'라는 말은 눈에 보이는 배선의 형태와 논리적 네트워크의 구조 모두에 사용합니다. 그래서 외관상 토폴로지와 논리적 토폴로지가 다른 경우도 있습니다. 그림 3.3은 외관상 토폴로지를 나타내고 있습니다. 현재 네트워크에는 이렇게 단순한 토폴로지가 여러 개 조합되어 구성되어 있습니다.

버스형　　　　링형　　　　스타형　　　　메시형

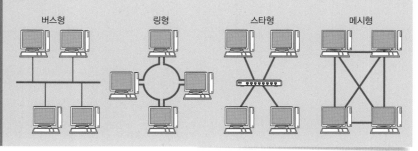

○ **그림 3.3** 버스형, 링형, 스타형, 메시형

데이터 링크의 기술

02

∷ **IEEE802.3**

IEEE란, 미국전기전자기술자협회를 말하는 것으로 '아이트리플이'라고 발음한다. LAN 관련 규격의 표준화와 관련된 IEEE802 위원회가 있으며, IEEE802.3은 Ethernet(CSMA/CD)의 사양에 관한 국제 규격이다.

1 MAC 주소

MAC 주소는 데이터 링크에 연결되어 있는 노드를 식별하기 위해 사용합니다(그림 3.4). 이더넷이나 FDDI에서는 IEEE802.3으로 규격화된 MAC 주소를 사용하고 있습니다. 이 밖에도 무선 LAN(IEEE802.11a, b, g, n 등)이나 Bluetooth 등에서 동일한 규격의 MAC 주소를 사용하고 있습니다.

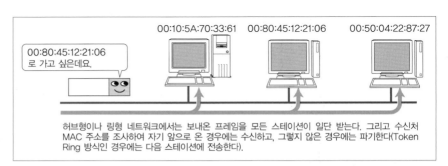

허브형이나 링형 네트워크에서는 보내온 프레임을 모든 스테이션이 일단 받는다. 그리고 수신처 MAC 주소를 조사하여 자기 앞으로 온 경우에는 수신하고, 그렇지 않은 경우에는 파기한다(Token Ring 방식인 경우에는 다음 스테이션에 전송한다).

● **그림 3.4** MAC 주소로 수신처 노드를 판단

MAC 주소는 길이가 48비트로, 그림 3.5와 같은 구조를 갖고 있습니다. 이 주소는 일반적인 네트워크 인터페이스 카드(NIC)의 경우, ROM에 기록되어 있으며, 동일한 MAC 주소를 가진 네트워크 인터페이스 카드는 전 세계에서 하나밖에 없습니다.▼

∷ 예외도 있다(113쪽 칼럼 참조).

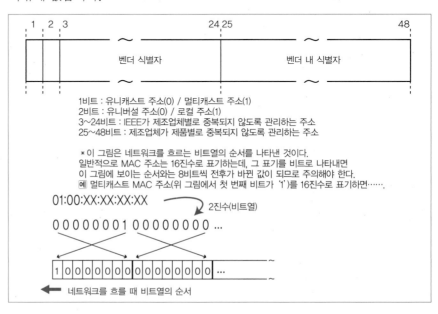

● **그림 3.5** IEEE802.3의 MAC 주소 포맷

MAC 주소의 3~24비트는 '벤더 식별자'라고 하는 NIC의 제조업체별로 특정 숫자가 할당되어 있습니다. 25~48비트는 제조업체가 제조한 카드(네트워크 인터페이스)별로 다른 숫자를 할당합니다. 이러한 방법을 통해 전 세계에서 동일한 MAC 주소로 설정된 NIC 제품은 하나밖에 없다는 것을 보증합니다. 이 IEEE802.3의 MAC 주소는 데이터 링크의 종류와 상관없이 단 하나밖에 없는 값이 되도록 할당합니다. 그래서 이더넷이나 FDDI, ATM, 무선 LAN, Bluetooth 등과 같이 데이터 링크의 종류가 다른 경우에도 동일한 MAC 주소가 할당되는 경우는 없습니다.

MAC 주소가 세계에서 유일한 값이라고 할 수 없다

MAC 주소가 반드시 세계에서 유일한 값이라고 할 수는 없습니다. 실제로 동일한 MAC 주소가 존재하더라도 그것이 동일한 데이터 링크 안에 없으면 문제가 되지 않습니다.

예를 들어 네트워크 인터페이스를 갖춘 마이콘보드 등에서는 이용자가 자유롭게 MAC 주소를 설정할 수 있는 경우가 있습니다. 또한 1대의 컴퓨터에서 여러 개의 OS를 동시에 작동시키는 '가상 머신'이라는 기술에서는 물리적인 인터페이스가 없기 때문에 소프트웨어적으로 MAC 주소를 만들어 가상 머신의 각종 인터페이스에 할당하여 사용합니다. 그렇기 때문에 이런 MAC 주소가 세계에서 유일무이하다는 보장은 없습니다.

하지만 각종 프로토콜이나 통신 기기는 하나의 데이터 링크 안에 동일한 MAC 주소를 가진 기기가 존재하지 않는다는 전제하에 설계되어 있습니다. 이 규칙은 반드시 지킬 필요가 있습니다.

벤더 식별자

네트워크 애널라이저 중에는 LAN상의 패킷이 어떤 제조 회사의 인터페이스로부터 보내온 것인지를 표시할 수 있는 제품이 있습니다. 프레임의 송신처 MAC 주소의 헤더 식별자 부분으로 제조업체를 알아내는 것입니다. 이는 네트워크가 멀티 벤더 환경으로 구축되어 있는 경우, 트러블의 원인 특정에 도움이 될 수 있습니다. 이상한 패킷을 보내고 있는 기기의 제조업체를 알 수 있기 때문입니다.

벤더 식별자는 IEEE가 할당하는 번호입니다. 기존에는 OUI(Organizationally Unique Identifier)라 불렸으나 MA-L(MAC Address Block Large)로 바뀌었습니다.[▼] MA-L(OUI) 정보는 일반에 공개되어 있으며, 다음 주소에서 입수할 수 있습니다.

```
The IEEE RA public listing
https://regauth.standards.ieee.org/standards-ra-web/pub/view.html#registries
```

또한 벤더 식별자인 MA-L(OUI) 할당은 다음 주소에서 신청할 수 있습니다(유료).
```
https://standards.ieee.org/products-services/regauth/oui/index.html
```

:: 최근에는 네트워크 관련 기업의 흡수 합병으로 말미암아 OUI의 데이터베이스와 제조업체명이 일치하지 않는 경우도 있으므로 주의가 필요하다.

② 매체 공유형 네트워크

통신 매체(통신, 미디어) 사용법의 관점에서 보면, 네트워크는 '매체 공유형'과 '매체 비공유형'으로 나눌 수 있습니다.

매체 공유형 네트워크란, 통신 매체를 여러 노드가 공유하는 네트워크를 말합니다. 초기의 이더넷이나 FDDI는 매체 공유형 네트워크입니다. 이 방식에서는 동일한 통신로를 사용하여 데이터의 송수신도 제어합니다. 그래서 기본적으로는 반이중 통신(118쪽 칼럼 참조)이 되어 통신의 우선권을 제어하는 장치가 필요합니다.

매체 공유형 네트워크에서 우선권을 제어하는 장치로는 '컨텐션 방식'이나 '토큰 패싱 방식'이 있습니다.

❖ 컨텐션 방식

컨텐션 방식(Contention)이란, 데이터의 송신권을 경쟁을 통해 쟁탈하는 방식으로, 'CSMA 방식'이라고도 합니다. 각 스테이션▼은 데이터를 송신하고 싶으면 먼저 보낸 사람이 이기는 방식으로 통신로를 사용하여 데이터를 송신합니다. 여러 대의 스테이션에서 데이터를 동시에 보낸 경우에는 데이터가 충돌하여 손상됩니다(이 상태를 'Collision'이라고 함). 따라서 네트워크가 혼잡하면 성능이 급격히 저하됩니다.

:: **CSMA(Carrier Sense Multiple Access)**
송신을 시도하기 전에 다른 노드로부터 캐리어 신호가 있는지 검출(Carrier Sense)을 시도함으로써, 현재 통신을 하고 있는 호스트가 또 있는지 확인한다. 통신을 하고 있는 노드가 따로 없으면 자신의 통신을 개시한다.

:: 데이터 링크에서는 노드를 '스테이션'이라고 부르는 경우가 많다.

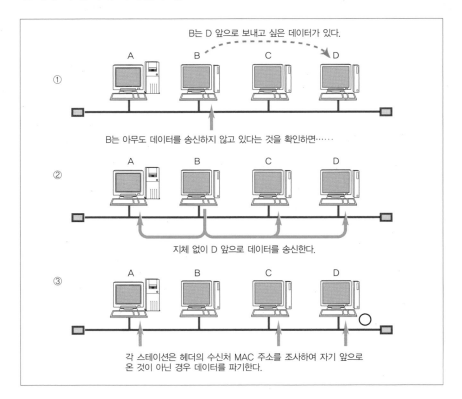

◐ 그림 3.6 컨텐션 방식

:: **CSMA/CD**(Carrier Sense Multiple Access with Collision Detection)

:: 실제로는 '잼 신호'라는 32 비트로 된 특별한 신호를 보낸 후에 송신을 정지시킨다. 수신 측에서는 잼 신호를 충돌 시에 받은 프레임의 FCS(126쪽 참조)로 인식하고 이것이 올바른 값이 아니기 때문에 해당 프레임을 파기한다.

일부 이더넷에서는 CSMA 방식을 개선한 CSMA/CD▼ 방식을 채택하고 있습니다. CSMA/CD에서는 충돌을 조기에 검출하여 통신로를 재빨리 해방시키는 제어가 추가되어 있습니다. 대체로 다음과 같은 기능을 갖고 있습니다.

• 데이터가 흐르고 있지 않으면 모든 스테이션은 데이터를 송신해도 좋다.
• 충돌이 발생했는지를 검출하고, 충돌이 발생한 경우에는 송신을 중지한다.▼ 송신을 즉각 중지함으로써 통신로를 해방시키는 것이 포인트다.
• 송신을 중지시킨 경우에는 난수 시간만큼 기다린 후 송신을 재개한다(충돌을 일으킨 쌍방이 바로 재전송하려고 하면 또다시 충돌이 일어나기 때문이다).

이 구조를 그림으로 나타내면 그림 3.7과 같다.

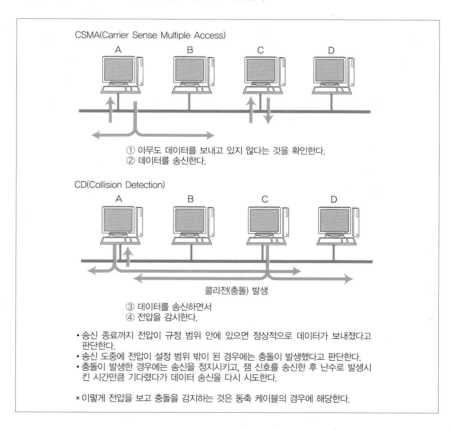

○그림 3.7 CSMA/CD 방식

❖ 토큰 패싱 방식

토큰 패싱 방식에서는 토큰이라는 패킷을 순환시킨 후 이 토큰으로 송신권을 제어합니다. 토큰을 갖고 있는 스테이션만이 데이터를 보낼 수 있습니다. 이 방식에는 충돌이 발생하지 않는다는 점과 누구나 평등하게 송신권이 돌아온다는 특징이 있습니다. 그래서 네트워크가 혼잡하더라도 성능이 그다지 저하되지 않습니다.

하지만 한편으로는 토큰이 돌아올 때까지 데이터를 보낼 수 없기 때문에 혼잡하지 않은 경우에는 데이터 링크의 성능을 100% 발휘할 수 없다는 단점이 있습니다. 따라서 얼리 토큰 릴리즈 방식(Early Token Release)이나 어펜드 토큰 방식(Append Token) 방식▼, 여러 개의 토큰을 동시에 순환시키는 방식을 통해 가능한 한 성능 향상을 꾀하고 있습니다.

:: **어펜드 토큰 방식**

자신이 보낸 데이터가 일주를 할 때까지 기다리지 않고 토큰을 다음 스테이션에게 돌리는 방법을 말한다.

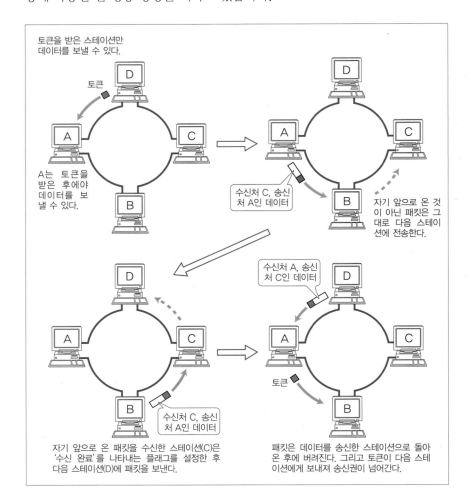

토큰을 받은 스테이션만 데이터를 보낼 수 있다.

A는 토큰을 받은 후에야 데이터를 보낼 수 있다.

수신처 C, 송신처 A인 데이터

자기 앞으로 온 것이 아닌 패킷은 그대로 다음 스테이션에 전송한다.

수신처 A, 송신처 C인 데이터

토큰

수신처 C, 송신처 A인 데이터

자기 앞으로 온 패킷을 수신한 스테이션(C)은 '수신 완료'를 나타내는 플래그를 설정한 후 다음 스테이션(D)에 패킷을 보낸다.

패킷은 데이터를 송신한 스테이션으로 돌아온 후에 버려진다. 그리고 토큰이 다음 스테이션에게 보내져 송신권이 넘어간다.

❍ 그림 3.8 토큰 패싱 방식

3 매체 비공유형 네트워크

통신 매체를 공유하지 않고 전용하는 방식입니다. 스테이션은 스위치라는 장치로 직접 연결되어 이 스위치가 프레임을 전송합니다. 이 방식에서는 송수신하는 통신 매체를 공유하지 않기 때문에 대부분의 경우 전이중 통신(118쪽 칼럼 참조)이 됩니다.

이 방식은 ATM 등에서 채택하고 있는데, 최근의 이더넷에서도 주로 사용하고 있습니다. 이더넷 스위치 등을 사용하여 네트워크를 구축하고 컴퓨터와 스위치의 포트가 1대1로 연결되는 경우에는 전이중 통신이 가능합니다. 1대1 연결로 전이중 통신을 하는 경우에는 충돌이 발생하기 어렵기 때문에 CSMA/CD가 불필요하며, 보다 효율이 좋은 통신이 가능합니다.

:: VLAN에 대해서는 122쪽 참조

이 방식에서는 스위치에 고도의 기능을 갖게 함으로써 가상적으로 네트워크(VLAN : 가상 LAN)▼을 구축하거나 데이터의 흐름량도 제어할 수 있습니다. 반면, 스위치가 고장나면 연결되어 있던 모든 컴퓨터 사이의 통신이 불가능해진다는 단점도 있습니다.

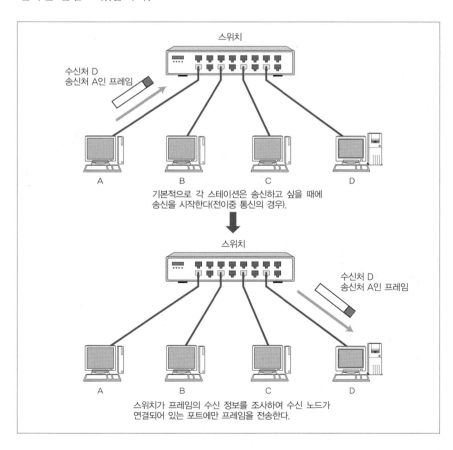

○ **그림 3.9** 매체 비공유형 네트워크

반이중 통신과 전이중 통신

반이중 통신이란, 송신을 하고 있는 동안에는 수신할 수 없고, 수신을 하고 있는 동안에는 송신할 수 없는 통신을 말합니다. 반이중 통신은 무선 트랜시버와 마찬가지로 이쪽에서 말을 할 때에는 상대방의 목소리를 들을 수 없습니다. 이에 반해 전이중 통신은 송수신을 동시에 할 수 있습니다. 전화처럼 상대의 목소리와 자신의 목소리를 동시에 전달할 수 있습니다.

CSMA/CD 방식을 채택하고 있는 이더넷에서는 그림 3.7과 같이 통신 가능한지, 아닌지를 확인한 후 가능한 경우에 매체를 독점하여 데이터를 보냅니다. 따라서 무선 트랜시버와 마찬가지로 송수신이 동시에 일어나는 일은 없습니다.

무선 트랜시버

송수신에서
미디어를 공유한다.

10BASE5
10BASE2

반이중 통신

○ **그림 3.10** 반이중 통신

:: 트위스트 페어 케이블은 보통 8개(4페어)의 심선이 외피로 쌓여 있다.

동일한 이더넷이라도 스위치와 트위스트 페어 케이블(또는 광섬유 케이블)을 사용하는 방식의 경우, 스위치의 포트와 컴퓨터를 1대1로 연결하면, 케이블 내의 별도 선으로 송수신할 수 있습니다. 이로 말미암아 스위치의 포트와 컴퓨터 간에는 송수신을 동시에 할 수 있는 전이중 통신이 가능하게 됩니다.

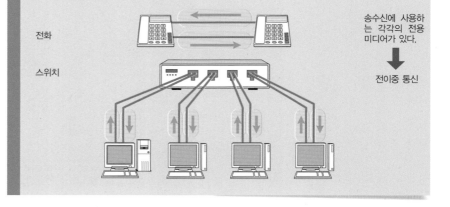

전화

스위치

송수신에 사용하는 각각의 전용 미디어가 있다.

전이중 통신

○ **그림 3.11** 전이중 통신

4 MAC 주소에 의한 전송

동축 케이블상에서 이용하는 이더넷(10BASE5, 10BASE2)과 같은 통신 매체를 공유하는 방식에서는 동시에 하나의 호스트만 데이터를 보낼 수 있습니다. 따라서 네트워크에 연결되는 호스트의 수가 많아질수록 통신 성능이 떨어집니다. 허브나 컨센트레이터(Concentrator)라는 기기를 사용하여 스타형으로 연결되면서 매체 비공유형에서 이용하던 스위칭 기술을 이더넷 등에서도 이용할 수 있는 기기가 등장했습니다. 이를 '스위칭 허브' 또는 '이더넷 스위치'라고 합니다.

이더넷 스위치는 '여러 개의 포트▼를 갖고 있는 브리지'라고 볼 수 있습니다. 데이터 링크층 상의 각 프레임 통과점에서는 해당 프레임의 수신처 MAC 주소를 보고 어떤 인터페이스에서 송출할 것인지를 결정합니다. 그 결정 시 참조하는 송출 인터페이스를 적어 놓은 테이블을 '전송표(포워딩 테이블)'라고 합니다. 현재 전송표는 수동으로 각각의 단말이나 스위치로 설정하는 것이 아니라 자동으로 생성됩니다. 데이터 링크층의 각 통과점은 패킷을 받을 때에 해당 패킷의 송신처 MAC 주소와 그 패킷을 받은 인터페이스의 짝을 전송표에 적습니다. 어떤 MAC 주소에서 출발한 패킷을 그 인터페이스로부터 받았다는 것은 그 MAC 주소가 그 인터페이스의 끝에 있으며, 향후 그 MAC 주소를 도착지로 하는 패킷은 그 인터페이스로 보내면 된다는 것을 알 수 있기 때문입니다. 이를 '자기학습'이라고 합니다.

:: 컴퓨터 기기의 외부 인터페이스를 '포트'라고 한다. TCP나 UDP와 같은 트랜스포트 프로토콜은 '포트'라는 용어를 다른 뜻으로 사용하므로 주의해야 한다.

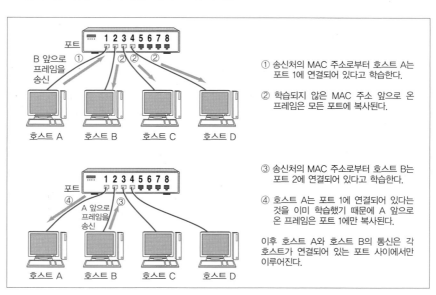

① 송신처의 MAC 주소로부터 호스트 A는 포트 1에 연결되어 있다고 학습한다.

② 학습되지 않은 MAC 주소 앞으로 온 프레임은 모든 포트에 복사된다.

③ 송신처의 MAC 주소로부터 호스트 B는 포트 2에 연결되어 있다고 학습한다.

④ 호스트 A는 포트 1에 연결되어 있다는 것을 이미 학습했기 때문에 A 앞으로 온 프레임은 포트 1에만 복사된다.

이후 호스트 A와 호스트 B의 통신은 각 호스트가 연결되어 있는 포트 사이에서만 이루어진다.

○ 그림 3.12 스위치의 자기 학습

:: 주소의 계층성에 대해서는 56쪽 참조

MAC 주소에는 계층성▼이 없기 때문에 전송표의 엔트리는 해당 데이터 링크 안에 존재하는 기기의 수만큼 필요합니다. 기기의 수가 많아질수록 전송표도 커지고, 전송표 검색에 걸리는 시간도 길어집니다. 단말을 많이 연결한 경우에는 몇 개의 데이터 링크로 나눈 후 네트워크층에서 IP 주소와 같은 계층적인 주소를 사용하여 묶어야 합니다.

:: FCS에 대해서는 128쪽 참조.

> **스위치의 전송 방식**
> 스위치의 전송 방식에는 스토어 앤 포워드(Store & Forward)와 컷스루(Cut Through)라는 두 가지 방식이 있습니다.
> 스토어 앤 포워드 방식은 이더넷 프레임 말단에 있는 FCS▼에 체크한 후 전송합니다. 따라서 충돌에 의해 손상된 프레임이나 노이즈로 인한 오류 프레임은 전송되지 않는다는 장점이 있습니다.
> 컷스루 방식은 프레임을 전부 저장하기 전에 처리를 시작하는 것으로, 송신처의 MAC 주소를 알면 바로 데이터를 전송하기 시작합니다. 따라서 지연 시간이 짧다는 장점이 있지만, 오류 프레임도 전송해 버리는 단점도 있습니다.

⑤ 루프를 검출하기 위한 기술

브리지로 네트워크를 연결할 때에 루프가 생기면 어떻게 될까요? 네트워크의 토폴로지나 사용하는 브리지의 종류에 따라서 다르기도 하지만, 최악의 경우 프레임이 계속 복사되면서 루프를 빙글빙글 돌게 됩니다. 무한히 돌기만 하는 프레임이 늘어가면 네트워크를 '멜트다운'▼시킬 가능성이 있습니다.

그래서 이러한 루프를 해결하는 방법이 고안되었는데, 바로 '스패닝 트리(Spanning Tree)'라는 방식입니다.▼ 이러한 기능을 가진 브리지를 사용하는 경우에 한해 브리지로 루프가 있는 네트워크를 구성해도 문제 없이 통신할 수 있습니다. 적절한 형태로 루프를 만들면, 트래픽을 분산시키거나 한 경로에 장애가 발생했을 때에 프레임을 우회시켜서 장애에 대해 잘 견디도록 할 수 있습니다.

:: **멜트다운**(Meltdown)
이상 패킷이 네트워크를 메워서 통신이 불가능한 상태를 말한다. 대부분의 경우, 원인이 되는 기기의 전원을 OFF로 하거나 네트워크에서 떼어내는 조치를 하지 않는 한 상태를 회복시킬 수 없다.

:: 그 밖에 Token Ring에서는 소스 라우팅이라는 방식이 고안됐다. 이 방식은 송신 컴퓨터가 어느 브리지를 경유해 프레임을 보낼지 지정한다. 그 때문에 프레임이 루프되는 일 없이 목적지까지 도달할 수 있다. 현재는 별로 이용되지 않는다.

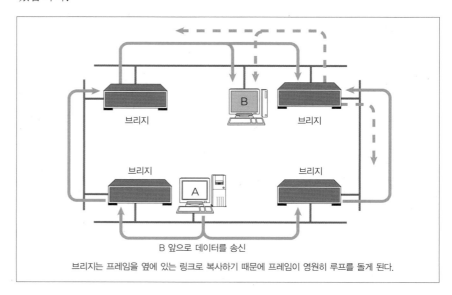

브리지는 프레임을 옆에 있는 링크로 복사하기 때문에 프레임이 영원히 루프를 돌게 된다.

○그림 3.13 브리지로 루프가 있는 네트워크를 만든다.

❖ 스패닝 트리

스패닝 트리는 IEEE802.1D로 정의되어 있습니다. 각 브리지는 1~10초의 간격으로 'BPDU(Bridge Protocol Data Unit)'이라는 패킷을 교환합니다. 그리고 통신에 사용하는 포트와 사용하지 않는 포트를 결정하여 루프를 없애도록 제어합니다. 장애가 발생한 경우, 자동으로 통신로가 전환되어 사용되지 않는 포트를 사용하여 통신을 하도록 합니다.

구체적으로는 어느 한 브리지를 루트(Root)로 하는 트리(Tree) 구조를 만들어 처리합니다. 각 포트에는 중요도를 부여할 수 있기 때문에 이 중요도를 관리자가 적절히 설정함으로써 우선적으로 사용하고 싶은 포트와 장애 시 사용하고 싶은 포트를 지정할 수 있도록 되어 있습니다.

스패닝 트리는 컴퓨터나 라우터의 기능과는 상관없이 브리지의 기능만으로 루프를 해소할 수 있다는 특징이 있습니다.

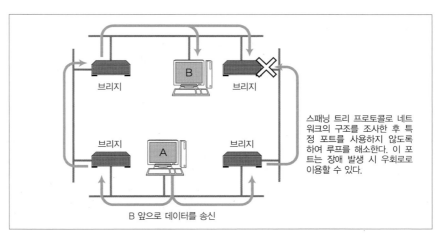

스패닝 트리 프로토콜로 네트워크의 구조를 조사한 후 특정 포트를 사용하지 않도록 하여 루프를 해소한다. 이 포트는 장애 발생 시 우회로로 이용할 수 있다.

B 앞으로 데이터를 송신

○ **그림 3.14** 스패닝 트리

IEEE802.1D에 정의되어 있는 스패닝 트리에는 장애 시 전환 등에 몇십 초 정도가 걸린다는 문제가 있습니다. 이러한 문제를 해결하기 위해 IEEE 802.1W에 RSTP(Rapid Spanning Tree Protocol)가 정의되었습니다. RSTP로 장애 시 전환에 걸리는 시간은 몇 초 이하로 줄어들었습니다.

❖ 링크 애그리게이션

링크 애그리게이션은 IEEE802.1AX로 정의되어 있습니다. LAN 스위치 사이를 여러 링크로 연결해 내장애성 향상과 고속화를 실현하는 구조입니다. 스패닝 트리에서는 통신하는 포트와 통신하지 않는 포트를 결정해서 통신하는 포트만 통신하는데, 링크 애그리게이션을 이용하면 여러 포트를 동시에 사용할 수 있습니다.

❖ LLDP(Link Layer Discovery Protocol)

LLDP는 네트워크에 연결된 기기의 정보를 수집하는 구조로, IEEE802.1AB로 정의되어 있습니다. 네트워크 장비는 자신의 호스트명이나 기기 정보, 포트/인터페이스 정보를 정기적으로 멀티캐스트 MAC 주소(01:80:C2:00:00:0E)로 보내고, 정보를 수집하는 기기는 LLDP 패킷을 수신해 정보를 수집합니다. LLDP를 이용함으로써 네트워크에 연결된 기기 정보를 간단히 확인할 수 있게 됩니다.

6 VLAN(Virtual LAN)

네트워크를 관리할 때 네트워크의 부하를 분산시키거나 부서나 자리 배치를 할 때마다 네트워크의 토폴로지를 변경해야 하는 경우가 있습니다. 이러한 경우 보통은 배선을 변경해야 하지만, VLAN 기술을 이용할 수 있는 브리지(스위치)를 사용하면 네트워크 배선을 바꾸지 않고도 네트워크의 구조를 바꿀 수 있습니다. VLAN은 63쪽에서 설명한 브리지/레이어 2 스위치의 기능에 추가하여 서로 다른 VLAN 사이의 모든 통신을 차단합니다. 이로 말미암아 브리지/레이어 2 스위치로 연결하는 경우와 비교하여, 쓸데없는 패킷은 보내지지 않고 효율적인 운용을 할 수 있게 되는 것입니다.

먼저 간단한 VLAN에 대해 설명하겠습니다. 그림 3.15와 같이 스위치 포트별로 세그먼트를 나누면 브로드캐스트 트래픽이 흐르는 범위▼를 구분할 수 있고, 네트워크의 부하를 줄이거나 보안을 향상시킬 수 있습니다. 서로 다른 세그먼트 사이에서 통신하기 위해서는 라우터의 기능을 겸비한 스위치(레이어 3 스위치)를 이용하거나 세그먼트 사이를 라우터로 연결해야 합니다.

:: 이를 '브로드캐스트 도메인'이라고 한다.

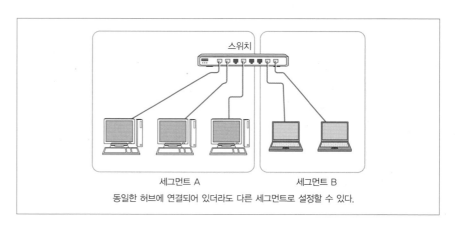

세그먼트 A   세그먼트 B

동일한 허브에 연결되어 있더라도 다른 세그먼트로 설정할 수 있다.

○ 그림 3.15 간단한 VLAN

이 VLAN을 확장하여 다른 스위치를 걸쳐 세그먼트를 구축할 수 있도록 한 것이 IEEE802.1Q로 표준화된 태그 VLAN입니다. 태그 VLAN에서는 세그먼트별로 하나의 뜻을 가진 VLAN ID를 설정합니다. 그리고 스위치 간에 프레임을 전송할 때에는 이더넷 헤더 안에 VLAN 태그를 삽입하고, 그 값을 바탕으로 어떤 세그먼트 프레임을 전송할 것인지를 결정합니다. 스위치 사이를 흐르는 프레임은 그림 3.21(130쪽)과 같은 포맷으로 되어 있습니다.

VLAN을 도입하면 배선을 변경하지 않고도 네트워크 세그먼트를 변경할 수 있습니다. 하지만 물리적인 네트워크 구축과 논리적인 구축이 달라지게 되므로 구조를 파악하기가 힘들어지게 되어 네트워크 관리가 어려워질 가능성이 있습니다. 그렇기 때문에 세그먼트 구성 관리 및 운용 등을 확실히 해야 할 필요가 있습니다.

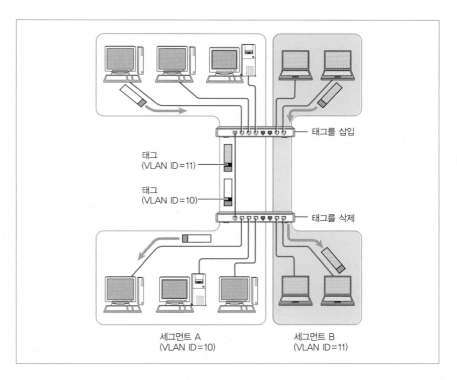

○ **그림 3.16** 스위치를 걸친 VLAN

이더넷(Ethernet)

03

현재 가장 많이 보급된 대표적인 데이터 링크는 '이더넷(Ethernet)'▼입니다. 다른 데이터 링크와 비교해서 제어 구조가 단순하기 때문에 NIC나 디바이스 드라이버를 만들기 쉽다는 특징이 있습니다. 이러한 이유 때문에 이더넷 NIC가 LAN 보급기에 다른 NIC보다 싼 가격으로 판매되었습니다. 저가로 이용할 수 있다는 점은 이더넷의 보급에 매우 큰 역할을 했습니다.

속도는 100Mbps, 1Gbps, 10Gbps, 100Gbps/400Gbps 등과 같은 고속 네트워크를 지원하며, 가장 호환성이 높고, 장래성을 갖춘 데이터 링크라고 할 수 있습니다.

원래는 미국 Xerox사와 구 DEC사가 고안한 통신 방식으로, 이때 'Ethernet'이라고 이름 붙여졌습니다. 그 후 이더넷은 IEEE802.3 위원회에 의해 규격화되었는데, 이 두 이더넷은 프레임의 포맷에 차이가 있습니다. IEEE802.3 사양의 이더넷을 '802.3 Ethernet'이라고 부르는 것은 바로 이 때문입니다.▼

1 이더넷의 연결 형태

이더넷의 보급 초기에는 그림 3.17과 같이 여러 대의 단말이 하나의 동축 케이블을 공유하는 매체 공유형▼으로 연결하는 것이 일반적이었습니다.

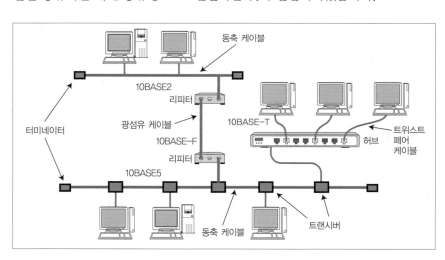

● **그림 3.17** 과거의 이더넷 네트워크의 예

현재는 연결할 기기의 처리 능력 향상이나 전송 속도의 고속화로 말미암아 단말과 스위치 사이를 전용 케이블로 연결하여 이더넷 프로토콜로 통신하는 그림 3.18과 같은 형태가 일반적입니다.

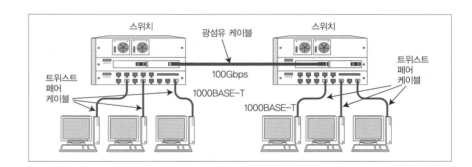

스위치　　　광섬유 케이블　　　스위치

트위스트
페어
케이블

100Gbps

1000BASE-T

1000BASE-T

트위스트
페어
케이블

◐ **그림 3.18** 현재의 이더넷 네트워크의 예

❷ 이더넷의 종류

이더넷에는 통신 케이블이나 통신 속도가 다른 수많은 사양이 있습니다. 10BASE의 '10'이나 100BASE의 '100', 1000BASE의 '10000', 10GBASE의 '10G' 등은 전송 속도가 각각 10Mbps, 100Mbps, 1Gbps, 10Gbps라는 것을 뜻합니다. 그 뒤에 붙은 '5'나 '2', 'T', 'F' 등의 문자는 매체의 차이를 나타냅니다. 통신 속도는 같은데 통신 케이블이 다른 경우에는 각각 통신 매체를 변환할 수 있는 리피터나 허브 등으로 연결할 수 있습니다. 통신 속도가 다른 경우, 속도 변환 기능을 가진 브리지나 스위칭 허브 또는 라우터가 없으면 서로 연결할 수 없습니다.

◐ **표 3.1** 주요 이더넷의 종류와 특징

:: **UTP**(Unshielded Twisted Pair Cable)
실드되지 않은 트위스트 페어 케이블을 말한다.

:: **카테고리**(Category)
TIA/EIA(Telecommunication Industries Association/ Electronic Industries Alliance : 미국통신공업회/미국전자공업회)가 정한 트위스트 페어 케이블의 규격을 말한다. 카테고리가 높은 것일수록 고속의 통신을 지원한다.

:: **MMF**(Multi Mode Fiber)
멀티 모드 광섬유

:: **STP**(Shielded Twisted Pair Cable)
실드된 트위스트 페어 케이블

:: **SMF**(Single Mode Fiber)
싱글 모드 광섬유

:: **FTP**(Foil Twisted-Pair)
호일 트위스트 페어 케이블

이더넷 종류	케이블의 최대 길이	케이블 종류
10BASE2	185m(최대 노드 수 30)	동축 케이블
10BASE5	500m(최대 노드 수 100)	동축 케이블
10BASE-T	100m	트위스트 페어 케이블 (UTP▾ 카테고리 3~5)
10BASE-F	1000m	광섬유 케이블(MMF▾)
100BASE-TX	100m	트위스트 페어 케이블 (UTP 카테고리 5/STP▾)
100BASE-FX	412m	광섬유 케이블(MMF)
100BASE-T4	100m	트위스트 페어 케이블 (UTP 카테고리 3~5)
1000BASE-CX	25m	실드된 동선
1000BASE-SX	220m/550m	광섬유 케이블(MMF)
1000BASE-LX	550m/5000m	광섬유 케이블(MMF/SMF▾)
1000BASE-T	100m	트위스트 페어 케이블 (UTP 카테고리 5/5e 권장)
10GBASE-SR	26m~300m	광섬유 케이블(MMF)
10GBASE-LR	10km	광섬유 케이블(SMF)
10GBASE-ER	30km/40km	광섬유 케이블(SMF)
10GBASE-T	100m	트위스트 페어 케이블 (UTP/FTP▾ 카테고리 6a)
100GBASE-SR10	100m	광섬유 케이블(MMF)
100GBASE-LR4	10km	광섬유 케이블(SMF)
100GBASE-ER4	40km	광섬유 케이블(SMF)
100GBASE-SR4	100m	광섬유 케이블(MMF)

> **전송 속도와 컴퓨터 내부 표현의 값의 차이**
>
> 컴퓨터 내부 표현에서는 이진수를 채택하고 있기 때문에 2^n에서 1000에 가장 가까운 수(2^{10})가 단위의 접두사로 사용됩니다.
>
> - 1K=1024
> - 1M=1024K
> - 1G=1024M
>
> 한편, 이더넷 등에서는 전송 시 사용하는 클럭 주파수에 따라 전송 속도가 정해집니다. 따라서 아래와 같이 되므로 틀리지 않도록 주의하기 바랍니다.
>
> - 1K=1000
> - 1M=1000K
> - 1G=1000M

3 이더넷의 역사

이더넷은 동축 케이블을 사용하여 버스형으로 연결하는 10BASE5가 처음으로 규격화되었습니다. 그 후 가는 동축 케이블을 사용하는 10BASE2(thin 이더넷), 트위스트 페어 케이블을 사용하는 10BASE-T(트위스트 페어 이더넷), 고속화한 100BASE-TX(패스트 이더넷), 1000BASE-T(기가비트 이더넷), 10기가비트 이더넷, 100기가비트 이더넷 등과 같은 수많은 규격이 추가되었습니다.

:: CSMA 및 CSMA/CD에 대해서는 114쪽의 '컨텐션 방식' 참조.

초기 이더넷에서는 액세스 제어 방식으로 CSMA/CD▼를 채택해서 반이중 통신이 전제되어 있었습니다. CSMA/CD는 옛날에는 이더넷과 거의 같은 뜻으로 사용되는 경우도 있었던 충돌 감지 장치지만, CSMA/CD가 있기 때문에 이더넷의 고속화가 어렵다고 여겨졌습니다. 100Mbps의 FDDI가 등장하더라도 이더넷은 10Mbps 그대로이기 때문에 네트워크를 고속화하려면 이더넷 이외의 것에 의존해야 한다고 생각했습니다.

:: ATM에는 고정 길이 셀을 스위치에 의해 고속 전송한다 (자세한 내용은 142쪽 참조).

:: 100BASE-TX에서는 고속 통신을 지원하면서 취급하기 쉽고 값싼 카테고리 5의 실드가 없는 트위스트 페어 케이블 (UTP)을 사용하고 있다.

하지만 그 상황은 ATM로 배양된 스위치 기술▼의 진보와 카테고리 5인 UTP▼의 보급으로 말미암아 크게 달라졌습니다. 매체 비공유로 스위치와 연결할 수 있게 된 이더넷에는 충돌 감지가 불필요해졌고, 고속화를 막는 장벽도 사라졌습니다. 실제로 반이중 통신을 지원하지 않는 10기가비트 이더넷에서는 CSMA/CD를 채택하고 있지 않습니다. 또한 스위치를 사용하지 않는 반이중 통신 방식은 물론, 동축 케이블을 사용한 버스형의 연결도 현재는 거의 사용하지 않고 있습니다.

충돌이 일어나지 않으므로 혼잡 시의 성능 저하와 같은 그때까지의 FDDI 등보다도 뒤떨어져 있다고 여겨졌던 단점도 없어졌습니다. 똑같은 성능이 나온다면 이더넷의 간단함과 저가라는 장점을 FDDI가 따라올 수 없습니다. 이더넷은 100Mbps, 1Gbps, 10Gbps, 100Gbps로 발전을 계속해서 이제는 다른 유선 LAN 기술이 불필요하다고 말해도 좋을 정도입니다.

이렇게 역사적으로 다양한 이더넷이 있지만, 모두 IEEE802.3 분과회(Ether
-net Working Group)에서 표준화하고 있다는 공통점을 갖고 있습니다.

IEEE802

IEEE(The Institute of Electrical and Electronics Engineers : 미국전기전자기술자
협회) 위원회에서는 다양한 워크 그룹에 의해 각종 LAN 기술의 표준화를 진행하고 있
습니다. 아래는 IEEE802 위원회의 구성을 나타내는 것으로, '802'라는 숫자는 1980
년 2월에 LAN 표준화 프로젝트가 시작되었다는 데에서 유래합니다.

IEEE802.1	Higher Layer LAN Protocols Working Group
IEEE802.2	Logical Link Control Working Group
IEEE802.3	Ethernet Working Group(CSMA/CD)
	10BASE5 / 10BASE2 / 10BASE-T / 10Broad36
	100BASE-TX / 100BASE-T / 10Gb/s Ethernet
IEEE802.4	Token Bus Working Group(MAP/TOP)
IEEE802.5	Token Ring Working Group(4Mbps/16Mbps)
IEEE802.6	Metropolitan Area Network Working Group(MAN)
IEEE802.7	Broadband TAG
IEEE802.8	Fiber Optic TAG
IEEE802.9	Isochronous LAN Working Group
IEEE802.10	Security Working Group
IEEE802.11	Wireless LAN Working Group
IEEE802.12	Demand Priority Working Group(100VG-AnyLAN)
IEEE802.14	Cable Modem Working Group
IEEE802.15	Wireless Personal Area Network(WPAN) Working Group
IEEE802.16	Broadband Wireless Access Working Group
IEEE802.17	Resilient Packet Ring Working Group
IEEE802.18	Radio Regulatory TAG
IEEE802.19	Coexistence TAG
IEEE802.20	Mobile Broadband Wireless Access
IEEE802.21	Media Independent Handoff
IEEE802.22	Wireless Regional Area Networks

4 이더넷의 프레임 포맷

이더넷 프레임의 맨 앞에는 1과 0을 교대로 나열한 '프리앰블(Preamble)'이라는 필드가 붙어 있습니다(그림 3.19). 이는 '여기서부터 이더넷 프레임이 시작된다'는 것을 나타내기 때문에 상대방의 NIC가 프레임과 동기할 수 있게 되는 것입니다. 프리앰블은 맨 끝에 '11'로 된 SFD(Start Frame Delimiter)라는 필드로 끝나며, 그 이후가 이더넷 프레임의 본체(그림 3.20)가 됩니다. 프리앰블과 SFD은 도합 8옥텟▼이 있습니다.

:: **옥텟**(Octet)

1옥텟은 8비트로, 바이트와 거의 비슷한 의미이다(아래 칼럼 참조).

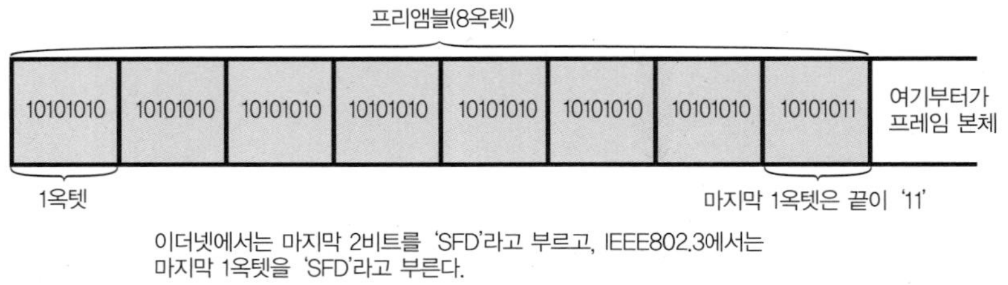

프리앰블(8옥텟)
10101010
10101010
10101010
10101010
10101010
10101010
10101010
10101011
여기부터가 프레임 본체
1옥텟
마지막 1옥텟은 끝이 '11'
이더넷에서는 마지막 2비트를 'SFD'라고 부르고, IEEE802.3에서는 마지막 1옥텟을 'SFD'라고 부른다.

그림 3.19 이더넷 프리앰블

프레임 본체의 맨 앞에 오는 이더넷 헤더에는 도합 14옥텟이 있습니다. 수신처 MAC 주소의 필드가 6옥텟, 송신처 MAC 주소 필드가 6옥텟, 데이터 부분에서 전송하고 있는 상위층 프로토콜의 종류를 나타내는 필드가 2옥텟입니다.

비트, 바이트, 옥텟의 관계

• 비트

비트는 이진수로 표시할 때의 최소 단위입니다. 이진수이므로 0과 1로 표현됩니다.

• 바이트

보통은 8비트가 1바이트입니다. 이 책에서도 1바이트를 8비트로 취급합니다. 하지만 특수한 컴퓨터에서는 1바이트가 6비트나 7비트, 9비트인 경우도 있습니다.

• 옥텟

8비트가 1옥텟입니다. 8비트라는 것을 특히 강조하고 싶은 경우에는 바이트보다 옥텟을 사용합니다.

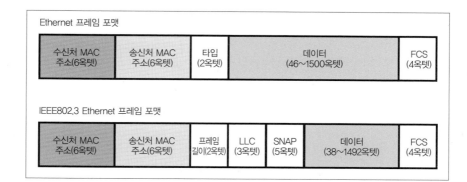

Ethernet 프레임 포맷

수신처 MAC 주소(6옥텟)	송신처 MAC 주소(6옥텟)	타입 (2옥텟)	데이터 (46~1500옥텟)	FCS (4옥텟)

IEEE802.3 Ethernet 프레임 포맷

수신처 MAC 주소(6옥텟)	송신처 MAC 주소(6옥텟)	프레임 길이(2옥텟)	LLC (3옥텟)	SNAP (5옥텟)	데이터 (38~1492옥텟)	FCS (4옥텟)

○ **그림 3.20** 이더넷 프레임 본체의 포맷

:: **점보 프레임**
(Jumbo Frame)

Ethernet 표준 프레임의 최대 길이는 1518옥텟(바이트)이지만 이를 넘는 프레임을 점보 프레임이라고 한다. 통신 경로의 모든 기기에서 동일한 점보 프레임을 활성화해야 하지만, 고속 회선의 경우 한번에 전송하는 데이터량이 증가해 그만큼 헤더 처리 횟수가 줄어들므로 대량 데이터 송수신에 활용된다. MTU(Maximum Trans-mission Unit)를 1500에서 9000바이트로 변경해 이용하는 경우가 많다.

○ **표 3.2** 주요 이더넷의 타입 필드의 할당

:: 이더넷으로 IP 패킷(IPv4 패킷 또는 IPv6 패킷)을 옮기는 것을 IPoE(IP over Ethernet)라고 부른다. 특히 WAN 회선으로 구축된 네트워크에서 사용된다. 이더넷으로 IPv6 패킷을 옮기는 것을 강조하고 싶은 경우에는 IPv6 IPoE로 부르기도 한다(141쪽 칼럼 참조). IPoE는 PPPoE(141쪽 참조)와 대비해서 사용되는 경우가 많다.

헤더 뒤에 데이터 본체가 옵니다. 프레임 하나에 들어가는 데이터의 크기는 46~1500옥텟▼입니다. 프레임의 끝에는 'FCS(Frame Check Sequence)'라는 4옥텟의 필드가 있습니다. 수신처 MAC 주소에는 수신처 스테이션의 MAC 주소가 들어갑니다. 송신처의 MAC 주소에는 이더넷 프레임을 만든 송신처 스테이션의 MAC 주소가 들어갑니다.

타입에는 데이터부에서 전송하고 있는 프로토콜을 나타내는 번호가 저장됩니다. 즉, 이더넷의 상위층 프로토콜을 가리킵니다. 그리고 데이터부의 맨 앞에는 타입으로 지정한 프로토콜의 헤더나 데이터가 저장되어 있습니다. 주요 프로토콜과 타입은 표 3.2와 같습니다.

타입의 번호(16진수)	프로토콜
0000-05DC	IEEE802.3 Length Field(0~1500)
0101-01FF	실험용
0800	Internet IP(IPv4)▼
0806	Address Resolution Protocol(ARP)
8035	Reverse Address Resolution Protocol(RARP)
805B	VMTP(Versatile Message Transaction Protocol)
809B	AppleTalk(EtherTalk)
80F3	AppleTalk Address Resolution Protocol(AARP)
8100	IEEE802.1Q Customer VLAN
8137	IPX(Novell Netware)
814C	SNMP over Ethernet
8191	NetBIOS/NetBEUI
817D	XTP
86DD	IP version 6(IPv6)▼
8847-8848	MPLS(Multi-protocol Label Switching)
8863	PPPoE Discovery Stage
8864	PPPoE Session Stage
8892	PROFINET
88A4	EtherCAT
8866	Link Layer Discovery Protocol(LLDP)
9000	Loopback(Configuration Test Protocol)

이 책에서 취급하는 프로토콜의 경우, IP는 0800, ARP는 0806, RARP는 8035, IPv6은 86DD입니다. 또한 타입 필드의 목록은 아래 사이트에서 입수할 수 있습니다.

https://regauth.standards.ieee.org/standards-ra-web/pub/view.html#registries

:: **FCS**(Frame Check Sequence)

마지막에 있는 FCS▼는 프레임이 손상되지 않았는지를 체크하기 위한 필드입니다. 통신 중에 전기적인 노이즈가 발생하면 송신한 필드의 비트가 깨져 손상될 가능성이 있습니다. 이 FCS의 값을 체크함으로써 노이즈로 인한 오류 프레임을 폐기할 수 있습니다.

FCS에는 프레임 전체를 특정 비트열('생성 다항식'이라고 함▼)로 나누어 그 나머지를 저장합니다.▼ 수신 측에서도 똑같은 계산을 해서 FCS의 값이 동일하면 그 프레임은 정상적으로 도착했다고 판단합니다.▼

:: **생성 다항식**
이더넷에서는 CRC-32 다항식을 이용한다.

:: 단, 이 경우 비트열의 나눗셈에서는 감산 대신에 배타적 논리합을 사용한다.

:: FCS는 버스트 오류(Burst Error : 연속하는 비트 오류)의 검출율이 높다.

IEEE802.3 Ethernet의 경우에는 보통의 이더넷과는 헤더의 포맷이 조금 다른데, 타입을 나타내는 필드가 데이터 부분의 길이를 나타내는 필드로써 사용됩니다. 또한 데이터 부분의 맨 앞에는 'LLC'와 'SNAP'라는 필드가 있습니다(131쪽 칼럼 참조). 상위층의 프로토콜의 타입을 나타내는 필드는 이 SNAP 안에 있습니다. SNAP에서 지정하는 타입의 값은 이더넷 프레임에서 지정하는 타입과 거의 비슷합니다.

122쪽에서 설명한 VLAN을 이용하는 경우에는 프레임 포맷이 약간 달라집니다(그림 3.21).

:: **CFI**(Canonical Format Indicator)
소스 라우팅을 할 때에 1이 된다.

◐**그림 3.21** VLAN에서의 이더넷 프레임 포맷

태그 VLAN 스위치 사이를 흐르는 이더넷 프레임 포맷

수신처 MAC 주소(6옥텟)	송신처 MAC 주소(6옥텟)	VLAN에서 추가된 필드(4옥텟)	타입 (2옥텟)	데이터 (46~1500옥텟)	FCS (4옥텟)

타입 16비트 8100(16진수)	우선도 3비트	CFI▼ 1비트 0	VLAN ID 12비트

데이터 링크층은 2개의 계층으로 나눌 수 있다

데이터 링크층을 세분하면 매체 액세스 제어*와 논리 링크 제어*로 나눌 수 있습니다. 매체 액세스 제어란, 이더넷이나 FDDI와 같은 데이터 링크별로 정해져 있는 헤더 제어를 말합니다. 이에 반해 논리 링크 제어란, 이더넷이나 FDDI 등과 같은 데이터 링크의 차이와 상관없이 공통으로 된 헤더나 제어를 말합니다.

IEEE802.3 Ethernet의 프레임 포맷에 붙어 있는 LLC와 SNAP가 논리 링크 제어(IEEE802.2에서 정함)의 헤더입니다. 표 3.3을 보면 타입 값이 01500(05DC)일 때에 IEEE802.3 Ethernet의 길이를 나타낸다고 되어 있습니다. 이러한 경우에는 타입의 값을 조사해도 상위층 프로토콜을 알 수 없습니다. IEEE802.3 Ethernet일 때에는 이더넷 헤더에 있는 LLC/SNAP 헤더에 상위층 프로토콜을 가리키는 필드가 있어서 이 필드를 조사함으로써 상위층 프로토콜을 알 수 있도록 되어 있습니다.

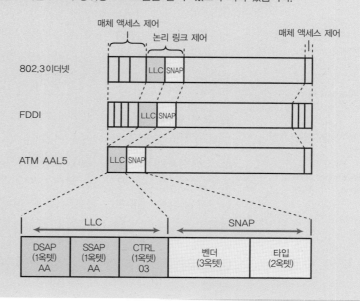

○ 그림 3.22 LLC/SNAP 포맷

무선 통신

04

무선 통신에는 전파나 적외선, 레이저 광선 등을 이용합니다. 무선 통신 중에서 사무실 안과 같은 LAN 범위 내에서 비교적 고속으로 연결하는 것을 '무선 LAN'이라고 합니다.

무선 통신에서는 컴퓨터 기기 등을 네트워크와 연결하는 케이블이 필요없습니다. 따라서 초기에는 주로 이동하면서 사용하는 경우가 많은 가벼운 기기에 사용되었습니다. 또한 통신 속도 향상과 함께 공간을 많이 차지하지 않고 배선 비용을 절감할 수 있다는 장점으로 말미암아 사무실이나 가정, 가게, 역, 공항 등에서도 사용하게 되었습니다.

:: **PAN**(Personal Area Network)

:: **LAN**(Local Area Network)

:: **MAN**(Metropolitan Area Network)

:: **RAN**(Regional Area Network)

:: **WAN**(Wide Area Network)

○표 3.3 무선 통신의 분류와 성질

1 무선 통신의 종류

무선 통신은 해당 통신 거리에 따라 표 3.3과 같이 분류할 수 있습니다. IEEE 802 위원회에서는 무선 PAN▼(802.15), 무선 LAN▼(802.11), 무선 MAN▼(802.16, 802.20), 무선 RAN▼(802.22)의 규격화를 진행하고 있습니다. 무선 WAN▼ 분야의 대표적인 예로는 휴대전화를 이용한 통신을 들 수 있습니다. 휴대전화에서는 기지국을 경유하기 때문에 장거리 통신이 가능합니다.

분류	통신 거리(예)	규격화 단체 등	관련 단체 및 기술 명칭
단거리 무선	몇 m	개별	RF-ID
무선 PAN	10m 전후	IEEE802.15	Bluetooth
무선 LAN	100m 전후	IEEE802.11	Wi-Fi
무선 MAN	몇 km~100km	IEEE802.16, IEEE802.20	WiMAX
무선 RAN	200~700km	IEEE802.22	-
무선 WAN	-	3GPP▼	3G, LTE, 4G, 5G

※통신 거리는 기기의 사양에 따라 달라진다.

:: **3GPP**

3GPP는 3세대 휴대전화(3G) 시스템 및 LTE, 4G, 5G의 사양을 정의하는 표준화 프로젝트. 미국의 ATIS, 유럽의 ETSI, 일본의 ARIB, TTC, 한국의 TTA, 중국의 CCSA, 인도의 TSDSI가 참가.

2 IEEE802.11

IEEE802.11은 무선 LAN 프로토콜의 물리층과 데이터 링크층의 일부(MAC층)를 정의한 규격입니다. IEEE802.11이라는 용어는 대부분의 규격 총칭으로 사용되는 경우, 무선 LAN의 한 통신 방식으로 사용되는 경우가 있습니다.

IEEE802.11은 IEEE802.11 관련 규격의 바탕이 되며, 여기서 규정된 데이터 링크층의 일부(MAC층)는 IEEE802.11의 모든 규격에서 이용됩니다. MAC층

:: **CSMA/CA**(Carrier
Sense Multiple Access with
Collision Avoidance)

에서는 이더넷과 똑같은 MAC 주소가 사용되며, CSMA/CD와 아주 비슷한
CSMA/CA▼라는 액세스 제어 방식을 채택하고 있습니다. 보통은 무선 기지국
을 준비하여 그곳을 매개로 통신을 합니다. 이더넷과 IEEE802.11 사이를 잇
는 브리지 기능을 가진 기지국도 발매되고 있습니다.

통신 방식의 하나로 사용되는 IEEE802.11은 물리층에서 전파 또는 적외선을
사용하여 1Mbps 또는 2Mbps의 통신 속도를 실현하는 규격입니다. 이 통신
속도는 후속 규격이 802.11b/g/a/n보다 떨어지기 때문에 거의 사용하지 않습
니다.

○ 표 3.4 IEEE802.11

규격명	개요
802.11	IEEE Standard for Wireless LAN Medium Access Control (MAC) and Physical Layer (PHY) Specifications
802.11a	Higher Speed PHY Extension in the 5GHz Band
802.11b	Higher Speed PHY Extension in the 2.4 GHz Band
802.11e	MAC Enhancements for Quality of Service
802.11g	Further Higher Data Rate Extension in the 2.4 GHz Band
802.11i	MAC Security Enhancements
802.11j	4.9 GHz – 5 GHz Operation in Japan
802.11k	Radio Resource Measurement of Wireless LANs
802.11n	High Throughput
802.11p	Wireless Access in the Vehicular Environment
802.11r	Fast Roaming Fast Handoff
802.11s	Mesh Networking
802.11t	Wireless Performance Prediction
802.11u	Wireless Interworking With External Networks
802.11v	Wireless Network Management
802.11w	Protected Management Frame
802.11ac	Very High Throughput 〈6 GHz
802.11ad	Very High Throughput 60 GHz
802.11ah	Sub-1 GHz license exempt operation (e.g., sensor network, smart metering)
802.11ai	Fast Initial Link Setup
802.11ax	High Efficiency WLAN
802.11ba	Wake Up Radio
802.11bb	Light Communications

※ 출처 : http://grouper.ieee.org/groups/802/11/Reports/802.11_Timelines.htm

● 표 3.5 IEEE802.11의 비교

트랜스포트층		TCP/UDP 등					
네트워크층		IP 등					
데이터 링크층	LLC 층	802.2 논리 링크 제어					
	MAC 층	802.11 MAC CSMA/CA					
물리층	방식	802.11a	802.11b	802.11g	802.11n	802.11ac	802.11ax
	최대속도 (이론값)	최대 54Mbps	최대 11Mbps	최대 54Mbps	최대 600Mbps	최대 1.3Gbps (wave1) 최대 6.9Gbps (wave2)	최대 9.6Gbps
	주파수 대역	5GHz	2.4GHz	2.4GHz	2.4GHz /5GHz	5GHz	2.4GHz /5GHz
	대역폭	20MHz	26MHz	20MHz	20MHz, 40MHz	20MHz, 40MHz, 80MHz, 160MHz	20MHz, 40MHz, 80MHz, 160MHz

※ 802.11ax는 2019년 9월 시점 추정

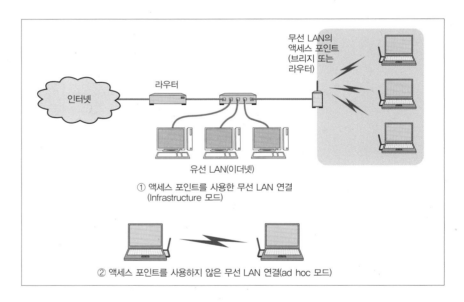

① 액세스 포인트를 사용한 무선 LAN 연결 (Infrastructure 모드)

② 액세스 포인트를 사용하지 않은 무선 LAN 연결(ad hoc 모드)

❖ CSMA/CA

무선 LAN이 이용하는 전파는 제한적입니다. 즉, 무선 LAN은 여러 단말기가 같은 주파수대를 공유할 필요가 있는 매체 공유형 네트워크입니다. IEEE802.11에서는 이더넷에서 채용된 CSMA/CD와 비슷한 CSMA/CA (Carrier Sense Multiple Access with Collision Avoidance)라는 액세스 제어 방식을 채용했습니다. 이 방식은 Carrier Sense에 의해 데이터를 전송해도 되는 상태(아이들 상태라고 한다)인지 확인하고 랜덤 시간(백오프라고 한다)만 기다렸다가 데이터 전송을 시작함으로써 충돌을 회피하는 구조입니다.

● 그림 3.23 무선 LAN 연결

:: 2400~2497MHz

❸ IEEE802.11b, IEEE802.11g

IEEE802.11b와 IEEE802.11g는 2.4GHz대▼ 전파를 이용하는 무선 LAN입니다. 데이터 전송 속도는 최대 11Mbps(IEEE802.11b) 및 54Mbps(IEEE 802. 11g)로, 통신할 수 있는 거리는 30~50m 정도입니다. IEEE802.11과 마찬가지로 액세스 제어는 CSMA/CA를 채택하고 있으며, 보통은 기지국을 사이에 두고 통신을 합니다.

:: 5150~5250MHz

❹ IEEE802.11a

무선 LAN의 물리층으로, 5GHz대▼ 주파수를 이용하여 최대 54Mbps까지의 전송 속도를 실현하는 규격입니다. IEEE802.11b/g와는 호환성이 없지만, 이 둘을 지원하는 기지국도 제품화되어 있습니다. 전자레인지 등에서 사용하는 2.4GHz대를 사용하지 않기 때문에 간섭받기 힘들다는 장점이 있습니다.

❺ IEEE802.11n

:: **MIMO**(Multiple-Input Multiple-Output)

IEEE802.11n은 IEEE802.11g 또는 a를 바탕으로 여러 개의 안테나를 동기시켜서 통신하는 MIMO▼라는 기술을 채택함으로써 고속화를 실현한 것입니다. 물리층으로는 2.4GHz대 또는 5GHz대를 사용합니다.
5GHz대를 사용하는 경우나 다른 2.4GHz대를 사용하는 시스템(802.11b/g나 Bluetooth 등)의 영향이 없는 경우에는 IEEE802.11a/b/g의 2배의 대역폭(40MHz)을 사용해, 4 스트림을 묶어 최대 600Mbps의 전송 속도를 이용할 수 있습니다.

❻ IEEE802.11ac

IEEE802.11ac는 11n보다 큰폭으로 사용 대역폭을 늘린(80MHz 필수, 160MHz 옵션) 것으로, 기가비트 스루풋을 실현한 규격입니다. 물리층으로 2.4GHz대는 사용하지 않고, 5GHz대를 사용합니다. 또한 Wave1(1세대)와 Wave2(2세대)가 있으며, MIMO를 발전시킨 MU-MIMO▼라는 기술로 새로운 고속화를 실현했습니다.

:: Multi User Multi-Input Multi-Output

❼ IEEE802.11ax (Wi-Fi6)

2020년 IEEE802.11에서 책정이 완료될 예정인 규격입니다. Wi-Fi Alliance에 의해 별도로 Wi-Fi 6이라는 명칭이 정해졌습니다.
지금까지의 기술 진화에서는 전송 속도 개선을 목표로 했지만, IEEE802. 11ax는 다수의 단말이 접속하는 고밀도 환경에서 주파수 이용 효율을 더욱 향상시키고, 접속 단말 각각의 평균 스루풋을 높여 전체적인 퍼포먼스를 향상시키게 됩니다.

:: QAM

Quadrature Amplitude
Modulation(직각위상진폭변조)

물리층으로서는 2.4GHz대 또는 5GHz대를 이용합니다. 변조 방식은 1024QAM▼까지 이용이 가능해져, 통신 속도가 향상됐습니다. 또 효율적인 주파수 할당을 위해 휴대전화(LTE) 기술에도 채용된 OFDMA를 사용하도록 변경됐습니다.

MU-MIMO에 대해서도 다수의 단말이 동시에 접속할 수 있도록 4 스트림에서 8 스트림으로 확장해 다운링크와 더불어 업링크에서도 MU-MIMO 전송이 가능해집니다.

이러한 연구를 통해 최대 9.6Gbps의 전송 속도를 실현했고, 고밀도 환경에서도 평균 스루풋을 향상시켰습니다.

Wi-Fi

Wi-Fi는 무선 LAN 업계 단체인 Wi-Fi Alliance에 의해 IEEE802.11 규격군의 보급을 목적으로 붙여진 브랜드명입니다.

Wi-Fi Alliance는 각 사의 IEEE802.11 지원 제품의 호환성 테스트를 해서 합격한 제품에 'Wi-Fi Certified'라는 인증을 주고 있습니다. 'Wi-Fi' 로고 마크가 표시되어 있는 무선 LAN 기기는 호환성 테스트에 합격했다고 판단할 수 있습니다.

오디오에는 'Hi-Fi'(High Fidelity : 고충실도/고재현성)이라는 용어가 있습니다. 이와 마찬가지로 Wi-Fi(Wireless Fidelity)는 고품질의 무선 LAN을 지향하기 때문에 이렇게 이름 붙여졌다고 합니다.

---

8 무선 LAN 사용 시 주의할 점

무선 LAN은 이용자의 이동성, 기기 배치의 자유성을 확보하기 위해 전파의 성질을 이용하여 넓은 지역에서 이용할 수 있도록 되어 있습니다. 이 말은 통신 가능한 범위 내에 있다면 허가된 이용자 이외에도 이 전파를 수신할 수 있다는 것을 의미합니다. 따라서 항상 도청이나 함부로 데이터가 바뀌는 위험에 처해 있다고 해도 과언이 아닙니다.

무선 LAN의 규격에서는 도청이나 데이터 무단 수정을 방어하기 위해, 송수신되는 데이터의 암호화가 정해져 있습니다. 하지만 일부 규격에 대해서는 인터넷상에서 암호를 해독하는 툴도 배포되어 그 취약성이 문제가 되고 있습니다. 현재는 AES를 기반으로 한 암호화 프로토콜을 채용하는 WPA2를 보급하고 있습니다. 앞으로 보급될 WPA3에서는 보다 강력한 암호화 방식이 도입되어 있습니다. 또한 데이터 암호화에 추가하여, 인증된 기기만 해당 무선 LAN을 이용할 수 있도록 액세스 제한을 병행하여 가능한 한 안전한 환경에서 이용할 필요가 있습니다.

또한 무선 LAN은 무면허로 이용할 수 있는 주파수대를 이용하고 있습니다. 무선 LAN이 사용하는 전파가 다른 통신 기기와 간섭이 일어나 동작이 불안정해지는 일도 있습니다. 예를 들면, 전자레인지 가까이에서 2.4GHz대를 이용하는 802.11b/g를 사용할 때에는 주의해야 합니다. 전자레인지를 작동시켰을 때에 발생하는 전파와 주파수가 비슷하기 때문에 간섭으로 말미암아 전송 성능이 현저하게 떨어지는 경우가 있기 때문입니다.

❖ WPA2와 WPA3

:: IEEE802.1i는 IEEE802.1 X의 보안 표준을 정한 규격. WPA2와 IEEE802.1i는 비슷하며 조건이 맞으면 상호 이용이 가능하지만 전혀 다른 규격이다.

WPA2는 Wi-Fi Alliance의 인증 프로그램인 WPA(Wi-Fi Protected Access)를 확장해 IEEE802.1i▼의 필수 부분을 구현한 규격입니다. AES 기반 암호화 프로토콜을 채택하고 있으며, 현재 널리 보급되어 있습니다.

WPA3는 WPA2의 보안 기능을 더욱 확장한 규격입니다. 가정·소규모 사무실을 위한 WPA3-Personal에서는 SAE(Simultaneous Authentication of Equals)를 구현함으로써 패스워드 기반의 견고한 인증을 실현합니다. 또, 대규모 오피스 전용인 WPA3-Enterprise에서는 192비트 보안 모드를 제공함으로써 한층 더 보안을 강화합니다.

9 WiMAX

:: 가정이나 기업에 전화나 인터넷 회선을 연결할 때, 통신 사업자로부터의 마지막 1구획이 되는 네트워크를 의미한다.

WiMAX(Worldwide Interoperability for Microwave Access)란 마이크로파를 사용해 기업이나 가정으로 무선 연결을 하는 방식을 말합니다. DSL이나 FTTH처럼 라스트원 마일▼을 무선으로 실현하는 방법 중 하나입니다.

WiMAX는 무선 MAN(Metropolitan Area Network)에 속하여 메트로폴리탄, 즉 도심부를 영역으로 하는 광범위한 무선 네트워크를 지원합니다. IEEE802.16 안에서 표준화되고 있으며, 그 일부가 WiMAX가 됩니다. 또한 이동 단말기를 지원한 IEEE802.16e(Mobile WiMAX)의 표준화도 진행됐습니다.

WiMAX는 WiMAX Forum에 의해 이름 붙여졌습니다. WiMAX Forum은 표준화 작업과 함께 발생하는 제조업체 간의 기기 호환성이나 서비스 호환성 등의 검증을 수행합니다.

10 Bluetooth

:: IEEE802.11b/g 등과 Blue-tooth를 동일한 장소에서 사용하면 전파 간섭으로 성능이 저하되는 경우가 있다.

:: 1대가 마스터가 되고 다른 1~7대가 슬레이브가 되어 네트워크를 구성한다. '피코넷(piconet)'이라고 한다.

Bluetooth는 IEEE802.11b/g 등과 마찬가지로 2.4GHz대 전파를 사용하는 통신 규격입니다.▼ 데이터의 전송 속도는 버전 2에서 3Mbps(실제 최대 스루풋은 2.1Mbps)입니다. 통신 가능한 거리의 종류에는 전파 강도에 따라 최대 1m, 10m, 100m, 400m 등이 있습니다. 통신 가능한 단말의 수는 원칙적으로 최대 8대입니다.▼

IEEE802.11이 랩톱 컴퓨터와 같이 비교적 큰 기기를 대상으로 하고 있는 것에 반해, Bluetooth는 휴대전화나 스마트폰, 키보드나 마우스 같은 소형이며, 전원 용량이 적은 기기를 대상으로 합니다.

Bluetooth4.0에서는 저소비 전력, 저비용을 실현한 Bluetooth Low Energy(BLE)가 책정됐고, 저전력이 필요한 IoT 디바이스 등에 이용됩니다.

11 ZigBee

가전 제품 등에 내장시키는 것을 전제로 소비 전력이 낮고 단거리 무선 통신을 실현하는 규격이 ZigBee입니다. 최대 65,536개의 단말을 무선 통신으로 연결할 수 있습니다.

ZigBee의 전송 속도는 사용하는 주파수에 따라 다른데, 한국에서 사용 가능한 2.4GHz대를 사용하는 경우 최대 250kbps가 됩니다.

12 LPWA (Low Power, Wide Area)

LPWA에 관한 명확한 정의는 없지만, IoT 등 소비전력이 적고 1회 전송 데이터 용량이 크지 않으며, 장거리 데이터 통신이 가능한 통신 네트워크를 LPWA라고 합니다.

LPWA에는 몇 가지 규격이 있어, 특정 저전력 무선으로서 무선 면허가 필요 없는 것과 무선 면허가 필요한 규격으로 크게 나눌 수 있습니다.

• LoRaWAN

표준화 단체 LoRa Alliance에서 사양을 공개한 개방적인 규격입니다. 언라이센스(면허 불필요) 밴드인 920MHz대역을 이용합니다. 전송 데이터는 11바이트가 되고, 최대 10km 정도 장거리 데이터 통신이 가능합니다. 자영으로 네트워크를 구축할 수 있으며 LoRaWAN 게이트웨이를 설치해 LoRaWAN 디바이스와 통신합니다.

• Sigfox

프랑스 Sigfox사가 개발한 독자 규격입니다. 언라이센스 밴드의 920MHz대를 이용합니다. 전송 데이터는 12바이트로 최대 10km 정도 장거리 데이터 통신이 가능합니다. LoRaWAN과의 큰 차이는 Sigfox로는 자영으로 네트워크를 구축할 수 없고, Sigfox 서비스 사업자와 계약하여 Sigfox 네트워크를 이용합니다.

• NB-IoT

휴대전화의 모바일 통신 기술(LTE)을 이용한 LPWA입니다. 3GPP가 2016년에 Release13으로 사양이 정해졌습니다. NB-IoT는 통신속도가 상향 62kbps, 하향 21kbps로 저속인 반이중통신입니다. LTE를 사용하므로 휴대전화 사업자의 서비스를 계약해서 이용합니다.

PPP(Point-to-Point Protocol)

05

1 PPP란?

PPP(Point-to-Point Protocol)란, 이름 그대로 포인트 투 포인트(1대1)로 컴퓨터를 연결하기 위한 프로토콜을 말합니다. PPP는 OSI 참조 모델의 제2층에 해당하는 데이터 링크 프로토콜이라고 할 수 있습니다.

이더넷이나 FDDI 등은 OSI 참조 모델의 데이터 링크층뿐만 아니라 물리층과도 관계가 있습니다. 구체적으로 말하면, 이더넷은 동축 케이블이나 트위스트 페어 케이블을 사용하여 그 안에서 0과 1을 어떻게 전기 신호로 나타낼 것인지를 결정합니다. 이에 반해 PPP는 단순한 데이터 링크층이라고 생각할 수 있습니다. 물리층은 무엇이든 상관없습니다. 반대로 말하면 PPP만으로는 통신할 수 없고, 물리층이 필요하다는 뜻입니다.

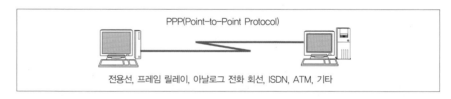

PPP(Point-to-Point Protocol)

전용선, 프레임 릴레이, 아날로그 전화 회선, ISDN, ATM, 기타

○ **그림 3.24** PPP

PPP는 전화 회선이나 ISDN, 전용 회선(전용선), ATM 회선 등에서 이용됩니다. 또한 최근에는 ADSL이나 케이블 TV 등을 사용한 인터넷 연결에서 PPPoE(PPP over Ethernet)로 이용됩니다. PPPoE는 이더넷의 데이터부에 PPP 프레임을 저장하여 전송하는 방식입니다.

2 LCP와 NCP

:: 전화 회선을 사용하는 경우에는 먼저 전화 회선 레벨에서 커넥션이 확립된 후 PPP의 커넥션이 확립된다.

PPP에서는 데이터 통신을 시작하기 전에 PPP 레벨에서 커넥션을 확립합니다.▼ 커넥션을 확립할 때에는 인증이나 압축, 암호화 등을 설정합니다.

PPP의 기능 중에서 상위층에 의존하지 않는 프로토콜이 LCP(Link Control Protocol), 상위층에 의존하는 프로토콜이 NCP(Network Control Protocol)입니다. 상위층이 IP인 경우의 NCP가 IPCP(IP Control Protocol)입니다.

LCP는 커넥션의 확립 및 끊음, 패킷 길이(Maximum Receive Unit)의 설정, 인증 프로토콜의 설정(PAP인지, CHAP인지), 통신 품질의 감시를 할 것인지, 말 것인지 등의 설정을 합니다.

:: 장치 간에 정보를 주고받는 것을 '네고시에이션(Negotiation)'이라고 한다.

IPCP에서는 IP 주소의 설정이나 TCP/IP 헤더를 압축할 것인지, 말 것인지 등의 정보▼를 주고받습니다.

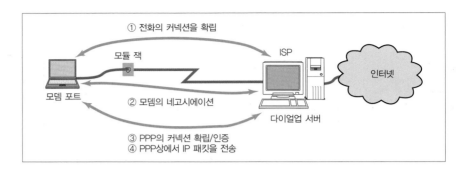

○ 그림 3.25 PPP에서의 커넥션 확립

:: ISP에 연결할 때에는 보통 ISP 측의 인증이 미사용으로 된다.

PPP로 연결할 때에는 보통 사용자 ID와 비밀번호에 의한 인증을 합니다. PPP에서는 통신하는 쌍방향에서 인증을 할 수 있도록 되어 있습니다.▼ PPP에서 사용하는 인증 방식으로는 PAP(Password Authentication Protocol)와 CHAP(Challenge Handshake Authentication Protocol)가 있습니다.

PAP는 PPP의 커넥션 확립 시에 한 번만 ID와 비밀번호를 주고받는 방법입니다. 주고받을 비밀번호는 암호화되지 않고, 보통 문자열 그대로 전송되기 때문에 도청이나 커넥션 확립 후에 회선을 빼앗길 위험이 있습니다.

CHAP은 매번 비밀번호가 변경되는 OTP(One Time Password)를 사용하여 도청 문제를 방지합니다. 또한 커넥션 확립 후에도 정기적으로 비밀번호를 교환함으로써 통신 상대가 도중에 바뀌지 않았는지를 체크할 수 있습니다.

❸ PPP의 프레임 포맷

PPP의 데이터 프레임의 포맷은 그림 3.26과 같습니다. 플래그가 프레임의 구분을 나타냅니다. 이는 HDLC▼라는 프로토콜과 똑같은 방식입니다. PPP는 HDLC를 참고로 만들어졌습니다.

:: HDLC(High Level Data Link Control Procedure) 하이 레벨 데이터 링크 제어 절차를 말한다.

HDLC에서는 프레임의 구분을 '01111110'으로 표현하는데, 이를 '플래그 시퀀스'라고 합니다. 플래그 시퀀스로 둘러싸인 프레임 내부에서 '1'이 6개 이상 연속되는 것을 허용하지 않습니다. 그래서 프레임을 송신할 때 '1'이 5개 연속하는 경우에는 바로 다음에 '0'을 삽입해야 하며, 수신한 비트열에서 '1'이 5개 연속하는 경우에는 그 다음에 오는 '0'을 삭제해야 합니다. 이러한 조작으로 '1'은 최대 5개밖에 연속할 수 없기 때문에 프레임 구분인 플래그 시퀀스를 식별할 수 있습니다. PPP도 표준 설정의 경우에는 이와 같습니다.

○ 그림 3.26 PPP의 데이터 프레임 포맷

또한 컴퓨터에서 다이얼업 연결을 할 때 PPP는 소프트웨어로 구현됩니다. 따라서 '0'의 삽입이나 삭제 처리, FCS 계산을 모두 컴퓨터의 CPU가 처리해야 합니다. 그렇기 때문에 PPP는 컴퓨터에게 큰 부담을 주는 방식이라고 할 수 있습니다.

4 PPPoE(PPP over Ethernet)

인터넷 연결 서비스에 따라서는 이더넷을 이용하여 PPP 기능을 제공하는 PPPoE를 사용하는 경우가 있습니다.

이러한 인터넷 연결 서비스에서는 통신 회로를 이더넷인 것처럼 에뮬레이트(모방)합니다. 이더넷은 가장 많이 보급된 데이터 링크로, 네트워크 기기나 NIC 카드 등의 가격도 저렴하기 때문에 저가의 서비스를 제공할 수 있습니다. 하지만 이더넷을 그대로 이용할 때에는 몇 가지 문제가 발생합니다. 이더넷에는 인증 기능이 없고, 커넥션의 확립이나 끊기 처리도 없기 때문에 이용 시간에 따른 요금을 부과할 수 없습니다. 그래서 PPPoE를 사용하여 이더넷상에서 커넥션을 관리하면 PPP의 인증 기능 등을 이용하여 프로바이더가 고객 관리를 하기가 쉬워집니다.

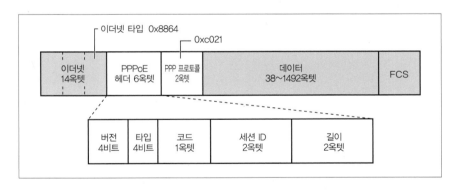

○ **그림 3.27** PPPoE 데이터 프레임 포맷

> **IPv6 IPoE**
> NTT NGN망을 통해 IPv6 인터넷 접속 서비스를 이용하거나 제공하기 위한 기술의 하나로, IPv6 IPoE라는 기술이 있습니다.
> NTT NGN망은 IPv6를 이용한 폐역망입니다. NTT NGN망에서는 IPv6 IPoE를 이용해, VNE(Virtual Network Enabler)라는 IPv6 인터넷 접속 서비스를 하는 사업자의 네트워크를 경유하여 이용자가 IPv6 인터넷에 접속할 수 있게 합니다.
> VNE가 이용자에게 IPv6 프리픽스를 할당함으로써, NGN망은 통신원의 VNE를 파악할 수 있습니다. 그리고 이용자의 통신을 계약한 VNE 네트워크를 경유해 IPv6 인터넷으로 접속할 수 있게 됩니다.

그 밖의 데이터 링크

06

:: 단, 현재 사용하지 않는 것도 많다.

지금까지 이더넷, 무선 통신, PPP에 대해서 설명했습니다. 이 밖에도 몇 가지 데이터 링크가 있습니다.▼

1 ATM(Asynchronous Transfer Mode)

ATM은 데이터를 '헤더 5옥텟'+'데이터 48옥텟'을 세트 단위로 처리하는 데이터 링크입니다. 회선의 점유 시간을 짧게 함으로써 대용량 데이터를 효율적으로 전송할 수 있으며, 주로 넓은 지역을 연결하는 네트워크에 이용되어 왔습니다. ATM의 규격화 및 검토는 ITU▼나 ATM 포럼에서 합니다.

:: **ITU**(International Telecommunication Union) 국제전기통신연합

❖ ATM의 특징

ATM은 커넥션 지향 데이터 링크입니다. 통신을 시작하기 전에 반드시 통신 회선을 설정해야 합니다. 이는 종래의 전화와 아주 비슷합니다. 종래의 전화에서는 통화를 하기 전에 중간에 있는 교환기에게 통신 상대까지의 통신 회선 설정을 요구합니다▼(이러한 장치를 '시그널링'이라고 함). 하지만 전화와는 달리, ATM에서는 동시에 여러 상대와 통신 회선을 연결할 수 있습니다.

:: ATM에서는 이러한 회선 접속을 'SVC(Switched Virtual Circuit)'라고 한다. 고정적으로 회선을 확립하는 방법도 있는데, 이를 'PVC(Permanent Virtual Circuit)'라고 한다.

ATM에는 이더넷이나 FDDI와 같은 송신권의 제어는 없고, 필요할 때 필요한 만큼 데이터를 송신할 수 있습니다. 하지만 모든 컴퓨터가 동시에 대량의 데이터를 송신하면 네트워크가 혼잡해져서 폭주▼ 상태가 되어 버립니다. ATM에는 이를 방지하기 위해 대역을 자세하게 제어하는 기능이 갖춰져 있습니다.

:: **폭주**
네트워크가 매우 혼잡해서 라우터나 스위치가 패킷이나 셀을 다 처리하지 못하는 상태를 말한다. 처리하지 못한 패킷이나 셀은 파기된다.

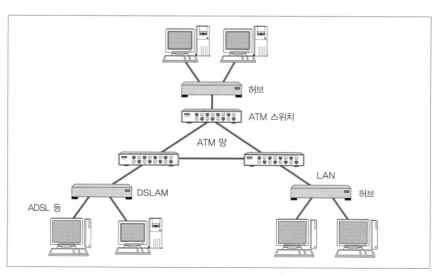

🔵 **그림 3.28** ATM 네트워크

:: **TDM**(Time Division Multiplexer)
시분할 다중화 장치

:: 실제로는 TDM 방식의 SONET(Synchronous Optical Network)나 SDH (Synchronous Digital Hierarchy) 회선을 이용하고 있다.

:: VPI로 식별되는 통신 회선 안을 VCI로 식별되는 여러 통신에서 이용한다.

:: **오버헤드**
통신을 할 때 실제로 보내고 싶은 데이터 이외에 보내야 하는 제어 정보나 그것을 처리하기 위한 시간을 말한다.

동기 다중과 비동기 다중

여러 개의 통신 기기를 묶어서 하나의 회선으로 연결하는 방법을 생각해봅시다. 이러한 연결 기기를 'TDM'이라고 합니다. 일반적으로 TDM은 양쪽 끝에 있는 TDM끼리를 동기시키면서 특정 시간 단위로 데이터를 구분하여 수신처별로 순서대로 송신합니다. 이 방법은 부품 조립 공장에서 컨베이어 벨트의 바구니가 수신처별로 다른 색깔로 구분되어 있어서 특정 제품을 특정 색의 바구니에 채워 넣어 보내는 방법과 비슷합니다. 이 바구니를 '슬롯'이라고 합니다. 이 방법의 경우 바구니가 비어 있더라도 바구니의 색이 다르면 제품을 넣을 수 없습니다. 즉, 송신하고 싶은 데이터가 있음에도 빈 슬롯이 생긴다는 뜻입니다. 결국 회선의 용량을 각각의 통신에 대해 고정적으로 설정할 수 밖에 없기 때문에 회선의 이용 효율이 떨어집니다.

ATM은 이 TDM을 확장하여 통신 회선의 이용 효율을 향상시킨 것입니다. ATM에서는 TDM의 슬롯에 데이터를 넣을 때에 회선의 순서대로 데이터를 넣는 것이 아니라 도착한 데이터부터 순서대로 넣습니다. 단, 이 상태로는 수신 측의 장치에서 받은 데이터가 어떤 통신의 것인지를 식별할 수 없으므로 송신 측에서는 5옥텟의 헤더를 붙입니다. 이 헤더에는 VPI(Virtual Path Identifier), VCI(Virtual Channel Identifier)라는 식별자가 붙어 있기 때문에 이 숫자에 의해 어떤 통신인지를 식별할 수 있게 됩니다. VPI와 VCI는 직접 통신을 수행하는 2개의 ATM 스위치 간에 설정되는 값으로, 다른 스위치 사이에서는 다른 뜻이 됩니다.

ATM을 이용하면 빈 슬롯을 줄일 수 있기 때문에 회선의 이용 효율성이 향상되지만, 헤더에 오버헤드가 걸리므로 그 양만큼 실제 통신 속도는 떨어집니다. 즉, 회선 속도가 155Mbps이더라도 TDM나 ATM 헤더의 오버헤드로 말미암아 실제로는 135Mbps 정도의 스루풋이 나옵니다.

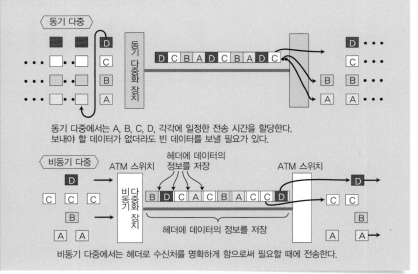

동기 다중에서는 A, B, C, D, 각각에 일정한 전송 시간을 할당한다. 보내야 할 데이터가 없더라도 빈 데이터를 보낼 필요가 있다.

비동기 다중에서는 헤더로 수신처를 명확하게 함으로써 필요할 때에 전송한다.

○**그림 3.29** 동기 다중과 비동기 다중

❖ ATM과 상위층

이더넷에서는 하나의 프레임에 최대 1500옥텟, FDDI의 경우는 4352옥텟까지 데이터를 전송할 수 있습니다. 그런데 ATM은 셀 하나에 48옥텟밖에 데이터를 보내지 못합니다. 이 48옥텟의 데이터부에 IP 헤더나 TCP 헤더를 넣으면, 상위층으로 갈 데이터는 거의 보낼 수 없게 됩니다. 그래서 보통은 ATM을 단독으로 이용하는 것이 아니라, AAL(ATM Adaptation Layer)라는 상위층▾과 함께 이용합니다. IP의 경우에는 AAL5라는 상위층을 사용합니다. IP 패킷은 그림 3.30에서 알 수 있듯이 계층에 따라 헤더가 붙여져서 최종적으로는 최대 192개의 셀로 분할되어 송신됩니다.

:: ATM에서 보면 상위층이 되지만, IP에서 보면 하위층이 된다.

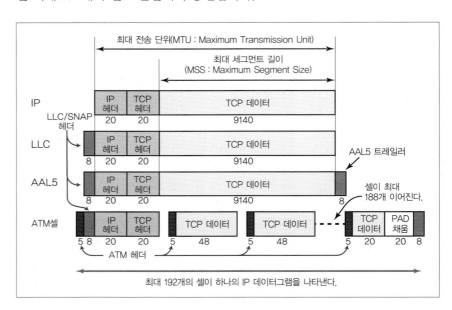

○그림 3.30 ATM에서 패킷을 셀로 만드는 방법

반대로 말해서 192개의 셀 중 하나라도 잃어버리면 IP 패킷은 손상된 것입니다. 이러한 경우는 AAL5의 프레임 체크에서 오류로 판단하여 수신한 셀은 모두 버립니다. TCP/IP에서는 데이터 전송의 신뢰성을 제공하기 위해 TCP가 재전송 처리를 하는데, ATM망을 이용하는 경우에는 셀을 하나만 잃어버려도 최대 192개의 셀 전체를 재전송해야 합니다. 이 점은 ATM의 큰 문제로 지적되고 있습니다. 네트워크가 혼잡하여 1%의 셀(100개 중 1개)을 잃어버리기만 해도 데이터는 전혀 도착하지 않습니다. 특히, ATM에는 전송권을 제어하는 장치가 없기 때문에 네트워크가 혼잡할 가능성이 높아집니다. 그래서 ATM 네트워크를 구축할 때에는 말단 네트워크 대역의 합계를 백본 대역보다 적게 하는 등 셀 손실이 발생하기 어렵게 네트워크를 만드는 것이 중요합니다. 또한 혼잡이 발생했을 때에 ATM 커넥션의 대역을 동적으로 변동시키는 기술도 연구되고 있습니다.

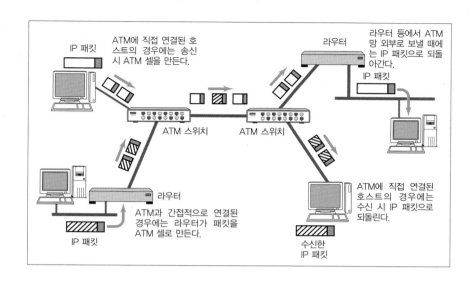

ⓞ **그림 3.31** ATM에서의 IP 패킷의 배송

2 POS(Pocket over SDH/SONET)

POS는 디지털 신호를 광섬유로 주고받기 위한 물리층의 규격인 SDH▼(SONET▼)상에서 패킷 통신을 하기 위한 프로토콜입니다.

SDH는 전화 회선이나 전용선 등에서 신뢰성 높은 광전송 네트워크로 널리 이용되고 있습니다. SDH의 전송 속도는 51.84Mbps를 기준으로 그 배수가 됩니다. 현재는 768개의 패스를 묶은 약 40Gbps의 SDH 전송로를 지원하는 제품까지 나와 있습니다.

3 파이버 채널(Fiber Channel)

고속 데이터 채널을 실현하는 데이터 링크입니다. 네트워크라기보다는 SCSI와 같이 주변 기기를 연결하는 버스에 가까운 구조로 되어 있기 때문에 133Mbps~4Gbps의 데이터 전송 속도를 실현합니다. 최근에는 SAN▼을 구축하기 위한 데이터 링크로 이용하고 있습니다.

4 iSCSI

PC 등에 하드디스크를 연결하기 위한 표준 규격인 SCSI를 TCP/IP 네트워크상에서 이용하는 규격▼입니다. SCSI 명령과 데이터를 IP 패킷에 포함시켜 데이터를 송수신합니다. 이 규격을 이용하면 PC 등의 내장 SCSI 하드디스크와 똑같이 네트워크상에 직접 연결된 대규모 하드디스크를 활용할 수 있습니다.

5 InfiniBand

하이엔드 서버용으로 만들어진 초고속 인터페이스입니다. 고속, 고신뢰성, 저지연이라는 특징을 갖고 있습니다. 여러 개의 케이블▼을 하나로 묶어 이용할

∷ **SDH**(Synchronous Digital Hierarchy)
동기 디지털 계층

∷ **SONET**(Synchronous Optical NETwork)

∷ **SAN**(Storage Area Network)
서버와 여러 개의 스토리지(하드디스크, 테이프 백업 장치)를 고속 네트워크로 연결한 시스템을 말한다. 기업 등에서 대용량 데이터를 보존할 때에 이용한다.

∷ RFC3270, RFC3783

∷ 4개 또는 12개

수 있기 때문에 2Gbps부터 몇백 Gbps에 이르는 전송 속도를 실현하고 있습니다. 더욱이 앞으로는 몇천 Gbps라는 고속 데이터 전송을 제공할 계획도 갖고 있습니다.

6 IEEE1394

AV 기기를 연결하는 가정용 LAN에서 사용되는 데이터 링크로, 'FireWire', 'i.Link'라고도 합니다. 100~800Mbps 이상의 데이터 전송 속도를 실현합니다.

7 HDMI

'High-Definition Multimedia Interface'의 약자로, 케이블 하나로 고품질의 영상과 음성을 디지털 전송할 수 있는 규격입니다. 저작권 보호 기능을 갖추고 있으며, DVD/블루레이 플레이어나 비디오 리코더, AV 앰프 등과 TV나 프로젝터를 연결할 때에 주로 사용하지만, 컴퓨터나 태블릿 PC, 디지털 카메라와 디스플레이를 연결할 때에도 사용합니다. 2009년에 공개된 버전 1.4부터는 이더넷 프레임을 전송하는 규격이 추가되어 HDMI 케이블을 사용한 TCP/IP 통신이 가능해졌습니다.

8 DOCSIS

:: **MCNS**(Multimedia Cable Network System Partners Limited)

케이블 TV(CATV)에서 데이터 통신을 하기 위한 업계 표준 규격입니다. 케이블 TV 업계 단체인 MCNS▼가 책정했습니다. 케이블 TV의 동축 케이블에 케이블 모뎀을 연결하고 이더넷과 교환하기 위한 사양을 표준화하고 있습니다. Cable Labs라는 단체가 모뎀을 검증합니다.

9 고속 PLC(고속 전력선 운송 통신)

:: **PLC**(Power Line Communications)
전력선 통신이라고도 한다.

:: 단파 방송, 아마추어 무선, 전파 망원경, 방재 무선 등에 영향을 미칠 수 있다는 문제가 있다.

고속 PLC▼는 가정이나 사무실 안에 있는 종래의 전력선(전등선)을 이용하여 몇 MHz~ 몇십 MHz의 대역을 사용하여, 몇십 Mbps~200Mbps의 전송 속도를 실현합니다. 전력선을 사용하여 통신을 하기 위해 LAN을 새로 배선하지 않아도 된다는 점과 지원하는 가전 기기 및 오피스 기기를 컨트롤할 수 있다는 이용 방법이 기대를 모으고 있습니다. 하지만 원래 통신을 전제로 하지 않는 전력선에 고주파 신호를 보내기 때문에 전파의 누수에 의한 영향▼이 염려되므로 실내(사무실 내, 가정 내)에서의 이용으로 한정됩니다.

표 3.6 주요 데이터 링크의 종류와 특징

데이터 링크명	매체의 전송 속도	용도
이더넷	10Mbps~1000Gbps	LAN, MAN
802.11	5.5Mbps~400Mbps	LAN~WAN
Bluetooth	다운로드 2.1Mbps, 업로드 177.1kbps	LAN
ATM	25Mbps, 155Mbps, 622Mbps, 2.4GHz	LAN~WAN
POS	51.84Mbps~약 40Gbps	WAN
FDDI	100Mbps	LAN, MAN
Token Ring	4Mbps, 16Mbps	LAN
100VG-AnyLAN	100Mbps	LAN
파이버 채널	133Mbps~4Gbps	SAN
HIPPI	800Mbps~1.6Gbps	2대의 컴퓨터 연결
IEEE1394	100Mbps~800Mbps	가정용

공중 액세스망

07

이번에는 LAN과 같은 구역 내 연결이 아니라 외부와 연결하는 경우에 사용하는 공중 통신 서비스에 대해 설명하겠습니다. 공중 통신 서비스란, 전화와 같이 KT, SKT, LG와 같은 통신 사업자에게 요금을 지불하고 통신 회선을 빌리는 형태를 말합니다. 공중 통신 서비스를 이용함으로써 멀리 떨어진 조직 간에도 통신을 할 수 있으며, 프로바이더와 계약하면 인터넷에 연결할 수 있습니다. 여기서는 아날로그 전화 회선, 이동 통신 서비스, ADSL, FTTH, 케이블 TV, 전용 회선(전용선), VPN, 공중 무선 LAN에 대해 소개합니다.

1 아날로그 전화 회선

고정 전화 회선을 이용하여 통신을 합니다. 전화 회선의 음성 부분의 대역을 사용하여 인터넷에 다이얼업 연결을 하는 경우에 이용합니다. 이 방법은 특별한 통신 회선이 필요없기 때문에 일반 가정에 널리 보급된 전화망을 그대로 이용할 수 있습니다.

컴퓨터를 전화 회선으로 연결하기 위해서는 디지털 신호와 아날로그 신호를 교환해주는 모뎀이 필요합니다. 모뎀의 통신 속도는 56kbps 정도로 저속입니다. 현재는 거의 이용하지 않습니다.

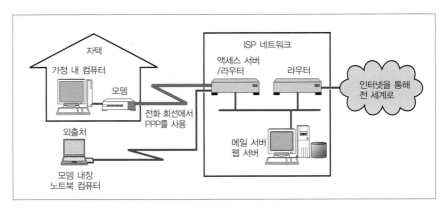

○ 그림 3.33 다이얼업 연결

:: PHS(Personal Handyphone System)

회선 교환에 의한 PIAFS 방식 최대 64kbps 제공. 이후 고도화 PHS를 통해 800kbps 실현. 나아가 PHS 기술을 활용해 2.5GHz대를 사용하는 광대역 이동 무선 접속 시스템(BWA)으로 진화해 현재는 20Mbps(XGP 방식) 최대 110Mbps(AXGP 방식)를 제공한다.

2 이동 통신 서비스

이동통신 서비스는 시대와 함께 고속화, 고도화가 이루어지고 있습니다. 1G, 2G, PHS▾, 3G로 규격화됐습니다. 여기서 사용하는 'G'는 Generation의 머리글자이며, 각각 1세대, 2세대, 3세대라고 할 수 있습니다. 현재는 4G-LTE가 주류이며, 이 규격을 지원하는 스마트폰 등은 인터넷 연결이라는 관점에서는 거의 PC와 동등한 사용 편의성을 실현했습니다. 통신 속도도 실효 속도로 수 Mbps ~ 수십 Mbps 정도의 데이터 통신이 가능합니다. 또한, LTE를 새롭게 대용량화, 고도화하는 LTE Advanced가 국제 표준화 단체 3GPP에 의해 표준화되어 각사의 MIMO▼, 캐리어 애그리게이션 기술▼ 활용에 의해 다운로드 속도가 이론치 1Gbps에 가까운 서비스 제공을 시작했습니다. 향후 5G 규격에서는 수Gbps의 통신 속도로 발전해, Wi-Fi와 동일한 정도의 속도가 실현되어 다른 통신 방법보다 저지연된 환경이 제공됩니다.

:: MIMO(Multiple-Input and Multiple-Output)
송수신기 양쪽에서 복수의 안테나를 이용해 통신 품질을 향상시키는 기술.

:: 캐리어 애그리게이션 기술
복수의 주파수대의 전파를 묶어 데이터 통신을 실시하는 기술.

:: ADSL(Asymmetric Digital Subscriber Line)

❸ ADSL

ADSL▼은 기존의 아날로그 전화 회선을 확장, 이용하는 서비스입니다. 아날로그 전화 회선은 고주파 데이터 통신에도 사용할 수 있는데, 전화국의 교환기에서는 음성 대역만 효율적으로 전송하기 위해 여분의 주파수를 커트하고 있습니다. 특히, 요즘의 전화망은 디지털화되어 있기 때문에 전화 회선을 통과하는 신호는 전화국의 교환기를 통과할 때에 64kbps 정도의 디지털 신호로 변환됩니다. 그래서 64kbps 이상의 전송 속도로 통신하는 것은 원리적으로는 불가능합니다. 하지만 전화기와 전화국 교환기 사이에 있는 회선은 고속 통신이 가능합니다.

ADSL에서는 전화기와 전화국 교환기 사이의 회선을 이용합니다. 거기에 스플리터라는 분배기를 설치하고 음성 주파수(저주파)와 데이터 통신용 주파수(고주파)를 혼합 및 분리합니다.

이러한 방식으로는 ADSL 외에도 VDSL, HDSL, SDSL 등이 있으며, 이를 통틀어 'xDSL'이라고 하기도 합니다. ADSL은 그 중에서도 가장 많이 보급된 방식입니다. 회선 속도는 통신 방식이나 전화 회선의 품질, 전화국까지의 거리 등에 따라 달라지지만, ISP→가정 및 사무실이 1.5Mbps~ 50Mbps, 가정 및 사무실→ISP가 512kbps~2Mbps 정도입니다.

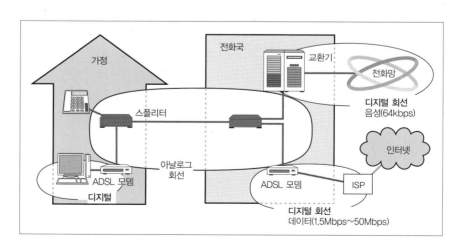

● 그림 3.34 ADSL 연결

4 FTTH

FTTH는 'Fiber to The Home'의 약자로, 고속의 광섬유를 사용자의 집이나 회사 건물 안에 직접 끌어들이는 방법을 말합니다. 건물 안까지 광섬유가 들어오지만, 이것을 직접 컴퓨터에 연결하는 것이 아니라 ONU▾라는 장치로 빛을 전기 신호로 변환한 후에 컴퓨터나 라우터에 연결하는 것이 보통입니다. FTTH를 이용하면 항상 안정된 고속 통신이 가능합니다. 회선 속도 및 서비스는 각 프로바이더의 서비스 메뉴에 따라 다릅니다.

아파트나 회사, 호텔 건물 직전까지 광섬유를 이용하고, 거기서부터는 건물 내 배선을 이용하는 형태를 'FTTB(Fiber To The Building)'라고 합니다. 또한 자택 주변까지 광섬유를 이용하고 주변의 주택들이 공동으로 이용하는 형태를 FTTC(Fiber To The Curb▾)라고 합니다.

:: **ONU**(Optical Network Unit)
광회선 종단 장치로, 통신 회사 측의 종단 장치는 'OLT(Optical Line Terminal)'이라고 한다.

:: **Curb**
집 주변 길 가장자리에 붙이는 연석을 가리킨다.

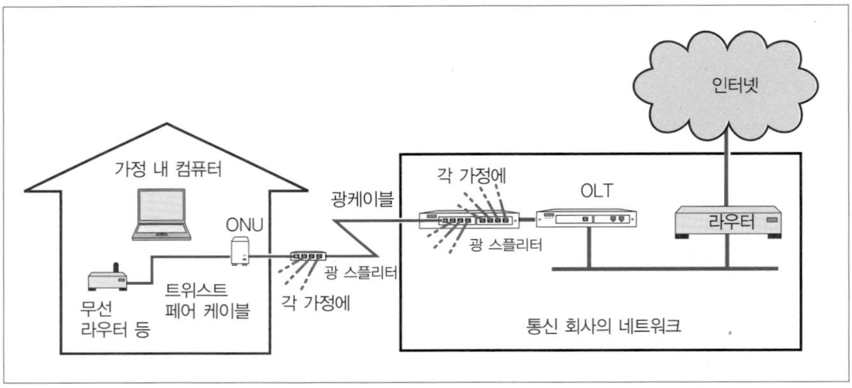

○ **그림 3.35** FTTH 접속

또한 광케이블은 보통 송신용과 수신용으로 별도의 두 선을 페어로 이용하지만, FTTH에서는 간이 WDM▾을 이용하여 송신용 신호와 수신용 신호 둘 다를 한 선의 케이블로 제공합니다. 각 가정까지 들어가는 광케이블은 ONU와 OLT 사이에 있는 광 스플리터에서 갈라집니다.

:: 광케이블과 WDM은 부록 (402쪽) 참조.

❖ 다크 파이버

통신 사업자나 송배전 사업자 등 사회 인프라 관련 사업자 등이 부설한 광섬유 케이블 중 사용하지 않는 광섬유를 일반 기업이나 단체가 빌릴 수 있는 서비스를 제공하고 있습니다. 이렇게 빌린 광섬유를 다크 파이버라고 합니다.

광섬유 케이블만 빌리는 서비스이므로 양쪽 끝에 이용자가 필요로 하는 기기를 접속하면 어떤 통신도 가능합니다. 또, 완전히 점유하고 있으므로 제3자가 침입할 가능성을 제한 없이 낮출 수 있습니다. 한 예로 북미의 대형 클라우드 사업자는 북미의 동부, 중부, 서부의 여러 데이터센터를 다크 파이버로 연결하려고 계획 중입니다.

⑤ 케이블 TV

본래 전파를 사용하는 텔레비전 방송을 케이블을 사용하여 방송하는 서비스를 '케이블 TV'라고 합니다. 전파에 의한 지상파 방송은 안테나의 설치 상황이나 주위 건물에 따라 수신 상태가 나빠지는 경우가 있습니다. 케이블을 사용하는 케이블 TV에서는 이러한 영향이 적기 때문에 선명한 화질로 텔레비전 방송을 즐길 수 있습니다.

최근에는 케이블 TV를 사용한 인터넷 접속 서비스가 널리 보급되고 있습니다. 이 서비스에서는 방송에 사용되지 않는 비어 있는 채널을 데이터 통신 전용으로 사용합니다.

:: '다운스트림'이라고 한다.

:: '업스트림'이라고 한다.

방송국 측에서 가입자 집까지의 통신▼은 텔레비전 방송과 똑같은 주파수대를 사용하고, 가입자 집에서 방송국 측▼으로 가는 방송에서는 사용되지 않는 저주파수대를 사용합니다. 그래서 케이블 TV에서는 하향 데이터 전송 속도에 비해 상향 데이터 전송 속도가 낮다는 특징이 있습니다.

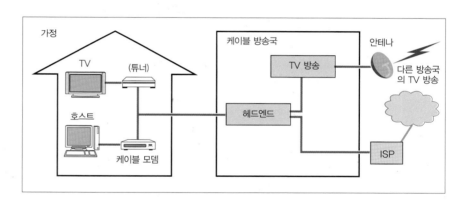

● **그림 3.36** 케이블 TV에 의한 인터넷 접속

케이블 TV로 인터넷에 연결하기 위해서는 우선 케이블 방송국의 서비스에 가입해야 합니다. 가입자의 집에 데이터 통신용 케이블 모뎀을 설치하고, 케이블 TV의 방송국에 설치된 헤드엔드라는 장치와 통신을 하게 됩니다. 헤드엔드는 디지털 방송이나 일부 아날로그 방송과 통신용 디지털 데이터를 하나의 케이블에서 송수신할 수 있도록 변환합니다.

인터넷에 접속하면 가입자의 케이블 모뎀에서 신호가 변환되어 케이블 TV망을 통해 ISP에 연결됩니다. 케이블 TV망에서는 DOCSIS▼라는 규격을 이용하고 있으며, 현재는 최대 320Mbps의 통신 서비스가 가능합니다.

:: 146쪽 참조.

⑥ 전용 회선(전용선)

인터넷 이용자의 급증으로 전용 회선 서비스가 저가화, 광대역화, 다양화되어 현재는 다양한 '전용선 서비스'가 제공되고 있습니다.

KT의 서비스의 예로는 국내 일반 전용 회선, 국내 방송 전용 회선, 유비쿼터

:: **KORNET**

KT가 구축한 인터넷 망의 이름 또는 인터넷 전용 회선 서비스를 말한다.

스 전용 회선, Kornet Premium, Kornet Express, Kornet Hotline 등을 들 수 있습니다.

- 국내 일반 전용 회선은 저속의 전화급 회선에서 2.5G 회선에 이르기까지 임대할 수 있는 서비스로, 국내 방송 전용 회선은 필요한 만큼 1시간 단위로 고품질의 영상 전송할 수 있는 서비스다.
- Kornet Premium은 네트워크에서 고객에게 필요한 부가 서비스(보안, 트래픽 분석, QoS)를 모두 제공하는 프리미엄급 메트로 이더넷 서비스다.
- Kornet Express는 KT의 초고속 백본망으로 연결되는 Metro Ethernet 방식의 인터넷 전용 회선으로, 1Mbps부터 100Mbps까지의 전용선 속도가 가능하다.
- Kornet Hotline은 KT의 초고속 인터넷망과 전용 회선으로 구성된 고품질 인터넷 전용 회선이다.

7 VPN(Virtual Private Network)

떨어진 지역을 이어주는 VPN(Virtual Private Network) 서비스의 예로는 IP-VAP, 광역 이더넷을 들 수 있습니다. 최근 인터넷을 활용한 SD-WAN 서비스도 제공하기 시작했습니다.

❖ IP-VPN

IP 네트워크(인터넷)로 VPN을 구축합니다.

:: '태그(tag)'라고 표현하는 경우도 있다.

IP 네트워크상에 MPLS 기술을 사용하여 VPN을 구축하는 서비스를 통신 사업자가 제공하는 경우도 있습니다. 320쪽에서 설명할 MPLS(Multiprotocol Label Switching)는 라벨▾이라는 정보를 IP 패킷에 추가하여 통신을 제어합니다. 이 라벨을 고객별로 서로 다르게 설정하여 MPLS망을 통과할 때에 라벨별로 수신처를 판단합니다. 이것으로 여러 고객의 VPN을 하나의 MPLS망상에서 구별하여 보호된 닫힌 형태의 프라이빗 네트워크로 이용할 수 있습니다. 또한 고객별로 대역 보증을 할 수도 있습니다.

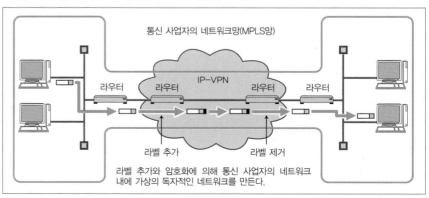

○그림 3.37 IP-VPN(MPLS)

:: 통신 사업자가 제공하는 IP-VPN 서비스와 구별하기 위해 이 형태의 VPN을 '인터넷 VPN'이라고 부르는 경우가 있다.

:: IPsec에 대해서는 385쪽 참조.

통신 사업자가 제공하는 IP-VPN 서비스를 이용하는 것 외에도 기업 등이 독자적으로 인터넷상에 VPN을 구축하는 경우도 있습니다.▾ 이 경우 IPsec▾을 사용하여 VPN을 실현하는 방법이 일반적입니다. 이 방법으로는 IPsec에 의해 VPN상에서 통신 시 IP 패킷의 인증, 암호화를 하여 인터넷상에서 닫힌 네트워크를 구축합니다. 저렴한 인터넷 연결 요금으로 통신 회선을 확보할 수 있고, 각자가 필요로 하는 보안 레벨에서 통신을 암호화할 수 있는 반면, 인터넷의 혼잡 정도에 따라 통신 속도에 영향을 받는 경우도 있습니다.

❖ 광역 이더넷

통신 사업자가 제공하는 떨어진 지역을 잇는 인터넷 연결 서비스입니다. IP-VPN이 IP층에서의 연결 서비스인데 반해, 광역 이더넷은 데이터 링크층인 이더넷을 사용한 VLAN(가상 LAN)을 이용합니다. IP-VPN과는 달리 이더넷을 그대로 사용하므로 TCP/IP 이외의 프로토콜도 사용할 수 있습니다.

광역 이더넷에서는 통신 사업자가 구축한 네트워크의 VLAN을 이용 기업이 전용으로 이용할 수 있는 형태가 됩니다. 똑같은 VLAN을 지정하면 어디서든지 동일한 네트워크에 연결할 수 있습니다. 광역 이더넷은 데이터 링크층을 이용하기 때문에 불필요한 패킷을 보내지 않도록 이용자가 궁리한 후에 운용할 필요가 있습니다.

❖ SD-WAN 서비스

WAN을 구성하는 MPLS나 인터넷, 4G LTE 등을 취합해 가상 WAN 링크를 구성하는 서비스입니다. 논리 네트워크를 구성할 수 있습니다. 경로 암호화, 논리 네트워크상의 애플리케이션 시각화, 클라우드 서비스 이용 시 경로 제어와 같은 기능을 제공하는 경우도 있습니다.

8 공중 무선 LAN

공중 무선 LAN이란, Wi-Fi(IEEE802.11b 등)를 이용한 서비스입니다. 핫스팟(Hot Spot)이라는 전파 수신 가능 영역을 역이나 음식점 등 사람들이 모이는 장소에 설치하고 무선 LAN 인터페이스를 가진 랩톱 컴퓨터나 스마트폰 등에서 연결합니다.

이용자는 핫스팟 경유로 인터넷에 연결합니다. 또한 연결한 후에 IPsec을 이용하여 VPN 경유로 자신의 회사에 접속할 수도 있습니다. 이 서비스를 무료로 제공하고 있는 경우(쇼핑몰이나 역 등)와 계약한 이용자에 한하여 유료로 서비스를 제공하는 경우가 있습니다.

공중 무선 LAN을 이용할 때는 보안(암호화) 유무를 확인하고 통신하는 웹사이트 등이 암호화되어 있는지 등 주의가 필요합니다.

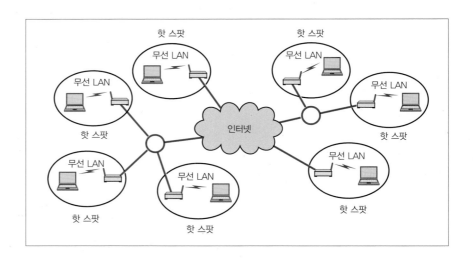

9 그 밖의 공중 통신 서비스(X.25, 프레임 릴레이, ISDN)

❖ X.25
X.25망은 전화망을 개선한 것과 같은 네트워크입니다. 한 포인트에서 여러 포인트로 동시 연결할 수 있는 서비스로, 9.6kbps 또는 64kbps의 전송 속도를 갖고 있습니다. 현재는 다른 서비스의 이용으로 사용하지 않게 되었습니다.

❖ 프레임 릴레이
X.25를 간소화하여 고속화한 네트워크입니다. X.25와 마찬가지로 1대N 통신이 가능하며, 각 통신업자로부터 64kbps~1.5Mbps의 서비스를 제공받습니다. 현재는 광역 이더넷이나 IP-VPN으로 옮겨가 이용자가 감소하고 있습니다.

❖ ISDN
ISDN이란, 'Integrated Services Digital Network(통합 서비스 디지털망)'의 약자입니다. 전화, 팩스, 데이터 통신 등 각종 통신을 통합하여 취급할 수 있는 공중 네트워크입니다. 현재는 다른 서비스에게 밀려 이용자가 감소하고 있습니다.

04

IP 프로토콜

이 장에서는 IP(Internet Protocol)에 대해서 알아봅니다. IP는 패킷을 보내고자 하는 컴퓨터까지 전달하는, TCP/IP 중에서도 가장 중요한 역할을 하고 있습니다. 이러한 IP의 기능 덕분에 지구 반대편에 있는 컴퓨터와 통신할 수 있는 것입니다. 이 장에서는 IP의 기능과 구조에 대해 설명합니다.

7 애플리케이션층	〈애플리케이션층〉 TELNET, SSH, HTTP, SMTP, POP, SSL/TLS, FTP, MIME, HTML, SNMP, MIB, SIP, …
6 프리젠테이션층	
5 세션층	
4 트랜스포트층	〈트랜스포트층〉 TCP, UDP, UDP-Lite, SCTP, DCCP
3 네트워크층	〈네트워크층〉 ARP, IPv4, IPv6, ICMP, IPsec
2 데이터 링크층	이더넷, 무선 LAN, PPP, … (트위스트 페어 케이블, 무선, 광섬유, …)
1 물리층	

IP는 인터넷층의 프로토콜

01

인터넷층은 TCP/IP의 심장부라고 할 수 있습니다. 인터넷층은 주로 IP(Internet Protocol)와 ICMP(Internet Control Message Protocol)라는 2개의 프로토콜로 구성되어 있는데, 이 장에서는 IP▼에 대해 설명하겠습니다. DNS, ARP, ICMP와 같은 IP 관련 프로토콜에 대해서는 5장에서 설명합니다.

현재 사용되고 있는 IP는 앞으로 발전할 인터넷을 모두 지원하지 못할 것으로 예상되기 때문에 새로운 버전의 IP 프로토콜이 개발되었습니다. 그것은 바로 IPv6(IP version 6)으로, 이 장에서는 먼저 IP(IP version 4, IPv4)에 대해 설명한 후, IPv6에 대해 설명할 것입니다.

1 IP는 OSI 참조 모델의 제3층에 해당

IP(IPv4, IPv6)는 OSI 참조 모델의 제3층인 네트워크층에 해당합니다. 네트워크층의 역할을 한마디로 말하면 '종점 노드▼ 간의 통신을 실현'하는 것입니다. 종점 노드 간 통신은 '엔드 투 엔드(end-to-end) 통신'이라고도 하는데, 이는 네트워크층에서 가장 중요한 역할을 담당하고 있습니다.

네트워크층 아래에 위치하는 데이터 링크층은 동일한 종류의 데이터 링크로 연결되어 있는 노드 간에만 패킷을 전송합니다. 네트워크층은 통신 경로상에 있는 데이터 링크의 차이를 은폐해서 서로 다른 종류의 데이터 링크 사이를 이어주면서 패킷을 배송함으로써, 다른 데이터 링크로 연결된 컴퓨터 간에 통신이 가능하도록 해줍니다.

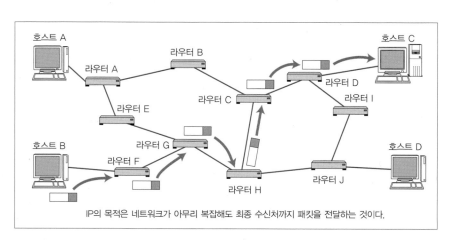

IP의 목적은 네트워크가 아무리 복잡해도 최종 수신처까지 패킷을 전달하는 것이다.

○ 그림 4.1 IP의 역할

:: 경로 제어

'라우팅'이라고도 하며, 패킷을 중계하는 것을 말한다. 자세한 내용은 160쪽과 7장을 참조.

:: 라우터

IPv6의 사양이 기술되어 있는 RFC2460에서 사용하는 용어로, IPv4의 사양이 기술되어 있는 RFC791에서는 '게이트웨이'라고 부르지만, 지금은 라우터(레이어 3 스위치)라고 부르는 것이 일반적이다.

호스트와 라우터, 노드

인터넷에서는 IP 주소를 갖고 있는 기기를 '호스트'라고 합니다. '호스트'라는 용어는 16쪽에서도 설명했듯이 원래는 대형 범용 컴퓨터나 미니 컴퓨터를 가리키는 말이었습니다. 인터넷을 개발할 당시에는 이러한 대형 컴퓨터만 연결했기 때문에 IP 주소를 갖고 있는 기기를 '호스트'라고 통틀어 부르게 된 것입니다. 현재는 스마트폰과 같은 작은 기기도 인터넷에 연결되지만 IP에서는 인터넷에 연결되는 기기는 무엇이든 '호스트'라고 부릅니다.

좀 더 정확히 말해서 호스트란, 'IP 주소를 갖고 있지만 경로 제어▼를 하지 않는 기기'라고 할 수 있습니다. IP 주소를 갖고 있고, 경로 제어를 하는 기기는 '라우터'라고 하여 호스트와는 구분합니다. 또한 호스트와 라우터가 만나는 접점을 '노드(Node)'라고 합니다.▼

② 네트워크층과 데이터 링크층의 관계

데이터 링크층은 직접 연결된 기기 간의 통신을 제공합니다. 이에 반해 네트워크층인 IP는 직접 연결되어 있지 않은 네트워크 간의 전송을 실현합니다. 왜 이렇게 2개의 층이 필요한 것일까요? 그 차이는 다음과 같이 생각하면 이해하기 쉬울 것입니다.

멀리 여행을 가는 경우를 생각해봅시다. 목적지까지는 도중에 비행기나 기차, 버스를 갈아타야 합니다. 그래서 여행사에 가서 항공권이나 기차표를 사기로 했습니다.

여행사에 가서 출발지와 목적지를 말하자, 여행에 필요한 항공권과 기차표를 마련해주면서 여행 일정표까지 만들어주었습니다. 이 여행표에는 몇 시 몇 분에 어떤 비행기나 기차를 타면 좋은지가 모두 적혀 있습니다.

:: 여기서 말하는 '구간'이란, '세그먼트'(109쪽 칼럼 참조)와 동일한 뜻이다.

그런데 구입한 항공권과 기차표는 특정한 1구간▼에서만 유효합니다. 비행기나 버스를 갈아탈 때마다, 기차의 경우는 다른 회사의 기차로 갈아탈 때마다 각각 다른 표를 사용해야 합니다.

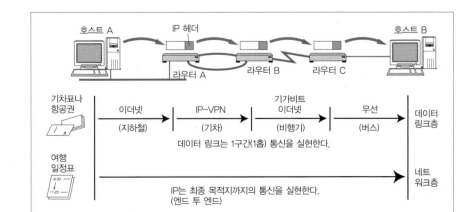

● 그림 4.2 IP의 역할과 데이터 링크의 역할

앞에서 말한 기차표나 항공권의 역할을 분석해보면, 구간 내 이동을 제어하는 것이라고 할 수 있습니다. 여기서 '구간 내'라고 하는 것은 데이터 링크에 해당하고, 구간 내 출발역과 도착역이 적혀 있는 기차표는 데이터 링크의 송신처와 수신처가 적혀 있는 헤더▼에 해당합니다. 그리고 여행의 전체 일정이 적혀 있는 여행 일정표는 네트워크층의 역할에 해당합니다.

여행 일정표가 있어도 표가 없으면 비행기나 기차를 탈 수 없고 목적지까지 갈 수도 없습니다. 반대로 표가 있어도 일정표가 없으면 어떤 순서로 어떤 것을 타야할지 모르기 때문에 최종 목적지까지 무사히 도달하기가 힘듭니다. 목적지까지 제대로 도착하기 위해서는 표와 여행 일정표가 모두 필요합니다. 이렇게 멀리 여행하는 경우와 마찬가지로 컴퓨터 네트워크에도 네트워크층과 데이터 링크층이 모두 필요한 것입니다. 데이터 링크층과 네트워크층이 협력함으로써 데이터를 목적지까지 보낼 수 있습니다.

:: 데이터 링크가 이더넷이라고 하면, 출발역이 송신처 MAC 주소, 도착역이 수신처 MAC 주소가 된다.

IP 기초 지식

02

IP의 역할은 크게 IP 주소, 종점 호스트까지의 패킷 배송(라우팅), IP 패킷의 분할 처리와 재구축 처리로 나눌 수 있습니다. 여기서는 각 역할에 대해 간단히 설명하겠습니다.

1 IP 주소는 네트워크층의 주소

컴퓨터 통신에서는 통신 상대를 식별하기 위해 주소와 같은 식별자를 사용합니다. 제3장에서 데이터 링크층의 주소인 MAC 주소에 대해 설명했는데, MAC 주소는 동일한 데이터 링크 안에 있는 컴퓨터를 식별하기 위해 사용됩니다.

네트워크층인 IP에서도 주소를 사용하는데, 이것이 바로 'IP 주소'입니다. IP 주소는 '네트워크에 연결되어 있는 모든 호스트 중에서 통신할 상대(수신처)를 식별'할 때에 사용합니다. TCP/IP에서 통신하는 모든 호스트와 라우터에는 반드시 IP 주소가 설정되어 있어야 합니다.

:: 정확하게 말하면 네트워크 인터페이스별로 하나 이상의 IP 주소를 갖고 있다.

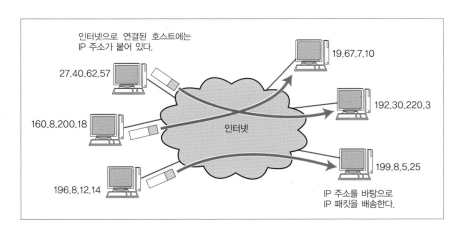

인터넷으로 연결된 호스트에는 IP 주소가 붙어 있다.

27.40.62.57

19.67.7.10

160.8.200.18

192.30.220.3

인터넷

196.8.12.14

199.8.5.25

IP 주소를 바탕으로 IP 패킷을 배송한다.

○**그림 4.3** IP 주소

IP 주소의 형식은 호스트가 어떤 데이터 링크에 연결되어 있는지와 상관없이 동일한 형식을 사용합니다. 이더넷이든, 무선 LAN이든, PPP든 상관없이 IP 주소의 형식은 똑같습니다. 자세한 내용은 163쪽에서 설명하겠지만, 네트워크층에는 데이터 링크층의 성질을 추상화하는 기능이 있습니다. IP 주소의 형식이 데이터 링크의 종류에 구애받지 않고 동일한 것은 추상화의 하나라고 할 수 있습니다.

:: 데이터 링크의 MAC 주소 형식은 반드시 똑같다고 할 수 없다.

:: 네트워크를 관리하는 SNMP 를 지원하는 기기의 경우에는 IP 주소를 설정한다. IP 주소를 설정 하지 않으면 IP를 이용한 네트워 크 관리를 할 수 없다.

:: 따라서 이러한 기기들은 주 소 체계가 다른 IPv4와 IPv6 모두에 사용할 수 있다.

또한 브리지나 스위칭 허브와 같이 물리층이나 데이터 링크층에서 패킷을 중계하는 기기에는 IP 주소를 설정할 필요가 없습니다.▼ 이러한 기기는 IP 패킷을 단순히 0이나 1로된 비트열로 전달하거나 데이터 링크 프레임의 데이터 부분으로 전송할 뿐이기 때문입니다.▼

2 경로 제어(라우팅)

경로 제어(라우팅 : Routing)는 수신처 IP 주소를 가진 호스트까지 패킷을 전달하기 위한 기능입니다. 네트워크가 아무리 미로처럼 복잡해도 경로 제어에 의해 목적하는 호스트까지의 경로(루트)가 결정됩니다. 경로 제어가 올바르게 작동하지 않으면 패킷이 목적하는 호스트까지 도달할 수 없게 됩니다. 지구 반대편까지 데이터가 무사히 도착하는 것은 경로 제어 덕분입니다.

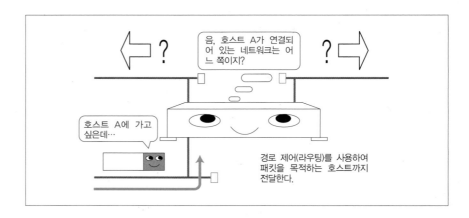

○그림 4.4 경로 제어(라우팅)

❖ 최종 수신처의 호스트까지 패킷을 배송하는 과정

홉(hop)에는 '뛰다'라는 뜻이 있습니다. TCP/IP에서는 IP 패킷이 네트워크 1구간을 뛰는 것을 '홉'이라고 하며, 이 1구간을 '1홉'이라고 합니다. IP 경로 제어는 '홉 바이 홉 라우팅'이라는 방식을 사용합니다. 즉, 1구간별로 그 다음 루트가 정해져서 패킷이 전송됩니다.

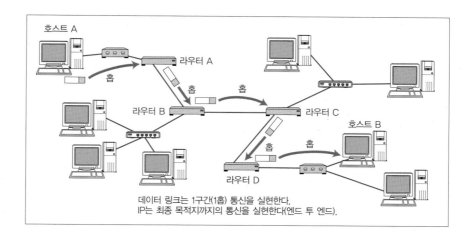

데이터 링크는 1구간(1홉) 통신을 실현한다.
IP는 최종 목적지까지의 통신을 실현한다(엔드 투 엔드).

○ **그림 4.5** 홉 바이 홉 라우팅

1홉의 범위

1홉은 데이터 링크층 이하의 기능만을 사용해서 프레임이 전송되는 1구간을 뜻합니다. 이더넷과 같은 데이터 링크에서는 MAC 주소를 사용하여 프레임을 전송합니다. 1홉은 송신처 MAC 주소와 수신처 MAC 주소를 사용하여 프레임이 전송되는 구간이 됩니다. 즉, 호스트나 라우터의 NIC에서 라우터에 의한 중계를 거치지 않고 도달할 수 있는 인접한 호스트나 라우터의 NIC까지의 구간을 말합니다. 1홉 구간 안에서는 케이블이 브리지나 스위칭 허브로 연결되는 경우는 있어도, 라우터나 게이트웨이로 연결되는 경우는 없습니다.

∷ 구체적으로는 IP 헤더 앞에 붙는 데이터 링크에 대한 헤더에서 지정한다.

홉 바이 홉 라우팅에서 라우터나 호스트는 IP 패킷에 다음 전송처가 되는 라우터나 호스트를 지시▼할 뿐, 최종 목적지까지의 경로를 지시하는 것은 아닙니다. 각 구간(홉)별로 각각의 라우터가 IP 패킷의 전송 처리를 하고, 그것을 반복함으로써 최종 수신처의 호스트까지 패킷이 도달하는 것입니다.

좀 더 알기 쉽게 그림 4.6과 같이 기차 여행을 예로 들어 설명해보겠습니다.

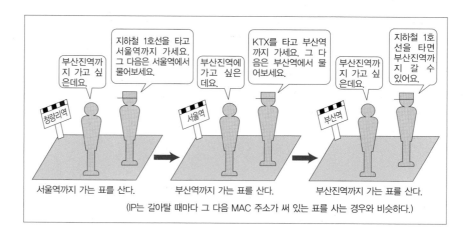

○ **그림 4.6** 역에 내릴 때마다 다음 기차를 물어본다.

최종 목적지역은 정해져 있지만, 어떻게 가면 좋을지 전혀 모르는 경우를 생각해봅시다. 그래서 일단 가장 가까운 역에 가서 역무원에게 어떻게 가야 할지를 물어보기로 했습니다. 역무원에게 최종 목적지를 말하면 친절한 역무원이 아래와 같이 대답합니다.

"○×선을 타고 ○△역에서 내리세요. 거기서 다시 역무원에게 물어보세요."

그래서 알려준 역까지 가서 다시 역무원에게 물어봅니다. 그러자 또 "이 선을 타고 ×□역에서 내리세요. 거기서 또 역무원에게 물어보세요."라고 대답합니다.

출발 전에 최종 목적지까지 어떻게 가는지 몰라도 각 역에서 물어보면서 가는 다소 무계획적인▾ 방법을 사용하면 목적지까지 도달할 수 있습니다.

IP 패킷 배송도 이와 똑같습니다. 여행자가 IP 패킷이고, 역이나 역무원이 라우터입니다. IP 패킷이 라우터에 도착하면 수신처 IP 주소를 조사합니다.▾ 그리고 해당 패킷을 그 다음에 전달할 라우터를 결정하고, 그 라우터로 보냅니다. IP 패킷이 그 라우터에 도착하면 다시 수신처 IP 패킷을 조사하여 그 다음 라우터로 전송합니다. 이러한 작업을 반복하면서 IP 패킷은 최종 목적지까지 도착하게 되는 것입니다.

이를 택배로 비유하면 IP 패킷은 짐이고, 데이터 링크는 트럭이 됩니다. 짐은 스스로 움직일 수 없습니다. 짐을 운반하는 것은 트럭의 일입니다. 트럭은 짐을 1구간만 옮길 수 있습니다. 각 구간에서 짐을 목적지로 가는 트럭에 옮겨실으면서 운반합니다. IP에서도 이와 똑같은 일을 하고 있는 것입니다.

:: 계획 없이 닥쳐서 하는 경우를 영어로는 'ad hoc(애드호크)'라고 하는데, 이 개념은 IP를 말할 때에 자주 사용된다.

:: IP 패킷을 중간 라우터로 전송할 때에 실제로는 데이터 링크층의 프레임에 넣은 후에 전송한다. 이더넷의 경우는 수신처의 MAC 주소가 전송처 라우터의 MAC 주소가 된다(IP 주소와 MAC 주소의 관계에 대해서는 216쪽 참조).

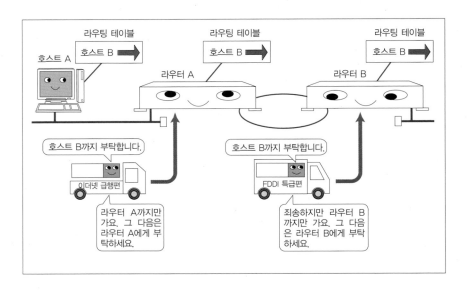

❂ 그림 4.7 IP에 의한 패킷 배송

❖ 경로 제어표(라우팅 테이블)

모든 호스트와 라우터는 수신처 호스트까지 패킷을 보낼 때에 사용하는 경로 제어표(라우팅 테이블)라는 정보를 갖고 있습니다. 이 표(테이블)에는 IP 패킷을 다음에 어떤 라우터에게 보내야 할 것인지가 기록되어 있습니다. IP 패킷은 이 경로 제어표에 따라 각 링크로 보내집니다.

그림 4.8은 라우터 D의 경로 제어표의 예를 나타내고 있습니다. 패킷이 라우터 D에 도착하면 패킷의 수신처와 경로 제어표를 비교하고, 다음으로 어느 라우터로 보내야 할지를 판단하여 전송 처리를 합니다.

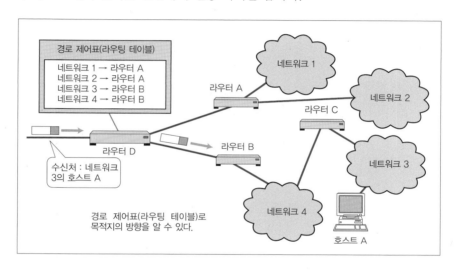

○ **그림 4.8** 경로 제어표(라우팅 테이블)

③ 데이터 링크의 추상화

IP는 서로 다른 데이터 링크 사이에서 통신이 가능하게 해주는 프로토콜입니다. 데이터 링크에는 종류에 따라 각각의 고유한 특징이 있습니다. 그것을 추상화하는 것도 IP의 중요한 역할입니다. 예를 들어 159쪽에서 설명했듯이 데이터 링크의 주소는 IP 주소에 의해 추상화됩니다. IP의 상위층에서는 실제 통신이 이더넷에서 이루어지든, 무선 LAN이나 PPP에서 이루어지든 모두 똑같이 보여야 합니다.

데이터 링크별로 다른 특징 중 하나로 최대 전송 단위(MTU : Maximum Transmission Unit)가 있습니다. 최대 전송 단위란, 우편물이나 짐 등을 나를 때의 크기라고 생각하면 됩니다.

그림 4.9와 같이 여러 운송 회사를 경유하여 짐을 운반하는 경우에는 운송 회사별로 운반할 수 있는 짐의 최대 크기가 다릅니다.

최대 적재량을 초과하는 화물을 보내도 여러 트럭으로 옮겨 실으면 운송할 수 있습니다. 그만큼, 트럭이나 운전자 수는 증가하지만, 같은 목적지에 모두 도착하면, 화물을 보낸다는 목적은 달성할 수 있습니다.

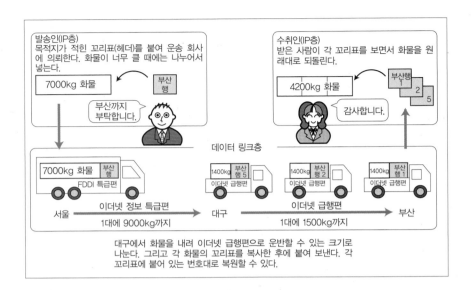

발송인(IP층)
목적지가 적힌 꼬리표(헤더)를 붙여 운송 회사에 의뢰한다. 화물이 너무 클 때에는 나누어서 넣는다.

7000kg 화물   부산행

부산까지 부탁합니다.

수취인(IP층)
받은 사람이 각 꼬리표를 보면서 화물을 원래대로 되돌린다.

4200kg 화물   부산행 1 2 5

감사합니다.

데이터 링크층

7000kg 화물 부산행
FDDI 특급편
서울   이더넷 정보 특급편   대구   이더넷 급행편   부산
1대에 9000kg까지   1대에 1500kg까지

1400kg 부산행5 이더넷 급행편
1400kg 부산행2 이더넷 급행편
1400kg 부산행1 이더넷 급행편

대구에서 화물을 내려 이더넷 급행편으로 운반할 수 있는 크기로 나눈다. 그리고 각 화물의 꼬리표를 복사한 후에 붙여 보낸다. 각 꼬리표에 붙어 있는 번호대로 복원할 수 있다.

○그림 4.9 데이터 링크에 따라 최대 전송 단위(MTU)가 다르다.

:: 이더넷과 Wi-Fi의 MTU는 1500바이트지만, 역사적으로는 MTU가 576의 X.25, 4352의 FDDI, 9180의 ATM 등이 사용되고 있었다. 가정과 프로바이더 사이의 회선에서는 1460~1492까지의 MTU가 사용되는 경우가 있다. MTU 값에 대해서는 표 4.2(186쪽)를 참조.

:: 분할 처리에 대해서는 186쪽 참조.

이와 마찬가지로 데이터 링크 MTU도 그 종류에 따라 다를 수 있습니다.▼ IP 상위층에서 이 MTU보다 더 큰 패킷 전송 요구가 올 수도 있고 경로 중간에 패킷 길이보다 작은 MTU 네트워크를 통과해야 하는 경우도 있습니다.

IP에서는 이러한 문제를 처리하기 위해 분할 처리(프래그멘테이션)를 합니다. 분할 처리란, 큰 IP 패킷을 여러 개의 작은 IP 패킷으로 분할하여 처리하는 것을 말합니다.▼

분할된 패킷은 수신처 호스트에서 다시 하나로 합쳐져 IP의 상위층에 전달됩니다. 이 때문에 IP 상위층에서 보면 중간에 통과하는 데이터 링크의 MTU와 상관없이 송신한 길이 그대로 패킷을 전달받을 수 있습니다. 이와 같이 IP는 데이터 링크의 특성을 추상화하여 상위층에서 네트워크의 세세한 구조의 차이를 느끼지 못하게 하는 역할을 합니다.

❹ IP는 커넥션리스형

:: 커넥션에 대해서는 49쪽 참조.

IP는 커넥션리스형▼이기 때문에 패킷을 송신하기 전에 통신 상대와의 커넥션을 확립하지 않습니다. 상위층에 송신해야 하는 데이터가 발생하여 IP에게 송신 요청이 들어오면 바로 데이터를 IP 패킷으로 만들어 송신합니다.

커넥션형의 경우에는 통신을 하기 전에 커넥션을 확립합니다. 통신 상대인 호스트의 전원이 꺼져 있거나 상대 호스트가 존재하지 않는 경우에는 커넥션을 확립할 수 없습니다. 반면, 수신처 호스트의 입장에서는 커넥션 확립을 하지 않은 호스트로부터 데이터를 받는 일은 없습니다.

하지만 커넥션리스형의 경우에는 수신처 호스트의 전원이 꺼져 있거나 존재하지 않는 경우에도 패킷을 보낼 수 있습니다. 반대로 말하자면 언제, 누가 패

킷을 보낼 것인지 알 수 없습니다. 따라서 항상 네트워크를 감시하다가 자기 앞으로 패킷이 전달되면 그것을 수신하여 처리해야 합니다. 준비가 안 된 경우에는 패킷을 놓칠 가능성도 있습니다. 이렇게 커넥션리스형은 쓸데없는 통신을 할 가능성이 있습니다.

그렇다면 왜 IP는 커넥션리스형인 것일까요? 그 이유는 간략화와 고속화 때문입니다. 커넥션형은 커넥션리스형과 달리 처리 과정이 복잡하고 커넥션 정보를 관리하기도 어렵습니다. 또한 통신할 때마다 커넥션을 확립하게 되면 처리 속도가 저하됩니다. 커넥션형 서비스가 필요한 경우에는 상위층이 제공하면 되는 것입니다.

∷ '최선 노력'이나 'Best Effort'라고 하면 좋은 의미로 느껴질지도 모르나, 실제로는 '보증이 없다'는 부정적인 의미로 쓰인다.

신뢰성을 높이는 상위층의 TCP는 커넥션형

IP는 다른 말로 '최선 노력형(Best Effort) 서비스'라고 합니다. 왜냐하면 '패킷을 수신처까지 보내기 위해 최대한의 노력'을 하기 때문입니다. 하지만 '실제로 도착했는지에 대한 보증'은 없습니다. 도중에 패킷을 잃어버리거나, 순서가 바뀌거나, 둘 이상으로 늘어날 가능성이 있습니다. 그런데 송신한 데이터가 수신처까지 확실하게 도착하지 않으면 곤란한 경우가 있습니다. 예를 들어 전자메일의 중요한 부분이 빠져 있거나 상대방에게 제대로 정보가 전달되지 않으면 큰일입니다.

TCP는 이 경우에 신뢰성을 높이는 역할을 합니다. IP는 데이터를 상대 호스트에게 보내는 것만 생각하여 처리하지만, TCP는 해당 IP를 이용하여 데이터가 상대 호스트까지 확실하게 도착하도록 처리합니다.

그렇다면 IP에 신뢰성을 부여하지 않고 일부러 2개의 프로토콜로 나누는 이유는 무엇일까요?

그 이유는 하나의 프로토콜에서 전부 처리하게 되면 프로토콜을 정의하거나 프로그래밍하는 작업이 너무 어려워져서 제대로 실현되지 못할 가능성이 있기 때문입니다. 계층별로 프로토콜의 역할 분담을 명확하게 하고, 그 역할만 수행하도록 프로토콜을 정의하거나 프로그래밍하는 편이 프로토콜을 실현하기 쉽습니다.

통신에 필요한 기능을 계층화하면 TCP나 IP 각각의 프로토콜의 목적을 분명하게 할수 있고, 지향하는 목표가 명확해지기 때문에 기능을 확장하거나 성능을 향상시키는 일이 간편해집니다. 계층화와 프로토콜의 실현이 밀접한 관련을 맺게 되는 이유는 바로 이 때문입니다. 이러한 과정이 오늘날 인터넷의 발전 배경이라고 해도 과언이 아닙니다.

IP 주소 기초 지식

03

TCP/IP로 통신할 때에는 IP 주소를 사용하여 호스트나 라우터를 식별합니다. 올바르게 통신하기 위해서는 각 기기에 IP 주소가 올바르게 설정되어 있어야 합니다. 또한 인터넷에서 통신하기 위해서는 전 세계적으로 IP 주소를 올바르게 할당, 설정, 관리, 운용해야 합니다. 그렇지 않으면 제대로 통신할 수 없게 됩니다. TCP/IP에 의한 통신에 있어서 IP 주소는 가장 기본이 되는 부분이라 할 수 있습니다.

1 IP 주소란?

IP 주소(IPv4 주소)는 32비트의 정수 수치로 나타냅니다. TCP/IP로 통신을 할 경우에는 이 IP 주소를 각각의 호스트에 할당해야 합니다. IP 주소는 컴퓨터 내부에서 이진수로 처리됩니다. 하지만 이진수▼는 사람이 이해하기가 매우 어렵기 때문에 32비트의 IP 주소를 8비트씩 4그룹으로 나누어 그 경계에 점(.)을 찍은 후 십진수로 표현하는 특수한 표기 방법을 사용합니다.▼ 구체적인 예를 보면 이해하기가 쉬울 것입니다.

:: **이진수**
0과 1만으로 숫자를 표현하는 방법을 말한다.

:: 이러한 표기 방법을 '닷 데시멀 노테이션(Dot-decimal notation)'이라고 한다.

예	2^8	2^8	2^8	2^8	
	10101100	00010100	00000001	00000001	(이진수)
	10101100.	00010100.	00000001.	00000001	(이진수)
	172.	20.	1.	1	(십진수)

IP 주소로 표현할 수 있는 조합 가능한 수를 계산하면 다음과 같습니다.

$$2^{32} = 4,294,967,296$$

:: 43억이라는 수가 매우 큰 수처럼 여겨지지만 사실 전 세계 총 인구보다 적은 수다.

즉, 숫자상으로는 최대 약 43억 대의 컴퓨터를 IP 네트워크로 연결할 수 있다는 계산이 나옵니다.▼
IP 주소는 실제로 호스트별이 아니라 NIC별로 할당합니다.▼ 보통 하나의 NIC에 하나의 IP 주소를 할당하지만, 한 NIC에 여러 개의 IP 주소를 할당할 수도 있습니다. 또한 보통 라우터는 2개 이상의 NIC를 갖고 있기 때문에 2개 이상의 IP 주소를 갖게 됩니다.

:: Windows나 UNIX에서 자신의 컴퓨터 IP 주소를 표시하려면 각각 'ipconfig/all'이나 'ipconfig -a'를 입력하면 된다.

:: IP 주소를 교환하는 NAT 기술에 의해 43억 대 이상의 컴퓨터를 연결할 수 있게 되었다 (NAT에 대해서는 232쪽 참조).

그렇기 때문에 실제로 43억 대나 되는 컴퓨터를 연결하는 것은 불가능합니다. 나중에 설명하겠지만, IP 주소는 '네트워크부'와 '호스트부'로 나누어지기 때문에 실제로 IP 네트워크로 연결할 수 있는 컴퓨터의 수는 더욱 적어집니다.▼

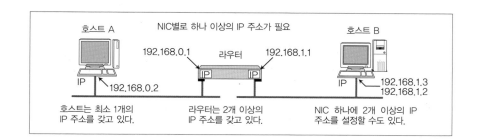

:: 192.168.128.10/24에서 '/24'는 네트워크부가 앞에서부터 몇 번째 비트까지인지를 나타낸다. 이 예에서는 192.168.128까지가 네트워크 주소가 된다(자세한 내용은 174쪽의 서브넷 마스크 참조).

그림 4.10 NIC별로 하나 이상의 IP 주소를 할당한다.

호스트 A
NIC별로 하나 이상의 IP 주소가 필요
192.168.0.1 라우터 192.168.1.1
호스트 B
IP ← 192.168.0.2
IP ← 192.168.1.3 192.168.1.2

호스트는 최소 1개의 IP 주소를 갖고 있다.
라우터는 2개 이상의 IP 주소를 갖고 있다.
NIC 하나에 2개 이상의 IP 주소를 설정할 수도 있다.

2 IP 주소는 네트워크부와 호스트부로 구성된다

IP 주소는 '네트워크부(네트워크 주소부)'와 '호스트부(호스트 주소부)'로 나눌 수 있습니다.▼

그림 4.11과 같이 '네트워크부'의 값은 데이터 링크의 세그먼트별로 할당됩니다. 네트워크부는 연결되어 있는 모든 세그먼트의 주소와 중복되지 않도록 설정해야 합니다. 동일한 세그먼트로 연결되어 있는 호스트에는 모두 동일한 네트워크 주소를 설정합니다. IP 주소의 '호스트부'는 동일한 세그먼트 내에서 겹치지 않는 값을 할당합니다.

이렇게 네트워크 주소와 호스트 주소를 설정하면 연결되어 있는 네트워크 전체에서 동일한 IP 주소를 갖고 있는 컴퓨터는 1대밖에 없도록 설정할 수 있습니다. 즉, 유니크한 IP 주소▼를 설정할 수 있게 되는 것입니다.

IP 패킷이 중간 라우터로 전송될 때에는 그림 4.12와 같이 수신처 IP 주소의 네트워크부가 이용됩니다. 네트워크부를 보면 호스트부를 보지 않아도 어떤 세그먼트 안에 있는 호스트인지 식별할 수 있기 때문입니다.

그렇다면 어디서부터 어디까지가 네트워크부고, 어디서부터 어디까지가 호스트부인 것일까요? 여기에는 역사적으로 두 종류의 구별이 있습니다. 초기 IP에서는 네트워크부와 호스트부를 클래스로 나누었지만, 현재는 서브넷 마스크(네트워크 프리픽스)로 나눕니다. 단, 일부 기능이나 시스템, 프로토콜에 따라서는 클래스의 개념이 남아 있으므로 주의해야 합니다.

:: 유니크

네트워크에서 다른 것과 중복하지 않는 단 하나의 IP 주소라는 뜻이다(55쪽 참조).

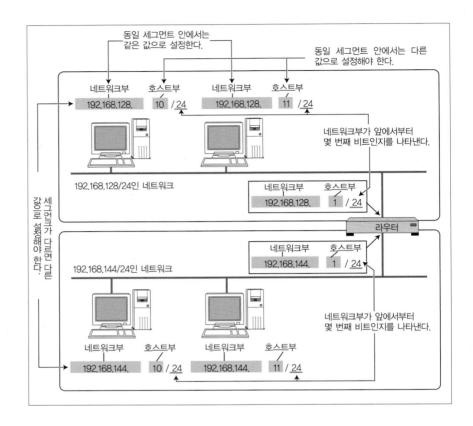

○ 그림 4.11 IP 주소의 호스트부

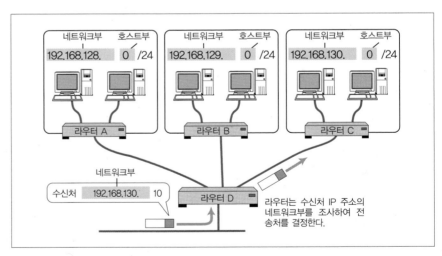

○ 그림 4.12 IP 주소의 네트워크부

❸ IP 주소의 클래스

예전에는 IP 주소를 클래스 A, 클래스 B, 클래스 C, 클래스 D라는 4개의 클래스로 분류했습니다.[▼] 이러한 클래스는 IP 주소를 앞에서 4비트씩 끊은 비트열을 조합하여 네트워크부와 호스트부를 정한 것입니다.

:: '클래스 E'라는 미사용 클래스도 있다.

❖ 클래스 A

클래스 A는 IP 주소의 맨 앞 1비트가 '0'으로 시작하는 경우입니다. 클래스 A에서는 IP 주소의 맨 앞 8비트[▼]까지가 네트워크부가 됩니다. 이를 십진수로 고치면 0.0.0.0~127.0.0.0까지가 클래스 A의 네트워크 주소가 됩니다. 하위 24비트는 호스트 주소로 할당됩니다. 한 네트워크 안에서 할당할 수 있는 호스트 주소는 16,777,214개가 됩니다.[▼]

:: 클래스 식별 비트를 제외하면 7비트다.

:: 클래스 A의 주소 총 개수의 계산에 대해서는 부록 394쪽 참조.

❖ 클래스 B

클래스 B는 IP 주소의 맨 앞 2비트가 '10'으로 시작하는 경우입니다. 클래스 B에서는 IP 주소의 맨 앞 16비트[▼]까지가 네트워크부가 됩니다. 이를 십진수로 고치면, 128.0.0.0~191.255.0.0까지가 클래스 B의 네트워크 주소가 됩니다. 하위 16비트는 호스트 주소로 할당됩니다. 한 네트워크 안에서 할당할 수 있는 호스트 주소는 65,534개입니다.[▼]

:: 클래스 식별 비트를 제외하면 14비트다.

:: 클래스 B의 주소 총 개수 계산에 대해서는 부록 395쪽 참조.

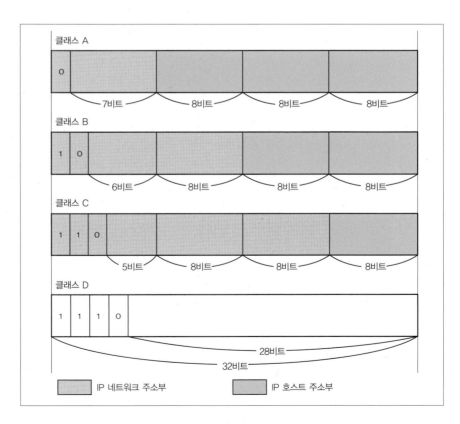

○ 그림 4.13 IP 주소의 클래스

:: 클래스 식별 비트를 제외하면 21비트다.

:: 클래스 C의 주소 총 개수의 계산에 대해서는 396쪽 참조.

:: 클래스 식별 비트를 제외하면 28비트다.

❖ 클래스 C

클래스 C는 IP 주소의 맨 앞 3비트가 '110'으로 시작하는 경우입니다. 클래스 B에서는 IP 주소의 맨 앞 24비트▼까지가 네트워크부가 됩니다. 이를 십진수로 고치면 192.0.0.0~223.255.255.0까지가 클래스 C의 네트워크 주소가 됩니다. 하위 8비트는 호스트 주소로 할당됩니다. 한 네트워크 안에서 할당할 수 있는 호스트 주소는 254개입니다.▼

❖ 클래스 D

클래스 D는 IP 주소의 맨 앞 4비트가 '1110'으로 시작하는 경우입니다. 클래스 D에서는 IP 주소의 맨 앞 32비트▼까지가 네트워크부가 됩니다. 이를 십진수로 고치면 224.0.0.0~239.255.255.255까지가 클래스 D의 네트워크 주소가 됩니다. 클래스 D에는 호스트 주소 부분이 없으며, 클래스 D는 IP 멀티캐스트 통신에 사용됩니다. IP 멀티캐스트에 관해서는 172쪽에서 설명합니다.

❖ IP 호스트 주소를 할당할 때에 주의할 점

IP 주소의 호스트부를 할당하는 경우에는 호스트부를 비트로 나타낼 때에 모든 비트를 0으로 하거나 모든 비트를 1로 할 수 없다는 점에 주의해야 합니다. 호스트부의 모든 비트가 0인 주소는 네트워크 주소를 나타내는 경우나 IP 주소를 모르는 경우에 사용하도록 되어 있기 때문에 일반적으로는 사용할 수 없습니다. 한편, 호스트부의 모든 비트가 1인 주소는 브로드캐스트 주소로 사용됩니다.

그래서 IP 주소의 호스트부에서 할당할 수 있는 수는 이 두 값을 뺀 수가 됩니다. 예를 들어 클래스 C의 경우에는 $2^8-2=254$개가 됩니다.

4 브로드캐스트 주소

:: 이더넷에서는 MAC 주소의 모든 비트를 1로 만든 FF:FF:FF:FF:FF:FF가 브로드캐스트 주소가 된다. 따라서 브로드캐스트로 된 IP 패킷이 데이터 링크의 프레임에서 송신될 때에는 MAC 주소의 모든 비트가 1로 설정된 FF:FF:FF:FF:FF:FF가 보내진다.

브로드캐스트 주소는 동일한 링크에 연결된 모든 호스트에게 패킷을 송신할 때에 사용합니다. IP 주소의 호스트부 비트를 모두 1로 만들면 브로드캐스트 주소가 됩니다.▼ 예를 들어 172.20.0.0/16을 이진수로 표현하면 다음과 같습니다.

    10101100.00010100.00000000.00000000   (이진수)

이 주소의 호스트부 비트를 모두 1로 한 것이 브로드캐스트 주소입니다.

    10101100.00010100.11111111.11111111   (이진수)

이 주소를 십진수로 표현하면 172.20.255.255가 됩니다.

❖ 두 종류의 브로드캐스트

브로드캐스트는 로컬 브로드캐스트와 다이렉트 브로드캐스트로 나누어집니다. 자신이 속해 있는 링크 안의 브로드캐스트가 '로컬 브로드캐스트'입니다. 예를 들어 네트워크 주소가 192.168.0.0/24인 경우, 브로드캐스트 주소는 192.168.0.255가 됩니다. 이 브로드캐스트 주소가 설정된 IP 패킷은 라우터에서 차단되기 때문에 192.168.0.0/24 외의 다른 링크에는 전달되지 않습니다.

다른 IP 네트워크에 대한 브로드캐스트에는 다이렉트 브로드캐스트 주소를 설정해야 합니다. 예를 들어 192.168.0.0/24 안에 있는 호스트가 수신처 IP 주소를 192.168.1.255로 하여 IP 패킷을 송신했다고 가정하면 이 패킷을 수신한 라우터는 패킷을 목적하는 네트워크 192.168.1.0/24로 전송합니다.

이것으로 192.168.1.1~192.168.1.254까지의 모든 호스트에게 패킷을 보낼 수 있습니다.▼

:: 다이렉트 브로드캐스트는 보안상의 문제가 있기 때문에 라우터에서 전송하지 않도록 설정되어 있는 경우가 많다.

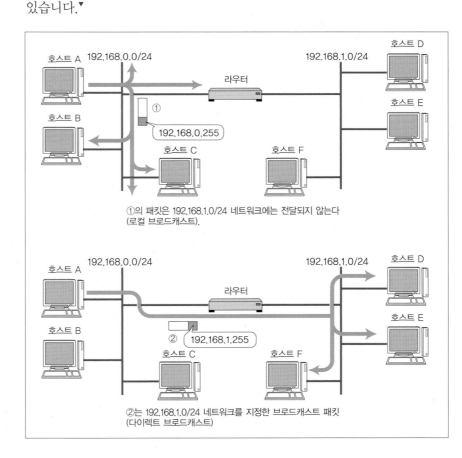

○ **그림 4.14** 로컬 브로드캐스트와 다이렉트 브로드캐스트

5 IP 멀티캐스트

❖ 동시 송신으로 효율 향상

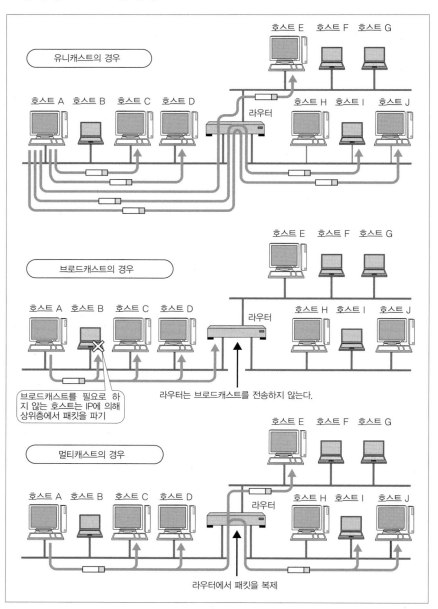

호스트 E 호스트 F 호스트 G

유니캐스트의 경우

호스트 A 호스트 B 호스트 C 호스트 D

라우터

호스트 H 호스트 I 호스트 J

호스트 E 호스트 F 호스트 G

브로드캐스트의 경우

호스트 A 호스트 B 호스트 C 호스트 D

라우터

호스트 H 호스트 I 호스트 J

브로드캐스트를 필요로 하지 않는 호스트는 IP에 의해 상위층에서 패킷을 파기

라우터는 브로드캐스트를 전송하지 않는다.

호스트 E 호스트 F 호스트 G

멀티캐스트의 경우

호스트 A 호스트 B 호스트 C 호스트 D

라우터

호스트 H 호스트 I 호스트 J

라우터에서 패킷을 복제

○ 그림 4.15 유니캐스트, 브로드캐스트, 멀티캐스트 통신

멀티캐스트는 패킷을 특정 그룹에 소속된 모든 호스트에게 보낼 때에 사용합니다. IP를 그대로 이용하기 때문에 신뢰성은 보장되지 않습니다.

멀티미디어 애플리케이션이 발전하면서 여러 호스트에 동일한 데이터를 동시에 전송하여 통신 효율을 높여야 한다는 요구가 높아지고 있습니다. 화상 회의 시스템 등에서는 1대1 통신보다는 1대N이나 N대N 통신과 같이 동일한 데

이터를 여러 호스트에 송신하는 일이 많습니다.

멀티캐스트 기능을 사용하기 전까지는 브로드캐스트로 전체 단말에 패킷을 송신하고, 이를 수신한 호스트의 IP보다 상위층에서 자신에게 필요한 데이터 인지, 아닌지를 판단했습니다. 그리고 필요하면 수취하고, 필요없으면 파기하는 방법을 사용했습니다.

하지만 이 방법은 관계없는 네트워크나 호스트에게까지 영향을 미쳐 네트워크 전체의 트래픽을 증가시킨다는 문제가 있었습니다. 또한 브로드캐스트는 라우터를 넘어갈 수 없기 때문에, 다른 세그먼트에도 동일한 패킷을 보내고 싶은 경우에는 별도의 장치를 사용해야 했습니다. 그 결과 라우터도 넘어갈 수 있고, 필요로 하는 그룹에게만 패킷을 송신하는 멀티캐스트 기능을 사용하게 된 것입니다.

❖ IP 멀티캐스트와 주소

IP 멀티캐스트에서는 클래스 D의 IP 주소를 사용합니다. 따라서 맨 앞의 4비트가 '1110'이면 멀티캐스트 주소로 식별합니다. 그리고 나머지 28비트가 멀티캐스트의 대상이 되는 그룹 번호가 됩니다.

○ 그림 4.16 멀티캐스트 주소

IP 멀티캐스트 주소로는 224.0.0.0부터 239.255.255.255까지 사용할 수 있습니다. 이 중에서 224.0.0.0부터 224.0.0.255까지는 경로 제어가 되지 않고 동일한 링크 안에서도 멀티캐스트가 되며, 그 밖의 주소는 전체 네트워크의 그룹 멤버에게 전달됩니다.▼

:: 생존 시간(TTL)을 이용하여 전달 범위를 한정할 수 있다.

또한 모든 호스트(라우터 이외의 호스트, 엔드 호스트)는 224.0.0.1, 모든 라우터는 224.0.0.2 그룹에 속해 있어야 합니다. 멀티캐스트 주소 중에는 이렇듯 용도가 정해져 있는 것도 있습니다. 표 4.2는 미리 정해져 있는 대표적인 주소를 나타낸 것입니다.

:: **IGMP**(Internet Group Management Protocol)

IP 멀티캐스트를 사용하여 실용적인 통신을 하기 위해서는 IGMP▼와 같은 장치가 필요합니다. 이에 대해서는 242쪽에서 설명하겠습니다.

:: 표 4.1 용도가 정해져 있는 대표적인 멀티캐스트 주소

주소	내용
224.0.0.1	서브넷 안의 모든 시스템
224.0.0.2	서브넷 안의 모든 라우터
224.0.0.5	OSPF 라우터
224.0.0.6	OSPF 지명 라우터
224.0.0.9	RIP2 라우터
224.0.0.10	EIGRP 라우터
224.0.0.11	Mobile-Agents
224.0.0.12	DHCP 서버 / 릴레이 에이전트
224.0.0.13	모든 PIM Routers
224.0.0.14	RSVP-ENCAPSULATION
224.0.0.18	VRRP
224.0.0.22	IGMP
224.0.0.251	mDNS
224.0.0.252	Link-local Multicast Name Resolution
224.0.0.253	Teredo
224.0.1.1	NTP Network Time Protocol
224.0.1.8	SUN NIS+ Information Service
224.0.1.22	Service Location(SVRLOC)
224.0.1.33	RSVP-encap-1
224.0.1.34	RSVP-encap-2
224.0.1.35	Directory Agent Discovery(SVRLOC-DA)
224.0.2.2	SUN RPC PMAPPROC CALLIT

6 서브넷 마스크

❖ 클래스에는 낭비가 많다?

네트워크부가 동일한 컴퓨터는 모두 동일한 링크에 연결되어 있어야 합니다. 예를 들어, 클래스 B의 IP 네트워크를 구축하는 경우 하나의 링크 안에 65,000대의 호스트를 연결할 수 있습니다. 하지만 하나의 링크에 65,000대의 컴퓨터를 연결하는 일이 과연 있을 수 있는 일일까요?▼ 이러한 네트워크 구성은 비현실적입니다. 클래스 A와 클래스 B를 그대로 사용하면 많은 주소를 쓸데없이 낭비하게 됩니다. 인터넷의 규모가 커지면서 네트워크 주소도 부족하게 되어 클래스 A나 클래스 B, 클래스 C를 그대로 사용하지 않고 낭비를 줄이는 장치가 도입되었습니다.

:: IoT나 제어시스템에서는 이러한 구성이 되는 경우도 있다.

❖ 서브 네트워크와 서브넷 마스크, 네트워크 프리픽스

현재 IP 주소를 사용할 때 네트워크부와 호스트부의 경계는 클래스에 구애받지 않습니다. 서브넷 마스크라는 식별자를 도입해서 클래스 A나 클래스 B, 클

래스 C의 네트워크를 작게 구분하는 서브 네트워크 주소를 사용합니다. 이는 클래스별로 정해진 호스트부를 서브 네트워크 주소부로 사용함으로써 여러 개의 물리 네트워크로 분할할 수 있도록 하는 장치입니다.

서브 네트워크의 도입으로 IP 주소는 2개의 식별자로 표현할 수 있게 되었습니다. 하나는 IP 주소이고, 다른 하나는 네트워크부를 나타내는 서브넷 마스크(서브 네트워크 마스크, 넷마스크)입니다. 서브넷 마스크는 이진수라고 생각해야 합니다. 서브넷 마스크는 32비트로 된 수치로, IP 주소의 네트워크부를 나타내는 비트에 대응하는 부분의 비트는 1이 되고, 호스트부를 나타내는 비트에 대응하는 부분의 비트는 0이 됩니다. 이를 통해 클래스에 구애받지 않고도 IP 주소의 네트워크부를 정할 수 있게 되었습니다. 서브넷 마스크는 IP 주소의 상위 비트부터 연속적이어야 합니다. ▼

서브넷을 표기하는 데에는 두 가지 방법이 있습니다. 예를 들어 172.20.100.52의 상위 26비트가 네트워크 주소인 경우, 첫 번째 방법은 다음과 같이 IP 주소와는 별도로 서브넷 마스크를 표기하는 것입니다.

:: 서브넷 마스크가 제안되었을 무렵에는 상위 비트부터 연속적이지 않은 '이빠진' 마스크가 허용되었지만 지금은 허용되지 않는다.

IP 주소	172.	20.	100.	52
서브넷 마스크	255.	255.	255.	192
네트워크 주소	172.	20.	100.	0
서브넷 마스크	255.	255.	255.	192
브로드캐스트 주소	172.	20.	100.	63
서브넷 마스크	255.	255.	255.	192

두 번째 방법은 다음과 같이 IP 주소 뒤에 '/'를 쓰고, 그 뒤에 서브 네트워크 주소가 맨 앞부터 몇 번째 비트인지를 쓰는 것입니다. ▼

:: 이 표기 방법을 '프리픽스'라고 한다.

IP 주소	172.	20.	100.	52	/26
네트워크 주소	172.	20.	100.	0	/26
브로드캐스트 주소	172.	20.	100.	63	/26

이 표기 방법을 사용하면 네트워크 주소를 기술할 때 마지막에 오는 0을 생략할 수 있습니다. 예를 들어 172.20.0.0/16의 경우, 172.20/16과 같이 써도 괜찮습니다. 그림 4.17은 이진수로 표현한 IP 주소의 구조를 정리한 것입니다.

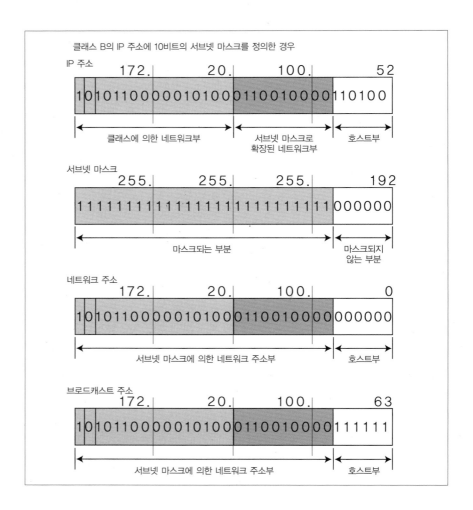

클래스 B의 IP 주소에 10비트의 서브넷 마스크를 정의한 경우

IP 주소   172.   20.   100.   52

10101100000010100011001000001110100

클래스에 의한 네트워크부   서브넷 마스크로 확장된 네트워크부   호스트부

서브넷 마스크   255.   255.   255.   192

1111111111111111111111111000000

마스크되는 부분   마스크되지 않는 부분

네트워크 주소   172.   20.   100.   0

10101100000010100011001000000000

서브넷 마스크에 의한 네트워크 주소부   호스트부

브로드캐스트 주소   172.   20.   100.   63

10101100000010100011001000111111

서브넷 마스크에 의한 네트워크 주소부   호스트부

○ **그림 4.17** 서브넷 마스크로 말미암아 네트워크부를 유연하게 결정할 수 있다.

:: 0, 10, 127 등과 같이 목적이 정해져 있어 배포할 수 없는 주소가 있다.

:: 이미 클래스 B를 배포받은 조직이라도 클래스 B가 필요없어진 경우에는 일단 배포된 IP 주소를 반환하고 적정 크기의 IP 주소를 재배포받는다.

:: **CIDR**(Classless Inter Domain Routing) CIDR로 옮겨간 초기 단계에서는 클래스 A와 클래스 B의 수가 절대적으로 부족했기 때문에 클래스 C를 2의 제곱승 개(2, 4, 8, 16, 32,…)로 묶어서 배포하는 일이 많았다. 이를 '슈퍼넷'이라고 불렀다.

7 CIDR과 VLSM

1990년대 중반까지는 각 조직에 대한 IP 주소 할당이 클래스 단위로 이루어졌습니다. 대규모 네트워크를 구축하는 조직에는 클래스 A가 할당되고, 소규모 네트워크를 구축하는 조직에는 클래스 C가 할당되었습니다. 클래스 A는 전 세계에서 128개 이하▼밖에 할당할 수 없으며, 클래스 C는 연결할 수 있는 호스트나 라우터의 수가 최대 254대밖에 안 되므로 대부분의 조직은 클래스 B를 요청하게 되었습니다. 그 결과 클래스 B의 수가 절대적으로 부족해져서 모두 할당되어 버릴 가능성이 문제시되었습니다.

이 문제를 해결하기 위해 IP 주소의 클래스 구분을 폐지하고 임의의 비트 길이로 된 주소를 배포하게 되었는데,▼ 이를 'CIDR'이라고 합니다. CIDR은 '클래스에 구애받지 않는 조직 간 경로 제어'를 의미합니다. 조직 간 라우팅 프로토콜인 BGP(317쪽 참조)가 CIDR을 지원함으로써 클래스에 구애받지 않고 IP 주소를 배포할 수 있게 되었습니다.▼

:: CIDR로 통합된 클래스 C
주소는 2의 제곱승 개(2, 4, 8,
16, 32, …)여야 하며, 비트 구
분을 하기 좋은 경계를 갖고 있
어야 한다.

:: 경로 정보의 집약에 대해서
는 184쪽 참조.

CIDR을 적용할 수 있게 되면서 연속하는 여러 개의 클래스 C 주소를 하나의 큰 네트워크로 다룰 수 있게 되었고,▼ 현재의 IP(IPv4)의 주소 공간을 효과적으로 이용할 수 있게 되었으며, 경로 정보를 집약▼ 및 압축할 수도 있게 되었습니다. 예를 들어, 그림 4.18은 CIDR을 적용하여 203.183.224.1부터 203.183.225.254까지를 하나의 네트워크로 묶은 예입니다(클래스 C 2개분).

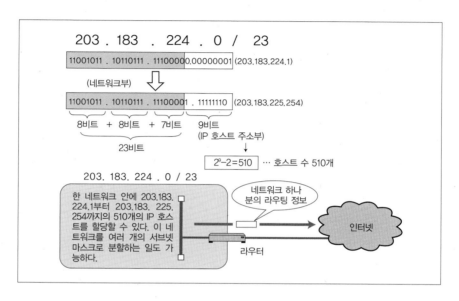

○그림 4.18 CIDR 적용 예 ①

이와 마찬가지로 그림 4.19는 202.244.160.1부터 202.244.160.254까지를 하나의 네트워크로 묶은 것입니다. 이는 예전의 클래스 C 네트워크 8개를 하나의 IP 네트워크로 묶은 것과 같습니다.

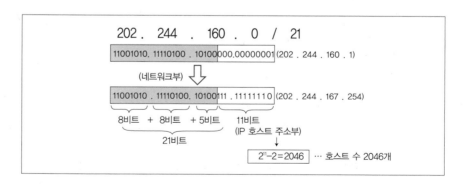

○그림 4.19 CIDR 적용 예 ②

인터넷이 CIDR을 지원한 지 얼마 지나지 않았을 때에는 당시 구조상 조직의 네트워크 안에서 서브넷 마스크의 길이를 통일해야만 했습니다. 즉, /25로 정해지면 조직 내 서브넷 마스크의 길이를 전부 25비트로 통일할 필요가 있었던 것입니다. 하지만 부서에 따라서는 호스트 수가 500개인 경우도 있는가 하면,

50개인 경우도 있습니다. 이를 일률적으로 /25라는 동일한 서브넷 마스크 길이로 맞추면 효율적인 네트워크를 구축할 수 없습니다. 또한 조직 내부의 네트워크에서도 가변 길이 서브넷에 의한 효율적인 IP 주소를 이용할 필요가 생겼습니다.

:: VLSM(Variable Length Subnet Mask)

가변 길이 서브넷 마스크인 VLSM▼은 조직 내의 부서마다 서브넷 마스크의 길이를 바꿀 수 있도록 해주는 장치입니다. 이는 조직 내의 라우팅 프로토콜을 RIP2(309쪽 참조)나 OSPF(310쪽 참조)로 변경함으로써 실현되었습니다. VLSM으로 말미암아 호스트의 수가 500개인 네트워크에서는 /23, 50개인 네트워크에서는 /26과 같이 할당하여 이론상으로는 IP 주소의 사용율을 50%까지 향상시킬 수 있습니다.

CIDR이나 VLSM과 같은 기술의 등장으로 글로벌 IP 주소의 수가 절대적으로 부족한 문제는 일시적으로 해결되었지만, IP 주소의 수에 한계가 있다는 사실은 변함이 없습니다. 그래서 191쪽에서 설명할 IPv6과 같이 IPv4 이외의 방법을 이용하는 경우가 생긴 것입니다.▼

:: 글로벌 IPv4 주소의 부족을 처리하는 기술로는 CIDR이나 VLSM 외에도 NAT(232쪽 참조)나 대리 서버(67쪽 참조) 등을 들 수 있다.

8 글로벌 주소와 프라이빗 주소

원래 인터넷에서는 모든 호스트와 라우터에 고유한 IP 주소를 설정해야 했습니다. 동일한 IP 주소로 된 호스트가 여러 개 있는 경우에는 보내고 싶은 수신처가 어떤 호스트인지 알 수 없습니다. 수신한 패킷에 대해 답신을 할 때에도 동일한 IP 주소의 호스트가 여러 개 있으면 누가 보낸 것인지 모르기 때문에 올바르게 통신할 수 없게 됩니다. 하지만 인터넷이 급속히 보급되면서 IP 주소가 부족해지기 시작했습니다. 이대로 고유한 IP 주소를 할당해 나가면 빠른 시일 안에 IP 주소를 모두 사용해버릴 위험성이 부각되었습니다.

이로 말미암아 모든 호스트나 라우터에 고유한 IP 주소를 할당하는 것을 그만두고, 필요한 곳에 필요한 수만큼 고유한 IP 주소를 할당하기로 했습니다.

인터넷에 연결하지 않는 독립된 네트워크의 경우, 그 네트워크 안에서 IP 주소가 고유하면 인터넷과 상관없이 IP 주소를 할당할 수 있습니다. 하지만 개별 네트워크에서 마음대로 IP 주소를 사용하면 문제의 소지가 있습니다.▼ 사적인 네트워크에서 이용할 수 있는 프라이빗 IP 주소가 탄생한 것은 바로 이 때문입니다. 프라이빗 IP 주소의 범위는 다음과 같습니다.

:: 적용 방침이 변경되어 해당 네트워크를 인터넷에 연결하게 된 경우나 실수로 인터넷에 연결해버린 경우, 따로따로였던 네트워크를 서로 연결시킨 경우 등을 들 수 있다.

```
10.  0.   0. 0~ 10.  255. 255. 255  (10/8)          클래스 A
172. 16.  0. 0~ 172. 31.  255. 255  (172.16/12)     클래스 B
192. 168. 0. 0~ 192. 168. 255. 255  (192.168/16)    클래스 C
```

:: 클래스 A~C의 범위에서 0/8, 127/8을 제외한다.
:: '퍼블릭 IP 주소'라고 부르는 경우도 있다.

이 범위 안에 포함되는 IP 주소를 '프라이빗 IP 주소', 이 범위 밖▼의 IP 주소를 '글로벌 IP 주소'라고 합니다.▼

∷ 232쪽 참조.

초기에 프라이빗 IP 주소는 인터넷과의 연결을 고려하지 않은 네트워크에서 이용되었습니다. 하지만 그 후 프라이빗 IP 주소와 글로벌 IP 주소 간에 주소 교환을 하는 NAT▼ 기술이 탄생하여 프라이빗 주소를 할당한 네트워크상의 호스트에서 글로벌 주소를 할당한 인터넷상의 호스트와 통신할 수 있게 되었습니다.

현재는 가정이나 학교, 기업 내에서는 프라이빗 IP 주소를 설정하고 인터넷과 연결하는 라우터(브로드밴드 라우터)나 인터넷에 공개되어 있는 서버에만 글로벌 IP 주소를 설정하는 것이 일반화되어 있습니다. 프라이빗 IP 주소가 설정된 호스트가 인터넷과 통신하고 싶은 경우에는 NAT 등을 거쳐 통신을 하게 됩니다.

∷ IP 애니캐스트(244쪽 참조)를 사용하는 경우에는 동일한 IP가 여러 호스트나 라우터에 할당되는 일도 있다.

글로벌 IP 주소는 기본적으로는 전체 인터넷에서 고유한 주소▼로 할당되지만, 프라이빗 IP 주소는 전체 인터넷에서 보았을 때에 고유하지 않습니다. 하지만 동일 조직 안에서 고유하기만 하면 되기 때문에 다른 조직에서 동일한 IP 주소를 사용할 수 있습니다.

∷ 예를 들어 애플리케이션 헤더나 데이터 부분에서 IP 주소나 포트 번호를 통지하는 애플리케이션의 경우에는 제대로 통신할 수 없다.

이렇게 프라이빗 IP 주소와 NAT를 조합하여 사용하는 것이 현재 가장 일반적인 방법인데, 전체를 글로벌 IP 주소로 사용하는 것과 비교해 보았을 때에 여러 가지 제한 사항이 생기게 되었고,▼ 이를 해결하기 위해 IPv6이 개발된 것입니다. 하지만 IPv6은 아직 많이 보급되지 않았기 때문에 IPv4의 글로벌 IP 주소가 고갈된 현재에는 IPv4와 NAT를 사용하여 가까스로 운용되고 있는 것이 현재 인터넷의 실정입니다.

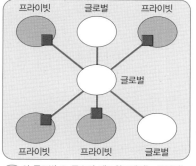

● 그림 4.20 글로벌 IP 주소와 프라이빗 IP 주소

:: **ICANN**(Internet Corporation for Assigned Names and Numbers)
전 세계 IP 주소와 도메인명을 관리한다.

:: **KRNIC**(Korea Network Information Center)
한국인터넷정보센터. 한국 내의 인터넷 IP 주소와 AS 번호를 관리한다.

⑨ 글로벌 IP 주소는 누가 정하나?

글로벌 IP 주소는 누가 관리하고, 누가 정하는 것일까요? 글로벌 IP 주소는 전 세계적으로 ICANN▼에서 관리하고 있습니다. 한국 내에서는 KRNIC▼가 글로벌 IP 주소의 할당 기관으로 활동하고 있으며, 그 밖의 기관이 글로벌 IP 주소를 할당하는 일은 금지되어 있습니다.

인터넷 상용화가 진행되기 이전에는 사용자가 KRNIC로부터 직접 글로벌 IP 주소를 취득하지 않으면 인터넷에 연결할 수 없었습니다. 하지만 지금은 ISP에 인터넷 접속을 의뢰할 때 동시에 글로벌 IP 주소의 신청도 의뢰하는 경우가 많습니다. ISP가 사용자를 대신해서 KRNIC에 주소 할당을 신청하는 것입니다. 프로바이더가 아니라 지역 네트워크 등으로 접속할 때에는 해당 지역 네트워크의 운용자에게 상담을 해야 합니다.

FTTH나 ADSL과 같은 인터넷 연결 서비스의 경우에는 프로바이더의 서버로부터 IP 주소가 자동으로 할당되어 연결할 때마다 IP 주소가 바뀌는 경우가 있습니다. 이 경우에는 프로바이더가 IP 주소를 관리하고 있기 때문에 일반 사용자가 IP 주소를 신청할 필요가 없습니다.

IP 주소를 신청해야 할 때에는 고정적인 글로벌 IP 주소가 필요한 경우입니다. 예를 들어 인터넷용으로 여러 대의 서버를 공개하고 싶은 경우를 들 수 있습니다. 이 경우 인터넷에 공개할 서버의 대수만큼 IP 주소가 필요합니다.

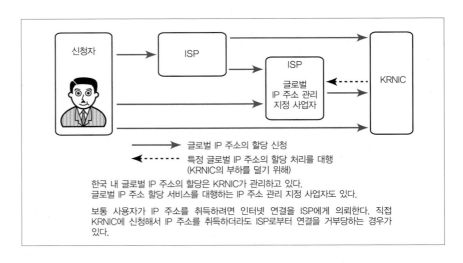

○그림 4.21 IP 주소 신청 흐름

현재 LAN 측에는 일반적으로 178쪽에서 설명한 프라이빗 IP 주소를 설정하고, 소수의 글로벌 IP 주소를 설정한 대리 서버(67쪽 참조)나 NAT(232쪽 참조)를 설치하여 인터넷과 통신할 수 있도록 하고 있습니다. 이 경우에는 LAN 내에 있는 호스트 대수만큼이 아니라 대리 서버나 NAT에 할당할 개수만큼 IP 주소를 할당해도 충분합니다.

사내에서만 사용하는 완전히 닫힌 네트워크밖에 없고, 또한 앞으로도 인터넷 연결을 전혀 생각하지 않는 경우에는 프라이빗 IP 네트워크를 설정합니다.

:: 기기의 설정 실수나 고장, 버그로 말미암아 경로가 자주 바뀌어 통신이 불안정해지거나, 잘못된 라우팅 정보가 흘러서 특정 서브넷과 통신할 수 없거나, 특정 비트 패턴의 패킷을 파괴해버리는 경우 등이 있다.

:: ICMP
IP의 트러블 슈팅에 사용하는 프로토콜을 말한다(220쪽 참조).

:: ICMP를 사용하여 경유하는 라우터를 조사하는 프로토콜을 말한다(224쪽 칼럼 참조).

:: 인터넷에는 문제가 일어나도 이를 처리하는 종합 상담 창구같은 것은 없다. 이 경우에는 프로바이더를 포함한 이용자끼리 해결해야 한다. 네트워크 관리자는 문제가 발생하면 문제가 일어난 조직의 관리자에게 연락을 해야 하며, 또한 자신의 조직에서 관리하고 있는 기기에 문제가 발생했다는 연락을 받은 경우에는 적절히 대처해야 한다.

:: cyber.co.kr과 같이 인터넷 주소를 나타내는 문자열을 말한다(208쪽 참조).

WHOIS

인터넷은 다양한 조직이 연결되어 만들어집니다. 패킷은 양동이 릴레이처럼 다양한 조직을 통해 보내집니다. 즉, 알고 있는 사람끼리 통신을 하고 있다고 하더라도 그 패킷이 흐르는 중간의 회선이나 기기를 관리하고 있는 것은 누구인지 보통은 알 수 없습니다. 물론 보통은 정상적으로 통신할 수 있기 때문에 알 필요도 없습니다.

하지만 때에 따라서는 통신 경로 도중에 장애가 발생하여 트러블이 일어나는 경우가 있습니다.▼ 자신과 통신 상대만의 문제라면 서로 이야기하여 해결하면 되지만, 통신 경로 중간에 문제가 일어나는 경우에는 어떻게 하면 좋을까요?

이러한 경우에 네트워크 기술자들은 ICMP 패킷▼을 보거나 traceroute▼ 등과 같은 툴을 활용하여 이상이 발생한 장치나 회선 부근의 IP 주소를 규명합니다. IP 주소를 알고 해당 IP 주소를 관리하고 있는 조직과 그 관리자를 알아내어 연락을 취하면 문제 해결의 실마리를 찾을 수 있습니다.▼

하지만 여기서 '해당 IP 주소를 관리하고 있는 사람은 누구인지, 이러한 것을 어떻게 알아내는지?'라는 문제에 봉착하게 됩니다. 최근에는 바이러스에 감염된 호스트가 감염된 줄 모르고 계속해서 잘못된 패킷을 보내는 사건이 일어나는데, 관리자에게 연락해서 대처를 강구하려고 해도 일단 IP 주소나 호스트명으로부터 관리자를 찾아내지 않으면 안 됩니다.

인터넷에서는 이 문제를 해결하기 위해 오래전부터 네트워크 정보로부터 조직이나 관리자의 연락처를 알아내기 위한 WHOIS라는 방법을 사용해 왔습니다. WHOIS란, IP 주소, AS 번호, 도메인명▼의 할당 및 등록, 관리자에 관한 정보를 검색할 수 있는 서비스를 말합니다.

예를 들어, 한국 내에서 사용되는 특정 IP 주소로부터 할당 조직명을 알고 싶은 경우에는 UNIX에서 아래와 같이 입력합니다.

whois -h whois.krnic.net IP 주소

도메인명▼의 경우에는 아래와 같이 입력합니다.

whois -h whois.krnic.net 도메인명

최근에는 웹 사이트를 사용하여 검색할 수 있는 서비스도 있습니다.

• IP 주소, AS 번호, 도메인명
  http://whois.kisa.or.kr/kor/

경로 제어(라우팅)

04

패킷을 전송할 때에는 네트워크층의 주소, 즉 IP 주소를 사용해야 합니다. 하지만 IP 주소만으로는 패킷을 수신처의 호스트까지 전달할 수 없습니다. 그 이유는 '이 수신처는 이 라우터와 호스트로 보낸다'라는 정보가 필요하기 때문인데, 이 정보가 경로 제어표(라우팅 테이블)입니다. IP에서 통신하는 호스트나 라우터와 같은 기기는 반드시 경로 제어표를 갖고 있습니다. 호스트나 라우터는 이 경로 제어표를 바탕으로 패킷을 송신할 곳을 결정한 후에 패킷을 보냅니다.

경로 제어표를 작성하는 데에는 관리자가 사전에 설정하는 방법과 라우터가 다른 라우터와의 정보를 교환하여 자동으로 작성하는 방법이 있습니다. 전자를 '스태틱 라우팅(정적 경로 제어)', 후자를 '다이내믹 라우팅(동적 경로 제어)'이라고 합니다. 라우터끼리 정보를 교환하여 경로 제어표를 자동으로 작성하는 경우(다이내믹 라우팅의 경우)에는 네트워크에 연결된 라우터끼리 경로 제어 정보(라우팅 인포메이션)를 주고받을 수 있도록 라우팅 프로토콜을 확실하게 설정해야 합니다.

IP는 올바른 경로 제어표가 있다는 전제하에 움직이도록 되어 있습니다. 하지만 IP에서는 이 경로 제어표를 작성하는 프로토콜을 정의하지 않습니다. 즉, IP 자체에는 경로 제어표를 만드는 기능이 없고, 라우팅 프로토콜▼이라는 IP와는 별도의 프로토콜을 작성합니다.

:: 라우팅 프로토콜에 대해서는 7장 참조

1 IP 주소와 경로 제어(라우팅)

경로 제어는 IP 주소의 네트워크부를 이용하여 이루어집니다. 그림 4.22는 IP 패킷을 보내는 예를 나타낸 것입니다.

경로 제어표에는 네트워크 주소와 그 다음에 전송해야 할 라우터의 주소가 적혀 있습니다.▼ IP 패킷을 송신할 때에는 IP 패킷의 수신처 주소를 조사하여 경로 제어표와 일치하는 네트워크 주소를 검색하고, 대응하는 그 다음 라우터에게 패킷을 보냅니다. 경로 제어표와 일치하는 네트워크 주소가 여러 개 있는 경우에는 일치하는 비트열이 긴 네트워크 주소를 선택해야 합니다.▼

:: Windows나 UNIX에서 경로 제어표를 표시할 때는 'netstat –r'이나 'netstat –rn'이라고 입력해야 한다.

:: 이를 '최장 일치'라고 한다.

:: 수신처 IP 주소가 해당 호스트나 라우터와 동일한 데이터 링크에 연결되어 있을 때의 경로 제어표의 표현 방법은 OS나 라우터의 기종에 따라 달라진다.

예를 들어 170.20.100.52는 172.20/16과 172.20.100/24와 일치합니다. 이 경우에는 비트열이 긴 172.20.100/24를 선택합니다. 또한 다음에 전송해야 할 라우터의 주소가 기재되어 있는 장소에 해당 호스트나 라우터 자신의 네트워크 인터페이스의 IP 주소가 써 있는 경우에는 '수신처 호스트가 동일 데이터 링크에 연결되어 있다'는 뜻이 됩니다.▼

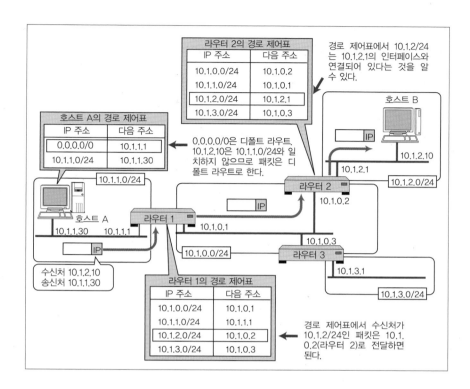

○ 그림 4.22 경로 제어표와 IP
패킷의 전송

❖ 디폴트 라우트

모든 네트워크나 서브넷 정보를 경로 제어표에 넣는 것은 무리이며, 낭비입니다. 따라서 디폴트 라우트(Default Route)를 이용해야 합니다. 디폴트 라우트란, 경로 제어표에 등록되어 있는 어떤 주소와도 일치하지 않는 경우에 사용하는 경로를 말합니다.

디폴트 라우트는 0.0.0.0/0 또는 default로 기술합니다.▼ 0.0.0.0/0은 0.0.0.0이라는 IP 주소를 나타내는 것이 아닙니다. '/0'이므로 IP 주소를 나타내는 부분이 없습니다.▼ 0.0.0.0이라는 IP 주소라고 오해하는 것을 피하기 위해서 default라고 기술하는 경우도 있지만, 컴퓨터 내부나 라우팅 프로토콜에서는 0.0.0.0/0으로 경로 정보를 전송 처리합니다.

❖ 호스트 라우트

'IP 주소/32'는 '호스트 라우트(Host Route)'라고 합니다. 예를 들어 192.168.153.15/32▼는 호스트 라우트입니다. 이는 IP 주소의 모든 비트를 사용하여 경로 제어를 한다는 뜻입니다. 호스트 라우트를 사용하면 IP 주소의 네트워크부가 아니라 네트워크 인터페이스에 설정된 IP 주소를 바탕으로 경로 제어를 하게 됩니다.

:: 서브넷 마스크로 표기하면 IP 주소는 0.0.0.0, 서브넷 마스크는 0.0.0.0이다.

:: 0.0.0.0이라는 IP 주소를 표현하려면 0.0.0.0/32로 기술해야 한다.

:: 서브넷 마스크로 표기하면 IP 주소는 192.168.53.15, 서브넷 마스크는 255.255.255.255이다.

:: 단, 호스트 라우트를 많이 사용하면 경로 제어표가 커져서 라우터에 부하가 걸려 네트워크의 성능이 저하되는 원인이 될 수도 있으므로 주의해야 한다.

:: IP 주소가 겹치지 않도록 ARP로 확인한 다음에 사용할 IP 주소를 결정한다. ARP에 관해서는 214쪽을 참조.

:: 경로 제어 정보를 집약하는 것을 '경로 애그리게이션(Agg-regation)'이라고 한다.

호스트 라우트는 어떤 이유로 네트워크 주소에 의한 경로 제어를 이용할 수 없게 된 경우에 사용합니다.▼

❖ 루프백 주소

루프백 주소는 같은 컴퓨터 내부의 프로그램 사이에 통신을 하고 싶은 경우에 이용합니다. 루프백 주소로는 127.0.0.1이라는 IP 주소를 사용합니다. 이 127.0.0.1과 똑같은 뜻으로 'localhost'라는 호스트명도 이용합니다. 이 주소를 이용하는 경우, 패킷은 네트워크로 나가지 않습니다.

❖ 링크 로컬 어드레스

공유기를 넘어 가지 않는 동일 링크 내의 통신을 위해 169.254/16 주소를 사용할 때가 있습니다. 고정 IP가 설정되어 있지 않은 호스트가 DHCP로 IP 주소를 가져올 수 없을 때 설정됩니다.▼ 호스트부는 랜덤으로 설정됩니다. 이 주소를 링크 로컬 어드레스라고 하고, 라우터에 의해 전송되지 않습니다.

② 경로 제어표의 집약

네트워크 주소의 비트 패턴을 생각하여 계층적으로 배치하면 내부적으로는 여러 개의 서브 네트워크로 구성되어 있다고 하더라도 외부적으로는 대표하는 하나의 네트워크 주소로 경로 제어를 할 수 있습니다. 이렇게 네트워크를 잘 구축하여 경로 제어 정보를 집약하면 경로 제어표를 작게 만들 수 있습니다.▼ 예를 들어 그림 4.23을 보면 집약하기 전에는 6개의 경로 제어 정보가 필요했지만, 집약 후에는 2개로 줄어들었습니다.

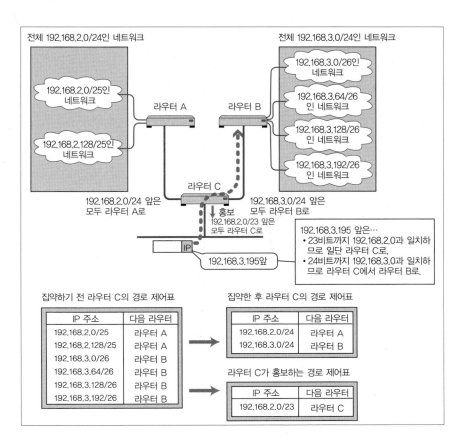

전체 192.168.2.0/24인 네트워크

192.168.2.0/25인
네트워크

192.168.2.128/25인
네트워크

라우터 A

라우터 B

라우터 C

192.168.2.0/24 앞은
모두 라우터 A로

↓ 홍보
192.168.2.0/23 앞은
모두 라우터 C로

전체 192.168.3.0/24인 네트워크

192.168.3.0/26인
네트워크

192.168.3.64/26
인 네트워크

192.168.3.128/26
인 네트워크

192.168.3.192/26
인 네트워크

192.168.3.0/24 앞은
모두 라우터 B로

IP

192.168.3.195앞

192.168.3.195 앞은…
• 23비트까지 192.168.2.0과 일치하
므로 일단 라우터 C로.
• 24비트까지 192.168.3.0과 일치하
므로 라우터 C에서 라우터 B로.

집약하기 전 라우터 C의 경로 제어표

IP 주소	다음 라우터
192.168.2.0/25	라우터 A
192.168.2.128/25	라우터 A
192.168.3.0/26	라우터 B
192.168.3.64/26	라우터 B
192.168.3.128/26	라우터 B
192.168.3.192/26	라우터 B

집약한 후 라우터 C의 경로 제어표

IP 주소	다음 라우터
192.168.2.0/24	라우터 A
192.168.3.0/24	라우터 B

라우터 C가 홍보하는 경로 제어표

IP 주소	다음 라우터
192.168.2.0/23	라우터 C

◑ 그림 4.23 경로 제어표 집약
의 예

경로 제어표를 작게 만들 수 있다는 것은 그 자체로도 큰 장점이 있습니다. 경로 제어표가 커지면 경로 제어표의 관리에 많은 메모리 공간이나 CPU 파워가 필요하고 검색 시간이 많이 걸려서 IP 패킷의 전송 능력이 저하됩니다. 대규모의 고성능 네트워크를 구축하는 경우에는 경로 제어표를 얼마나 작게 유지하느냐가 관건입니다.

또한 경로의 집약에는 자신이 알고 있는 경로 정보를 주위의 라우터에 전달할 때에 그 정보를 작게 축약할 수 있다는 중요한 의미가 있습니다. 그림 4.23의 예에서 라우터 C는 자신이 192.168.2.0/24와 192.168.3.0/24라는 네트워크를 알고 있다는 것을 '192.168.2.0/23 네트워크를 알고 있어요'라고 집약하여 홍보할 수 있습니다.

IP의 분할 처리와 재구축 처리

05

1 데이터 링크에 따라 MTU가 다르다

163쪽에서 설명했듯이 데이터 링크에 따라 최대 전송 속도(MTU)가 다릅니다. 표 4.2는 다양한 데이터 링크의 MTU를 나타낸 것입니다. 데이터 링크에 따라 MTU의 크기가 다른 것은 데이터 링크가 목적별로 만들어져 각각의 목적에 맞는 MTU의 크기가 정해져 있기 때문입니다. IP는 데이터 링크의 상위 층이므로 데이터 링크의 MTU의 크기에 좌우되어서는 안 됩니다. 163쪽에서 설명했듯이 IP는 이렇게 데이터 링크별로 다른 성질을 추상화하는 기능이 있습니다.

○ 표 4.2 다양한 데이터 링크의 MTU

데이터 링크	MTU(Byte)	Total Length(단위는 Byte, FCS 포함)
IP의 최대 MTU	65535	–
Hyperchannel	65535	–
IP over HIPPI	65280	65320
16Mbps IBM Token Ring	17914	17958
IP over ATM	9180	–
IEEE 802.4 Token Bus	8166	8191
IEEE 802.5 Token Ring	4464	4508
FDDI	4352	4500
이더넷	1500▾	1518
PPP(Default)	1500	–
IEEE 802.3 Ethernet	1492	1518
PPPoE	1492	–
X.25	576	–
IP의 최저 MTU	68	–

:: 최근에는 이더넷에서도 1500Byte보다 큰 MTU를 사용하는 경우가 있다. 이를 'Jumbo Frame(점보 프레임)'이라고 한다. 서버 등에서 통신 속도를 향상시키는 것이 목적으로, 9000Byte 전후의 MTU를 사용하는 경우도 많다. 점보 프레임을 사용하려면 해당 세그먼트의 호스트, 라우터뿐만 아니라 브리지(스위칭 허브)도 점보 프레임을 지원해야 한다. 점보 프레임을 사용하지 않는 경우에도 IP 터널을 경유하면 중간에 있는 라우터나 브리지를 통과하는 프레임은 1500Byte 이상이 되므로 IP 프래그먼트를 피하고 싶은 경우에는 라우터나 브리지의 MTU를 크게 설정해야 한다.

2 IP 데이터그램의 분할 처리와 재구축 처리

호스트나 라우터는 필요에 따라 IP 데이터그램의 분할 처리(Fragmentation : 프래그먼테이션)를 해야 합니다. 분할 처리는 네트워크에 데이터그램을 보내려고 할 때 그 크기대로 전송할 수 없는 경우에 합니다.

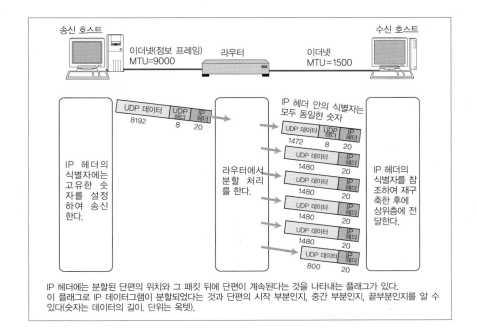

○ 그림 4.24 IP 데이터그램의 분할 처리와 재구축 처리

그림 4.24에 네트워크 도중에 일어나는 패킷의 분할 처리 과정을 나타냈습니다. 이 그림에서는 MTU가 9000옥텟인 점보 프레임의 이더넷과 MTU가 1500옥텟인 일반 이더넷이 라우터로 연결되어 있습니다. 우선, 송신 호스트가 수신 호스트를 향해 IP 헤더 + UDP 헤더 + 데이터 = 8220 옥텟의 패킷을 보냅니다. 패킷은 라우터까지는 그대로 전송되지만, 그 상태로 라우터를 넘어갈 순 없습니다. 그래서 라우터는 IP 데이터그램을 6개로 분할해서 전송합니다. 이 분할 처리는 필요할 때마다 몇 번이고 반복됩니다.▼

:: 분할 처리는 8옥텟의 배수 단위로 이루어진다.

분할된 IP 데이터그램을 원래의 IP 데이터그램으로 되돌리는 재구축 처리는 맨 끝에 있는 수신처의 호스트에서만 이루어집니다. 중간에 있는 라우터는 분할 처리는 하지만 재구축 처리는 하지 않습니다.

이에는 많은 이유가 있는데, 예를 들어 분할한 IP 데이터그램이 동일한 경로를 통해 도착한다는 보장이 없습니다. 그래서 도중에 기다리고 있더라도 패킷이 도착하지 않을 수도 있습니다. 또한 분할된 단편이 도중에 분실되어 도착하지 않을 수도 있습니다.▼ 더욱이 도중에 재구축을 하더라도 또 다른 라우터를 통과할 때 분할 처리를 해야 하는 경우도 있을 수 있습니다. 결국 도중에 세세한 제어를 하게 되면 라우터에게 큰 부담을 주기만 할 뿐 효과적이지 않습니다. 이러한 이유 때문에 분할된 패킷의 재구축 처리는 종점에 있는 수신처 호스트에서만 하도록 되어 있습니다.

:: 수신처 호스트에서 재구축 처리를 할 때에는 일부 패킷이 도착하지 않더라도 나중에 그 패킷이 도착할 가능성이 있다. 그래서 처음에 데이터그램을 수신한 후 약 30초 동안 기다린 다음에 처리한다.

3 경로 MTU 탐색

분할 처리에는 몇 가지 단점이 있습니다. 첫 번째는 라우터의 처리가 무거워진다는 점입니다. 시간이 지나면서 네트워크의 물리적인 전송 속도도 점점 향상되고 있기 때문에 네트워크의 전송 속도에 맞추어 라우터의 고속화도 요구되고 있습니다. 한편 보안 향상을 위한 필터링 처리▼ 등과 같이 라우터가 해야 할 처리는 늘어가고 있습니다. IP 분할 처리도 라우터에게 있어서 큰 부하가 됩니다. 따라서 가능하면 라우터에서는 분할 처리를 하지 않는 것이 좋습니다.

두 번째 이유는 분할 처리를 하면 분할된 단편 하나를 분실했을 경우, 원래 IP 데이터그램 전체가 손상된다는 점입니다. 초기 TCP에서는 이러한 폐해를 막기 위해 분할하지 않은 작은 크기▼로 패킷을 보내게 되었고, 그 결과 네트워크의 효율성이 저하되었습니다.

이러한 폐해를 방지하기 위한 기술이 '경로 MTU 탐색(Path MTU Discovery▼)'입니다. 경로 MTU(PMTU : Path MTU)란, 송신처 호스트에서 수신처 호스트까지 분할 처리를 할 필요가 없는 최대 MTU를 말합니다. 즉, 경로에 의존하는 데이터 링크의 최소 MTU가 됩니다. 경로 MTU 탐색은 경로 MTU를 발견하고 송신처 호스트에서 경로 MTU의 크기로 데이터를 분할한 후 송신하는 방법을 사용합니다. 경로 MTU 검색을 하면 도중에 있는 라우터에서 분할 처리를 할 필요가 없으며, TCP도 보다 큰 패킷 크기로 데이터를 보낼 수 있게 됩니다. 경로 MTU 탐색은 최근 대부분의 OS에서 지원하고 있습니다.

:: 특정 파라미터를 가진 IP 데이터그램 외에는 라우터를 통과할 수 없도록 하는 것을 말한다. 파라미터의 예로는 송신처 IP 주소나 수신처 IP 주소, TCP나 UDP의 포트 번호, TCP의 SYN 플래그나 ACK 플래그 등이 있다.

:: TCP에 포함된 데이터를 536옥텟이나 512옥텟으로 만든다.

:: 'PMTUD'라고도 한다.

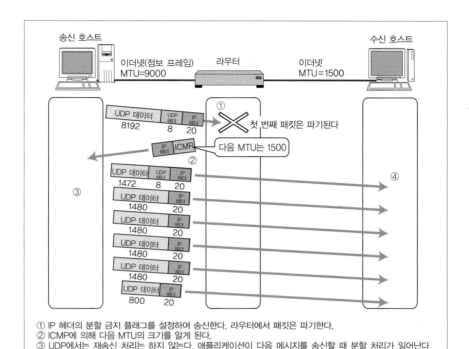

図の中のテキスト:

송신 호스트　　　이더넷(점보 프레임)　라우터　　이더넷　　　수신 호스트
　　　　　　　　MTU=9000　　　　　　　　MTU=1500

UDP 데이터　UDP헤더　IP헤더
8192　　　　8　　20

① 첫 번째 패킷은 파기된다

IP헤더　ICMP　다음 MTU는 1500
②

UDP 데이터　UDP헤더　IP헤더
1472　　　8　　20

UDP 데이터　IP헤더
1480　　　20

UDP 데이터　IP헤더
1480　　　20

UDP 데이터　IP헤더
1480　　　20

UDP 데이터　IP헤더
1480　　　20

UDP 데이터　IP헤더
800　　　20

③　　　　　　　　　　　　　　　　　　　　④

① IP 헤더의 분할 금지 플래그를 설정하여 송신한다. 라우터에서 패킷은 파기한다.
② ICMP에 의해 다음 MTU의 크기를 알게 된다.
③ UDP에서는 재송신 처리는 하지 않는다. 애플리케이션이 다음 메시지를 송신할 때 분할 처리가 일어난다.
　자세히 말하면 UDP층에서 전달된 'UDP 헤더+데이터'를 IP층이 분할 처리하여 송신한다. IP에서는 UDP
　헤더와 애플리케이션의 메시지를 구분하지 않는다.
④ 모든 단편이 모이면 IP층에서 재구축하여 UDP층에 전달한다.

(숫자는 데이터의 길이. 단위는 옥텟)

◐ **그림 4.25** 경로 MTU 탐색의 구조(UDP의 경우)

:: 구체적으로는 ICMP 도착 불능 메시지의 분할 요구(코드 4) 패킷으로 통지된다. 단, 오래된 라우터에서는 이 ICMP 패킷에 그 다음 MTU 값이 들어 있지 않은 경우가 있는데, 이러한 경우에는 송신 호스트가 패킷의 크기를 증감시키면서 적절한 값을 발견해야 한다.

:: 캐시
여러 번 필요할 것 같은 정보를 잠깐 동안 바로 꺼낼 수 있는 곳에 저장시켜두는 것을 말한다.

경로 MTU 탐색은 다음과 같이 처리됩니다.

먼저 송신 호스트에서는 IP 데이터그램을 보낼 때에 IP 헤더 안의 분할 금지 플래그를 1로 설정합니다. 이 때문에 도중에 있는 라우터는 IP 데이터그램의 분할 처리를 해야 할 경우에도 분할 처리를 하지 않고 패킷을 그냥 파기합니다. 그리고 ICMP 도착 불능 메시지를 사용하여 데이터 링크의 MTU 값을 송신 호스트에게 통지합니다.▼

그런 다음, 동일한 수신처로 보낼 IP 데이터그램에서는 ICMP의 의해 통지받은 경로 MTU의 값을 MTU로써 사용합니다. 송신 호스트에서는 그 값을 바탕으로 분할 처리를 합니다. 이 조작을 반복하여 ICMP 도착 불능 메시지가 반환되지 않으면 수신 호스트까지의 경로 MTU를 얻게 되는 것입니다. 또한 경로 MTU의 값은 대부분의 경우 최소 약 10분 동안 캐시▼됩니다. 10분 동안은 구한 경로 MTU 값을 계속 사용하지만, 10분이 경과하면 링크의 MTU를 바탕으로 다시 경로 MTU 탐색을 시작합니다.

TCP의 경우에는 경로 MTU의 크기를 바탕으로 최대 세그먼트 길이(MSS)의 값을 재계산한 후 그 값을 바탕으로 패킷 송신이 일어납니다. 따라서 TCP의 경우에 경로 MTU 탐색을 이용하면 IP층에서는 분할 처리가 일어나지 않게 됩니다. TCP의 MSS에 대해서는 271쪽에서 설명합니다.

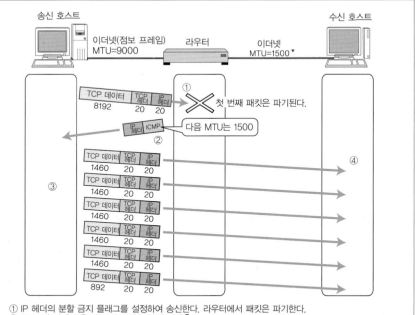

:: 자세한 내용은 271쪽에서 설명하겠지만, TCP는 connection을 확립할 때 MTU의 작은 쪽에 맞춰 패킷의 길이를 결정하는 기능이 있다. 이 때문에, 이 네트워크의 경우에는 실제로는 분할 처리가 일어나지 않는다. 하지만 라우터가 2개 이상이며, 양쪽 MTU가 9000이고 가운데 네트워크가 1500인 경우는 이 그림과 같은 현상이 발생한다.

:: 보안 향상을 위해 모든 ICMP 메시지의 수신을 제한하고 있는 조직의 경우에는 경로 MTU 탐색이 작동하지 않기 때문에 엔드 유저는 아무것도 모른 채 상대와 통신이 되었다가, 안 되었다가 하는 상태가 된다.

○ 그림 4.26 경로 MTU 탐색의 구조(TCP의 경우)

① IP 헤더의 분할 금지 플래그를 설정하여 송신한다. 라우터에서 패킷은 파기한다.
② ICMP에 의해 다음 MTU의 크기를 알게 된다. ▼
③ TCP의 재송신 처리에 의해 데이터가 재전송된다. 이때 TCP는 IP에서 분할되지 않을 크기로 구분하여 IP층에게 전달한다. IP에서는 분할 처리를 하지 않는다.
④ 재구축은 불필요하며, 데이터는 그대로 TCP층에 전달된다.

(숫자는 데이터의 길이, 단위는 옥텟)

IPv6(IP version 6)

06

:: 이것으로 IPv6의 주소 공간은 2^{96}=7,923x10^{28}배가 된다.

:: 프로토콜 스택
프로토콜의 구조를 실현하는 프로그램이나 회로 등의 설치

:: IP 터널링(238쪽 참조)이나 프로토콜 변환(234쪽 참조) 등이 있다.

:: 이것은 IPv6에서만 운용하는 경우에 해당한다. IPv4, IPv6를 모두 운용하려면 노력을 2배 이상 기울여야 할 가능성이 있다.

1 IPv6가 필요한 이유

IPv6(IP version 6)는 IPv4 주소의 고갈 문제를 근본적으로 해결하기 위해 표준화하여 이용하기 시작한 인터넷 프로토콜입니다. 지금까지 이용했던 IPv4의 IP 주소는 길이가 4옥텟(32비트)이었는데, IPv6에서는 그 4배인 16옥텟(128비트)이 되었습니다.▼ IP 프로토콜의 이행은 방대한 시간과 노력이 필요한 작업입니다. 인터넷에 연결되어 있는 호스트나 라우터의 모든 IP를 변경해야 하기 때문입니다. 오늘날과 같이 인터넷이 널리 보급된 상태에서는 모든 IP 프로토콜 스택▼을 교체하는 일이 무척 어렵습니다.

IPv6에서는 이러한 이유 때문에 주소 고갈 문제를 해결하는 것뿐만 아니라 IPv4에 대한 대부분의 불만을 한꺼번에 해소하고자 노력하고 있습니다. 더욱이 IPv4와 IPv6에서 서로 통신할 수 있도록 하는 호환성 문제도 해결하기 위해 노력하고 있습니다.▼

2 IPv6의 특징

IPv6에는 다음과 같은 특징이 있습니다. 이러한 기능 중 일부는 IPv4에도 제공되고 있던 것입니다. 하지만 IPv4의 기능이 내장된 OS라고 하더라도 모든 OS에 이러한 기능이 채택되어 있는 것은 아닙니다. 즉, 사용할 수 없는 기능이 있거나 관리자가 고생하지 않으면 실현할 수 없는 기능도 있습니다. IPv6에서는 이러한 기능들을 필수적으로 제공하기 위해 노력하고 있기 때문에 앞으로는 관리자의 노력이 점차 줄어들 것입니다.▼

- IP 주소의 확대와 경로 제어표의 집약
  • IP 주소의 구조를 인터넷에 적합한 계층 구조로 만든다. 그리고 주소 구조에 적합하도록 IP 주소를 계획적으로 배포하고 경로 제어표가 가능한 한 커지지 않게 한다.
- 퍼포먼스 향상
  • 헤더 길이를 고정(40옥텟)하고 헤더 체크섬을 생략하는 등과 같이 헤더의 구조를 간소화하여 헤더의 부하를 줄인다.
  • 헤더에 분할 처리를 시키지 않는다(경로 MTU 탐색을 이용하여 송신처의 호스트가 분할 처리를 한다).
- 플러그 & 플레이를 필수로 한다
  • DHCP 서버가 없는 환경에서도 IP 주소를 자동으로 할당한다.

– 인증 기능이나 암호화 기능을 채택
  • IP 주소 위장에 대한 보안 기능이나 도청 방지 기능을 제공한다(IPsec).
– 멀티캐스트, Mobile IP 기능을 IPv6의 확장 기능으로 정의
  • 멀티캐스트나 Mobile IP 기능을 IPv6의 확장 기능으로 분명히 정의한다. 이것으로 IPv4에서는 운용하기 어려웠던 멀티캐스트나 Mobile IP도 IPv6에서는 쉽게 운용할 수 있을 것으로 전망된다.

③ IPv6에서의 IP 주소 표기 방법

IPv6에서의 IP 주소의 길이는 128비트입니다. 이것으로 표현할 수 있는 수치는 38자리(2^{128}=약3.40×10^{38})입니다. 이 수치는 천문학적인 숫자로, 상상을 초월하는 대수의 호스트나 라우터에 IPv6을 할당할 수 있습니다.

IPv6의 IP 주소를 IPv4와 똑같이 십진수로 표기하려면 16개의 숫자를 나열해야 합니다. 이 경우 표기하기가 매우 귀찮기 때문에, IPv6에서는 IPv4와는 달리 128비트의 IP 주소를 16비트마다 끊어서 콜론(:)으로 끊은 16진수로 표기합니다. 또한 0이 계속되는 경우에는 0을 생략하고 콜론을 2개 연속해서 나타낼 수도 있습니다. 단, 콜론을 2개 연속하여 표기하는 생략 표기는 한 IP 주소에서 한 군데만 허용하고 있습니다.

IPv6에서는 가능한 한 IP 주소를 간단하게 표기할 수 있도록 노력하고 있지만, IP 주소가 길어지면 사람이 외우기가 매우 어려워질 것입니다.

– IPv6에 의한 IP 주소의 표기 예
  • 2진수 표현

    `1111111011011100:1011101010011000:0111011001010100:`
    `0011001000010000:1111111011011100:1011101010011000:`
    `0111011001010100:0011001000010000`

  • 16진수 표현

    `FEDC:BA98:7654:3210:FEDC:BA98:7654:3210`

– IPv6에 의한 IP 주소의 생략 예
  • 2진수 표현

    `0001000010000000:0000000000000000:0000000000000000:`
    `0000000000000000:0000000000001000:0000100000000000:`
    `0010000000001100:0100000101111010`

  • 16진수 표현

    `1080:0:0:0:8:800:200C:417A`

    ↓

    `1080::8:800:200C:417A` (생략 시)

4 IPv6 주소의 아키텍처

IPv6에서는 IPv4의 클래스처럼 IP 주소의 맨 앞 비트 패턴으로 IP 주소의 종류를 구분합니다.

인터넷을 통한 통신에서는 글로벌 유니캐스트 주소를 사용합니다. 글로벌 유니캐스트 주소란, 인터넷 안에서 고유하게 정해진 주소로, 정식으로 할당받은 IP 주소를 사용할 필요가 있습니다.

제어 계열 네트워크 등 직접 인터넷과의 통신을 고려하지 않은 프라이빗 네트워크의 경우에는 유니크 로컬 주소를 사용할 수 있습니다. 유니크 로컬 주소는 알고리즘에 따라 생성한 난수를 주소에 포함시켜야 하는 단점이 있지만 IPv4의 프라이빗 주소와 똑같이 자유롭게 사용할 수 있다는 장점도 있습니다. 라우터가 없는 네트워크 등과 같이 인터넷의 동일 세그먼트 내에서만 통신을 할 때에는 링크 로컬 유니캐스트 주소를 사용할 수 있습니다.

여러 종류의 IP 주소를 이용할 수 있도록 환경이 구축되어 있는 경우에는 동일 링크 내에서도 글로벌 유니캐스트 주소나 유니크 로컬 주소를 사용한 통신이 가능합니다.

IPv6에서는 이러한 IP 주소를 하나의 NIC에 여러 개를 동시에 할당할 수 있으며, 필요에 따라 IP 주소를 구분하여 사용할 수도 있습니다.

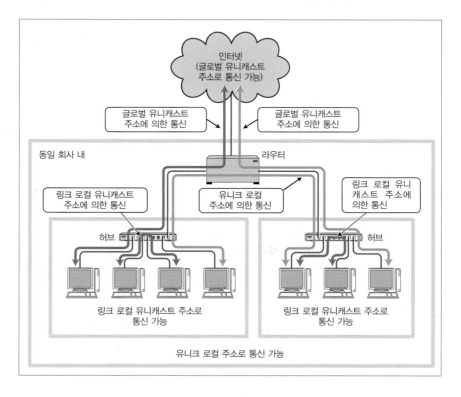

● **그림 4.27** IPv6에서의 통신

미정의	0000 … 0000(128비트)	::/128
루프백 주소	0000 … 0001(128비트)	::1/128
유니크 로컬 주소	1111 110	FC00::/7
링크 로컬 유니캐스트 주소	1111 1110 10	FE80::/10
멀티캐스트 주소	1111 1111	FF00::/8
글로벌 유니캐스트 주소	(그 밖의 전부)	

5 글로벌 유니캐스트 주소

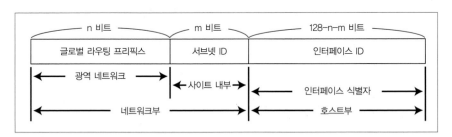

⬥그림 4.28 글로벌 유니캐스트 주소

글로벌 유니캐스트 주소는 '전 세계에서 고유하게 정해지는 주소'라는 뜻으로, 인터넷과의 통신이나 조직 내 통신 등에서 가장 일반적으로 사용하는 IPv6 주소입니다.

글로벌 유니캐스트 주소의 포맷은 그림 4.28과 같이 정의됩니다. 현재 IPv6 네트워크에서 사용하고 있는 포맷은 n=48, m=16, 128-n-m=64입니다. 즉, 상위 64비트가 네트워크부이고, 하위 64비트가 호스트부가 됩니다.

⁑ 'IEEE EUI-64 식별자'라고도 한다.

보통 인터페이스 ID에는 64비트판 MAC 주소▼를 바탕으로 한 값이 저장됩니다. 하지만 MAC 주소는 기기 고유의 정보이기 때문에 통신 상대에게 알리고 싶지 않은 경우도 있습니다. 이 경우에는 MAC 주소와 관계없는 '임시 주소'를 설정할 수도 있습니다. 임시 주소는 난수로 만들어져서 정기적으로 바뀌므로 IPv6 주소로부터 기기를 특정하기 어렵게 만들 수 있습니다. 어느 쪽으로 할 것인지는 운영 체제의 지원이나 설정에 따라 다릅니다.▼

⁑ 클라이언트로 사용하는 PC의 경우에는 임시 주소가 설정되는 경우가 많다.

6 링크 로컬 유니캐스트 주소

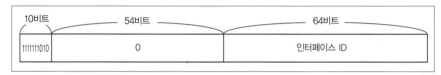

⬥그림 4.29 링크 로컬 유니캐스트 주소

링크 로컬 유니캐스트 주소는 '동일한 데이터 링크 내에서 고유하게 정해진 주소'라는 뜻으로, 라우터를 거치지 않는 동일 링크 내의 통신에서 사용할 수 있습니다. 보통 인터페이스 ID에는 64비트판 MAC 주소가 저장됩니다.

7 유니크 로컬 주소

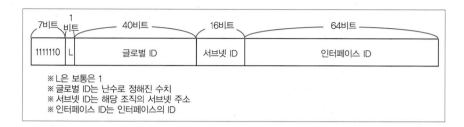

7비트	1비트	40비트	16비트	64비트
1111110	L	글로벌 ID	서브넷 ID	인터페이스 ID

※ L은 보통은 1
※ 글로벌 ID는 난수로 정해진 수치
※ 서브넷 ID는 해당 조직의 서브넷 주소
※ 인터페이스 ID는 인터페이스의 ID

○ 그림 4.30 유니크 로컬 주소

유니크 로컬 주소는 인터넷과 통신하지 않는 경우에 사용하는 주소입니다.
기계 제어와 같은 제어 계열 네트워크나 금융기관과 같은 감정 계열 네트워크
등과 같이 인터넷과 통신을 하지 않는 환경을 조성하거나 보안을 강화하기 위
해 인터넷과 NAT나 게이트웨이(프록시)를 경유하여 통신하는 기업 내 네트워
크 등에서 사용합니다.
유니크 로컬 주소는 인터넷에 연결하지 않지만 글로벌 ID를 가능한 한 고유하
게 부여하기 위해 난수로 결정합니다. 그 이유는 기업의 합병이나 업무의 통
합, 효율화 등으로 말미암아 유니크 로컬 주소로 구축된 네트워크를 연결할
가능성이 있기 때문입니다. 이러한 경우에도 가능한 한 IPv6 주소를 고치지
않고 그대로 통합할 수 있도록 하고 있습니다.▼

:: 글로벌 ID는 반드시 전 세
계에서 완전히 유일하지는 않으
므로 동일한 ID가 있을 수는 있
지만 가능성은 낮다.

8 IPv6에서의 분할 처리

IPv6의 분할 처리는 송신하는 호스트에서만 일어나며, 라우터는 분할 처리를
하지 않습니다. 그 이유는 라우터의 부하를 줄이고 고속 인터넷을 실현하기
위해서입니다. 따라서 IPv6에서는 경로 MTU 탐색이 거의 필수 기능으로 되
어 있습니다. 단, IPv6에서는 최소 MTU가 1280옥텟으로 정해져 있기 때문에
조직 시스템 등 시스템 리소스▼에 제한이 있는 기기에서는 경로 MTU 탐색을
제공하지 않고 IP 패킷의 송신 시에 1280옥텟 단위로 분할한 뒤 송신하도록
되어 있습니다.

:: CPU의 능력이나 메모리의
용량 등을 말한다.

IPv4 헤더

07

IP를 사용하여 통신할 때에는 데이터에 IP 헤더가 붙어서 보내집니다. 이 IP 헤더에는 IP 프로토콜에 의해 패킷 전송을 제어할 때에 필요한 정보가 저장되어 있습니다. IP 헤더를 보면 IP가 갖추고 있는 기능을 자세히 알 수 있습니다.

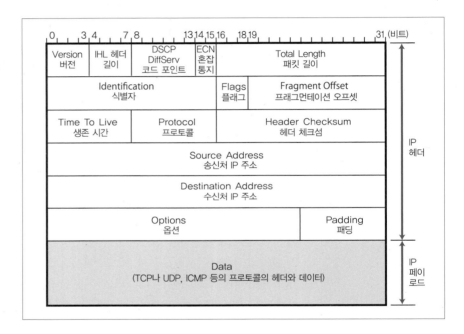

○ 그림 4.31 IP 데이터그램의 포맷(IPv4)

❖ 버전(Version)

4비트로 구성됩니다. IP 헤더의 버전 번호는 여기서 나타냅니다. 현재 IP의 버전은 4이므로 이 값은 '4'가 됩니다. 또한 IP에는 표 4.4와 같은 버전이 있습니다. IP의 버전 번호와 관련된 최신 정보는 아래 사이트에서 입수할 수 있습니다.

http://www.iana.org/assignments/version-numbers

○ 표 4.4 IP 헤더의 버전 번호

버전	약칭	프로토콜명
4	IP	Internet Protocol
5	ST	ST Datagram Mode
6	IPv6	Internet Protocol version 6
7	TP/IX	TP/IX : The Next Internet
8	PIP	The P Internet Protocol
9	TUBA	TUBA

❖ 헤더 길이(IHL : Internet Header Length)

4비트로 구성됩니다. IP 헤더 자체의 크기는 여기서 나타냅니다. 단위는 4옥
텟(32비트)입니다. 옵션을 갖지 않는 IP 패킷의 경우에는 '5'라는 값이 포함
됩니다. 즉, 옵션이 없는 IP 헤더의 길이는 20옥텟이므로 4×5＝20옥텟이
됩니다.

❖ DSCP 필드, ECN 필드

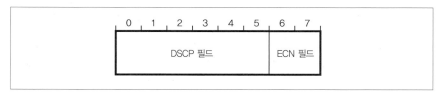

○ 그림 4.32 DSCP 필드와
ECN 필드

∷ DiffServ에 대해서는 246쪽
참조.

DSCP 필드(Differentiated Services Codepoint)란, TOS(Type Of Service)
로 정의되어 있는 부분을 말하며, 현재는 DiffServ▼라는 품질 제어에서 이용
합니다.
비트 3~5가 0일 때 비트 0~2는 '클래스 셀렉터 코드 포인트'라고 합니다.
TOS의 우선도와 마찬가지로 전부 8개의 품질 제어 클래스를 설정할 수 있습
니다. 클래스에 의해 어떤 처리가 이루어지는지는 DiffServ를 운용하는 관리
자가 결정하지만, TOS와의 호환성을 유지하기 위해 숫자가 큰 쪽이 상대적으
로 우선하도록 설정되어 있습니다. 비트 5가 1일 때에는 실험용 또는 로컬 이
용이 설정됩니다.
ECN(Explicit Congestion Notification)은 네트워크가 혼잡하다는 것을 통

지하기 위한 필드로, 2개의 비트로 구성되어 있습니다.

◑표 4.5 ECN 필드

비트	명칭	의미
6	ECT	ECN-Capable Transport
7	CE	Congestion Experienced

:: ECN에 대해서는 247쪽 참조.

비트 6인 ECT는 상위층에 있는 트랜스포트 프로토콜이 ECN을 지원하고 있는지를 통지합니다. ECN이 1로 된 패킷을 전송할 때에 혼잡이 발생했다면 라우터는 CE를 1로 만듭니다.▾

❖ 서비스 타입(TOS : Type Of Service)
DSCP, ECN 부분의 8비트는 초기 IP에서는 서비스 타입(TOS: Type Of Service) 필드로 정의됐습니다. 전송하는 IP의 서비스 품질을 나타내며, 맨 앞 비트부터 다음과 같은 의미가 있습니다.

◑표 4.6 서비스 타입의 각 비트의 의미

:: 0, 1, 2의 세 가지 비트를 사용하여 0~7의 우선도를 나타낸다. 낮은 우선도가 0, 높은 우선도가 7이 된다.

비트	의미
0 1 2	우선도▾
3	최소한의 지연
4	최대한의 스루풋
5	최대한의 신뢰성
6	최소한의 경비
(3~6)	최대한의 보안
7	미사용

하지만, 이런 요구에 맞는 제어 기능을 구현하기 어려웠고, 부정하게 설정되면 의미가 없어질 가능성이 있다는 점 등에서 TOS로 운용하기 힘들 것으로 여겨졌습니다. 이 때문에, 현재 TOS 필드는 DSCP 필드나 ECN 필드로 이용되고 있습니다.

❖ 패킷 길이(Total Length)
IP 헤더와 IP 헤더를 더한 패킷 전체의 옥텟 길이를 나타냅니다. 이 필드는 길이가 16비트이므로, IP가 운반할 수 있는 패킷의 최대 크기는 65535($=2^{16}$)옥텟이 됩니다.
표 4.2에 나타낸 것처럼 패킷의 최대 크기(65535옥텟)를 그대로 전송할 수 있는 데이터 링크는 거의 없습니다. 하지만 IP에는 분할 처리(프래그먼트)가 있으므로 IP의 상위층에서 보면 어떤 데이터 링크를 사용해도 IP 사양상의 최대 패킷 길이까지의 패킷을 송수신할 수 있게 됩니다.

❖ 식별자(ID : Identification)

16비트로 구성되며, 프래그먼트를 복원할 때의 식별자로 사용됩니다. 동일한 프래그먼트에서는 동일한 값, 다른 프래그먼트에서는 다른 값을 가지도록 처리합니다. 보통은 IP 패킷을 송신할 때마다 1씩 증가시킵니다. 또한 ID가 같더라도 수신처 IP 주소나 송신처 IP 주소, 프로토콜이 다른 숫자인 경우에는 다른 프래그먼트로 처리합니다.

❖ 플래그(Flags)

3비트로 구성되며, 패킷 분할과 관련된 제어를 지시합니다. 각 비트의 의미는 다음과 같습니다.

○ 표 4.7 플래그의 각 비트의 의미

비트	의미
0	미사용, 현재는 0이면 안 된다.
1	분할해도 좋은지, 아닌지를 지시한다(don't fragment). 0 - 분할 가능 1 - 분할 불가능
2	분할된 패킷의 경우 마지막 패킷인지, 아닌지를 나타낸다(more fragment). 0 - 마지막 프래그먼트 패킷 1 - 중간 프래그먼트 패킷

❖ 프래그먼테이션 오프셋(FO : Fragment Offset)

:: 프래그먼트(Fragment)
파편, 단편이라는 뜻으로, 이 경우는 전송을 위해 분할된 원래 데이터의 단편을 의미한다.

13비트로 구성되며, 분할된 프래그먼트▼가 오리지널 데이터에서 어떤 위치였는지를 나타냅니다. 처음 값은 0으로 시작하며, FO 필드는 13비트로 구성되므로 $8192(=2^{13})$까지 표현할 수 있습니다. 단위는 8옥텟이 되므로 오리지널 데이터의 위치로 나타낼 수 있는 최대값은 $8 \times 8192 = 65536$옥텟이 됩니다.

❖ 생존 시간(TTL : Time to Live)

8비트로 구성되며, 원래의 의미는 이 패킷이 네트워크에 존재해도 좋은 시간(생존 시간)을 초 단위로 나타낸 것입니다. 하지만 실제 인터넷에서는 몇 개의 라우터를 통과해도 좋은지를 의미합니다. 라우터를 통과할 때마다 TTL은 1씩 줄어들며, 0이 되었을 때 패킷은 파기됩니다.▼

:: TTL은 8비트이므로 0~255까지의 값을 가질 수 있다. 그래서 2^8=255개의 라우터를 넘을 수 없다. 이로써 IP 패킷이 영원히 네트워크 안에서 존재하는 것을 방지할 수 있다.

❖ 프로토콜(Protocol)

8비트로 구성되며, IP 헤더의 다음 헤더 프로토콜이 무엇인지를 나타냅니다. 많이 사용되는 프로토콜에는 표 4.8과 같은 번호가 할당되어 있습니다.

프로토콜 번호의 최신 목록은 아래 사이트에서 입수할 수 있습니다.

http://www.iana.org/assignments/protocol-numbers

해당 번호	약칭	프로토콜명
0	HOPOPT	IPv6 Hop-by-Hop Option
1	ICMP	Internet Control Message
2	IGMP	Internet Group Management
4	IP	IP in IP(encapsulation)
6	TCP	Transmission Control
8	EGP	Exterior Gateway Protocol
9	IGP	any private interior gateway (used by Cisco for their IGRP)
17	UDP	User Datagram
33	DCCP	Datagram Congestion Control Protocol
41	IPv6	IPv6 encapsulation
43	IPv6-Route	Routing Header for IPv6
44	IPv6-Frag	Fragment Header for IPv6
46	RSVP	Reservation Protocol
50	ESP	Encap Security Payload
51	AH	Authentication Header
58	IPv6-ICMP	ICMP for IPv6
59	IPv6-NoNxt	No Next Header for IPv6
60	IPv6-Opts	Destination Options for IPv6
88	EIGRP	EIGRP
89	OSPFIGP	OSPFIGP
97	ETHERIP	Ethernet-within-IP Encapsulation
103	PIM	Protocol Independent Multicast
108	IPComp	IP Payload Compression Protocol
112	VRRP	Virtual Router Redundancy Protocol
115	L2TP	Layer Two Tunneling Protocol
124	ISIS over IPv4	ISIS over IPv4
132	SCTP	Stream Control Transmission Protocol
133	FC	Fibre Channel
134	RSVP-E2E-IGNORE	RSVP-E2E-IGNORE
135	Mobility Header	Mobility Header
136	UDPLite	UDPLite
137	MPLS-in-IP	MPLS-in-IP

:: 1의 보수

일반적인 컴퓨터의 정수 계산에서는 2의 보수를 사용한다. 체크섬의 계산에 1의 보수를 사용하면 자리가 넘치더라도 1의 자릿수로 되돌리기 때문에 정보 누락이 없다는 점과 2개의 0 표현을 구별하여 사용할 수 있다는 장점이 있다.

❖ 헤더 체크섬(Header Checksum)

16비트(2옥텟)으로 구성되며, IP 헤더의 체크섬을 나타냅니다. 체크섬은 IP 헤더가 손상되지 않았다는 것을 보증하기 위한 것입니다. 체크섬을 계산할 때에는 먼저 체크섬 필드를 0으로 하고, 16비트 단위로 1의 보수▼의 합을 구합니다. 그리고 구한 값의 1의 보수를 체크섬 필드에 넣습니다.

❖ 송신처 IP 주소(Source Address)

32비트(4옥텟)로 구성되며, 송신처의 IP 주소를 나타냅니다.

❖ 수신처 IP 주소(Destination Address)

32비트(4옥텟)로 구성되며, 수신처의 IP 주소를 나타냅니다.

❖ 옵션(Options)

가변 길이를 가집니다. 일반적으로 옵션 필드는 사용하지 않지만, 테스트나 디버그 등을 할 때에 사용합니다. 옵션의 종류는 다음과 같습니다.

- 보안 라벨
- 소스 라우팅
- 라우트 레코드
- 타임 스탬프

❖ 패딩(Padding)

'덧댄다'는 뜻으로, 옵션을 붙이면 헤더 길이가 32비트의 정수배가 되지 않는 경우가 발생합니다. 이 경우 패딩에 '0'을 넣으면 32비트의 정수배가 됩니다.

❖ 데이터(Data)

데이터가 들어갑니다. IP 상위층의 헤더도 모두 데이터로 취급합니다.

IPv6의 헤더 포맷

08

:: TCP나 UDP는 체크섬 계산을 할 때에 유사 헤더를 사용하기 때문에 IP 주소나 프로토콜 번호가 올바른지, 아닌지를 체크할 수 있다. 따라서 IP층에서 신뢰성 확인을 하지 않아도 TCP층이나 UDP층에서 신뢰성을 제공할 수 있다(자세한 내용은 TCP 및 UDP에 관한 설명 참조).

IPv6의 IP 헤더 포맷은 그림 4.33과 같습니다. IPv4와 비교해서 IP 주소 필드가 커졌습니다.

IPv6에서는 라우터에서의 처리를 줄이기 위해 헤더의 체크섬을 생략합니다.▼ 라우터는 체크섬 계산을 할 필요가 없기 때문에 패킷 전송 능력이 향상됩니다. 또한 분할 처리를 위한 식별자 등은 옵션이 되었습니다. IPv6의 헤더나 옵션은 모두 8옥텟 단위로 구성됩니다. 그 이유는 64비트 CPU를 가진 컴퓨터에서 처리하기 쉬운 구조로 만들었기 때문입니다.

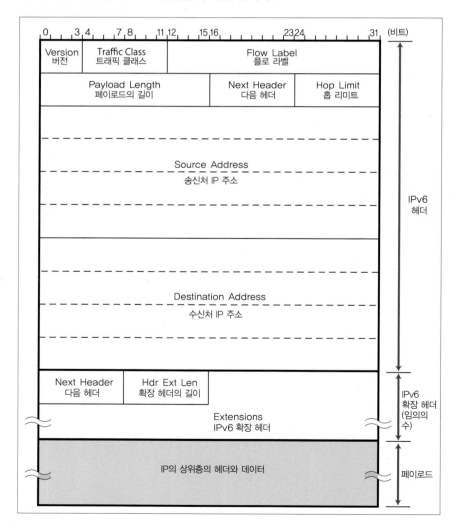

○ **그림 4.33** IPv6 패킷 포맷

❖ 버전(Version)

버전 필드의 길이는 IPv4와 똑같이 4비트입니다. IPv6의 버전은 6이므로 6이 들어갑니다.

❖ 트래픽 클래스(Traffic Class)

IPv4의 TOS(Type Of Service)에 해당하는 필드로, 길이는 8비트입니다. 그런데 TOS는 IPv4에서 사용된 실적이 거의 없고, 도움이 되지 않는 기술이라고 판단되어 IPv6의 헤더에서는 삭제될 예정이었습니다. 하지만 현재는 DiffeServ(246쪽), ECN(247쪽 참조)로 사용할 것을 검토 중입니다.

❖ 플로 라벨(Flow Label)

:: 자세한 내용은 245쪽 참조

품질 제어(QoS : Quality of Service)▼로 이용하는 것을 고려 중인 필드로, 길이는 20비트입니다. 하지만 이 플로 라벨을 이용하여 어떤 서비스를 제공할 것인지는 과제로 남아 있습니다. 플로 라벨을 이용하고 싶은 경우에는 모두 0으로 채워야 합니다.

:: RSVP 및 플로 설정에 대해서는 245쪽 'IntServ' 참조

품질 제어를 할 경우에는 플로 라벨을 난수로 결정하고, RSVP(Resource Reservation Protocol)과 같은 플로를 셋업하는 프로토콜을 이용하여▼ 경로 상의 라우터에 품질 제어에 관한 설정을 해야 합니다. 그리고 품질 제어를 하고 싶은 패킷을 송신할 때에는 RSVP에서 예상한 플로 라벨을 붙여서 송신합니다. 라우터에서는 수신한 IP 패킷의 플로 라벨을 검색 키로 활용하여 품질 제어 정보를 고속으로 검색함으로써 필요한 처리를 합니다.▼ 또한 플로 라벨과 수신처 IP 주소, 송신처 IP 주소가 모두 동일하지 않으면 같은 플로로 간주하지 않습니다.

:: 품질 제어를 하는 라우터에서는 수신한 패킷을 재빨리 전송할 필요가 있다. 수신한 패킷을 어떤 품질로 송신하는 것이 좋은지와 같은 정보 검색에 시간이 걸리면 높은 품질 제어를 기대할 수 없게 된다. 플로 라벨은 라우터가 품질 제어 정보를 '고속으로 검색'하기 위해 이용하는 이른바 색인(인덱스)이며, 플로 라벨의 값 자체에는 특별한 의미나 기능이 없다.

❖ 페이로드의 길이(Payload Length)

페이로드(Payload)는 패킷의 데이터 부분을 의미합니다. IPv4의 TL(Total Length)에서는 헤더의 길이도 포함했지만, 이 페이로드의 길이는 IPv6의 헤더를 제외한 데이터 부분의 길이를 나타냅니다.

IPv6의 옵션은 IPv6의 헤더에 이어지는 데이터라는 형태로 되기 때문에 옵션이 포함되는 경우에는 해당 옵션을 포함한 데이터 전체의 길이가 Payload Length가 됩니다.▼

:: 기본값의 길이는 16비트이고, 데이터의 최대 크기는 65535 옥텟이 된다. 하지만 이것을 넘는 크기의 데이터를 하나의 IPv6 패킷으로 송신할 수 있도록 하기 위해 정보 페이로드 옵션이 마련되어 있다. 이 옵션은 필드 길이가 32비트이므로 최대 4G 옥텟의 데이터를 하나의 IP 패킷으로 운반할 수 있다.

❖ 다음 헤더(Next Header)

IPv4의 프로토콜 필드에 해당합니다. 하지만 TCP나 UDP와 같은 프로토콜뿐만 아니라 IPv6의 확장 헤더가 있는 경우에는 그 프로토콜 번호가 들어갑니다.

❖ 홉 리미트(Hop Limit)

8비트로 구성됩니다. IPv4의 TTL과 똑같은 의미지만 '통과할 수 있는 라우터의 수를 제한한다'는 뜻을 명확하게 나타내기 위해 '홉 리미트'라고 이름붙

였습니다. 라우터를 통과할 때마다 1씩 줄어들어 0이 되었을 때, 해당 IPv6 패킷은 파기됩니다.

❖ 송신처 IP 주소(Source Address)
128비트로 구성되며, 송신처의 IP 주소를 나타냅니다.

❖ 수신처 IP 주소(Destination Address)
128비트로 구성되며, 수신처의 IP 주소를 나타냅니다.

1 IPv6 확장 헤더
IPv6의 헤더는 고정 길이이기 때문에 옵션을 헤더 안에 추가할 수 없습니다. 그 대신 기능을 확장 헤더를 이용하여 확장할 수 있도록 되어 있습니다.

확장 헤더는 IPv6 헤더와 TCP 또는 UDP 헤더 사이에 삽입합니다. IPv4에서는 옵션의 길이가 40옥텟으로 제한되어 있었지만, IPv6에서는 이 제한이 없어졌습니다. IPv6에서는 임의의 수로 확장 헤더를 추가할 수 있습니다. 확장 헤더에는 다음 프로토콜 또는 확장 헤더를 가리키는 필드가 있습니다.

IPv6 헤더에는 식별자나 프래그먼트 오프셋을 저장하는 필드가 없습니다. IP 패킷을 분할하는 경우에는 확장 헤더를 사용합니다.

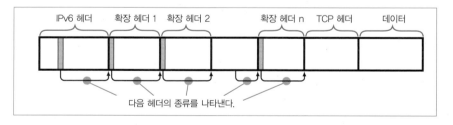

○그림 4.34 IPv6 확장 헤더

구체적으로는 표 4.9와 같은 확장 헤더가 있습니다. IPv6 패킷을 분할해야 할 때에는 44의 프래그먼트 헤더를 사용합니다. IPv6에서 IPsec을 사용할 때에는 50, 51의 ESP, AH를 사용합니다. Mobile IPv6의 경우에는 60과 135의 수신처 옵션과 모빌리티 헤더를 사용합니다.

○표 4.9 IPv6 확장 헤더와 프로토콜 번호

확장 헤더	프로토콜 번호
홉 바이 홉 옵션(HOPOPT)	0
라우팅 헤더(IPv6-Route)	43
프래그먼트 헤더(IPv6-Frag)	44
페이로드 암호화(ESP)	50
인증 헤더(AH)	51
헤더의 끝(IPv6-NoNxt)	59
수신처 옵션(IPv6-Opts)	60
모빌리티 헤더(Mobility Header)	135

CHAPTER

05

IP 관련 기술

IP(Internet Protocol)는 패킷을 목적하는 호스트까지 전달
할 수 있지만, IP만으로 통신을 할 수 있는 것은 아닙니다.
따라서 호스트명 또는 MAC 주소를 해결하는 기능, IP에
의한 패킷 전송에 문제가 발생한 경우를 처리하는 기능 등
이 필요합니다. 또한 IP에는 빠져 있는 기능도 있습니다.
이 장에서는 IP를 보조하거나 확장하는 장치인 DNS, ARP,
ICMP, DHCP 등의 기능에 대해 설명합니다.

7 애플리케이션층
6 프리젠테이션층
5 세션층
4 트랜스포트층
3 네트워크층
2 데이터 링크층
1 물리층

〈애플리케이션층〉
TELNET, SSH, HTTP, SMTP, POP,
SSL/TLS, FTP, MIME, HTML,
SNMP, MIB, SIP, …

〈트랜스포트층〉
TCP, UDP, UDP-Lite, SCTP, DCCP

〈네트워크층〉
ARP, IPv4, IPv6, ICMP, IPsec

이더넷, 무선 LAN, PPP, …
(트위스트 페어 케이블, 무선, 광섬유, …)

IP만으로는 통신할 수 없다

01

제4장까지의 설명을 통해 IP를 사용하여 도달하고자 하는 호스트까지 패킷이 전달되는 과정을 이해했으리라 생각됩니다.

하지만 일반적으로는 우리가 네트워크를 이용할 때, IP 주소를 입력하는 일은 거의 없습니다.

웹페이지나 전자메일을 사용할 때에는 IP 주소가 아니라 웹 사이트 주소나 전자메일 주소 등과 같이 애플리케이션층에 정해져 있는 주소를 사용합니다. 하지만 호스트가 실제로 IP 패킷을 사용하여 통신하기 위해서는 애플리케이션에서 사용하는 주소로부터 그에 대응하는 IP 주소를 알아야 합니다.

또한 데이터 링크에서는 IP 주소를 사용하지 않습니다. 이더넷 등의 경우에는 MAC 주소를 사용하여 패킷을 전달합니다. 실제로 IP 패킷을 네트워크상에서 전달하는 것은 데이터 링크이므로, 보낼 곳의 MAC 주소 정보를 정확하게 알아야 합니다. MAC 주소를 모르면 통신할 수 없습니다. 이렇게 실제 통신은 IP만으로 실현되는 것이 아니라 IP를 지지하는 각종 관련 기술에 의해 실현되는 것입니다.

이 장에서는 IP를 보조하는 기술, 즉 DNS, ARP, ICMP, ICMPv6, DHCP, NAT에 대해 설명합니다. 그리고 IP 터널링, IP 멀티캐스트, IP 애니캐스트, 품질 제어(QoS), 명시적 혼잡 통지, Mobile IP에 대해서도 설명합니다.

DNS (Domain Name System)

O2

우리가 보통 인터넷에 액세스할 때에는 IP 주소를 사용하지 않고 로마자와 피리어드를 사용한 이름을 사용합니다. 일반적으로 일반 사용자가 TCP/IP로 통신할 때에는 IP 주소를 사용하지 않습니다. 그 이유는 DSN(Domain Name System)라는 기능을 이용하여 DNS가 로마자와 피리어드를 사용한 이름을 IP 주소로 자동 변환해주기 때문입니다. DNS는 IPv4와 IPv6 모두에서 사용됩니다.

▋ IP 주소를 기억하는 것은 힘들다

TCP/IP에서는 네트워크에 연결되어 있는 컴퓨터를 식별하기 위해 각 호스트에 고유한 IP 주소를 설정하고, 해당 IP 주소를 바탕으로 통신을 합니다. 하지만 사용자가 애플리케이션을 이용할 때 통신 상대를 직접 지정해야 하는 경우에는 IP 주소를 사용하는 것이 불편합니다. IP 주소는 숫자열로 표현되므로 사람이 기억하기가 어렵기 때문입니다.▼

그래서 TCP/IP 세계에서는 오래전부터 호스트명이라는 식별자를 이용해 왔습니다. 컴퓨터 하나하나에 이름을 붙인 후 통신하고 싶은 경우에는 IP 주소가 아니라 호스트명을 입력해야 합니다. 그러면 자동으로 IP 주소로 변환되어 통신을 할 수 있습니다. 이 기능을 실현하기 위해 호스트명과 IP 주소의 대응을 정의하는 'hosts'▼라는 데이터베이스 파일을 이용했습니다.

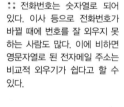

:: 전화번호는 숫자열로 되어 있다. 이사 등으로 전화번호가 바뀔 때에 번호를 잘 외우지 못하는 사람도 많다. 이에 비하면 영문자열로 된 전자메일 주소는 비교적 외우기가 쉽다고 할 수 있다.

:: 스마트폰으로 예를 들면, '이름'과 '전화번호'가 적혀 있는 '연락처'나 '전화번호부' 같은 것이다. 전화번호를 몰라도 상대방에게 전화를 걸 수 있는 것처럼 hosts에 등록되어 있으면, 상대방 IP 주소를 몰라도 호스트명으로 통신할 수 있게 된다.

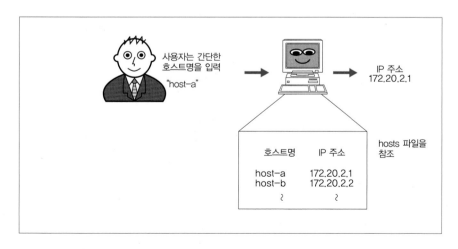

◐ 그림 5.1 호스트명을 IP 주소로 변환

인터넷의 기원이라고 할 수 있는 ARPANET에서는 초창기 hosts 파일을 네트워크 인포메이션 센터(SRI-NIC)에서 일괄적으로 관리했습니다. ARPANET에 컴퓨터가 연결되거나 IP 주소가 변경된 경우에는 센터의 데이터베이스가 갱신되어 다른 컴퓨터는 정기적으로 센터로부터 데이터베이스를 다운로드하면서 운용했습니다.

하지만 네트워크의 규모가 커지고 연결하는 컴퓨터 수가 증가하면서 호스트명과 IP 주소의 등록 및 변경 처리를 한 장소에서 집중 관리하는 것이 불가능해졌습니다.

2 DNS의 등장

DNS는 호스트명과 IP 주소의 대응 관계를 효율적으로 관리하기 위해 개발되었습니다. 이 시스템은 호스트를 관리하는 조직이 데이터의 설정이나 변경을 할 수 있다는 특징이 있습니다. 즉, 조직 내 호스트명과 IP 주소의 관계를 나타내는 데이터베이스를 관리할 수 있습니다.

DNS에서는 통신을 하고 싶은 사용자가 호스트명(또는 도메인명)을 입력하면 자동으로 호스트명과 IP 주소가 등록되어 있는 데이터베이스 서버를 검색하여 IP 주소의 정보를 얻을 수 있게 되어 있습니다.▼ 이로 말미암아 호스트명이나 IP 주소의 등록 및 변경을 한 경우에도 해당 조직 안에서만 처리를 하면 되고, 다른 기관에 보고하거나 신청할 필요가 없어졌습니다. 또한, IP 주소가 변화해도 같은 호스트명을 이용할 수 있는 다이내믹 DNS라는 기술도 등장했습니다.

초기의 ARPANET에서 발생한 문제는 DNS에 의해 모두 해결되었습니다. DNS는 네트워크가 아무리 확대되어도 처리할 수 있도록 되어 있습니다. 현재 우리가 웹 브라우저와 같은 애플리케이션을 이용할 때에 호스트명의 입력만으로도 통신할 수 있는 것은 이 DNS 덕분입니다.

:: Windows나 UNIX에서는 도메인명으로 IP 주소를 조사할 때에 nslookup 명령을 사용한다. 'nslookup 도메인명'을 입력하면 IP 주소가 표시된다.

3 도메인명의 구조

DNS의 구조를 이해하려면 먼저 도메인명을 이해해야 합니다. 도메인명이란, '호스트의 이름이나 조직의 이름을 식별하기 위한 계층적인 이름'을 말합니다. 예를 들어 서울대학교의 도메인명은 다음과 같습니다.

```
snu.ac.kr
```

도메인명은 몇 개의 짧은 영문자를 피리어드로 연결한 구조를 갖고 있습니다. 가장 왼쪽의 'snu'는 서울대학교(Seoul National University) 고유의 도메인명을, 'ac'는 대학교(academy)나 전문 대학과 같은 고등 교육 기관을, 'kr'은 한국(korea)을 나타냅니다.

:: 도메인명을 갖고 있는 조직 중에서 독자적으로 '서브 도메인'을 설정하여 운용할 수도 있다. 서브 도메인은 호스트명과 도메인명 사이에 넣는다.

도메인명을 사용한 경우에는 각각의 호스트명 다음에 그 조직의 도메인명을 붙입니다.▼ 예를 들어 pepper, tomato, orange라는 호스트가 있는 경우에는 다음과 같이 구성됩니다.

```
pepper.snu.ac.kr
tomato.snu.ac.kr
orange.snu.ac.kr
```

도메인명을 이용하기 전에는 단순히 호스트명만으로 IP 주소를 관리했기 때문에 설령 다른 조직이라 하더라도 동일한 호스트명을 붙일 수 없었습니다. 하지만 계층적인 도메인명의 등장으로 각 조직 단위로 자유롭게 호스트명을 붙일 수 있게 되었습니다.

DNS는 그림 5.2의 A에 나타낸 것처럼 계층 구조로 되어 있습니다. 이는 나무를 거꾸로 한 것 같은 구조로 되어 있다고 해서 '나무 구조(트리 구조)'라고 합니다. 정점에 루트(뿌리)가 있고, 그 아래에 여러 개로 갈라져 있는 가지가 있습니다. 정점 다음에는 제1레벨 도메인▼이 있으며, 'kr'(한국)이나 'uk'(영국)와 같이 국가를 나타내는 도메인▼과 'edu'(미국 교육 기관)나 'com'(미국 기업)과 같은 도메인▼이 있습니다. 이러한 형태는 기업 내 조직 계층과 비슷합니다.

:: 탑레벨 도메인(TLD : Top Level Domain)이라고 한다.

:: **국가 코드 탑레벨 도메인**
(ccTLD : country code TLD)

:: **분야별 탑레벨 도메인**
(gTLD : generic TLD)

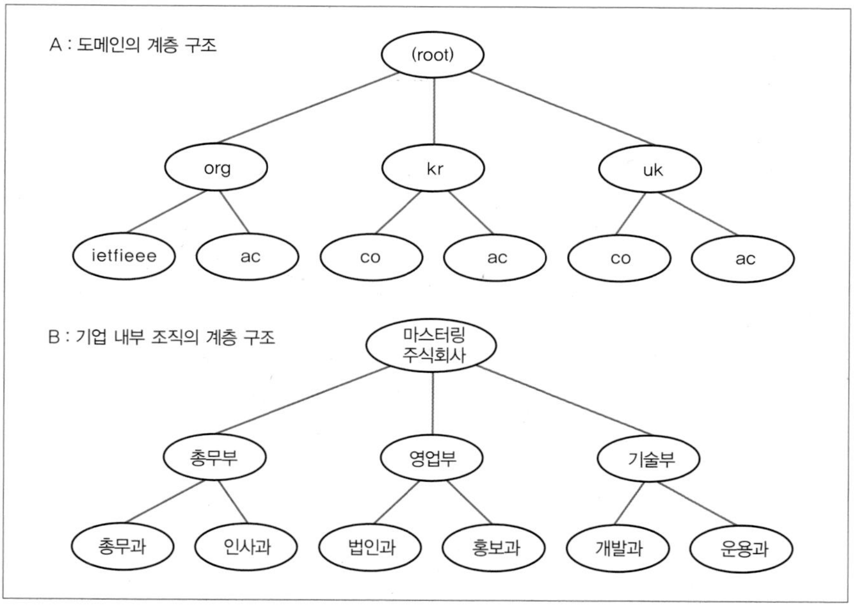

○그림 5.2 도메인의 계층 구조

:: kr 도메인명의 등록 관리 및 운용 서비스는 한국인터넷진흥원(KISA)에서 하고 있다.

kr 도메인▼ 아래에는 그림 5.3과 같은 종류가 있습니다. 'kr' 아래에 오는 제2레벨의 도메인명에는 'ac'나 'co'와 같은 속성(조직 종별)이나 'seoul'과 같은 지역 또는 조직명을 나타내는 범용 도메인이 있습니다. 속성 도메인이나 지역 도메인의 경우에는 다시 제3레벨에 조직을 나타내는 도메인명이 붙습니다.

:: ASCII

'American Standard Code for Information Interchange'의 약자로 '아스키'라고 부른다. 영문자, 숫자, !, @ 등과 같은 기호를 표시할 수 있는 7비트 문자 코드다.

도메인명에는 오랜 시간 동안 ASCII 문자▼만 사용되었는데, 현재는 한글과 같은 다국어도 지원하고 있습니다.

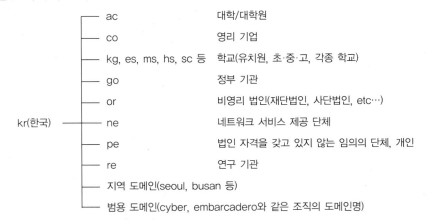

	대학/대학원
ac	
co	영리 기업
kg, es, ms, hs, sc 등	학교(유치원, 초·중·고, 각종 학교)
go	정부 기관
or	비영리 법인(재단법인, 사단법인, etc…)
kr(한국) ── ne	네트워크 서비스 제공 단체
pe	법인 자격을 갖고 있지 않는 임의의 단체, 개인
re	연구 기관
지역 도메인(seoul, busan 등)	
범용 도메인(cyber, embarcadero와 같은 조직의 도메인명)	

○**그림 5.3** *.kr의 도메인명

❖ 네임 서버

네임 서버란, 도메인명을 관리하는 호스트와 소프트웨어를 말합니다. 네임 서버에서는 해당 네임 서버가 설치된 계층의 도메인과 관련된 정보를 관리합니다. 이를 관리하는 계층을 '존(Zone)'이라고 합니다. 그림 5.4에 보이는 것처럼 계층별로 네임 서버가 설치되어 있습니다.

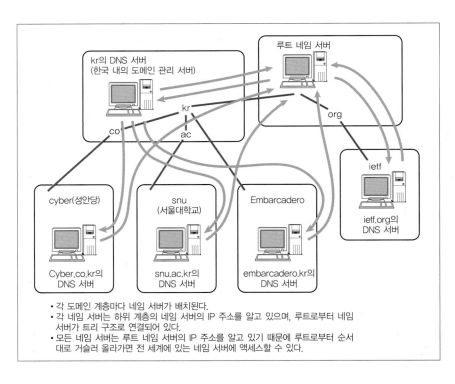

• 각 도메인 계층마다 네임 서버가 배치된다.
• 각 네임 서버는 하위 계층의 네임 서버의 IP 주소를 알고 있으며, 루트로부터 네임 서버가 트리 구조로 연결되어 있다.
• 모든 네임 서버는 루트 네임 서버의 IP 주소를 알고 있기 때문에 루트로부터 순서 대로 거슬러 올라가면 전 세계에 있는 네임 서버에 액세스할 수 있다.

○**그림 5.4** 네임 서버

:: 루트 네임 서버는 DNS의 프로토콜적 제어에 의해 13개의 IP 주소로 표현되며, A부터 M까지의 이름이 붙어 있다. 하지만 현재는 동일한 IP 주소를 여러 노드에 설정할 수 있는 IP 애니캐스트에 의해 루트 네임 서버의 수를 증가시켜 내구성의 향상, 부하 분산을 하고 있다(IP 애니캐스트에 대해서는 244쪽 참조).

:: 하나의 호스트명(도메인명)에 복수의 IP 주소를 할당할 수도 있다. 이런 방식을 '라운드 로빈 DNS'라 부르며, 웹서버 등의 부하 분산에 이용하는 경우가 있다. 이 경우 nslookup 명령으로 조회하면 여러 개의 IP 주소가 나타난다.

:: 쿼리(query)
DNS 조회 처리를 말한다.

루트 부분에 설치되어 있는 서버를 '루트 네임 서버'라고 합니다. 루트 네임 서버는 DNS에 의한 데이터 검색에서 가장 중요한 역할을 하고 있습니다.▼ 루트 네임 서버에는 그 다음 레벨의 네임 서버 IP 주소가 등록되어 있습니다. 그림 5.4의 경우, 루트 네임 서버에는 kr이나 org를 관리하고 있는 네임 서버의 IP 주소가 등록되어 있습니다. 반대로 말하자면 kr이나 org 계층의 도메인명을 새로 설치하거나 변경하는 경우에는 루트 네임 서버에게 설정 또는 변경을 요청해야 합니다.

루트 네임 서버의 다음 계층에 있는 네임 서버에는 그 아래 계층의 네임 서버나 호스트의 IP 주소가 등록되어 있습니다. 관리하고 있는 도메인보다 아래 계층인 경우는 호스트명과 IP 주소의 대응관계▼ 및 서브 도메인을 자유롭게 설정할 수 있습니다. 하지만 해당 계층의 도메인명이나 네임 서버를 신설하거나 IP 주소를 설정하는 경우에는 상위 계층의 네임 서버에게 설정 추가 또는 변경을 요청해야 합니다.

이렇게 도메인명과 네임 서버는 계층적으로 배치되어 있습니다. 네임 서버가 다운되면 해당 도메인에 대한 DNS 조회를 할 수 없게 됩니다. 그래서 고장에 견딜 수 있도록 일반적으로 2대 이상의 네임 서버를 설치하고 있습니다. DNS 조회에 대한 응답이 없는 경우에는 두 번째 서버, 세 번째 서버순으로 서버에 조회를 하게 됩니다.

모든 네임 서버에는 루트 네임 서버의 IP 주소를 등록해야 합니다. DNS에 의한 IP 주소의 검색은 루트 네임 서버부터 순서대로 이루어지기 때문입니다. 루트 네임 서버의 IP 주소의 최신 정보는 다음 웹 사이트에서 입수할 수 있습니다.

`http://www.internic.net/zones/named.root`

❖ 리졸버

DNS에 조회를 하는 호스트나 소프트웨어를 '리졸버(Resolver)'라고 합니다. 사용자가 이용하는 워크스테이션이나 PC는 리졸버에 해당합니다. 리졸버는 최소 하나 이상의 네임 서버 IP 주소를 알고 있어야 합니다. 일반적으로 해당 조직 내의 네임 서버의 IP 주소를 등록합니다.

4 DNS에 의한 조회

이제 구체적으로 DNS가 어떻게 조회 처리▼를 하는지에 대해 알아보겠습니다. 그림 5.5는 snu.ac.kr 도메인 내의 컴퓨터가 www.ietf.org서버에 액세스할 때에 DNS 조회의 흐름을 나타낸 것입니다.

:: 일반적으로 DNS 조회 및 응답은 UDP로 이루어진다. 그러나, DNS의 메시지 길이는 512 바이트 이하로 제한되어 있어, IPv6 등을 사용하면 이를 넘을 가능성이 커진다. 이 경우에는 EDNS0(Extension mechanisms for DNS)이라는 메커니즘을 사용해 TCP로 다시 조회된다.

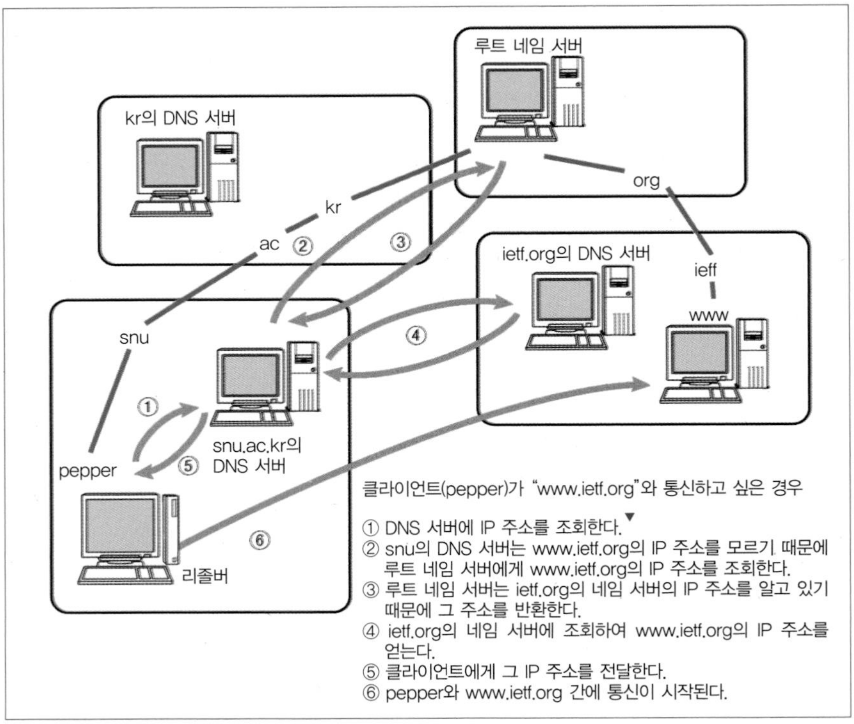

루트 네임 서버
kr의 DNS 서버
kr
org
ac
②
③
ietf.org의 DNS 서버
ieff
www
snu
④
①
snu.ac.kr의
DNS 서버
pepper
⑤
⑥
리졸버
클라이언트(pepper)가 "www.ietf.org"와 통신하고 싶은 경우
① DNS 서버에 IP 주소를 조회한다.▼
② snu의 DNS 서버는 www.ietf.org의 IP 주소를 모르기 때문에 루트 네임 서버에게 www.ietf.org의 IP 주소를 조회한다.
③ 루트 네임 서버는 ietf.org의 네임 서버의 IP 주소를 알고 있기 때문에 그 주소를 반환한다.
④ ietf.org의 네임 서버에 조회하여 www.ietf.org의 IP 주소를 얻는다.
⑤ 클라이언트에게 그 IP 주소를 전달한다.
⑥ pepper와 www.ietf.org 간에 통신이 시작된다.

그림 5.5 DNS에 의한 조회

:: 이 그림에서는 동일한 도메인 안의 네임 서버에게 조회를 하고 있지만 조직 밖의 네임 서버에게 조회를 할 수도 있다.

:: 캐시 기간은 정보를 제공하는 네임 서버에 의해 설정된다.

리졸버는 IP 주소를 조사하기 위해 네임 서버▼에게 조회 처리를 의뢰합니다. 이를 받은 네임 서버는 자신의 데이터베이스에 정보가 있는 경우, 이를 반환하지만, 정보가 없는 경우에는 루트 네임 서버에게 조회 처리를 의뢰합니다. 그리고 그림 5.5와 같이 도메인의 트리 구조를 위에서부터 순서대로 찾아가면서 목적하는 정보가 있는 네임 서버를 발견하고 이곳에서 필요한 정보를 얻습니다. 리졸버나 네임 서버는 새로 알게 된 정보를 잠깐 동안 캐시합니다.▼ 이것으로 매번 조회를 함으로써 생기는 퍼포먼스 저하를 방지합니다.

5 DNS는 인터넷에 퍼져 있는 분산 데이터베이스

앞에서 DNS는 호스트명으로부터 IP 주소를 검색하는 시스템이라고 설명했는데, 관리하고 있는 것은 그것뿐만이 아닙니다. DNS는 이 밖에도 표 5.1과 같은 각종 정보를 관리하고 있습니다.

예를 들어 호스트명과 IP 주소의 대응은 'A 레코드'라고 합니다. 반대로 IP 주소로부터 호스트명을 검색할 때의 정보는 'PTR'입니다. 그리고 상위나 하위 네임 서버의 IP 주소 대응은 NS 레코드입니다. 특히 중요한 것은 MX 레코드인데, 여기에는 메일 주소와 해당 메일을 수신하는 메일 서버의 호스트명이 등록됩니다. 자세한 내용은 336쪽의 전자메일에서 설명합니다.

타입	번호	내용
A	1	호스트의 IP 주소(IPv4)
NS	2	네임 서버
CNAME	5	호스트의 별명에 대한 정식명
SOA	6	존 내 등록 데이터의 시작 마크
WKS	11	Well-Known Service
PTR	12	IP 주소의 역순 검색용 포인터
HINFO	13	호스트에 관한 추가 정보
MINFO	14	메일 박스나 메일링 리스트의 정보
MX	15	메일 서버(Mail Exchange)
TXT	16	텍스트 문자열
SIG	24	보안 서명
KEY	25	보안 키
GPOS	27	지리적인 위치
AAAA	28	호스트의 IPv6 주소
NXT	30	다음 도메인
SRV	33	서버의 선택
*	255	모든 레코드 요청

ARP(Address Resolution Protocol)

03

IP 주소가 정해지면 수신처 IP 주소로 IP 데이터그램을 보낼 수 있습니다. 그런데 실제로 데이터 링크를 이용하여 통신을 할 때에는 IP 주소에 대응하는 MAC 주소가 필요합니다.

1 ARP의 개요

:: **ARP**(Address Resolution Protocol)

ARP▼는 주소 해결을 위한 프로토콜입니다. 수신처 IP 주소를 단서로 다음에 패킷을 받아야 할 기기의 MAC 주소를 알고 싶을 때에 사용합니다. 수신처 호스트가 동일 링크상에 없는 경우에는 다음 홉의 라우터 MAC 주소를 ARP로 조사합니다. ARP는 IPv4에서만 사용되고, IPv6에서는 사용되지 않습니다. IPv6에서는 ARP 대신 ICMPv6의 인접 탐색 메시지▼를 사용합니다.

:: 227쪽 참조.

2 ARP의 구조

MAC 주소는 어떤 절차를 통해 알아내는 것일까요? ARP에서는 ARP 요청 패킷과 ARP 응답 패킷이라는 두 종류의 패킷을 사용하여 MAC 주소를 알아냅니다. 그림 5.6에 나타낸 것처럼 호스트 A가 동일 링크상의 호스트 B에게 IP 패킷을 보내고자 한다고 가정합시다. 호스트 A의 IP 주소는 172.20.1.1이고, 호스트 B의 IP 주소는 172.20.1.2인데, 호스트 A는 호스트 B의 MAC 주소를 모릅니다.

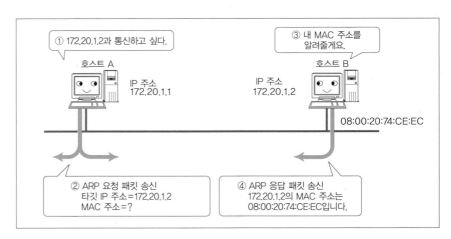

○ **그림 5.6** ARP의 구조

호스트 A는 호스트 B의 MAC 주소를 입수하기 위해 먼저 ARP 요청 패킷을 브로드캐스트합니다. 이 패킷 안에는 MAC 주소를 알고 싶은 호스트의 IP 주소, 즉 호스트 B의 IP 주소인 172.20.1.2가 들어 있습니다. 브로드캐스트된 패킷은 동일 링크상의 모든 호스트나 라우터가 수신하여 처리합니다. 그래서 ARP 요청 패킷은 동일 세그먼트상의 모든 호스트나 라우터가 수신하여 패킷의 내용을 해석합니다. 목적하는 IP 주소가 자신의 IP 주소인 경우에는 자신의 MAC 주소를 넣은 ARP 응답 패킷을 호스트 A 앞으로 반송합니다.

정리하면, IP 주소로부터 MAC 주소를 알아내기 위해 송신하는 것이 'ARP 요청 패킷'이고,▼ 자신의 MAC 주소를 알려주기 위해 반송하는 것이 'ARP 응답 패킷'입니다. 이 ARP에 의해 IP 주소를 가지고 MAC 주소를 검색할 수 있으며, 링크 안에서 IP에 의한 통신을 할 수 있게 됩니다.

:: ARP 요청 패킷에도 상대에게 자신의 MAC 주소를 알려주는 기능이 있다.

ARP에 의한 주소 해결은 동적으로 일어납니다. 그래서 TCP/IP로 네트워크를 구축하거나 통신할 때에는 MAC 주소를 의식할 필요가 없으며, IP 주소만 생각하면 됩니다.

보통 ARP로 취득한 MAC 주소는 몇 분간 캐시▼됩니다. IP 데이터그램을 하나 보낼 때마다 ARP 요청을 보내면 트래픽이 증가하여 쓸데없는 통신이 많아집니다. 따라서 ARP에 의한 트래픽 증가를 막기 위해 한 번 ARP로 MAC 주소를 취득했다면 잠깐 동안은 그 IP 주소와 MAC 주소의 관계를 기억▼해두고 동일한 IP 앞으로 가는 경우 ARP를 실행하지 않고 기억해둔 MAC 주소를 사용하여 IP 데이터그램을 송신해야 합니다. ARP 처리가 한 번 일어나면 ARP 캐시에서 정보가 없어질 때까지 해당 IP 주소에 관해서는 ARP 처리를 하지 않습니다. 이러한 방법으로 ARP 패킷이 네트워크상에서 범람하는 것을 방지합니다.

:: 캐시
동일한 정보가 여러 번 필요하다고 생각하여 메모리 등에 기억해두는 것을 말한다.

:: IP 주소와 MAC 주소의 대응 관계를 기억하는 데이터베이스를 'ARP 테이블'이라고 한다. UNIX나 Windows에서는 'arp-a'를 사용하여 ARP 테이블의 내용을 표시할 수 있다.

한 번 IP 데이터그램을 보낸 호스트에는 계속해서 여러 IP 데이터그램을 보낼 가능성이 높다고 할 수 있습니다. 따라서 캐시는 ARP 패킷을 줄이는 데에 효과적입니다. 또한 이와 반대로 ARP 요청을 받은 호스트는 ARP 요청을 한 호스트의 MAC 주소와 IP 주소를 통해 ARP 요청 패킷을 알게 됩니다. 이때 취득한 MAC 주소도 캐시합니다. 그리고 MAC 주소를 바탕으로 하여 ARP 응답 패킷을 송신합니다. IP 데이터그램을 수신한 호스트는 응답을 하기 위해 IP 데이터그램을 반송할 가능성이 높다고 할 수 있습니다. 따라서 이 MAC 주소의 캐시도 효과적입니다.

ARP에 의해 취득한 MAC 주소는 캐시되지만, 일정 시간이 경과하면 삭제됩니다. MAC 주소와 IP 주소의 대응이 바뀌어도▼ 올바르게 패킷을 보낼 수 있도록 하기 위해서입니다.

:: NIC를 교환할 때나 랩톱 컴퓨터나 스마트폰을 이동했을 때 등을 예로 들 수 있다.

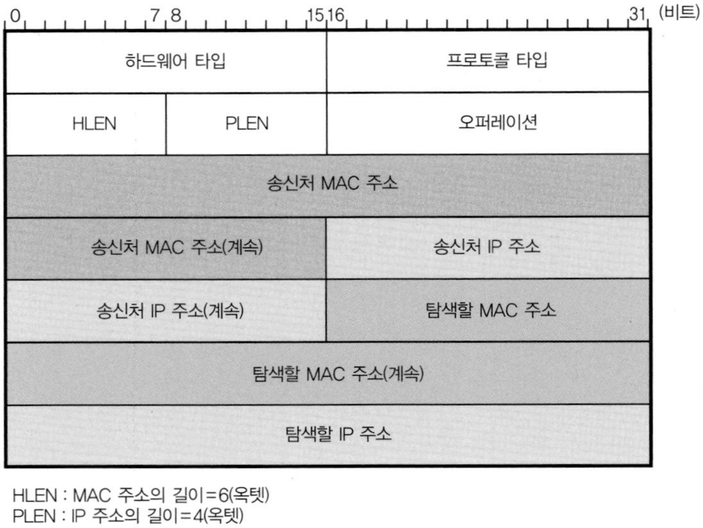

```
0          7 8        15 16                    31 (비트)
```

하드웨어 타입	프로토콜 타입

HLEN	PLEN	오퍼레이션

송신처 MAC 주소		

송신처 MAC 주소(계속)	송신처 IP 주소

송신처 IP 주소(계속)	탐색할 MAC 주소

탐색할 MAC 주소(계속)

탐색할 IP 주소

HLEN : MAC 주소의 길이=6(옥텟)
PLEN : IP 주소의 길이=4(옥텟)

○ **그림 5.7** ARP 패킷 포맷

3 IP 주소와 MAC 주소는 모두 필요한가?

여기서 아래와 같은 의문을 가질지도 모릅니다.

"데이터 링크의 수신처 MAC 주소는 호스트 B 앞에 있는데, 왜 IP 주소가 필요한가?"

확실히 두 번 수고를 하는 것처럼 보일 수 있습니다. 또한 다음과 같은 의문을 가질 수도 있습니다.

"IP 주소를 보면 수신처를 알 수 있으므로 ARP을 하지 않아도 데이터 링크에서 브로드캐스트를 하면 호스트 B에 도달할 수 있지 않을까?"

그렇다면 왜 MAC 주소와 IP 주소가 모두 필요한 것일까요?

그 이유는 다른 링크에 연결된 호스트에 패킷을 보낼 때를 생각하면 이해할 수 있습니다. 그림 5.8과 같이 호스트 A에서 호스트 B로 IP 데이터그램을 보낼 때에는 라우터 C를 경유해야 합니다. 호스트 B의 MAC 주소를 알고 있더라도 라우터 C에서 네트워크가 끊어져 있기 때문에 직접 송신할 수 없습니다. 이때에는 먼저 라우터 C의 MAC 주소인 C1 앞으로 패킷을 송신해야 합니다.

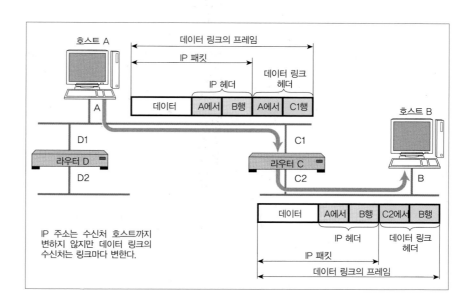

호스트 A

데이터 링크의 프레임

IP 패킷

IP 헤더

데이터 링크
헤더

| 데이터 | A에서 | B행 | A에서 | C1행 |

호스트 B

A

D1

C1

라우터 D

라우터 C

D2

C2

B

IP 주소는 수신처 호스트까지
변하지 않지만 데이터 링크의
수신처는 링크마다 변한다.

| 데이터 | A에서 | B행 | C2에서 | B행 |

IP 헤더

데이터 링크
헤더

IP 패킷

데이터 링크의 프레임

○ 그림 5.8 MAC 주소와 IP 주소의 역할 차이

:: 이러한 문제가 발생하는 것을 막기 위해 MAC 주소가 브로드캐스트 주소로 되어 있는 IP 데이터 그램을 라우터가 전송하지 않도록 되어 있다.

:: ARP에는 이러한 2단계 구조에 의해 통신 성능이 저하되는 것을 막기 위해 IP 주소와 MAC 주소의 대응을 캐시하는 기능이 마련되어 있다. 캐시 기능으로 말미암아 IP 패킷을 송신할 때마다 ARP를 할 필요가 없어져 성능이 저하되는 것을 막을 수 있다.

:: IP 주소의 경우에는 네트워크부가 위치 정보로 기능하기 때문에 네트워크상의 위치가 정해지고 이를 통해 주소를 집약할 수 있다.

:: 이에 반해 IP 주소의 경로 제어표의 경우에는 실용적인 크기가 된다.

만일 MAC 주소를 브로드캐스트 주소로 하면 이번에는 라우터 D도 패킷을 수신하게 됩니다. 이렇게 되면 라우터 D는 수신한 패킷을 라우터 C에게 전송하므로 패킷이 둘 이상으로 늘어납니다.▼

이더넷상에서 IP 패킷을 송신할 때에는 '다음에 어떤 라우터를 경유하여 패킷을 송신할 것인가?'라는 정보가 필요합니다. 그리고 '다음 라우터'에는 MAC 주소로 도착할 수 있습니다.

이러한 것들을 고려하면 IP 주소와 MAC 주소라는 두 가지 주소가 필요하다는 것을 이해할 수 있을 것입니다. 그리고 두 주소를 연결하는 ARP라는 프로토콜이 사이에 들어감으로써 통신이 가능해지는 것입니다.▼

이번에는 IP 주소를 사용하지 않고 MAC 주소만으로 전 세계 네트워크의 모든 호스트를 연결하는 경우를 생각해봅시다.▼ MAC 주소만으로는 각각의 호스트가 어디에 존재하는지 알 수 없습니다. 전 세계를 MAC 주소로 연결한 경우, 브리지가 학습하기 전에는 전 세계를 향해 패킷이 흐르게 됩니다. 전 세계로부터 자신의 네트워크로 패킷이 흘러오는 것을 상상해보십시오. 상상을 초월하는 수의 패킷이 자신의 네트워크 대역을 가득 채우게 될 것입니다. 또한 집약할 수 없는 전 세계 MAC 주소를 브리지가 학습하는 경우, 저장해야 할 MAC 주소의 정보가 다룰 수 없을 만큼 거대해져 통신 불능 상태가 되고 말 것입니다.▼

4 RARP(Reverse Address Resolution Protocol)

RARP는 ARP과 반대로 MAC 주소로부터 IP 주소를 알고 싶은 경우, 예를 들어 프린터 서버와 같은 소형 임베디드 기기를 네트워크와 연결하고 싶을 때에 사용합니다.

우리가 일반적으로 사용하는 PC의 경우에는 키보드로 IP 주소를 입력하여 설정하거나, DHCP▼를 사용하여 자동으로 IP 주소를 설정합니다. 하지만 임베디드 기기의 경우에는 IP 주소를 입력할 인터페이스가 없는 경우나 DHCP를 사용하여 동적으로 IP가 설정되어서는 곤란한 경우도 있습니다.▼

이러한 경우에 RARP를 사용합니다. RARP를 사용하는 경우에는 RARP 서버를 준비해야 합니다. 그리고 RARP 서버에 기기의 MAC 주소와 그 기기에 붙을 IP 주소를 설정합니다.▼ 그 후에 그 기기를 네트워크에 연결하여 전원을 넣으면 기기로부터 아래와 같은 요청이 도착합니다.

> "제 MAC 주소는 〇〇입니다. IP를 가르쳐주세요."

이에 대해 RARP는 다음과 같은 메시지를 보냅니다.

> "MAC 주소가 〇〇인 기기의 IP 주소는 ××를 사용하세요."

기기는 이 메시지에 따라 IP 주소를 설정합니다.

5 Gratuitous ARP(GARP)

gratuitous는 '불필요한' 이나 '쓸데없는' 이라는 의미로, GARP는 자신의 IP 주소에 대한 MAC 주소를 알고 싶어 하는 ARP 패킷을 말합니다. 즉, 자신의 IP 주소를 타겟 IP 주소로 해서 아래와 같이 ARP 요청 패킷을 보내는 것입니다.

> "이 IP 주소를 사용하는 기기의 MAC 주소를 가르쳐 주세요."

자신은 자신의 MAC 주소를 알고 있을 텐데, 어째서 이런 패킷을 보낼 필요가 있을까요?

그 이유는 IP 주소가 중복됐는지 확인하기 위해서입니다. 자신의 IP 주소에 대한 ARP 요구 패킷을 보내도 응답이 없을 것입니다. 만약, 응답이 있으면 그 IP 주소는 이미 사용되고 있는 것입니다. 이 기능을 이용해서 IP 주소의 중복을 감지할 수 있습니다.

게다가 중간의 스위칭 허브 등의 MAC 주소 학습 테이블▼을 갱신시키는 기능도 있습니다. 이 기능은 자신의 IP 주소와 MAC 주소의 대응 관계가 바뀌었을 때 등에 사용됩니다.▼

:: DHCP(Dynamic Host Configuration Protocol)에서도 RARP와 같이 IP 주소를 고정으로 할당할 수 있다(DHCP에 대해서는 228쪽 참조).

:: PC에서 임베디드 기기에 연결할 때에는 IP 주소를 설정할 필요가 있지만 DHCP를 사용하여 동적으로 IP가 설정되면, 해당 임베디드 기기에 설정되어 있는 IP 주소를 모르게 되는 경우도 발생한다.

:: RARP가 사용할 수 있는 것은 MAC 주소나 디바이스 고유의 값이기 때문이라고 할 수 있다.

:: 63쪽 참조.

:: ARP 응답 패킷으로 되지만, ARP 요청 패킷이라도 상관없다.

6 대리 ARP(Proxy ARP)

일반 ARP는 동일 세그먼트(서브넷) 내에서 IP 패킷을 전송할 때 사용됩니다. 반면에, 대리 ARP(Proxy ARP)는 라우팅 테이블을 사용하지 않고 IP 패킷을 다른 세그먼트에 보내고 싶을 때 사용됩니다. 대리 ARP에서는 다른 세그먼트에 대한 ARP 요청 패킷이 흐릅니다. 이 요청에 대해 라우터는 자신의 MAC 주소를 반환합니다. 그 결과, IP 패킷은 라우터에 보내지게 됩니다. 라우터는 받은 IP 패킷을 본래의 IP 주소가 부여된 노드로 전송합니다. 이렇게 해서 2개 이상으로 나뉘어진 세그먼트가 하나의 세그먼트인 것처럼 작동하게 됩니다.

현재 TCP/IP 네트워크에서는 일반적으로 여러 개의 세그먼트를 라우터로 연결할 때 각각의 세브먼트에 서브넷을 정의하고, 라우팅 테이블로 경로 제어를 합니다. 하지만, 서브넷 마스크나 라우팅 테이블을 정의할 수 없는 기기가 있거나 복수의 서브넷을 중복해서 사용하는 VPN 환경 등에서는 대리 ARP가 이용되는 경우가 있습니다.

ICMP(Internet Control Message Protocol)

04

:: 네트워크의 설정은 케이블 연결부터 IP 주소나 서브넷 마스크의 설정, 라우팅 테이블 설정, DNS 서버 설정, 메일 서버나 프록시 서버 설정 등과 같이 종류가 많지만, ICMP는 이 중에서 IP에 관한 부분만을 책임진다.

:: ICMP는 최선의 노력(Best Effort)으로 IP상에서 작동하기 때문에 보장이 없고, 편리성보다는 보안 대책을 우선으로 하는 환경에서 ICMP를 이용할 수 없는 경우도 늘고 있기 때문에 너무 맹신하는 것은 좋지 않다.

:: ICMP의 외관상 패킷 형식은 TCP나 UDP와 똑같이 IP에 의해 운반된다. 하지만 ICMP가 하고 있는 역할은 트랜스포트층이 아니라 네트워크층이며, IP의 일부로 생각해야 한다.

1 IP를 보조하는 ICMP

IP 네트워크를 구축했을 때에 가장 중요한 것은 네트워크가 정상적으로 작동하는지, 아닌지를 확인하는 것과 이상이 발생했을 때의 트러블 슈팅(장애 대책)입니다.

예를 들어 네트워크를 구축했을 때에는 설정이 올바른지, 아닌지를 확인할 방법이 필요합니다.▼ 또한 네트워크가 제대로 작동하지 않는 경우에는 무엇이 문제인지를 규명할 방법도 필요합니다. 관리자의 수고를 덜기 위해서는 이러한 기능이 필요한 것입니다.

이를 실현해주는 것이 ICMP입니다. ICMP에는 IP 패킷이 목적하는 호스트까지 도착했는지 아닌지를 확인하는 기능, 어떤 원인으로 IP 패킷이 파기되었을 때에 해당 원인을 통지해주는 기능, 불충분한 설정을 보다 좋은 설정으로 변경해주는 기능 등이 있습니다. 이러한 기능에 의해 네트워크가 정상인지, 아닌지, 설정 미스가 있거나 기기의 이상은 없는지를 알 수 있기 때문에 트러블 슈팅이 편해집니다.▼

IP에서는 IP 패킷이 어떤 장애로 말미암아 도달할 수 없었을 때에 ICMP에 의해 장애 통지가 일어납니다. 그림 5.9는 호스트 A에서 호스트 B 앞으로 패킷을 보냈지만, 어떤 장애 때문에 라우터 2가 호스트 B를 찾아내지 못한 경우의 동작 예입니다. 이때 라우터 2는 호스트 A에 대해 호스트 B로 가는 패킷이 도달하지 않았다는 사실을 ICMP로 통지합니다.

ICMP에 의한 정보의 통지는 IP를 사용하여 보냅니다.▼ 그래서 라우터 2로부터 되돌아오는 ICMP 패킷은 라우터 1에 의해 통상적으로 경로 제어가 되어 호스트 A에게 넘겨집니다. 수신한 호스트 A는 ICMP 헤더나 데이터 부분을 해석하여 어떤 장애가 있었는지를 알게 됩니다.

ICMP는 크게 오류 통지를 위한 오류 메시지와 진단을 하는 조회 메시지로 나눌 수 있습니다(표 5.2).

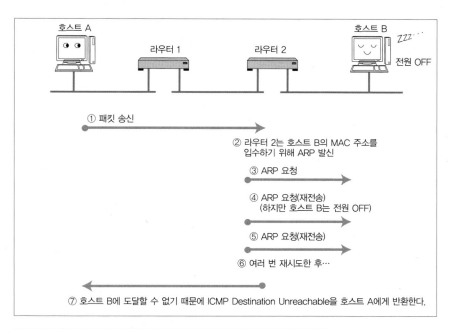

○ 그림 5.9 ICMP 도달 불능 메시지

⑦ 호스트 B에 도달할 수 없기 때문에 ICMP Destination Unreachable을 호스트 A에게 반환한다.

○ 표 5.2 ICMP 메시지 타입

타입(10진수)	내용
0	에코 응답(Echo Reply)
3	도달 불가능(Destination Unreachable)
5	리다이렉트(Redirect)
8	에코 요청(Echo Request)
9	라우터 광고(Router Advertisement)
10	라우터 청원(Router Solicitation)
11	시간 초과(Time Exceeded)
12	파라미터 이상(Parameter Problem)
13	타임스탬프 요청(Timestamp Request)
14	타임스탬프 응답(Timestamp Reply)
42	확장 에코 요청(Extended Echo Request)
43	확장 에코 응답(Extended Echo Reply)

② 주요 ICMP 메시지

❖ ICMP 도달 불가능 메시지(타입 3)

IP 라우터가 IP 데이터그램을 수신처에 송신할 수 없는 경우, 송신 호스트에 대해 ICMP 도달 불가능 메시지(ICMP Destination Unreachable Message)를 송신합니다. 이 메시지에는 송신 불가능한 이유를 나타내도록 되어 있습니다(표 5.3). 실제로 통신할 때에 자주 발생하는 오류는 코드 0의 'Network Unreachable'과 코드 1의 'Host Unreachable'입니다. 'Network Unreachable'은 해당 IP 주소에 대한 경로 정보를 갖고 있지 않다는 것을 의미하고, 'Host Unreachable'은 해당 컴퓨터가 네트워크에 연결되어 있지 않다는 것을

:: 클래스 분류가 폐지됨으로써 ICMP 메시지만으로는 부족한 경로 제어 정보를 완전히 특정할 수 없습니다.

의미합니다.▼ 또한 코드 4의 'Fragmentation Needed and Don't Fragment was Set'은 186쪽에서 설명한 경로 MTU 검색에서 사용됩니다.

이렇게 ICMP 도달 불가능 메시지에 의해 송신 측 호스트는 어떤 이유로 데이터가 수신처에 도달되지 않았는지를 알 수 있습니다.

○표 5.3 ICMP 도달 불가능 메시지

코드 번호	ICMP 도달 불가능 메시지
0	Network Unreachable
1	Host Unreachable
2	Protocol Unreachable
3	Port Unreachable
4	Fragmentation Needed and Don't Fragment was Set
5	Source Route Failed
6	Destination Network Unknown
7	Destination Host Unknown
8	Source Host Isolated
9	Communication with Destination Network is Administratively Prohibited
10	Communication with Destination Host is Administratively Prohibited

❖ICMP 리다이렉트 메시지(타입 5)

송신 측 호스트가 최적이 아닌 경로를 사용하고 있다는 사실을 라우터가 발견했을 때 ICMP 리다이렉트 메시지(ICMP Redirect Message)를 그 호스트에 대해 보냅니다. 이는 라우터가 호스트보다 좋은 경로 정보를 갖고 있는 경우에 작동합니다.

그림 5.10을 살펴보면, 호스트 A의 라우팅 테이블을 보면 라우터 2 앞에 있는 네트워크 경로 정보가 없습니다. 이 때문에, 호스트 C에 패킷을 보낼 때도 디폴트 루트인 라우터 1로 보내버립니다. 라우터 1은 라우팅 테이블에 따라 라우터 2 로 전송하는데, 이 때 같은 패킷이 같은 회선을 2 번 통과하게 되어 낭비가 발생합니다. 그래서 라우터 1에서 호스트 A로 ICMP 리다이렉트 메시지가 흐르고, 호스트 A의 라우팅 테이블이 갱신됩니다. 그러면 그 후의 통신에서는 호스트 A는 호스트 C로 가는 패킷을 직접 라우터 2로 보내게 되므로 낭비가 줄어듭니다.

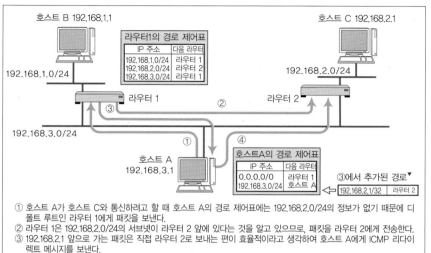

:: ICMP 리다이렉트 메시지에
서는 네트워크부의 길이(서브넷
마스크)를 전달할 수 없기 때문
에 /32의 호스트 루트로 경로
가 추가된다.

:: '자동으로 추가된 정보는
일정 시간이 지난 후에 삭제된
다'라는 개념을 바탕으로 ICMP
리다이렉트 메시지에 의해 추가
된 경로 정보는 일정 시간이 경
과하면 자동으로 제거된다.

○그림 5.10 ICMP 리다이렉트
메시지

① 호스트 A가 호스트 C와 통신하려고 할 때 호스트 A의 경로 제어표에는 192.168.2.0/24의 정보가 없기 때문에 디
  폴트 루트인 라우터 1에게 패킷을 보낸다.
② 라우터 1은 192.168.2.0/24의 서브넷이 라우터 2 앞에 있다는 것을 알고 있으므로, 패킷을 라우터 2에게 전송한다.
③ 192.168.2.1 앞으로 가는 패킷은 직접 라우터 2로 보내는 편이 효율적이라고 생각하여 호스트 A에게 ICMP 리다이
  렉트 메시지를 보낸다.
④ 호스트 A의 경로 제어표에 정보가 추가되고,▼ 그 다음 패킷부터는 라우터 2로 보낸다.

하지만 리다이렉트 메시지는 트러블의 원인이 되므로 작동하지 않도록 설정
하는 경우도 있습니다.▼

❖ ICMP 시간 초과 메시지(타입 11)

IP 패킷에는 '생존 시간(TTL : Time To Live)'이라는 필드가 있습니다. 이 값
은 패킷이 라우터를 하나 통과할 때마다 1씩 줄어들어 0이 되면 IP 데이터그
램은 파기됩니다.▼ 이때 IP 라우터는 ICMP 시간 초과 메시지(ICMP Time
Exceeded Message)의 코드 0▼을 송신 측에 반환하고 패킷이 파기되었다는
것을 통지합니다.

IP에 생존 시간이 정해져 있는 이유는 경로 제어에 트러블이 발생해서 경로가
루프가 되었을 때와 같이 패킷이 영원히 네트워크를 돌아서 네트워크가 마비
되는 상태를 막기 위해서입니다. 또한 패킷의 도달 범위를 한정하고 싶은 경
우에는 미리 TTL을 적게 설정하여 패킷을 보내는 방법도 사용됩니다.

:: 예를 들어 송신 호스트가 아
니라 도중의 라우터의 경로 제
어표가 이상한 경우 이 ICMP는
올바르게 기능하지 않는다.

:: IP 패킷이 라우터에 1초 이
상 머무는 경우에는 머물러 있
던 초를 생존 시간에서 빼도록
되어 있지만 대부분의 기기에서
는 이러한 처리를 하지 않는다.

:: 코드 1은 분할된 패킷의 재
구축 처리가 타임아웃되었을 때
에 보내진다.

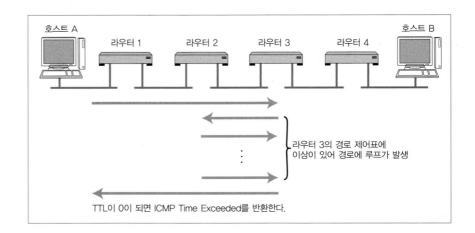

○그림 5.11 ICMP 시간 초과
메시지

라우터 3의 경로 제어표에
이상이 있어 경로에 루프가 발생

TTL이 0이 되면 ICMP Time Exceeded를 반환한다.

:: UNIX, macOS 경우에 해
당한다. Windows에서는
'tracert'라는 명령을 입력한다.

> **편리한 traceroute**
> ICMP 시간 초과 메시지를 잘 응용한 애플리케이션으로 traceroute▼가 있습니다. 이는
> 프로그램을 실행한 호스트에서 특정 수신 측 호스트에 도달할 때까지 어떤 라우터를
> 통과하는지를 표시해주는 프로그램입니다. 구조는 IP의 생존 시간을 1부터 순서대로
> 증가시키면서 UDP 패킷을 송신하여 ICMP 시간 초과 메시지를 일부러 반환시키는 것
> 입니다. 이렇게 하면 통과하는 라우터의 IP 주소를 하나씩 알 수 있습니다. 이는 장애
> 발생 등과 같은 경우에 특히 위력을 발휘하는 프로그램입니다. UNIX의 경우에는
> 'traceroute 수신처'라고 입력하면 실행할 수 있습니다.
> traceroute의 원본 소스 프로그램은 아래의 웹 사이트에서 입수할 수 있습니다.
>
> http://ee.lbl.gov/

:: ping(Packet
InterNetwork Groper)
상대방 호스트에 도달 가능한
지 조사하는 명령을 말한다.
Windows나 UNIX의 경우,
ping 커맨드를 사용하기 위해
서는 명령 프롬프트나 터미널
에서 'ping 호스트명' 이나
'ping IP주소' 를 입력한다.

❖ ICMP 에코 메시지(타입 0, 8)

통신하고 싶은 호스트나 라우터에 IP 패킷이 도착했는지를 확인하고 싶을 때
에 이용합니다. 상대방 호스트에 대해 ICMP 에코 요청 메시지(ICMP Echo
Request Message, 타입 8)를 보내서 상대방 호스트로부터 IMCP 에코 응답
메시지(ICMP Echo Reply Message, 타입0)가 되돌아오면 도달할 수 있습니
다. ping 명령▼은 이 메시지를 사용합니다.

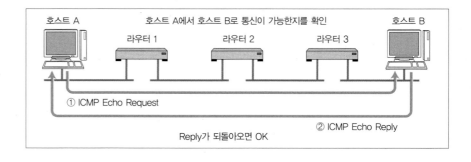

○그림 5.12 ICMP 에코 메시지

❖ ICMP 라우터 탐색 메시지(타입 9, 10)

자신이 연결되어 있는 네트워크의 라우터를 검색하고 싶을 때에 이용합니다. 호스트가 ICMP 라우터 청원 메시지(Router Solicitation, 타입 10)를 보내면 라우터는 ICMP 라우터 광고 메시지(Router Advertisement, 타입 9)를 반환합니다.

❖ ICMP 확장 에코 메시지(타입 42, 43)

ping에 사용되는 ICMP 에코메시지(타입 0, 8)보다 더 편리한 기능을 구현하기 위해 ICMP 확장 에코메시지(타입 42, 43)가 정의되었습니다.▼

∷ RFC8335

ICMP 에코 메시지는 패킷의 송신처 노드와 수신처 노드(네트워크 인터페이스)에서 양방향 소통을 확인하는 것이었습니다. 반면에, ICMP 확장 에코 메시지는 다음과 같은 일을 가능하게 합니다.

1. 패킷의 수신처 노드의 다른 인터페이스 상태 확인
2. 패킷의 수신처 노드에서 다른 노드로 통신 가능한지 확인

1은 여러 네트워크 인터페이스가 연결된 기기를 관리할 때 도움이 됩니다. 지정한 다른 인터페이스가 IPv4로 통신 가능한지, IPv6로 통신 가능한지 알아볼 수도 있습니다.

2는 조회한 해당 기기의 ARP 테이블(214쪽 참조)이나 인근 캐시(225쪽) 상태에서 지정한 다른 노드와 통신 가능한지 알려줍니다.
이런 기능은 네트워크를 관리하는 데 도움이 됩니다. 해당 기기에 로그인 후 관리 명령을 입력해야 알 수 있는 정보를 로그인하지 않고도 얻을 수 있기 때문입니다.▼

∷ 무차별로 이용할 수 있게 하면, 보안상 문제가 발생하므로 송신처 IP 주소 등을 제한한다.

3 ICMPv6

❖ ICMPv6의 역할

IPv4의 ICMP는 IPv4를 보조하는 역할만 갖고 있기 때문에 설령 ICMP가 없더라도 IP로 통신할 수 있습니다. 하지만 IPv6의 경우에는 ICMP의 역할이 많은 비중을 차지하기 때문에 ICMPv6가 없으면 IPv6에 의한 통신이 불가능해집니다.
특히, IPv6에서는 IP 주소로부터 MAC 주소를 조사하는 프로토콜이 ARP에서 ICMP의 인접 탐색 메시지(Neighbor Discovery)로 변경되었습니다. 이 인접 탐색 메시지는 IPv4의 ARP와 ICMP의 리다이렉트, ICMP 라우터 선택 메시지 등의 기능을 조합한 것으로, IP 주소를 자동으로 설정하는 기능도 제공

:: ICMPv6에는 DNS 서버를 통지하는 기능이 없기 때문에 실제로는 DHCPv6와 조합하여 사용할 필요가 있다.

합니다.▼

ICMPv6에서는 ICMP를 크게 오류 메시지와 정보 메시지로 분류하고 있습니다. 타입 0~127까지가 오류 메시지이고, 타입 128~255까지가 정보 메시지입니다.

○표 5.4 ICMPv6의 오류 메시지

타입(10진수)	내용
1	도달 불가능(Destination Unreachable)
2	패킷 과대(Packet Too Big)
3	시간 초과(Time Exceeded)
4	파라미터 문제(Parameter Problem)

0~127까지의 오류 메시지는 IP 패킷이 수신처의 호스트에까지 도달하지 않은 경우 오류가 발생한 호스트나 라우터에 의해 송신됩니다. 또한 타입 133~137까지를 인접 탐색 메시지라고 하며, 다른 메시지와 구별합니다.

○표 5.5 ICMPv6의 정보 메시지

타입(10진수)	내용
128	에코 요청 메시지(Echo Request)
129	에코 응답 메시지(Echo Reply)
130	멀티캐스트 리스너 조회(Multicast Listener Query)
131	멀티캐스트 리스너 보고(Multicast Listener Report)
132	멀티캐스트 리스너 완료(Multicast Listener Done)
133	라우터 요청 메시지(Router Solicitation)
134	라우터 고지 메시지(Router Advertisement)
135	인접 요청 메시지(Neighbor Solicitation)
136	인접 고지 메시지(Neighbor Advertisement)
137	리다이렉트 메시지(Redirect Message)
138	라우터 리넘버링(Router Renumbering)
141	역인접 탐색 요청 메시지(Inverse Neighbor Discovery Solicitation)
142	역인접 탐색 고지 메지시(Inverse Neighbor Discovery Advertisement)
143	버전2 멀티캐스트 리스너 보고(Version 2 Multicast Listener Report)
144	홈 에이전트 주소 검출 요청 메시지(Home Agent Address Discovery Request Message)
145	홈 에이전트 주소 검출 응답 메시지(Home Agent Address Discovery Reply Message)
146	모바일 프리픽스 요청(Mobile Prefix Solicitation)
147	모바일 프리픽스 고지(Mobile Prefix Advertisement)
148	인증 경로 요청 메시지(Certification Path Solicitation Message)
149	인증 경로 고지 메시지(Certification Path Advertisement Message)
151	멀티캐스트 라우터 고지(Multicast Router Advertisement)
152	멀티캐스트 라우터 요청(Multicast Router Solicitation)
153	멀티캐스트 라우터 종료(Multicast Router Termination)
154	FMIPv6 메시지(FMIPv6 Messages)

155	RPL 제어 메시지(RPL Control Message)
157	중복 주소 요청(Duplicate Address Request)
158	주소 중복 확인(Duplicate Address Confirmation)
159	MPL 제어 메시지(MPL Control Message)
160	확장 에코 요청(Extended Echo Request)
161	확장 에코 응답(Extended Echo Reply)

❖ 인접 탐색

ICMPv6에서는 타입 133~137까지의 메시지를 '인접 탐색 메시지'라고 합니다. 인접 탐색 메시지는 IPv6 통신에서 중요한 역할을 하고 있습니다. IPv6 주소와 MAC 주소의 대응 관계를 조사할 때에는 인접 요청 메시지로 MAC 주소를 조회하고, 인접 고지 메시지로 MAC 주소를 통지받습니다.▼ 인접 요청 메시지는 IPv6의 멀티캐스트 주소를 사용▼하여 송신됩니다.

:: IPv4 주소와 MAC 주소의 대응을 조사하려면 ARP를 사용해야 한다.

:: IPv4에서 사용하는 ARP는 브로드캐스트를 사용하고 있기 때문에 ARP를 지원하지 않는 노드에도 패킷이 전달된다는 단점이 있다.

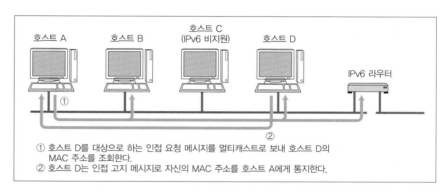

○그림 5.13 IPv6에서 MAC 주소를 조회

또한 IPv6에서는 플러그 앤 플레이 기능을 구현하기 때문에 DHCP 서버가 없는 환경에서도 IP 주소를 자동으로 설정할 수 있습니다. 라우터가 없는 네트워크인 경우에는 MAC 주소를 사용하여 링크 로컬 유니캐스트 주소(192쪽 참조)를 작성합니다. 라우터가 있는 환경에는 라우터로부터 IPv6 주소의 상위 비트 정보를 취득하고, 하위 비트에는 MAC 주소를 설정합니다. 이는 라우터 요청 메시지와 라우터 고지 메시지를 사용하여 이루어집니다.

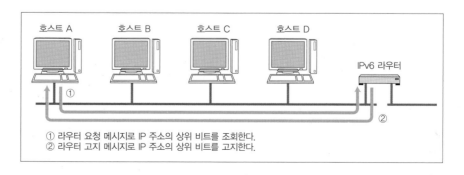

○그림 5.14 IP 주소의 자동 설정

DHCP(Dynamic Host Configuration Protocol)

05

1 플러그 앤 플레이를 가능하게 하는 DHCP

호스트마다 IP 주소를 설정하는 것은 매우 귀찮은 일입니다. 특히, 랩톱 컴퓨터나 스마트폰, 태블릿 PC를 가지고 다니면서 컴퓨터를 사용하는 경우에는 더더욱 그렇습니다. 이때에는 이동할 때마다 IP 주소의 설정을 변경해야 합니다. DHCP(Dynamic Host Configuration Protocol)는 이렇게 귀찮은 IP 주소의 설정을 자동화하거나 배포하는 IP 주소의 일괄적인 관리를 수행합니다. DHCP에 의해 컴퓨터를 네트워크에 연결하기만 하면 TCP/IP 통신을 할 수 있습니다. 즉, DHCP에 의해 플러그 앤 플레이▼가 실현된 것입니다. DHCP는 IPv4뿐만 아니라 IPv6에서도 이용됩니다.

:: **플러그 앤 플레이**(Plug and Play)

물리적으로 기기를 연결하기만 하면 특별한 설정을 하지 않아도 해당 기기를 이용할 수 있게 되는 것을 말한다.

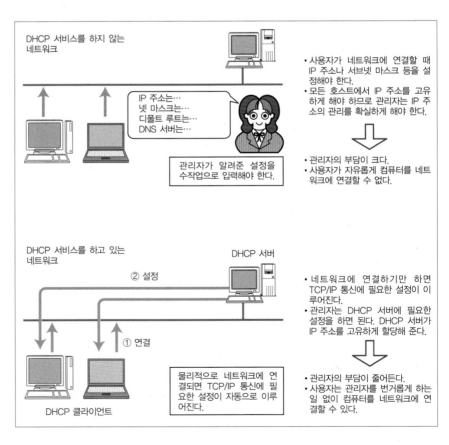

DHCP 서비스를 하지 않는 네트워크

IP 주소는…
넷 마스크는…
디폴트 루트는…
DNS 서버는…

관리자가 알려준 설정을 수작업으로 입력해야 한다.

• 사용자가 네트워크에 연결할 때 IP 주소나 서브넷 마스크 등을 설정해야 한다.
• 모든 호스트에서 IP 주소를 고유하게 해야 하므로 관리자는 IP 주소의 관리를 확실하게 해야 한다.

• 관리자의 부담이 크다.
• 사용자가 자유롭게 컴퓨터를 네트워크에 연결할 수 없다.

DHCP 서비스를 하고 있는 네트워크

DHCP 서버

② 설정

① 연결

물리적으로 네트워크에 연결되면 TCP/IP 통신에 필요한 설정이 자동으로 이루어진다.

DHCP 클라이언트

• 네트워크에 연결하기만 하면 TCP/IP 통신에 필요한 설정이 이루어진다.
• 관리자는 DHCP 서버에 필요한 설정을 하면 된다. DHCP 서버가 IP 주소를 고유하게 할당해 준다.

• 관리자의 부담이 줄어든다.
• 사용자는 관리자를 번거롭게 하는 일 없이 컴퓨터를 네트워크에 연결할 수 있다.

○ 그림 5.15 DHCP

:: 해당 세그먼트의 라우터가 DHCP 서버가 되는 경우도 많다.

:: DHCP 발견 패킷이나 DHCP 요청 패킷을 송신할 때 DHCP 클라이언트의 IP 주소는 정해지지 않는다. 그래서 DHCP 발견 패킷의 수신처 주소는 브로드캐스트 주소인 255.255.255.255로, 송신처 주소는 '모른다'는 뜻의 0.0.0.0을 송신한다.

:: DHCP가 배포하는 IP 주소는 특정한 IP 주소의 범위에서 DHCP 서버가 자동적으로 선택하는 방법과, 배포하는 IP 주소를 MAC 주소마다 지정해서 고정적으로 할당하는 방법이 있으며, 양쪽을 병행하는 것도 가능하다.

② DHCP의 구조

DHCP를 이용하려면 먼저 DHCP 서버를 기동시켜야 합니다.▼ 그리고 DHCP로 배포할 IP 주소를 DHCP 서버에 설정할 필요가 있습니다. 이 밖에도 서브넷 마스크나 경로 제어 정보, DNS 서버의 주소 등도 필요에 따라 설정합니다. DHCP로 IP 주소를 취득할 때의 흐름을 간단히 설명하면, 그림 5.16과 같이 2단계로 진행됩니다.▼

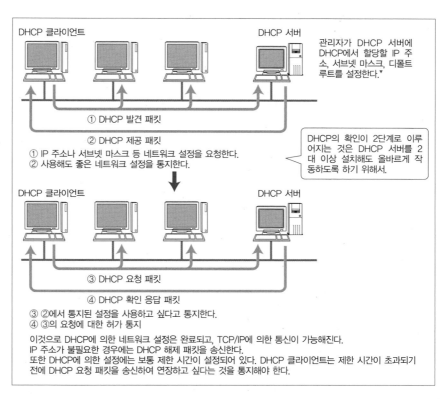

관리자가 DHCP 서버에 DHCP에서 할당할 IP 주소, 서브넷 마스크, 디폴트 루트를 설정한다.▼

① DHCP 발견 패킷

② DHCP 제공 패킷

① IP 주소나 서브넷 마스크 등 네트워크 설정을 요청한다.
② 사용해도 좋은 네트워크 설정을 통지한다.

DHCP의 확인이 2단계로 이루어지는 것은 DHCP 서버를 2대 이상 설치해도 올바르게 작동하도록 하기 위해서.

③ DHCP 요청 패킷

④ DHCP 확인 응답 패킷

③ ②에서 통지된 설정을 사용하고 싶다고 통지한다.
④ ③의 요청에 대한 허가 통지

이것으로 DHCP에 의한 네트워크 설정은 완료되고, TCP/IP에 의한 통신이 가능해진다.
IP 주소가 불필요한 경우에는 DHCP 해제 패킷을 송신한다.
또한 DHCP에 의한 설정에는 보통 제한 시간이 설정되어 있다. DHCP 클라이언트는 제한 시간이 초과되기 전에 DHCP 요청 패킷을 송신하여 연장하고 싶다는 것을 통지해야 한다.

○ 그림 5.16 DHCP의 구조

:: 이 문제를 예방하기 위해 각 DHCP 서버가 배포하는 주소가 중복되지 않도록 나누는 경우도 있다.

DHCP를 사용할 때 DHCP 서버에 장애가 발생하면 IP 주소를 배포할 수 없게 되므로 해당 세그먼트 안의 호스트가 모두 통신 불가능 상태가 됩니다. 이 문제를 예방하기 위해 여러 대의 DHCP 서버를 기동시킬 것을 권장합니다. 하지만 여러 대의 DHCP 서버를 기동시키면 각각의 DHCP 서버 내부에 기록되어 있는 IP 주소의 배포 정보가 동일하지 않아 어느 한 쪽의 DHCP 서버가 할당한 IP 주소를 다른 DHCP 서버가 배포해버릴 위험이 있습니다.▼
배포할 IP 주소나 배포된 IP 주소가 이미 사용 중인지, 아닌지를 조사하기 위해 DHCP 서버나 DHCP 클라이언트에는 다음과 같은 기능이 마련되어 있습니다.

• DHCP 서버

IP 주소를 배포하기 전에 ICMP 에코 요청 패킷을 송신하여 답이 없는 것을 확인한다.

• DHCP 클라이언트

DHCP 서버로부터 배포되는 IP 주소에 대해 ARP 요청 패킷을 송신하여 응답이 오지 않는 것을 확인한다.

사전에 이러한 처리를 해두면 IP 주소가 설정될 때까지 시간이 걸리는 경우도 있지만, IP 주소를 안전하게 설정할 수 있습니다.

❸ DHCP 릴레이 에이전트

일반 가정에서 구축하는 네트워크의 경우 이더넷(무선 LAN) 세그먼트는 하나인 경우가 많으며, 연결되는 호스트의 대수도 그다지 많지 않기 때문에 DHCP 서버는 1대 있으면 충분합니다. 그리고 DHCP 서버는 일반적으로 인터넷 연결에 사용하는 브로드밴드 라우터가 담당합니다.

이에 반해 기업이나 학교 등과 같이 큰 조직에서 구축하는 네트워크의 경우에는 일반적으로 1개가 아니라 여러 개의 이더넷(무선 LAN) 세그먼트로 구축합니다. 이러한 환경에서는 각각의 세그먼트마다 DHCP 서버를 설치하거나 설정하기가 힘듭니다. 라우터가 DHCP 서버의 역할을 한다고 하더라도, 예를 들어 100대의 라우터가 있을 때 100대의 라우터가 모두 각각의 라우터가 배포하는 IP 주소의 범위를 설정하거나, 구성이 바뀌었을 때에 배포하는 범위를 변경하는 일은 관리하기도, 작업하기도 매우 힘듭니다.▼ 즉, DHCP 서버의 설정을 개별 라우터상에서 따로따로 하면 관리와 운용이 힘들어지는 것입니다.

따라서 이러한 환경에서는 DHCP의 설정을 일괄적으로 관리하기 위하여 DHCP 릴레이 에이전트를 사용한 DHCP 운용 방법을 사용합니다. 이로써 여러 개의 다른 세그먼트의 IP 주소의 할당을 하나의 DHCP 서버에서 관리하거나 운용할 수 있습니다.

이는 각 세그먼트에 DHCP 서버를 두는 대신에 DHCP 릴레이 에이전트를 설치하는 방법입니다.▼ DHCP 릴레이 에이전트에는 DHCP 서버의 IP 주소를 설정합니다. 그리고 DHCP 서버에는 각 세그먼트별로 배포할 IP 주소의 범위를 등록합니다.

DHCP 릴레이 에이전트는 DHCP 클라이언트가 송신한 DHCP 요청 패킷과 같은 브로드캐스트 패킷을 수신하면 유니캐스트 패킷으로 만들어 DHCP 서버에 전송합니다. DHCP 서버는 전송된 DHCP 패킷을 처리하여 DHCP 릴레이 에이전트에게 응답을 반환합니다. DHCP 릴레이 에이전트는 DHCP 서버가 보내온 DHCP 패킷을 DHCP 클라이언트에게 전송합니다.▼ 이러한 과정을 통

:: DHCP 서버가 배포하는 IP 주소의 범위는 서버나 프린터 등과 같은 고정 IP의 기기가 증감하면 변경해야 하는 경우가 있다.

:: DHCP 릴레이 에이전트는 라우터인 경우가 많지만, 호스트에 소프트웨어를 추가하여 구현할 수도 있다.

:: DHCP 패킷에는 DHCP 요청을 한 호스트의 MAC 주소가 적혀 있다. 릴레이 에이전트는 DHCP 패킷 안에 적혀 있는 MAC 주소를 사용하여 DHCP 클라이언트에 패킷을 반환한다.

해 DHCP 서버가 동일 링크 안에 없더라도 DHCP에 의한 IP 주소의 배포 및 관리를 할 수 있습니다.

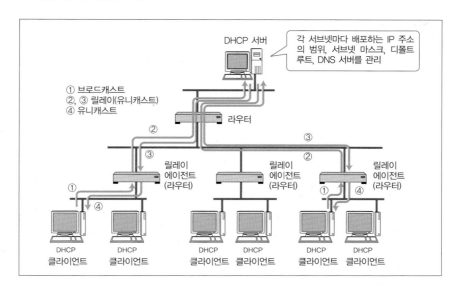

DHCP 서버

각 서브넷마다 배포하는 IP 주소의 범위, 서브넷 마스크, 디폴트 루트, DNS 서버를 관리

① 브로드캐스트
②, ③ 릴레이(유니캐스트)
④ 유니캐스트

라우터

릴레이 에이전트 (라우터)

릴레이 에이전트 (라우터)

릴레이 에이전트 (라우터)

DHCP 클라이언트

DHCP 클라이언트

DHCP 클라이언트

DHCP 클라이언트

DHCP 클라이언트

DHCP 클라이언트

◎ **그림** **5.17** DHCP 릴레이 에이전트

NAT(Network Address Translation)

06

1 NAT란?

NAT(Network Address Translation)는 로컬 네트워크에서 프라이빗 IP 주소를 사용하여 인터넷에 연결할 때 글로벌 IP 주소로 변환해주는 기술로 개발되었습니다. 더욱이 주소뿐만 아니라 TCP나 UDP의 포트 번호도 교환해주는 NAPT(Network Address PortS Translation)가 등장함으로써 하나의 글로벌 IP 주소로 여러 대의 호스트들이 통신할 수 있게 되었습니다.▼ 이를 좀 더 구체적으로 표현하면 그림 5.18 및 그림 5.19와 같습니다.

NAT(NAPT)는 기본적으로 주소가 고갈된 IPv4를 위해 태어난 기술입니다. 하지만 IPv6에서도 보안 향상을 위해 NAT를 사용하거나 IPv4와 IPv6의 상호 통신을 위한 기술▼로 사용합니다.

:: NAPT를 IP 마스커레이드, Multi NAT이라고 부르는 경우가 있는데, 현재는 그냥 NAT라고 해도 NAPT를 가리키는 것이 보통이다.

:: 234쪽(NAT64/DNS64) 참조.

2 NAT의 구조

그림 5.18과 같이 10.0.010 호스트가 163.221.120.9와 통신하는 경우에 대해서 생각해봅시다. NAT를 이용하면 도중의 NAT 라우터에서 송신처 IP 주소(10.0.010)가 로컬 IP 주소(202.244.174.37)로 변환된 후 전송됩니다. 이와 반대로 163.221.120.9에서 패킷을 보낼 때에는 수신처 IP 주소(202.244.174.37)가 프라이빗 IP 주소(10.0.0.10)으로 변환된 후 전송됩니다.▼

:: TCP나 UDP에서는 IP 헤더 안의 IP 주소를 포함하여 체크섬을 계산하기 때문에 IP 주소가 바뀌면 TCP나 UDP 헤더도 변경해야 한다.

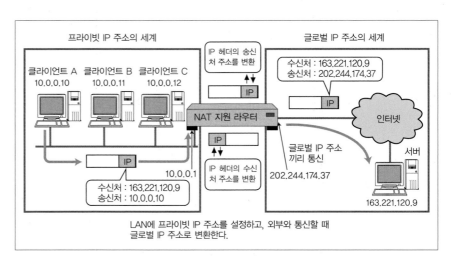

○ 그림 5.18 NAT(Network Address Translation)

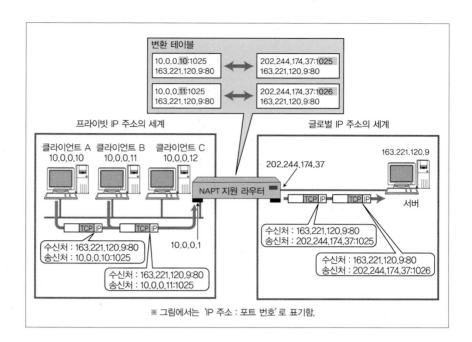

변환 테이블

| 10.0.0.10:1025 163.221.120.9:80 | ⟷ | 202.244.174.37:1025 163.221.120.9:80 |
| 10.0.0.11:1025 163.221.120.9:80 | ⟷ | 202.244.174.37:1026 163.221.120.9:80 |

프라이빗 IP 주소의 세계

글로벌 IP 주소의 세계

클라이언트 A   클라이언트 B   클라이언트 C
10.0.0.10   10.0.0.11   10.0.0.12

163.221.120.9

202.244.174.37

NAPT 지원 라우터

서버

10.0.0.1

수신처 : 163.221.120.9:80
송신처 : 10.0.0.10:1025

수신처 : 163.221.120.9:80
송신처 : 10.0.0.11:1025

수신처 : 163.221.120.9:80
송신처 : 202.244.174.37:1025

수신처 : 163.221.120.9:80
송신처 : 202.244.174.37:1026

※ 그림에서는 'IP 주소 : 포트 번호'로 표기함.

○ **그림 5.19** NAPT(Network Address Port Translation)

:: 고정적으로 만드는 것도 가능하다.

NAT(NAPT) 지원 라우터의 내부에서는 주소 변환을 위한 테이블이 자동으로 만들어집니다.▼ 10.0.0.10에서 163.221.120.9으로 가는 패킷이 처음 보내질 때 변환 테이블이 만들어져서 이에 대응하는 처리를 합니다.

IP 주소를 변환하는 것만으로는 프라이빗 네트워크 내의 수많은 호스트로부터 통신이 일어났을 때 변환처의 글로벌 IP 주소가 부족함을 느낄 것입니다. 이를 해결하기 위해서는 그림 5.19와 같이 포트 번호도 포함하여 변환 처리를 하는 NAPT를 사용해야 합니다.

자세한 내용은 제6장에서 설명하겠지만, TCP나 UDP를 이용한 통신의 경우 수신처 IP주소, 송신처 IP 주소, 수신처 포트 번호, 송신처 포트 번호, TCP에 의한 통신인지, UDP에 의한 통신인지를 나타내는 프로토콜 번호 등 5개의 숫자가 일치하지 않으면 동일한 통신으로 간주하지 않는데, 이를 이용한 것이 'NAPT'입니다.

그림 5.19에서는 163.221.120.9 호스트의 포트 80번에 10.0.0.10과 10.0.0.11 2개의 호스트로부터 송신처 포트 번호가 똑같은 1025번으로 연결하고 있습니다. IP 주소를 글로벌 IP 주소로 변환하는 것만으로는 식별에 필요한 숫자가 모두 똑같게 됩니다. 이때 10.0.0.11의 송신처 포트 번호인 1025를 1026으로 바꾸면 통신을 식별할 수 있게 됩니다. 그림 5.19와 같은 테이블이 NAPT 지원 라우터에 만들어져 있으면 패킷을 송수신했을 때 올바르게 변환이 일어나 클라이언트 A, B가 서버와 동시에 통신할 수 있게 됩니다.

이러한 변환 테이블은 NAT 지원 라우터에 의해 자동으로 갱신됩니다. 예를 들어 TCP의 경우에는 TCP의 커넥션 확립을 의미하는 SYN 패킷이 흘러왔을 때 테이블이 만들어지고, FIN 패킷이 흘러서 그 확인 응답을 한 후에 테이블에서 제거됩니다.▼ 단순히 NAT는 NAPT를 의미하지만, 포트를 변환하지 않고 IP 주소만 변환할 때는 베이직 NAT라고 합니다.

:: UDP의 경우에는 통신하는 애플리케이션마다 통신 시작과 종료 신호가 다르므로 변환 테이블을 작성하기가 어렵다.

❸ NAT64/DNS64

현재 많은 인터넷 서비스가 IPv4로 제공되고 있습니다. 이 때문에 IPv4로 제공되는 서비스를 IPv6으로 이용할 수 없다면, IPv6 환경을 구축하는 메리트가 줄어듭니다. 이 문제를 해결하기 위해 고안된 기술 중 하나가 NAT64/DNS64입니다. NAT64/DNS64에서는 그림 5.20처럼 DNS와 NAT가 연계하여 동작함으로써, IPv6 환경에서 IPv4 환경으로의 통신을 실현합니다.

우선 IPv6 호스트는 DNS로 문의합니다. 이에 대해 DNS64 서버에는 IPv4 주소가 내장된 IP 주소를 반환합니다.▼

그 주소로 IPv6 패킷을 보내면, NAT64가 통신 상대의 IPv4 주소를 인식해서 IPv6 헤더와 IPv4 헤더를 바꿔줍니다.▼ 이를 통해 IPv6만 설정된 호스트에서도 IPv4 환경과 통신할 수 있게 됩니다.

:: DNS64에서는 64:ff9b::로 시작되는 IPv6 주소의 하위 4 바이트에 IPv4 주소가 들어간다.

:: 돌아오는 패킷이 바르게 처리할 수 있도록 변환 테이블에 기록된다.

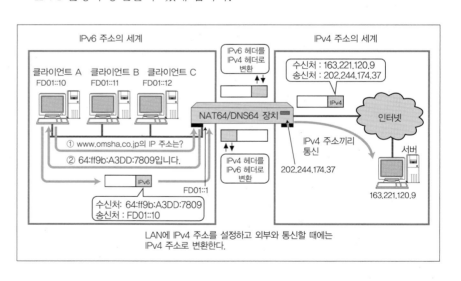

○ 그림 5.20 NAT-64/DNS64

:: LSN(Large Scale NAT)라고 하기도 한다.

:: 구체적으로는 고객의 구내에 설치한 장치에 글로벌 IPv4를 하나씩 할당한다.
이 장치를 CPE(Customer Presmises Equipment)라고 부른다. 그림 5.21의 경우에는 브로드밴드 라우터(NAT)가 이 CPE가 된다.

❹ CGN(Carrier Grade NAT)

CGN▼은 ISP 레벨로 NAT를 수행하는 기술입니다. CGN을 사용하지 않는 경우에는 ISP는 고객에게 글로벌 IPv4 주소를 적어도 1개씩 할당해야 합니다.▼ 그러나 인터넷의 폭발적인 보급으로 IPv4 주소가 고갈되어 그렇게 할 수 없게 됐습니다.

그래서 그림 5.21과 같은 CGN이 등장했습니다. CGN을 사용할 경우, ISP는

:: CPE에 대해 사설 IPv4 주
소를 배포한다.

고객에게 글로벌 IPv4 주소를 배포하지 않고 프라이빗 IPv4 주소를 배포합니
다.▼ 그리고 고객이 인터넷과 통신할 때는 다음과 같이 변환합니다.

- 1. 각 조직의 NAT
  각 조직의 프라이빗 IP 주소 ↔ ISP가 각 조직에 배포한 개인 IP 주소
- 2. ISP의 CGN장치
  ISP가 각 조직에 배포한 프라이빗 IP 주소 ↔ 글로벌 IP 주소

이처럼 CGN 장치에 할당한 소수의 글로벌 IPv4 주소를 다수의 고객이 공유
할 수 있기 때문에, IPv4 주소의 고갈 문제를 완화시킬 수 있습니다.

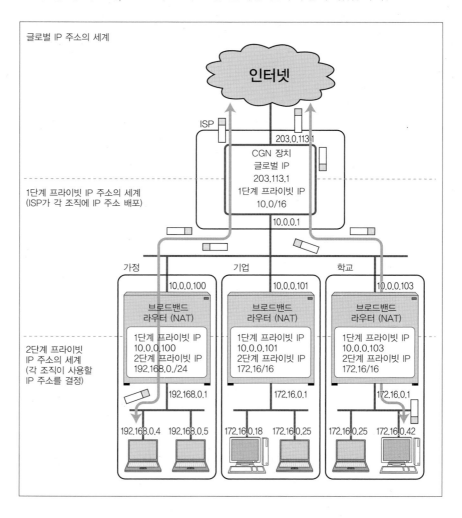

○ 그림 5.21 CGN

단, CGN을 사용하면 일반 NAT보다 트러블이 증가할 가능성이 있습니다.
NAT을 2단계로 사용하기 때문입니다.

예를 들어, 특정 고객이 목적지의 IP 주소나, TCP와 UDP의 포트 번호를 변경하면서 차례차례 통신을 실시하면, CGN 장치 내에 NAT 변환 테이블이 대량으로 만들어지게 됩니다. 그러면 CGN 장치에서 사용할 수 있는 포트 번호가 고갈되어, 다른 고객이 통신할 수 없게 될 우려가 있습니다.▼ 이런 사태를 막기 위해서는 관리자가 CGN 장치의 자원 할당 상황 등을 확인해 고객별로 사용할 수 있는 통신 상대나 포트 번호의 상한수 등 설정을 조정하면서 공평하게 통신할 수 있는 환경을 제공해야 합니다.

:: 악의는 없어도 바이러스 등에 감염된 경우에 발생할 가능성이 있다.

5 NAT의 문제점

NAT(NAPT)에는 변환 테이블이 있기 때문에 다음과 같은 제한이 일어납니다.

:: 지정한 포트 번호만 내부에 액세스할 수 있도록 설정할 수 있지만, 소유하고 있는 글로벌 IP 주소의 수와 동일한 대수로만 설정할 수 있다.

• NAT의 외부에서 내부 서버로 연결할 수 없다.▼
• 변환 테이블의 작성이나 변환 처리의 오버헤드가 생긴다.
• 통신 중에 NAT가 이상 작동하여 재기동했을 때에는 모든 TCP 커넥션이 리셋된다.
• NAT를 2대 준비하여 고장 시에 전환되도록 하더라도 TCP 커넥션은 반드시 끊긴다.

6 NAT의 문제점 해결과 NAT 초월

NAT의 문제점을 해결하기 위한 방법은 주로 두 가지 있습니다.
첫째, IPv6를 사용하는 방법입니다. IPv6를 사용하면 이용할 수 있는 IP 주소의 수가 방대해지므로 회사나 가정 내의 모든 기기에 글로벌 IP 주소를 할당할 수 있습니다.▼ 주소 부족 문제를 해결하기 위해 NAT를 사용할 필요가 없어지는 것입니다.

:: 단, 자신뿐만 아니라 모두가 IPv6을 사용하지 않으면 의미가 없다.

둘째, NAT가 존재하는 환경을 전제로 애플리케이션을 작성함으로써 사용자가 NAT를 의식하지 않고 통신할 수 있도록 하는 방법입니다. 이 경우에는 NAT의 내부(프라이빗 IP 주소 측) 호스트에서 작동하는 애플리케이션이 NAT의 변환 테이블을 작성하기 때문에 더미 패킷을 NAT 외부(글로벌 IP 주소 측)를 향해 송신합니다. NAT는 더미 패킷인 줄 모르는 상태에서 그 패킷의 헤더를 읽어들여 변환 테이블을 작성합니다. 이때 적절한 형태로 변환 테이블을 작성하면 NAT 외부의 호스트를 NAT 내부의 호스트에 연결할 수 있습니다. 이 방법을 사용하면 다른 네트워크에 있는 NAT 내부의 호스트끼리도 통신할 수 있게 됩니다. 또한 애플리케이션이 NAT 라우터와 통신하여 NAT 테이블을 작성하거나 NAT 라우터에 붙어 있는 글로벌 IP 주소를 애플리케이션에 전달하는 방법도 있습니다.▼

:: Microsoft 사가 제공한 UpnP(Universal Plug and Play)라는 장치가 이용된다.

이렇게 NAT가 있더라도 NAT 외부와 내부가 통신할 수 있게 되는 것을

'NAT 초월(NAT traversal)'이라고 합니다. 이로 말미암아 NAT '외부에서 내부의 서버에 연결할 수 없다'라는 문제점의 일부를 해결할 수 있습니다. 이 방법은 기존 IPv4와의 호환성이 높으며, IPv6로 이행하지 않아도 해결됩니다. 이용자에게 있어서 메리트가 크다는 점에서 NAT와 친화성이 높은 애플리케이션이 증가하고 있습니다.▼

하지만 NAT 프렌들리 애플리케이션에는 문제점도 있습니다. 구조가 복잡하기 때문에 애플리케이션을 작성하는 데에 많은 노력을 해야 하고, 예상하지 못한 환경에서 작동하지 않거나 트러블이 생겼을 때에는 애플리케이션을 작성한 사람이 원인을 특정하기 어렵다는 단점이 있습니다.▼

:: 이로 말미암아 IPv4의 수명이 늘어 IPv6로의 이행이 늦어진다는 측면도 있다.

:: IPv6로 이행하면 시스템이 단순해지기 때문에 시스템을 개발하는 사람에게 있어서는 큰 메리트가 되지만, 단순한 이용자에게 있어서는 특별한 변화가 별로 없다고 할 수 있다. IPv6과 IPv4를 모두 지원하려고 하면 시스템이 더 복잡해지기 때문에 시스템을 개발, 설계, 운용하는 사람에게 있어서는 더욱 큰일이 된다.

IP 터널링

07

이번에는 그림 5.22와 같은 네트워크를 생각해봅시다. 네트워크 A, B에 IPv4가 사용되고 있고, 그 사이에 있는 네트워크 C는 IPv6밖에 지원하지 않는 경우, 이 상태로는 네트워크 A, B는 IPv4로 통신할 수 없습니다. 이때에 IP 터널링을 이용하면 IPv6만 지원하는 네트워크 C를 거쳐 네트워크 A, B 간에 IPv4를 이용할 수 있습니다.

○그림 5.22 IPv6 네트워크를 사이에 둔 2개의 IPv4 네트워크

그림 5.23을 보면, IP 터널링에서는 네트워크 A, B에서 흐르는 IPv4 패킷 전체를 하나의 데이터로 취급해 그 앞에 IPv6 헤더를 붙여 네트워크 C를 통과할 수 있도록 합니다. 즉, 네트워크 C를 터널처럼 통과함으로써 네트워크 A와 B 사이의 통신이 가능해집니다.

보통은 IP 헤더 다음에는 TCP나 UDP의 상위층의 헤더가 옵니다. 그러나 'IPv4 헤더 다음에 IPv4 헤더'나 'IPv4 헤더 다음에 IPv6 헤더', 'IPv6 헤더 다음에 IPv4 헤더'가 오도록 하는 방법이 늘어나고 있습니다.

이렇게 네트워크층 헤더 다음에 또 네트워크층(또는 하위층) 헤더가 이어지는 통신 방법이 'IP 터널링'입니다. 385쪽에서 설명할 VPN에서도 터널링 기술이 이용됩니다.

터널링을 이용하면 추가되는 헤더만큼 MTU가 작아집니다. 186쪽에서 설명한 IP 분할 처리를 이용하면 큰 IP 패킷이라도 바르게 중계할 수 있습니다. 이

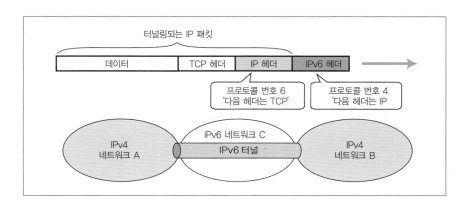

○그림 5.23 IP 터널링으로 흐르는 패킷의 모양

경우 터널 입구에서 분할 처리를 하고 출구에서 재구축 처리를 합니다. 분할 처리를 피하기 위해, 터널링하는 네트워크에서는 점보 프레임 등을 이용해 MTU를 크게 하기도 합니다.

IPv4, IPv6 두 프로토콜을 지원하는 네트워크를 구축하는 일은 매우 힘듭니다. 또한 라우팅 테이블의 양이 2배가 되므로 관리자의 부담도 커지고, 라우터 등의 기기로 양쪽 프로토콜을 지원하는 일도 번거롭습니다. 이 때에 터널링을 사용하면 운용 및 관리가 편해질 수 있습니다. 백본은 IPv6 또는 IPv4 패킷만 전송하고 이를 지원하지 않는 라우터는 터널링을 사용하여 통과할 수 있도록 합니다. 결국 IP 주소를 한쪽만 관리해도 되므로 관리를 해야 하는 수고가 줄어들고▼, 백본 기기는 한쪽만 지원시키면 되므로 설비 투자도 낮출 수 있습니다.

IP 터널링은 아래와 같은 경우에 사용합니다.

- Mobile IP
- 멀티캐스트 패킷의 중계
- IPv4 네트워크에서 IPv6 패킷을 보낼 때(6to4▼)
- IPv6 네트워크에서 IPv4 패킷을 보낼 때
- 데이터 링크 프레임을 IP 패킷으로 보낼 때(L2TP▼)

그림 5.24는 IP 터널링을 사용하여 멀티캐스트 패킷을 전송하는 예입니다. 현재 대부분의 환경에서는 라우터가 멀티캐스트 패킷의 경로 제어를 지원하지 않기 때문에 멀티캐스트 패킷이 라우터를 넘어 전달되는 일은 없습니다. 이러한 환경에서 터널링을 사용하면 라우터를 통과하는 패킷을 보통의 유니캐스트 패킷으로 만들 수 있기 때문에 멀리 떨어진 링크까지 멀티캐스트 패킷을 보낼 수 있습니다.

:: 라우팅 테이블의 양도 2배가 되어 IP주소 관리도 힘들어진다. 양쪽 프로토콜을 모두 지원하는 기기를 도입해야만 하므로, 보안 대책을 포함해 관리 운용 비용이 커진다.

:: 터널링을 잘못 설정하면 패킷이 무한 루프에 빠지거나 큰 트러블이 발생할 수 있으므로 신중하게 설정해야 한다.

:: 6to4

IPv4 패킷에서 IPv6 패킷을 캡슐화하는 방식을 말한다. IPv6 주소에는 IPv4 네트워크의 입구에 있는 글로벌 6to4 라우터의 IPv4 주소를 심어 넣는다.

:: L2TP(Layer 2 Tunneling Protocol)

터널링 PPP 패킷을 IP 패킷을 이용하여 전송하는 기술을 말한다.

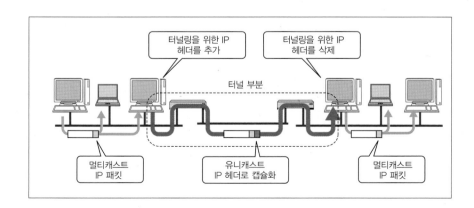

● 그림 5.24 멀티캐스트 터널링

기타 IP 관련 기술

08

1 VRRP(Virtual Router Redundancy Protocol)

사용자가 이용하는 스마트폰이나 컴퓨터에서는 디폴트 라우터(디폴트 게이트웨이)를 경유해 사내 LAN과 인터넷을 이용하는 환경이 일반적입니다. 이때 디폴트 라우터가 고장 나면 큰일이 납니다. 사내 LAN에서 보았을 때 디폴트 라우터 이후의 회선이 용장화▼되어 있어도, 그 세그먼트의 출구인 라우터가 고장 나면 아무것도 할 수 없게 됩니다.▼ 고장 이외에도 유지 보수를 위해 디폴트 라우터의 전원을 끄거나 재시작해야 하는 경우도 있을 것입니다. 일시적이라도 네트워크를 사용할 수 없으면 곤란한 경우에는 VRRP가 사용되기도 합니다.

VRRP는 그림 5.25처럼 복수의 라우터를 이용한 회선의 용장화로 내장애성을 높이는 기술입니다. VRRP에서는 복수의 라우터를 하나의 그룹으로 묶어 운용합니다. 그중 하나가 마스터 라우터가 되고, 다른 라우터는 백업▼이 됩니다. 평상시에는 마스터 라우터가 디폴트 라우터가 됩니다. 마스터 라우터가 고장 난 경우에는 백업 라우터를 사용해 통신합니다.

:: **용장화**
중복화, 복수의 시스템이나 회선을 이용해 내장애성을 높이는 것. 준비한 시스템이나 회선을 운용 시스템과 대기 시스템으로 나누고, 평상시에는 운용 시스템을 사용하고, 장애 발생 시에는 대기 시스템으로 전환한다. 장애가 발생하지 않는 한 대기 시스템은 쓸데없다고 할 수 있기에 중복(Redundancy), 용장이라는 말이 쓰인다.

:: 제7장에서 설명하는 라우팅 프로토콜을 사용해도 대응할 수 있다. 그러나 사용자가 이용하는 스마트폰이나 PC에서 라우팅 프로토콜을 사용하는 운용은 드물고, 많은 경우는 디폴트 루트를 DHCP 등으로 고정적으로 배포한다.

:: 백업 라우터가 여러 대인 경우에는 교체할 우선순위를 정하고 운용한다.

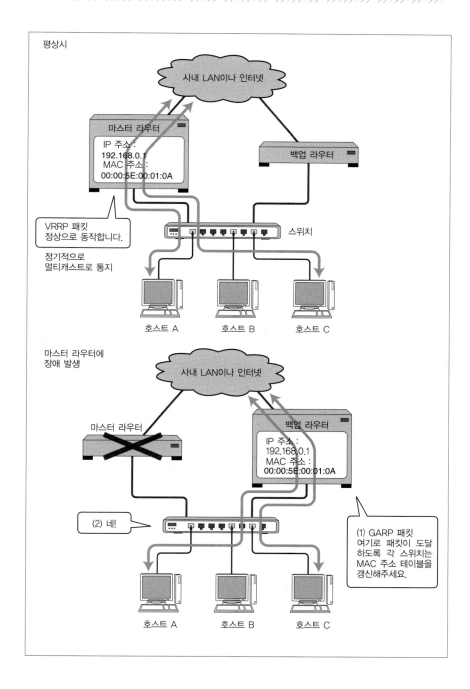

평상시

사내 LAN이나 인터넷

마스터 라우터

IP 주소 :
192.168.0.1
MAC 주소 :
00:00:5E:00:01:0A

백업 라우터

VRRP 패킷
정상으로 동작합니다.

정기적으로
멀티캐스트로 통지

스위치

호스트 A   호스트 B   호스트 C

마스터 라우터에
장애 발생

사내 LAN이나 인터넷

마스터 라우터

백업 라우터

IP 주소 :
192.168.0.1
MAC 주소 :
00:00:5E:00:01:0A

(2) 네!

(1) GARP 패킷
여기로 패킷이 도달
하도록 각 스위치는
MAC 주소 테이블을
갱신해주세요.

호스트 A   호스트 B   호스트 C

○ **그림 5.25** VRRP의 동작

:: IPv4에서는 224.0.0.18, IPv6에서는 ff02::12가 사용된다.

평상시는 마스터 라우터는 정기적(디폴트로 1초 간격)으로 VRRP 패킷을 멀티캐스트▼를 사용해 보냅니다. 백업 라우터가 3회분(디폴트로 3초간)의 VRRP 패킷을 받지 못하면, 마스터 라우터에 장애가 발생했다고 판단해 백업 라우터 중 하나가 디폴트 라우터로 전환됩니다.

이더넷의 경우, 실제 패킷 전송은 MAC 주소를 사용해 행해집니다. 마스터 라

:: IPv4에서는 00:00:5E:00:01, IPv6에서는 00:00:5E:00:02로 시작되는 6 바이트의 MAC 주소. 마지막 1바이트는 VRRP ID를 의미하며 같은 그룹에서는 같은 값을 사용한다. 같은 세그먼트에서 다른 VRRP 그룹을 만들 때는 다른 값을 설정한다.

:: 중간에 스위칭 허브의 MAC 주소 학습 테이블을 갱신하지 않으면 백업 라우터에 패킷이 도달하지 않는다. 이 때문에 라우터가 변경된 때는 218쪽에서 설명한 GARP를 사용해 스위칭 허브의 MAC 주소 학습 테이블을 갱신시킨다.

:: **IGMP**(Internet Group Management Protocol)

:: ICMPv6에 대해서는 225쪽 참조.

:: **MLD멀티캐스트 리스너 탐색**(Multicast Listener Discovery)
ICMPv6의 타입은 130, 131, 132이다.

:: 유니캐스트용 라우팅 프로토콜에 대해서는 제7장 참조.

:: 일반적으로 스위칭 허브는 송신처 MAC 주소를 학습하지만, 멀티캐스트 주소는 수신처에만 사용되므로 학습할 수 없다.

:: 수신처 MAC 주소가 멀티캐스트 주소로 되어 있는 프레임을 그림 3.5(112쪽)에서 말하면 비트 1이 1로 된다.

우터에서 백업 라우터로 전환될 때 MAC 주소를 그대로 인계합니다. 이를 실현하기 위해 VRRP에서는 라우터의 NIC에 할당된 MAC 주소를 사용하지 않고, VRRP 전용 가상 라우터의 MAC 주소▼를 사용합니다. 라우터가 변경될 때에는 이 가상 MAC 주소를 계승하게 됩니다. 이때 백업 라우터는 자신에게 패킷을 유도하기 위해 GARP 패킷을 흘려보냅니다.▼

디폴트 루트의 IP 주소와 MAC 주소 양쪽 다 인계할 수 있도록 각 라우터의 NIC에는 디폴트 루트와는 다른 IP 주소를 설정하고, 디폴트 루트에는 가상 IP 주소를 설정합니다. 이 가상 IP 주소와 가상 라우터 MAC 주소를 인계함으로써, 고장 시에 디폴트 루트 변경없이 백업 라우터로 전환할 수 있게 됩니다.

❷ IP 멀티캐스트 관련 기술

멀티캐스트 통신은 주로 UDP를 사용하여 이루어집니다. TCP를 사용할 수 없습니다. 커넥션리스 통신이므로 상대를 특정하지 않고 패킷을 보낼 수 있습니다. 따라서 멀티캐스트에 의한 통신에서는 수신자가 있는지, 없는지 확인하는 것이 중요합니다. 수신자가 없는 네트워크에 대해 멀티캐스트 패킷을 계속 보내는 것은 쓸데없는 일이기 때문입니다.

수신자가 있는지, 없는지를 통지할 때 IPv4에서는 IGMP▼, IPv6에서는 ICMPv6▼의 기능 중 하나인 MLD▼가 사용됩니다.

IGMP(MDL)의 주요한 역할은 아래와 같습니다.

1. 라우터에게 멀티캐스트를 수신하고 싶다는 뜻을 전한다(수신하고 싶은 멀티캐스트 주소를 통지).
2. 스위칭 허브에게 수신하고 싶은 멀티캐스트 주소를 통지한다.

라우터는 1에 의해 멀티캐스트를 수신하고 싶은 호스트가 있다는 것을 알게 됩니다. 그것을 알게 된 라우터는 이 정보를 다른 라우터에게 전달하여 멀티캐스트 패킷을 받을 수 있도록 합니다. 멀티캐스트 패킷이 흐르는 길을 정할 때에는 PIM-SM, PIM-DM, DVMRP, DOSPF와 같은 멀티캐스트용 라우팅 프로토콜을 사용합니다.▼

2는 'IGMP(MLD) 스누핑'이라고 합니다. 보통 스위칭 서브는 유니캐스트 주소만 학습합니다.▼ 멀티캐스트 주소▼는 필터링되지 않고 브로드캐스트와 마찬가지로 모든 포트로 복사됩니다. 이렇게 되면 네트워크의 부하가 높아집니다. 특히, 멀티캐스트를 고화질 비디오 방송에서 사용하는 경우에는 큰 문제가 발생하는데, 이러한 문제를 해결하기 위한 것이 'IGMP(MLD) 스누핑'입니다. IGMP(MLD) 스누핑을 지원하는 스위칭 허브는 멀티캐스트 프레임의 필터링이 가능하기 때문에 네트워크의 부하를 낮출 수 있습니다.

IGMP(MLD) 스누핑에서는 스위칭 허브가 통과하는 IGMP(MLD) 패킷을 훔

쳐봅니다.▼ 그리고 그 IGMP(MLD) 패킷의 정보로부터 어떤 포트에 어떤 주소의 멀티캐스트 프레임을 보내면 좋은지를 알아내어 관계없는 포트에는 멀티캐스트 프레임이 흐르지 않도록 합니다. 이러한 방법으로 멀티캐스트 통신을 하지 않는 포트의 부하를 낮출 수 있는 것입니다.

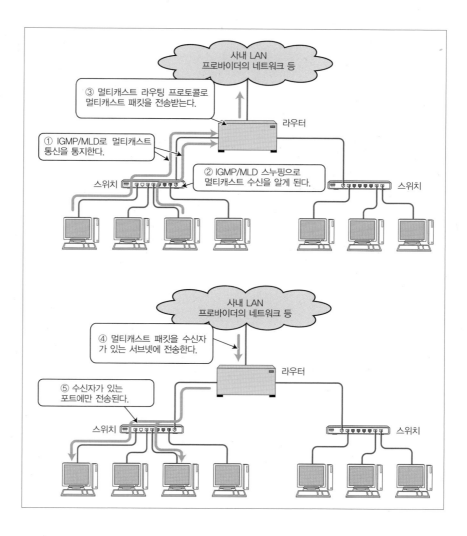

○ 그림 5.26 IGMP(MLD)에 의한 멀티캐스트

3 IP 애니캐스트

IP 애니캐스트는 112번(경찰)이나 119번(소방서)과 같은 기능을 제공해줍니다. 112번이나 119번을 눌렀을 때에 연결되는 전화기는 한 대가 아닙니다. 사건이나 화재 등이 발생하여 112번이나 119번에 전화를 하면 그 지역을 관할하고 있는 경찰이나 소방서의 전화기와 연결되는 구조로 되어 있습니다. 시·도·군·구마다 112번이나 119번으로 연결되는 전화기가 설치되어 있기 때문에 전국 규모로 보면 엄청난 대수가 됩니다.

인터넷에서도 이와 비슷한 일을 하는 구조를 'IP 애니캐스트'라고 합니다. IP 애니캐스트는 동일한 서비스를 제공하는 서버에 동일한 IP 주소를 붙여 한국이면 한국 서버, 미국이면 미국 서버와 같이 가장 가까운 서버와 통신할 수 있도록 하는 방법으로▼, IPv4와 IPv6 모두 이용할 수 있습니다.

IP 애니캐스트로 운용되는 가장 유명한 서비스가 'DNS 루트 네임 서버'▼입니다. DNS 루트 네임 서버는 역사적인 제약▼으로 말미암아 IP 주소의 종류가 13개로 제한됩니다. 부하 분산이나 장애 대책을 생각하면 루트 네임 서버가 전 세계에서 13개인 것은 양이 너무 적습니다. 이 때문에 IP 애니캐스트를 사용하여 보다 많은 DNS 루트 네임 서버를 세계 각국에서 운용하도록 한 것입니다. DNS 루트 네임 서버에 요청 패킷을 보낼 때에는 지역마다 설치된 서버로 IP 패킷이 보내지고 그곳에서 응답이 반환되어 옵니다.

IP 애니캐스트는 편리한 장치이지만 제한 사항도 있습니다. 예를 들어 첫 번째 패킷과 두 번째 패킷이 동일한 호스트에 도착할 것이라는 보장이 없습니다. 커넥션리스형인 UDP에서 패킷을 하나 보내 '요청'과 '응답'을 하는 경우에는 문제가 되지 않지만, 커넥션형인 TCP를 사용하여 통신하고 싶은 경우 또는 UDP라도 여러 개의 패킷을 사용하여 통신하고 싶은 경우에는 여러 가지 사항을 고려해야만 합니다. IP 애니캐스트를 받은 서버는 유니캐스트로 응답을 반환합니다. 이 때문에 처음 1 패킷만 애니캐스트를 사용하고, 이후의 통신에서는 유니캐스트를 사용하는 식으로 처리됩니다.

:: 어느 것이 선택되는지는 라우팅 프로토콜의 종류나 설정 방법에 따라 다르다(라우팅 프로토콜에 대해서는 제7장 참조).

:: 210쪽 참조.

:: DNS 패킷을 운반하는 UDP 데이터 길이는 512옥텟으로 제한되어 있다.

:: 8.8.8.8은 구글에서 제공하는 퍼블릭 DNS 서버의 IP 주소.

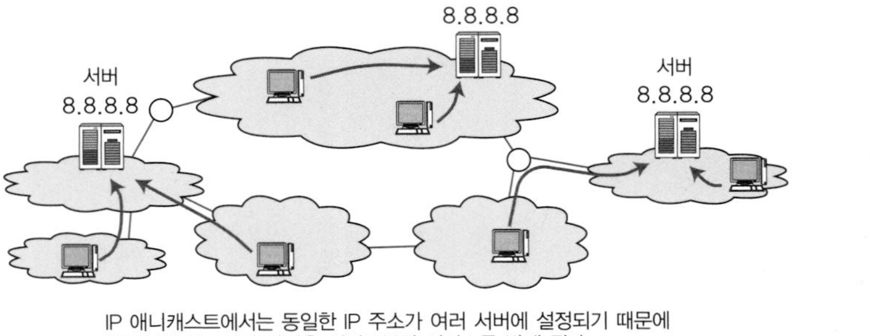

IP 애니캐스트에서는 동일한 IP 주소가 여러 서버에 설정되기 때문에 클라이언트는 가장 가까운 서버로부터 서비스를 받게 된다.

◆ **그림 5.27** IP 애니캐스트

④ 통신 품질 제어

❖ 통신 품질이란?

최근 IP 프로토콜은 그 실용성이 인정을 받아 다양한 목적의 통신에 응용되고 있습니다. IP 프로토콜은 원래 '최선 노력형(Best Effort)' 프로토콜로 설계 또는 개발되어 '통신 품질의 보장을 제공하는 장치가 없는 것'이었습니다. 최선 노력형 통신에는 통신 회선이 혼잡하면 통신 성능이 극단적으로 저하된다는 문제가 있습니다. 이 점을 고속도로에 비유하면, 한 번에 많은 차가 고속도로를 통행하려고 할 때 정체가 발생하여 목적지까지 도착하는 데에 많은 시간이 소요되는 경우라고 할 수 있습니다. 최선 노력형 네트워크에서도 이와 똑같은 일이 발생합니다.

통신 회선이 혼잡한 것을 '폭주'라고 합니다. 폭주가 발생하면 라우터나 허브(스위칭 허브)의 큐▼(버퍼)가 넘쳐 대량의 패킷이 분실되고, 통신 성능이 극단적으로 저하됩니다. 결국 웹페이지를 보고 있을 때 링크를 클릭해도 좀처럼 표시되지 않거나, 음성 통신이나 동영상을 받아보는 경우 음성이 끊기거나, 영상이 멈추는 일이 발생합니다.

최근에는 동영상이나 음성을 실시간으로 받아볼 수 있는 서비스가 많이 보급되고 있으므로 IP를 사용한 통신 서비스의 품질(QoS : Quality of Service)을 보장하기 위한 기술이 점차 더 필요해지고 있는 실정입니다.

❖ 통신 품질을 제어하는 장치

통신 품질을 제어하는 장치란, 예를 들면 고속도로에 설치한 우선 접수 요금소나 우선 차선으로 생각할 수 있습니다. 통신 품질을 보장하고 싶은 패킷에 대해서는 라우터 등에서 특별 취급을 하여 보장할 수 있는 범위 안에서 우선적으로 처리합니다.

통신 품질의 항목에는 대역, 지연, 지연 지터(Jitter) 등이 있습니다. 라우터 내부의 큐(버퍼)에서 통신 품질을 보장하고 싶은 패킷을 우선 처리하고, 어쩔 수 없는 경우에는 우선하지 않는 패킷부터 폐기함으로써 통신 품질을 제공합니다. 통신 품질을 제어하는 장치로 제안된 기술로는 RSVP▼를 사용하여 엔드 투 엔드로 세세하게 우선 제어를 하는 IntServ와 상대적으로 대강 우선 제어를 하는 DiffServ를 들 수 있습니다.

❖ IntServ

IntServ는 특정 애플리케이션 간 통신에 대해 통신 품질 제어를 제공하는 장치입니다. 특정 애플리케이션이란, 송신처 IP 주소, 수신처 IP 주소, 송신처 포트 번호, 수신처 포트 번호, 프로토콜 번호가 똑같은 것을 말합니다.▼

IntServ가 고려하는 통신은 항상 일어나는 것이 아니라 필요할 때에, 필요한 만큼만 일어납니다. IntServ에서는 필요할 때에만 경로상의 라우터에 품질

:: **큐**(queue)
대기 행렬을 말한다.

:: **RSVP**(Resource Reservation Protocol)

:: 송신처 포트 번호, 수신처 포트 번호는 TCP나 UDP의 헤더 정보가 된다(자세한 내용은 제6장 참조).

제어 설정을 하는데, 이를 '플로 셋업'이라고 합니다. 그리고 이 플로 셋업을 실현하는 프로토콜이 'RSVP'입니다. RSVP에서는 패킷을 수신하는 측에서 송신하는 측을 향해 제어 패킷이 흘러 그 사이에 존재하는 각각의 라우터에 품질 제어를 위한 설정▼을 합니다. 그리고 라우터는 그 설정을 바탕으로 송신할 패킷을 구별하여 처리합니다.

:: 구체적으로는 대역, 지연 시간, 지연 시간의 지터, 패킷 손실율 등을 말한다.

하지만 RSVP 장치는 복잡하기 때문에 대규모 네트워크의 경우 실제 작동과 운용이 어렵다는 문제가 있습니다. 또한 플로 셋업에서 네트워크 자원을 초과하는 요구가 있는 경우, 그 이후에는 자원을 마련할 수 없다는 문제도 있습니다. 그래서 좀더 유연하고 실용적인 방법을 원하게 되었는데 이를 실현한 것이 'DiffServ'입니다.

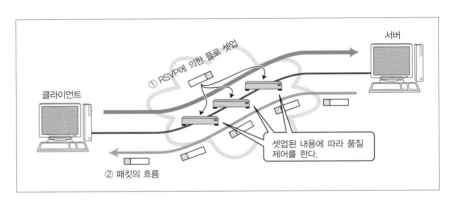

● 그림 5.28 RSVP에 의한 플로 셋업

❖ DiffServ

IntServ에서는 애플리케이션의 커넥션별로 세세하게 통신 품질을 제어합니다. 이에 반해 DiffServ는 특정 네트워크 안에서 대강의 통신 품질을 제어하는 것이 목적입니다. 예를 들어 특정 프로바이더 안에서만 고객별로 순위를 매겨 패킷에 대한 우선 제어를 합니다.

DiffServ에 의한 통신 품질을 제어하는 네트워크를 'DiffServ 도메인'이라고 합니다. DiffServ 도메인의 경계에 있는 라우터는 DiffServ 도메인 안에 들어오는 IP 패킷의 헤더 중 DSCP 필드▼를 수정합니다. 우선 제어를 원하는 고객의 패킷에 대해서는 우선되는 값을 설정하고, 그렇지 않은 고객의 패킷에 대해서는 우선되지 않는 값을 설정합니다. DiffServ 도메인의 내부에 있는 라우터는 IP 헤더의 DSCP 필드의 값을 보고, 우선되는 패킷을 우선적으로 처리합니다. 우선도가 낮은 패킷일수록 혼잡 발생 시 먼저 폐기됩니다.▼

:: DSCP 필드는 IP 헤더의 TOS 필드를 바꾼 것을 말한다 (자세한 내용은 196쪽 참조).

:: 예를 들어 Web 패킷보다 IP 전화 패킷을 우선하는 설정이나 처리가 사용된다.

IntServ에서는 통신할 때마다 플로 셋업이 필요하고 라우터도 플로별로 품질 제어를 해야 하기 때문에 장치가 복잡하고 실용적이지 않았습니다. 이에 반해 DiffServ의 경우는 프로바이더와의 계약별로 대강의 품질 제어를 하므로 처리하기 쉽고 실용적입니다.

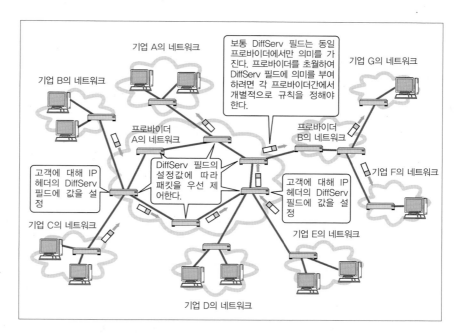

기업 A의 네트워크

기업 B의 네트워크

보통 DiffServ 필드는 동일 프로바이더에서만 의미를 가진다. 프로바이더를 초월하여 DiffServ 필드에 의미를 부여하려면 각 프로바이더간에서 개별적으로 규칙을 정해야 한다.

기업 G의 네트워크

프로바이더 A의 네트워크

프로바이더 B의 네트워크

기업 F의 네트워크

고객에 대해 IP 헤더의 DiffServ 필드에 값을 설정

DiffServ 필드의 설정값에 따라 패킷을 우선 제어한다.

고객에 대해 IP 헤더의 DiffServ 필드에 값을 설정

기업 C의 네트워크

기업 E의 네트워크

기업 D의 네트워크

◐ **그림 5.29** DiffServ

∷ TCP의 혼잡 제어에 대해서는 제6장 참조.

∷ **ECN**(Explicit Congestion Notification)

∷ **CWR**(Congestion Window Reduced)

∷ **ECE**(ECN-Echo)

∷ 초기 ICMP 사양에서는 혼잡을 통지해 송신 패킷을 줄이는 기능으로서 ICMP 시점 억제 메시지가 정의되었다. 그러나, 혼잡할 때 패킷을 송신하면 더욱 패킷이 증가하거나 위조한 ICMP 시점 억제 메시지에 의한 공격이 용이한 점 등 문제가 있어 거의 사용되지 않고 폐지될 전망이다.

∷ UDP를 사용한 통로 등이 있다.

5 명시적인 혼잡 통지

혼잡이 일어나면 데이터 패킷을 송신하고 있는 호스트는 송신량을 줄여야 합니다. IP의 상위층인 TCP에는 혼잡 제어가 있는데, 혼잡이 발생했는지, 아닌지는 패킷의 분실 유무로 판단합니다.▼ 이 방법의 경우 패킷을 잃어버리기 전에는 패킷의 송신량을 줄일 수 없습니다.

이 문제를 해결하기 위해 IP 패킷을 사용한 명시적 혼잡 통지 기능이 추가되었는데, 이것이 바로 'ECN'▼입니다.

ECN에서는 혼잡 통지 기능을 실현하기 위해 IP 헤더의 TOS 필드를 ECN 필드로 바꾸어 정의하고, TCP 헤더의 예약 비트에 CWR▼ 플래그와 ECE▼ 플래그를 추가합니다.

혼잡을 통지할 때에는 해당 패킷을 보낸 호스트에게 혼잡 정보를 전할 필요가 있습니다.▼ 하지만 혼잡을 통지하기 위해서라고 하더라도 혼잡해진 네트워크에 새로운 패킷을 송신하는 일은 그다지 좋은 방법이 아닙니다. 또한 혼잡 통지를 하더라도 혼잡 제어를 하는 프로토콜을 사용하지 않는 경우에는▼ 의미가 없습니다.

ECN에서는 가는 패킷의 IP 헤더에 라우터가 혼잡했는지, 아닌지를 기록하고, 돌아오는 패킷의 TCP 헤더로 혼잡이 일어났는지, 아닌지를 전하는 메커니즘으로 되어 있습니다. 즉, 혼잡 감지는 네트워크층에서 하고, 혼잡 통지는 트랜스포트층에서 한다는 2단계 협력에 의해 이 기능을 실현하는 것입니다.

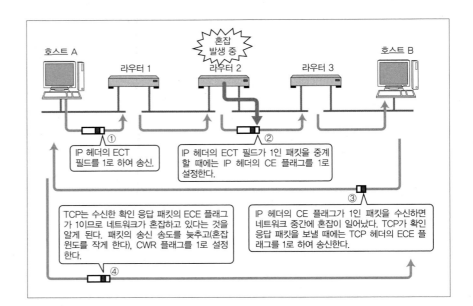

:: 혼잡 윈도에 관해서는 276 쪽을 참조.

○ 그림 5.30 혼잡 통지

⑥ Mobile IP

❖ Mobile IP란?

IP 주소는 '네트워크 주소'와 '호스트 주소'로 구성됩니다. '네트워크 주소'는 전체 네트워크상에서 서브 네트워크의 위치를 나타내기 때문에 당연한 말이지만 장소에 따라 다른 값이 됩니다.

스마트폰이나 랩톱 컴퓨터를 가지고 다니는 경우를 생각해봅시다. 일반적인 사용 방법의 경우 다른 서브넷에 연결할 때마다 DHCP나 수작업으로 다른 IP 주소를 할당하게 되어 있습니다. 그런데 IP 주소가 바뀌면 어떤 일이 일어날까요?

이동하는 호스트에서 통신하고 있는 경우, 연결하는 서브 네트워크가 바뀌면 TCP를 사용한 통신은 유지되지 않습니다. TCP는 커넥션형으로, 통신 시작부터 종료까지 통신하고 있는 양쪽의 IP 주소가 바뀌지 않는다는 것을 전제로 하고 있기 때문입니다.

UDP를 사용한 통신의 경우에도 역시 통신을 계속할 수 없게 됩니다. 단, UDP는 커넥션리스형이기 때문에 애플리케이션이 IP 주소의 변경을 처리하도록 하면 문제가 해결될지도 모릅니다.▼ 하지만 이용하는 애플리케이션 모두가 IP 주소의 변화를 처리하도록 하는 일에는 무리가 있습니다.

:: TCP의 경우에도 TCP의 커넥션은 끊기지만, TCP 커넥션을 다시 확립하는 등과 같이 애플리케이션이 IP 주소 변경을 처리할 수 있도록 만드는 일은 불가능하지 않다.

이러한 이유 때문에 등장한 것이 'Mobile IP'입니다. Mobile IP란 호스트가 연결되어 있는 서브넷이 바뀌어도 IP 주소가 바뀌지 않도록 하는 기술을 말합니다. Mobile IP 덕분에 지금까지 사용했던 애플리케이션을 변경하는 일 없이 IP 주소가 바뀌는 환경에서도 계속 통신할 수 있게 되었습니다.

❖ IP 터널링과 Mobile IP

Mobile IP의 구조는 그림 5.31과 같습니다.

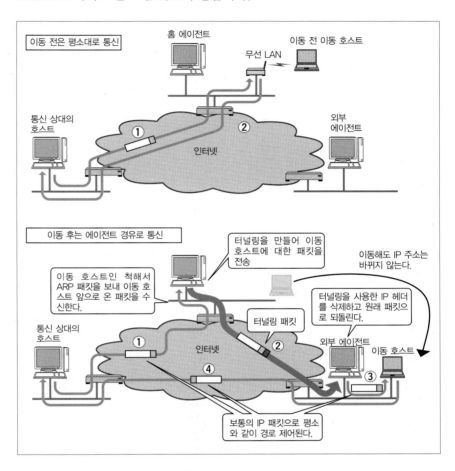

○ **그림 5.31** Mobile IP

- 이동 호스트(MH : Mobile Host)

이동을 하더라도 IP 주소가 바뀌지 않는 호스트를 말한다. 이동하지 않을 때에 연결한 네트워크를 '홈 네트워크'라고 하며, 이곳에서 이용하는 IP 주소를 '홈 주소'라고 한다. 홈 주소는 호적과 같은 것이기 때문에 이동해도 바뀌지 않는다. 이동한 경우에는 해당 서브넷의 IP 주소도 설정된다. 이를 'CoA(care-of address)'라고 한다. CoA는 주민등록과 같은 것으로, 이동할 때마다 바뀔 가능성이 있다.

- 홈 에이전트(HA : Home Agent)

홈 네트워크에 존재하면서 이동 호스트가 어디에 있는지를 감시하고, 이동처에 패킷을 전송하는 역할을 한다. 다시 말해서 호적을 등록하는 구청과 같은 역할을 한다.

- 외부 에이전트(FA : Foreign Agent)

  이동처에서 이동 호스트를 서포트하기 위해 사용한다. 이동 호스트가 연결될 가능성이 있는 모든 곳에 필요하다.

그림 5.31과 같이 Mobile IP에서의 이동 호스트는 이동 전에는 평소처럼 통신을 하지만 이동 후에는 외부 에이전트에게 홈 에이전트의 주소를 통지하고 패킷을 전송해주도록 통지합니다.

이동 호스트를 애플리케이션층에서 보면 항상 홈 주소를 사용하여 통신하고 있는 것처럼 보입니다. 하지만 실제로는 Mobile IP가 CoA를 사용하여 패킷을 전송하고 있는 것입니다.

❖ Mobile IPv6

Mobile IP에는 아래와 같은 문제점이 있습니다.

- 외부 에이전트가 존재하지 않는 네트워크에는 이동할 수 없다.
- IP 패킷이 삼각형 루트를 통하게 되어 효율성이 떨어진다.
- 조직에 따라서는 보안성을 높이기 위해 외부로 나가는 패킷의 송신처 IP 주소가 해당 조직에서 사용하지 않는 IP 주소일 때 폐기하도록 설정해 놓는 경우가 많다. 이동 호스트에서 통신 상대에게 송신하는 IP 패킷의 송신처 IP 주소가 홈 주소로 되어 있어서 그 조직의 IP 주소와 다르기 때문에(그림 5.31에서 ④의 IP 패킷), 이동처의 라우터(방화벽)에서 폐기될 가능성이 있다.▼

Mobile IPv6에서는 이러한 문제를 해결할 수 있도록 사양을 정하고 있습니다.

- 외부 에이전트의 기능은 Mobile IPv6를 지원하는 이동 호스트 자신이 담당한다.
- 경로 최적화에 의해 홈 에이전트를 경유하지 않고 직접 통신할 수 있다.▼
- IPv6 헤더의 송신처 IP 주소에 CoA를 붙여 방화벽에서 폐기되지 않도록 한다.▼

이러한 모든 기능을 이용하기 위해서는 이동 호스트뿐만 아니라 통신 상대의 호스트에도 Mobile IPv6에 필요한 기능을 지원해야 합니다.

:: 이 문제를 방지하기 위해 Mobile IP에서 이동 호스트가 통신 상대에게 송신하는 IP 패킷도 홈 에이전트 경유로 보내는 방법을 이용하고 있다. 이를 '쌍방향 터널'이라고 하는데, 효율이 삼각형 루트보다 나쁘다.

:: IPv6 확장 헤더의 '모빌리티 헤더(프로토콜 번호 135)'를 사용한다.

:: IPv6 확장 헤더의 '수신처 옵션(프로토콜 번호 60)'의 홈 주소 옵션을 사용한다.

06

TCP와 UDP

이 장에서는 트랜스포트층의 프로토콜인 TCP(Transmission Control Protocol)와 UDP(User Datagram Protocol)에 대해 설명합니다.
트랜스포트층은 OSI 참조 모델 중앙에 위치하고 있으며, 3층 이하에서 제공하는 서비스를 5층 이상으로 제공할 때 중개합니다. IP에는 신뢰성이 없지만, TCP는 신뢰성을 제공합니다. 이렇게 하면 5층 이상은 안심하고 하위층에 통신처리를 맡길 수 있습니다.

7 애플리케이션층	〈애플리케이션층〉 TELNET, SSH, HTTP, SMTP, POP, SSL/TLS, FTP, MIME, HTML, SNMP, MIB, SIP, …
6 프리젠테이션층	
5 세션층	
4 트랜스포트층	〈트랜스포트층〉 TCP, UDP, UDP–Lite, SCTP, DCCP
3 네트워크층	〈네트워크층〉 ARP, IPv4, IPv6, ICMP, IPsec
2 데이터 링크층	이더넷, 무선 LAN, PPP, … (트위스트 페어 케이블, 무선, 광섬유, …)
1 물리층	

트랜스포트층의 역할

01

:: 동보 통신
멀티캐스트나 브로드캐스트를
말함.

TCP/IP에는 TCP와 UDP라는 2개의 대표적인 트랜스포트 프로토콜이 있습니다. TCP는 신뢰성이 있는 통신을 제공하고, UDP는 동보 통신▼이나 세세한 제어는 애플리케이션에게 맡기는 편이 좋은 통신에 사용합니다. 즉, 필요로하는 통신의 특성에 따라 사용할 트랜스포트 프로토콜을 선택할 수 있습니다.

1 트랜스포트층이란?

제4장에서 설명한 바와 같이 IP 헤더에는 프로토콜 필드가 정의되어 있습니다. 프로토콜 필드에는 네트워크층(IP)의 상위층, 즉 어떤 트랜스포트 프로토콜에게 데이터를 전달할 것인지가 번호로 나타나 있습니다. 이 번호로 IP가 전송하고 있는 데이터가 TCP인지, UDP인지를 식별합니다.

마찬가지로 트랜스포트층인 TCP나 UDP에서도 자신이 전송하고 있는 데이터를 그 다음에 어떤 애플리케이션에게 전달하면 좋을 것인지 식별하기 위한 번호를 정의하고 있습니다.

우편물을 예로 들자면, 우편배달원(IP)이 받는 사람의 주소(수신 IP 주소)를 참조하여 목적하는 집(컴퓨터)에 우편물(IP 데이터그램)을 배달합니다. 우편물이 목적하는 집까지 배달되면 그 집 사람(트랜스포트 프로토콜)이 받는 사람의 이름을 보고 누구 앞(프로그램)으로 온 것인지를 판단합니다.

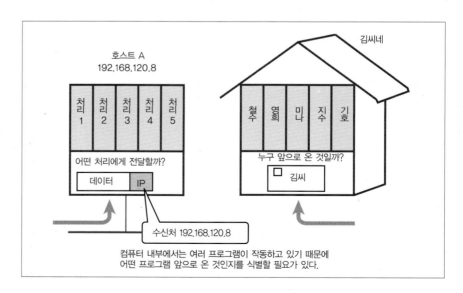

❍ **그림 6.1** 컴퓨터 안에는 많은 프로그램이 움직이고 있다.

그런데 주소와 성만 적혀 있는 우편물이 배달된 경우에는 어떻게 될까요? 그 우편물을 가족 중 누구에게 전달해야 좋을 것인지 모르게 됩니다. 성도 적혀 있지 않은 우편물이 회사나 학교로 배달된 경우에는 더욱 곤란할 것입니다. 우편물에는 주소뿐만 아니라 성과 이름▼을 명기할 필요가 있습니다.

TCP/IP에 의한 통신에서도 이와 마찬가지로 성과 이름, 즉 통신할 '프로그램'을 지정해야 합니다. 트랜스포트층은 이 성과 이름(프로그램)을 지정하는 역할을 갖고 있습니다. 이 역할을 실현하기 위해 포트▼ 번호라는 식별자를 사용합니다. 포트 번호에 의해 트랜스포트층의 상위층인 애플리케이션층의 처리를 수행할 프로그램을 식별합니다.▼

❷ 통신 처리

우편물을 예로 들어 트랜스포트 프로토콜의 동작을 좀 더 자세히 살펴봅시다. 앞에서 말한 '프로그램'은 TCP/IP 애플리케이션 프로토콜을 처리합니다. 따라서 TCP/IP가 식별하는 '성과 이름'은 애플리케이션 프로토콜이 됩니다.

대부분의 TCP/IP 애플리케이션 프로토콜은 일반적으로 클라이언트/서버 모델이라는 형식으로 만들어집니다. 클라이언트▼는 손님을 의미하고, 서버▼는 그 손님에 대해 서비스를 제공하는 사람을 의미합니다. 클라이언트는 서버에 대해 서비스를 요청하고, 서버는 클라이언트로부터 받은 요청을 처리하여 서비스를 제공합니다. 또한 서비스를 제공하는 컴퓨터에서는 미리 서버 프로그램을 기동시켜두고 클라이언트 프로그램의 요청을 기다려야 합니다. 그렇게 하지 않으면 클라이언트로부터 요청이 들어오더라도 그 요청을 접수할 수 없습니다.

:: 회사나 학교의 경우에는 소속도 필요하다.

:: **포트**
라우터나 스위치의 인터페이스를 가리키는 포트와는 다르므로 주의가 필요하다.

:: 하나의 프로그램에서 여러 개의 포트 번호를 사용할 수도 있다.

:: **클라이언트**(Client)
고객을 뜻한다. 컴퓨터 네트워크에서는 서비스를 요청하여 서비스를 받는 측을 말한다.

:: **서버**(Server)
컴퓨터 네트워크에서는 서비스를 제공하는 프로그램이나 컴퓨터를 뜻한다.

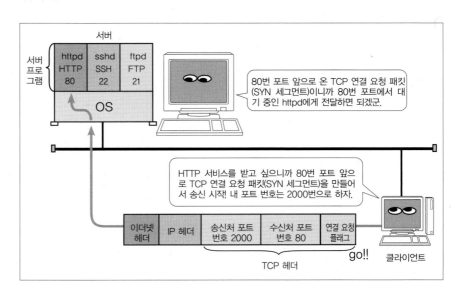

● **그림 6.2** HTTP의 연결 요청

:: **데몬**(Daemon)
호스트/서버상에서 항상 실행되면서 특정 처리를 수행하는 프로세스를 말한다.

:: 세세한 액세스 제어가 가능한 xinetd를 사용하는 경우도 있다.

UNIX에서는 이러한 서버 프로그램을 '데몬'▾이라고 합니다. 예를 들어 HTTP 서버 프로그램은 httpd(HTTP 데몬), ssh 서버는 sshd(SSH 데몬)이라고 합니다. 또한 UNIX에서는 각각의 데몬을 따로따로 움직이는 것이 아니라 클라이언트로부터 오는 요청을 inetd▾(인터넷 데몬)라고 하는 슈퍼 데몬이 처리합니다. 이 슈퍼 데몬이 서비스 요청을 받으면, 분기(fork)하여 sshd와 같은 데몬으로 변신(exec)합니다. 요청이 어떤 서버(데몬)로 갈 것인지는 수신한 패킷의 수신처 포트 번호를 조사하면 알 수 있습니다. TCP 연결 요청 패킷을 수신한 경우, 포트 번호가 22번이면 sshd로, 80번이면 httpd로 연결을 확립합니다. 그리고 해당 데몬이 그 이후의 통신 처리를 기다립니다.

트랜스포트 프로토콜인 TCP와 UDP는 이 포트 번호를 바탕으로 수신한 데이터가 누구 앞으로 온 것인지를 판단합니다. 그림 6.2에서 트랜스포트 프로토콜이 전달하는 상대는 HTTP나 TELNET, FTP와 같은 애플리케이션 프로토콜이 됩니다.

③ 2개의 트랜스포트 프로토콜 – TCP와 UDP

TCP/IP에서 트랜스포트층의 기능을 하는 대표적인 프로토콜은 'TCP'와 'UDP'입니다.

❖ TCP

TCP(Transmission Control Protocol)는 커넥션 지향의 신뢰성 있는 스트림형 프로토콜입니다. 스트림이란, 수도꼭지에서 물이 흐르는 것과 같이 끊어진 곳이 없는 데이터 구조를 말합니다. 애플리케이션이 TCP를 사용하여 메시지를 송신하면, 송신한 순서는 유지되지만 끊어진 곳이 없는(하나로 이어진) 데이터 구조로 수신 측의 애플리케이션에게 전달됩니다.▾

TCP에서는 신뢰성을 제공하기 위해 '순서 제어'와 '재전송 제어'를 합니다. 또한 '플로 제어(유량 제어)'나 '혼잡 제어', 네트워크의 이용 효율을 향상시키기 위한 구조 등과 같이 수많은 기능을 갖고 있습니다.

:: 예를 들어 송신 측 애플리케이션이 하나의 커넥션을 사용하여 100바이트별로 10개의 메시지를 송신하면, 수신 측 애플리케이션에서는 끊어진 곳이 없이 하나로 연결된 1000바이트의 데이터로 수신할 가능성이 있다. 그렇기 때문에 TCP를 사용하는 애플리케이션 중에는 송신하는 애플리케이션 메시지 안에 메시지의 길이나 구분점을 나타내는 정보를 심어 넣는 것도 있다.

:: 예를 들어 송신 측 애플리케이션이 100바이트별로 메시지를 송신하면, 수신 측 애플리케이션에서는 100바이트별로 메시지를 수신한다. UDP에서는 애플리케이션이 지정한 메시지의 '길이'도 수신 측 애플리케이션에게 전달할 수 있기 때문에 송신하는 애플리케이션 메시지 안에 메시지의 길이나 구분점을 나타내는 정보를 넣을 필요는 없다. 하지만 UDP는 신뢰성이 없기 때문에 송신한 메시지가 도중에 분실된 경우에는 수신 측 애플리케이션에 도달하지 않는다.

❖ UDP

UDP(User Datagram Protocol)는 신뢰성이 없는 데이터그램형 프로토콜입니다. 세세한 처리는 상위층 애플리케이션이 담당합니다. UDP의 경우에는 송신할 때에 메시지의 크기가 유지되지만, 패킷이 반드시 도달한다는 보장이 없기 때문에▾ 필요에 따라서는 애플리케이션이 메시지의 재전송 처리를 해야 합니다.

④ TCP와 UDP의 구분

'TCP에는 신뢰성이 있으므로 TCP가 UDP보다 뛰어난 프로토콜이다'라고 생각하는 사람도 있는데, 이는 전혀 근거 없는 오해입니다. TCP와 UDP의 우열은 비교할 수 없습니다. 그렇다면 TCP와 UDP는 어떻게 구분하여 사용할까요? 대강 설명하면 다음과 같습니다.

TCP는 트랜스포트층에서 신뢰성 있는 통신을 실현할 필요가 있는 경우에 사용합니다. TCP는 커넥션 지향이고, 순서 제어나 재전송 제어를 프로토콜의 기능으로 갖고 있기 때문에 신뢰성 있는 통신을 애플리케이션에게 제공할 수 있습니다.

:: 동영상이나 음성을 실시간으로 송신하는 경우에는 패킷이 다소 분실되어 일시적으로 화면이나 음성이 흐트러지더라도 실제 사용하는 데에는 문제가 없는 경우가 많다.

한편, UDP는 고속성이나 실시간성을 중요시하는 통신이나 동보 통신 등에 이용합니다. 예를 들어 사람과 사람이 대화하는 IP 전화를 예로 들 수 있습니다. TCP를 사용하면 데이터가 도중에 분실된 경우에 재전송 처리를 하기 때문에 음성 재생이 매끄럽지 않고, 심지어 대화가 이루어지지 않을 가능성도 있습니다. 이에 반해 UDP는 재전송 처리를 하지 않기 때문에 음성이 늦게 도달하는 일은 없습니다. 패킷이 다소 분실되더라도 일시적으로 음성의 일부가 흐트러질뿐입니다.▼ 멀티캐스트나 브로드캐스트 통신에서도 TCP가 아니라 UDP를 사용합니다. RIP(303쪽 참조)나 DHCP(228쪽 참조) 등과 같이 브로드캐스트를 사용하는 프로토콜에도 UDP를 사용합니다.

:: 혼잡 제어에 관해서는 276쪽을 참조.

한편 인터넷을 매개로 한 비디오 온 디맨드나 동영상 재생 등 단방향 통신인 경우는 TCP가 더 자주 사용됩니다. 양방향 통신인 IP전화나 화상 회의와는 달리 비디오 온디맨드나 동영상 재생은 몇 초~수십 초 늦게 재생되어도 문제 없는 경우가 많기 때문입니다. TCP가 사용되는 이유는 혼잡 제어▼와 재전송 기능에 있습니다. 인터넷에서는 종종 혼잡이 발생하기 때문에 네트워크의 혼잡 상태에 맞는 제어가 필수입니다. 그런데 UDP에는 혼잡 제어가 없어 인터넷을 통해 고품질 통신을 하기는 어렵습니다.

이와 같이 TCP와 UDP는 목적에 맞게 나누어 사용합니다.

소켓

애플리케이션에서 TCP나 UDP를 사용할 때에는 프로그래밍 개발 환경이나 운영체제가 갖고 있는 라이브러리를 이용하게 되는데, 이러한 라이브러리를 일반적으로 'API(Application Programming Interface)'라고 합니다.

TCP나 UDP를 사용하여 통신할 때에는 주로 '소켓'이라는 API를 사용합니다. 원래 소켓은 BSD UNIX에서 개발된 것이었지만, 지금은 Windows의 Winsock이나 임베디드 기기용 운영체제 등에 이식되어 있습니다. 애플리케이션은 소켓을 사용하여 통신 상대의 IP 주소나 포트 번호를 설정하거나 데이터의 송수신 요청을 합니다. 그러면, 운영체제가 TCP/IP로 통신을 해 줍니다.

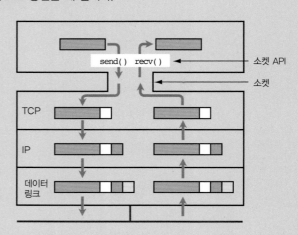

○ 그림 6.3 소켓

소켓은 OS에 있는 TCP/IP 기능을 제공하는 것이 목적이므로, 세션층, 프레젠테이션층, 애플리케이션층 고유의 기능은 제공하지 않습니다. TCP나 UDP를 직접 사용하는 것을 의식하면서 프로그램을 만들어야 합니다. 이는 애플리케이션 개발자에게 부담이 될 수 있으며, 그 부담을 줄이고자 프로그래밍 언어나 개발 환경에 따라서는 애플리케이션 프로그램을 만들기 쉽도록 상위층의 기능을 제공하는 라이브러리 및 미들웨어가 제공되는 경우가 있습니다. 이로 인해 프로그래머의 부담이 줄어들어 생산성이 향상되지만, 이러한 라이브러리 및 미들웨어도 결국은 소켓을 사용하여 만들어집니다.

포트 번호

02

1 포트 번호란?

데이터 링크나 IP에는 MAC 주소와 IP 주소가 있습니다. MAC 주소는 동일한 데이터 링크에 연결된 컴퓨터를 식별하기 위한 것이며, IP 주소는 TCP/IP 네트워크상에 연결되어 있는 호스트나 라우터를 식별하기 위한 것입니다. 트랜스포트 프로토콜에도 이 주소와 같은 '포트 번호'가 있습니다. 이 포트 번호는 동일한 컴퓨터 안에서 통신을 하고 있는 프로그램을 식별할 때에 사용합니다. 즉, 프로그램의 주소라고 할 수 있습니다.

2 포트 번호에 따른 애플리케이션의 식별

컴퓨터상에서는 여러 개의 프로그램을 작동시킬 수 있습니다. WWW 서비스를 받기 위한 웹 브라우저나 전자메일을 송수신하는 메일 소프트웨어, 원격 로그인을 하기 위한 ssh 클라이언트 등과 같이 다양한 애플리케이션 프로그램을 1대의 컴퓨터상에서 동시에 이용할 수 있습니다. 트랜스포트 프로토콜은 포트 번호를 사용하여 통신하고 있는 프로그램을 식별하고 데이터를 올바르게 전달하도록 처리합니다.

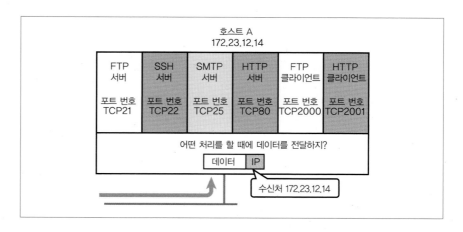

○**그림 6.4** 포트 번호에 의한 애플리케이션 식별

3 IP 주소, 포트 번호, 프로토콜 번호에 의한 통신의 식별

통신은 수신처의 포트 번호만으로 식별할 수 있는 것이 아닙니다.

그림 6.5의 ①과 ②의 통신은 두 컴퓨터 사이에서 일어나지만 수신처의 포트 번호는 80번으로 똑같습니다. 클라이언트에서 웹 브라우저 화면을 2개 열고,

동일한 서버상에 있는 다른 페이지를 동시에 보려고 하면 이러한 통신이 일어 납니다. 이 경우에도 통신을 제대로 식별해야 하기 때문에 송신처의 포트 번호로 각각 다른 통신이라는 것을 식별합니다.

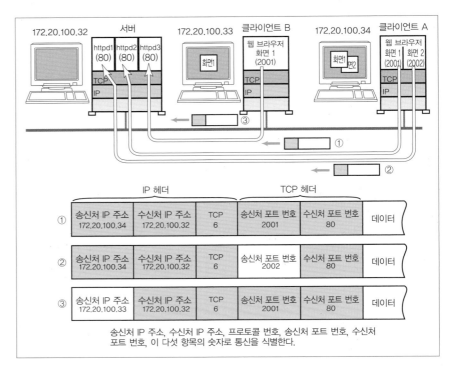

○**그림 6.5** 여러 개의 요청의 식별

③과 ①은 수신처 포트 번호와 송신처 포트 번호는 같지만 송신처 IP 주소가 다릅니다. 또한 이 그림에는 없지만 IP 주소와 포트 번호도 똑같은데, TCP나 UDP를 나타내는 프로토콜 번호만 다른 경우도 생각할 수 있습니다. 이것도 다른 통신으로 취급합니다.

이렇게 TCP/IP나 UDP/IP에 의한 통신에서는 '송신처 IP 주소', '수신처 IP 주소', '프로토콜 번호', '송신처 포트 번호', '수신처 포트 번호' 항목의 숫자를 조합하여 통신을 구별합니다.▼ 어느 하나라도 다르면 다른 통신으로 판단하여 처리합니다.

:: UNIX나 Windows에서 netstat나 'netstat -n'로 표시 할 수 있다.

4 포트 번호의 결정 방법
실제로 통신을 할 때에는 통신을 하기 전에 포트 번호를 결정해야 합니다. 포트 번호를 결정하는 데에는 두 종류의 방법이 있습니다.

❖ 표준으로 정해져 있는 번호
첫 번째 방법은 정적으로 결정하는 방법입니다. 이 방법은 애플리케이션별로 어떤 포트 번호를 사용할 것인지를 고정적으로 정하는 방법입니다. 하지만 아무

:: '절대로 이 목적만으로 사용해야 한다'는 뜻은 아니다. 고도의 네트워크 운용을 위해 일부러 다른 목적으로 사용하는 경우도 있다.

번호나 사용해도 되는 것이 아니라 번호별로 사용 목적이 정해져 있습니다.▼ HTTP, TELNET, FTP와 같이 널리 사용되는 애플리케이션 프로토콜에는 사용할 포트 번호가 정해져 있습니다. 이를 '잘 알려진 포트 번호(Well-known Port Number)'라고 합니다. TCP와 UDP의 대표적인 포트 번호는 표 6.1(260쪽)과 표 6.2(262쪽)에 정리되어 있습니다. 이 잘 알려진 포트 번호에는 0~1023까지의 번호가 할당되어 있습니다. 이러한 번호를 다른 용도로 사용하면 혼란을 야기할 수 있으므로 사용하지 않는 것이 좋습니다.

또한 잘 알려진 포트 번호 이외에도 정식으로 등록된 포트 번호가 있는데, 이는 1024~49151까지의 번호로 되어 있습니다. 하지만 이 번호는 다른 용도로 사용해도 큰 문제가 없습니다. 잘 알려진 포트 번호와 등록된 포트 번호에 대한 최신 정보는 아래 사이트에서 확인할 수 있습니다.

http://www.iana.org/assignments/port-numbers

이러한 포트 번호의 대부분은 서버 측에서 사용하는 포트 번호입니다.

❖ 동적 할당법

두 번째는 동적으로 할당하는 방법입니다. 서비스를 제공하는 측(서버)은 포트 번호가 정해져 있어야 하지만, 서비스를 받는 측(클라이언트)은 포트 번호가 반드시 정해져 있지 않아도 됩니다.

이때 클라이언트 애플리케이션은 자신의 포트 번호를 결정하지 않고 운영체제에게 일임할 수 있습니다. 운영체제는 애플리케이션별로 동일한 값이 되지 않도록 제어하면서 포트 번호를 할당합니다. 예를 들어 포트 번호가 필요할 때마다 포트 번호의 값을 하나씩 증가시킵니다. 운영체제는 이처럼 동적으로 포트 번호를 관리해줍니다.

이러한 동적 포트 번호 할당 방법에 의해 동일한 클라이언트 프로그램에서 여러 개의 TCP 커넥션을 확립한 경우에도 통신을 식별하는 다섯 항목의 숫자가 같아지지 않도록 하는 것입니다.

동적으로 할당하는 포트 번호에는 49152~65535까지의 정수를 사용합니다.▼

:: 오래된 시스템에서는 1024 이상의 사용되지 않은 포트 번호를 순서대로 이용하는 경우도 있다.

5 포트 번호와 프로토콜

포트 번호는 사용하는 트랜스포트 프로토콜별로 결정됩니다. 그래서 다른 트랜스포트 프로토콜의 경우는 동일한 포트 번호를 사용할 수 있습니다. 예를 들어 TCP와 UDP에서 동일한 포트 번호를 다른 목적으로 사용하는 것도 가능합니다. 그 이유는 포트 번호의 처리가 트랜스포트 프로토콜별로 일어나기 때문입니다.

데이터가 IP층에 도착하면 IP 헤더 안에 있는 프로토콜 번호를 체크하여 각각의 프로토콜 모듈에게 데이터를 전달합니다. TCP는 TCP 모듈이, UDP는 UDP 모듈이 포트 번호를 처리합니다. 동일한 포트 번호가 있더라도 트랜스포트 프로토콜별로 처리되므로 같은 포트 번호를 사용할 수 있는 것입니다.

또한 잘 알려진 포트 번호는 트랜스포트 프로토콜과는 상관없이 동일한 번호가 동일한 애플리케이션에 할당되어 있습니다. 예를 들어, 53번 포트 번호는 TCP에서도, UDP에서도 DNS▾에 이용됩니다. 또한 80번은 HTTP에서 이용됩니다. 웹이 생긴 당시에는 HTTP 통신에서 반드시 TCP가 사용됐고 UDP 80번은 이용되지 않았습니다. 그러나 282쪽에서 설명하는 QUIC가 제안된 결과, HTTP/3에서는 UDP 80번이 이용되게 됐습니다. 이처럼 지금은 TCP로만 사용되지만, 장래 프로토콜이 확장되어 UDP에 대응하는 경우나, 그 반대의 일이 일어나는 경우라도 TCP와 UDP 어느 쪽이든 그대로 같은 포트 번호를 이용할 수 있도록 하고 있습니다.

:: 도메인명으로부터 IP 주소를 조사할 때 사용하는 프로토콜을 말한다(207쪽 참조).

◐표 6.1 TCP의 대표적인 포트 번호

포트 번호	서비스명	내용
1	tcpmux	TCP Port Service Multiplexer
7	echo	Echo
9	discard	Discard
11	systat	Active Users
13	daytime	Daytime
17	qotd	Quote of the Day
19	chargen	Character Generator
20	ftp-data	File Transfer [Default Data]
21	ftp	File Transfer [Control]
22	ssh	SSH Remote Login Protocol
23	telnet	Telnet
25	smtp	Simple Mail Transfer Protocol
43	nicname	Who Is
53	domain	Domain Name Server
70	gopher	Gopher
79	finger	Finger
80	http (www, www-http)	World Wide Web HTTP
95	supdup	SUP DUP
101	hostname	NIC Host Name Server
102	iso-tsap	ISO-TSAP
110	pop3	Post Office Protocol-Version 3
111	sunrpc	SUN Remote Procedure Call
113	auth(ident)	Authentication Service
117	uucp-path	UUCP Path Service
119	nntp	Network News Transfer Protocol
123	ntp	Network Time Protocol

포트 번호	서비스명	내용
139	netbios-ssn	NETBIOS Session Service(SAMBA)
143	imap	Internet Message Access Protocol v2,v4
163	cmip-man	CMIP/TCP Manager
164	cmip-agent	CMIP/TCP Agent
179	bgp	Border Gateway Protocol
194	irc	Internet Relay Chat Protocol
220	imap3	Interactive Mail Access Protocol v3
389	ldap	Lightweight Directory Access Protocol
434	mobileip-agent	Mobile IP Agent
443	https	http protocol over TLS/SSL
502	mbap	Modbus Application Protocol
515	printer	Printer spooler(lpr)
587	submission	Message Submission
636	ldaps	ldap protocol over TLS/SSL
989	ftps-data	ftp protocol, data, over TLS/SSL
990	ftps	ftp protocol, control, over TLS/SSL
993	imaps	imap4 protocol over TLS/SSL
995	pop3s	pop3 protocol over TLS/SSL
3610	echonet	ECHONET
5059	sds	SIP Directory Services
5060	sip	SIP
5061	sips	SIP-TLS
19999	dnp-sec	Distributed Network Protocol
20000	dnp	DNP
47808	bacnet	Building Automation and Control Networks(BACnet)

포트 번호	서비스명	내용
7	echo	Echo
9	discard	Discard
11	systat	Active Users
13	daytime	Daytime
19	chargen	Character Generator
49	tacacs	Login Host Protocol(TACACS)
53	domain	Domain Name Server
67	bootps	Bootstrap Protocol Server(DHCP)
68	bootpc	Bootstrap Protocol Client(DHCP)
69	tftp	Trivial File Transfer Protocol
80	http	World Wide Web HTTP(QUIC)
111	sunrpc	SUN Remote Procedure Call
123	ntp	Network Time Protocol
137	netbios-ns	NETBIOS Name Service(SAMBA)
138	netbios-dgm	NETBIOS Datagram Service(SAMBA)
161	snmp	SNMP
162	snmptrap	SNMP TRAP
177	xdmcp	X Display Manager Control Protocol
201	at-rtmp	AppleTalk Routing Maintenance
202	at-nbp	AppleTalk Name Binding
204	at-echo	AppleTalk Echo
206	at-zis	AppleTalk Zone Information
213	ipx	IPX
434	mobileip-agent	Mobile IP Agent
443	https	http protocol over TLS/SSL(QUIC)
520	router	RIP
546	dhcpv6-client	DHCPv6 Client
547	dhcpv6-server	DHCPv6 Server
1628	lontalk-norm	LonTalk normal
1629	lontalk-urgnt	LonTalk urgent
3610	echonet	ECHONET
5059	sds	SIP Directory Services
5060	sip	SIP
5061	sips	SIP-TLS
19999	dnp-sec	Distributed Network Protocol
20000	dnp	DNP
47808	bacnet	Building Automation and Control Networks(BACnet)

UDP(User Datagram Protocol)

03

1 UDP의 목적과 특징

UDP는 'User Datagram Protocol'의 머릿글자를 딴 것입니다.

UDP는 복잡한 제어를 제공하지 않고, IP를 사용하여 커넥션리스 통신 서비스를 제공합니다. 하지만 애플리케이션에서 송신 요청이 있었던 데이터를 송신 요청한 타이밍에 그대로 네트워크로 보냅니다.

UDP는 네트워크가 복잡해도 송신량을 제어하면서 혼잡을 회피하는 제어를 하지 않습니다. 또한 패킷이 분실되어도 재전송 처리를 하지 않으며, 패킷의 도착 순서가 바뀌어도 바로 고치는 기능이 없습니다. 이러한 제어가 필요할 때에는 UDP를 사용하는 애플리케이션 프로그램에서 처리해야 합니다.▼

UDP는 사용자가 하는 말은 무엇이든 듣지만, 사용자가 모든 것을 고려하여 상위층 프로토콜을 생각하고 애플리케이션을 작성해야 합니다. 그래서 UDP는 '애플리케이션을 만든 사용자가 말하는 대로 하는 프로토콜'이라고 할 수 있습니다.

UDP는 커넥션리스이기 때문에 언제든지 데이터를 송신할 수 있습니다. UDP 프로토콜 자체의 처리도 간단하므로 고속으로 작동합니다. 그래서 UDP는 아래와 같은 용도에 적합합니다.

- 총 패킷 수가 적은 통신(DNS, SNMP 등)
- 동영상이나 음성과 같은 멀티미디어 통신(즉시성이 필요한 통신)▼
- LAN과 같은 특정 네트워크로 한정한 애플리케이션의 통신
- 동보성이 필요한 통신(브로드캐스트, 멀티캐스트)

:: 인터넷에는 전체를 제어하는 장치가 없기 때문에 인터넷을 매개로 대량의 데이터를 송신하고 싶은 경우에는 각 노드가 다른 사용자에게 피해를 입히지 않도록 해야 한다. 그래서 혼잡을 회피하기 위한 기능이 필요하다(혼잡 제어는 자신을 위해 필요한 것이 아니다). 자신이 혼잡 제어 기능을 제공하고 싶지 않은 경우에는 TCP를 사용해야 한다.

:: 특히 전화나 TV 회의 등 쌍방향에서 주고받는 경우.

:: 이에 반해 TCP에는 다양한 제어 기능이 있기 때문에 프로그래머 마음대로 통신할 수 있다고 말할 수 없다.

> **사용자와 프로그래머**
>
> 여기서 말하는 '사용자'라는 말은 단순히 '네트워크 이용자'를 가리키는 것이 아닙니다. 일찌기 컴퓨터의 사용자라고 하면 자신이 직접 프로그램을 만드는 사람들을 가리켰습니다. 그러므로 UDP(User Datagram Protocol)의 '사용자(User)'는 지금으로 말하면 프로그래머에 해당합니다. 즉, UDP는 프로그래머가 생각하는 대로 프로그래밍할 수 있는 '데이터그램 프로토콜'이라는 뜻이 됩니다.▼

TCP(Transmission Control Protocol)

04

1 TCP의 목적과 특징

UDP는 복잡한 제어를 하지 않고 커넥션리스 통신 서비스를 제공합니다. 바꿔 말하면, 애플리케이션 측에 제어를 맡기고 트랜스포트 프로토콜로서는 최소한의 역할만 하는 프로토콜이라고 할 수 있습니다.

반면에, TCP는 Transmission Control Protocol이라는 이름처럼 전송, 송신, 통신을 제어하는 프로토콜로 생각할 수 있습니다.

TCP는 인터넷을 매개로 신뢰성 있는 통신을 실현하기 위해 탄생하고 발전했습니다. 인터넷은 불특정 다수의 사람이 사용하므로 다양한 문제가 발생합니다. 이 때문에 TCP는 UDP와 달리, 데이터를 전송할 때의 제어 기능에 충실합니다. 네트워크 도중에 패킷이 분실된 경우의 재전송 처리나 순서가 바뀐 경우의 순서 제어 등과 같이 UDP에서는 하지 않는 제어를 합니다. 또한 TCP에는 커넥션 제어가 있어서 통신 상대가 있는지, 없는지 확인된 경우에만 데이터를 송신할 수 있으므로 불필요한 통신을 제어할 수 있습니다.▼ 게다가 네트워크 혼잡으로 폭주 상태가 되지 않도록 패킷의 전송량을 조정합니다.

TCP의 이러한 기능으로 말미암아 IP라는 커넥션리스형 네트워크상에서 신뢰성 높은 통신을 실현할 수 있는 것입니다. TCP는 다음과 같은 통신에 적합합니다.

- 신뢰성이 필요한 통신(데이터 유실이 있어서는 곤란한 경우)
- 인터넷을 통해 대량의 데이터를 전송하는 경우(파일 전송 등)
- 비디오 온디맨드나 라이브 전송 등 즉시성이 그다지 필요하지 않은 동영상이나 음성(음악) 재생(스트리밍▼)
- 이용하는 회선을 고려하지 않고, 어떤 회선이든 어느 정도 성능을 기대하는 경우(광대역/협대역, 고신뢰/저신뢰, MTU의 차이 등)

:: UDP에는 커넥션 제어가 없으므로 상대가 처음부터 없거나 도중에 없어져도 패킷을 송신할 수 있다(ICMP 오류가 반환되어오는 경우에는 송신을 못하게 되어 있는 것도 있다).

:: 스트리밍
스트리밍은 동영상이나 음성 데이터를 다운로드받아 재생하는 기술이며, 인터넷 라이브 방송에서 자주 사용된다. TCP에서는 패킷 유실 시 재전송 처리가 필요하므로, 데이터가 도착할 때까지 수 초~수십 초의 타임랙이 발생한다. 이것을 예측해서, 재생할 데이터를 수 초~수십 초분 버퍼에 저장하면서 재생함으로써 패킷 유실 시에도 멈추지 않고 동영상이나 음성을 재생할 수 있도록 한다. 이로써 다소 패킷이 사라지더라도 원활하게 고품질의 동영상을 재생할 수 있다.

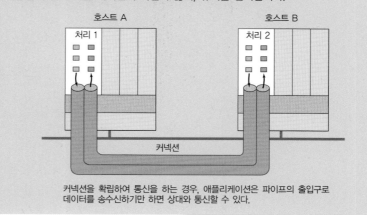

커넥션

커넥션이란, 각종 기기나 회선 또는 네트워크 안에서 통신을 하는 두 애플리케이션이 정보의 전달을 위해 전용으로 사용할 가상의 통신로로, '버추얼 서킷(가상 회로)'이라고 도 합니다.

일단 커넥션을 확립할 경우, 서로 통신하는 애플리케이션이 이 가상의 통신로를 사용하여 정보를 송수신하면 정보 전달을 보장받을 수 있습니다. 애플리케이션은 최선 노력형 IP 네트워크에서 발생하기 쉬운 각종 현상을 고려하지 않더라도 정보의 전송이 가능합니다. TCP는 커넥션의 확립과 끊기, 유지를 관리합니다.

호스트 A   호스트 B

처리 1   처리 2

커넥션

○ **그림 6.6** 커넥션

커넥션을 확립하여 통신을 하는 경우, 애플리케이션은 파이프의 출입구로 데이터를 송수신하기만 하면 상대와 통신할 수 있다.

2 시퀀스 번호와 확인 응답으로 신뢰성을 제공

TCP에서 송신한 데이터가 수신 호스트에 도착했을 때에 수신 호스트는 송신 호스트에게 데이터가 도착했다는 것을 알려주는데, 이를 '확인 응답(ACK▾)' 이라고 합니다.

보통 두 사람이 대화를 하는 경우, 이야기의 매듭마다 맞장구를 칩니다. 상대가 아무 말도 안 하고 있으면 말하는 사람은 다시 한 번 똑같은 이야기를 하여 상대에게 제대로 전달되도록 합니다. 상대방이 이야기의 내용을 이해하고 있는지, 상대방에게 제대로 전달되었는지를 상대의 반응으로 판단하는 것입니다. 확인 응답은 대화에 있어서 맞장구와 같은 것입니다. 이야기가 전달된 경우에 '응, 응'이라고 긍정적인 대답을 돌려주는 것을 '긍정 확인 응답(ACK)'이라고 합니다. '뭐?'라고 말해서 모르겠다거나 못 들었다는 것을 상대에게 전달하는 것을 '부정 확인 응답(NACK▾)'이라고 합니다.

:: **ACK**(Positive Acknow-ledgement)
'Ack'은 긍정 확인 응답이라는 뜻이다.

:: **NACK**(Negative Acknowledgement)

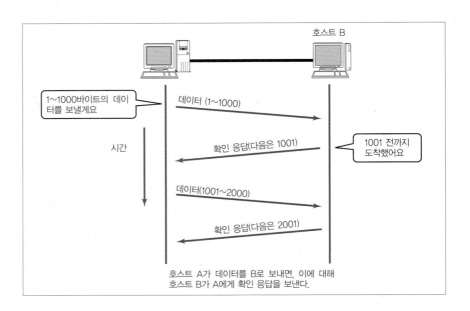

○ **그림 6.7** 정상적인 데이터 송신

1~1000바이트의 데이터를 보낼게요

데이터 (1~1000)

시간

확인 응답(다음은 1001)

1001 전까지 도착했어요

데이터(1001~2000)

확인 응답(다음은 2001)

호스트 B

호스트 A가 데이터를 B로 보내면, 이에 대해
호스트 B가 A에게 확인 응답을 보낸다.

TCP의 경우에는 긍정 확인 응답(ACK)으로 데이터 도착의 신뢰성을 실현합니다. 데이터를 송신한 호스트는 데이터 송신 후에 이 확인 응답을 기다립니다. 확인 응답이 있으면 데이터는 상대방 호스트에게 도착한 것이 됩니다. 만일 확인 응답이 없으면 데이터가 분실되었을 가능성이 있습니다.

그림 6.8과 같이 어떤 일정 시간▼ 안에 확인 응답이 돌아오지 않는 경우에는 데이터가 분실되었다고 판단하고 다시 한 번 동일한 데이터를 송신합니다. 이렇게 도중에 데이터를 잃어버려도 재전송에 의해 데이터를 전달할 수 있으므로 신뢰성 있는 통신이 가능합니다.

:: 일정 시간 경과 후에 특정한 처리를 하고 싶은 경우에는 운영체제의 '타이머' 기능이 사용되는 일이 많다. 그리고 일정 시간이 경과한 것을 '타임아웃'이라고 한다. TCP에서는 재전송 타이머를 설정해, 타이머가 타임 아웃되면 재전송한다. 자세한 것은 268쪽을 참조.

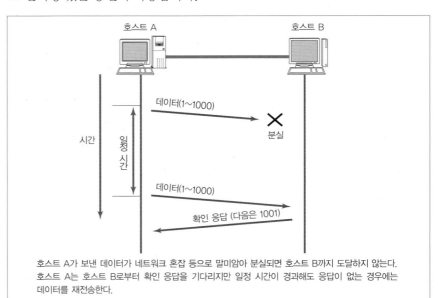

호스트 A

호스트 B

시간

일정 시간

데이터(1~1000)

분실

데이터(1~1000)

확인 응답 (다음은 1001)

호스트 A가 보낸 데이터가 네트워크 혼잡 등으로 말미암아 분실되면 호스트 B까지 도달하지 않는다.
호스트 A는 호스트 B로부터 확인 응답을 기다리지만 일정 시간이 경과해도 응답이 없는 경우에는
데이터를 재전송한다.

○ **그림 6.8** 데이터 패킷이 분실된 경우

확인 응답이 오지 않는 경우가 데이터가 분실된 경우에만 있는 것은 아닙니다. 데이터는 도착했는데 그것을 알려주는 확인 응답 패킷이 도중에 분실되는 경우에도 확인 응답은 돌아오지 않습니다. 이러한 경우, 데이터는 도착했지만 그 사실을 모르므로 데이터를 재전송하게 됩니다(그림 6.9).

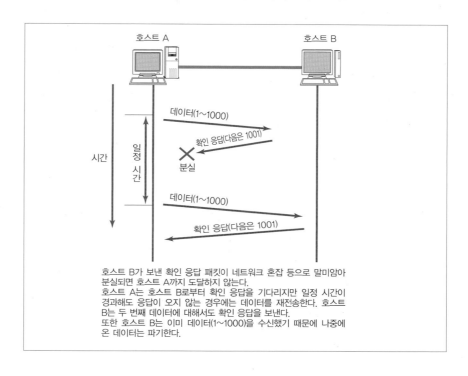

호스트 A

호스트 B

시간

일정시간

데이터(1~1000)

확인 응답(다음은 1001)

분실

데이터(1~1000)

확인 응답(다음은 1001)

호스트 B가 보낸 확인 응답 패킷이 네트워크 혼잡 등으로 말미암아 분실되면 호스트 A까지 도달하지 않는다.
호스트 A는 호스트 B로부터 확인 응답을 기다리지만 일정 시간이 경과해도 응답이 오지 않는 경우에는 데이터를 재전송한다. 호스트 B는 두 번째 데이터에 대해서도 확인 응답을 보낸다.
또한 호스트 B는 이미 데이터(1~1000)을 수신했기 때문에 나중에 온 데이터는 파기한다.

○ **그림 6.9** 확인 응답이 분실된 경우

또한 어떤 이유로 확인 응답이 도착하기까지 지연이 발생하여 데이터 패킷을 재전송한 후에 확인 응답 패킷이 도착하는 경우도 있습니다. 송신 호스트는 이러한 경우를 신경 쓰지 않고 다음 전송을 하면 되지만, 수신 측에서의 처리는 그리 간단하지 않습니다. 동일한 데이터를 중복하여 수신하게 되기 때문입니다. 상위층 애플리케이션에 대해 데이터 통신의 신뢰성을 제공하기 위해서는 중복으로 수신한 데이터를 파기해야 합니다. 그러기 위해서 수신이 완료된 데이터를 식별하여 필요한지, 아닌지를 판단하는 장치가 필요합니다.

이와 같은 확인 응답 처리나 재전송 처리, 중복 제어 등은 모두 시퀀스 번호를 사용하여 처리합니다. 시퀀스 번호란, 송신하는 데이터 1옥텟마다 붙어 있는 연속된 번호를 말합니다.▼ 수신 측에서는 수신한 데이터 패킷의 TCP 헤더에 써 있는 시퀀스 번호와 데이터 길이를 조사하여 그 다음에 자신이 수신해야 하는 번호를 확인 응답으로 반환합니다. 이렇게 TCP에서는 시퀀스 번호와 확인 응답 번호를 사용함으로써 신뢰성 있는 통신을 실현하는 것입니다.

▼ 시퀀스 번호의 초기값은 0부터 시작하는 것이 아니라 커넥션 확립 시 난수로 결정한다. 이후에는 옥텟마다 1씩 증가시킨다.

■ 시퀀스 번호와 확인 응답에 관한 이 책의 그림 표현 방법

그림 6.10은 TCP 시퀀스 번호와 확인 응답 번호에 관해 더욱 정확히 나타낸 그림입니다. '시퀀스 번호 1~1000'이라고 했을 때, 1000이 포함되어 있는지 포함되지 않았는지 모호합니다. 이 책에서는 1000이 포함되는 것으로 했습니다. 그러나, TCP 사양에서는 1000이 포함되지 않습니다. 1000을 포함하려면 '시퀀스 번호 1~1001'로 표현합니다. 이 경우 1001의 데이터는 포함되지 않습니다. 하지만 감각적으로 이해하기는 어려워집니다. TCP는 왜 그런 사양으로 됐을까요? 이유는 시퀀스 번호는 수직선상의 '점'을 의미하고 크기가 없기 때문입니다. 즉 1001이라고 썼을 때는 1000번째 데이터와 1001번째 데이터의 경계를 의미합니다. 이 때문에 TCP 사양에서는 데이터를 포함하지 않는 확인 응답 패킷에서는 시퀀스 번호 1001~1001과 같은 표현이 쓰입니다.▼ 이 경우 시퀀스 1001의 데이터는 포함되지 않습니다. 이 책에서는 알기 쉽게 전달하고자 TCP의 사양과는 조금 다른 표현을 사용했습니다.

:: 이 책의 표기법의 경우, 데이터를 포함하지 않는 확인 응답 패킷의 시퀀스 번호는 1001~1000과 같은 표현이 된다.

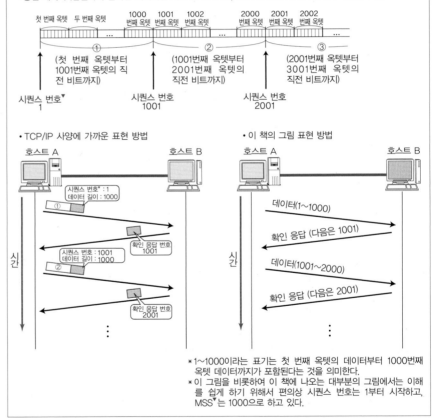

:: 시퀀스 번호(및 확인 응답 번호)는 옥텟과 옥텟의 구분점을 가리키고 있다.

:: TCP의 데이터 길이는 TCP 헤더에 들어 있지 않다. 실제로 TCP의 데이터 길이를 구하려면, IP 헤더의 패킷 길이에서 IP 헤더 길이와 TCP 헤더 길이(TCP 데이터 오프셋)를 빼면 된다.

:: MSS에 대해서는 271쪽 참조.

● 그림 6.10 송신 데이터와 시퀀스 번호 및 확인 응답 번호의 관계

* 1~1000이라는 표기는 첫 번째 옥텟의 데이터부터 1000번째 옥텟 데이터까지가 포함된다는 것을 의미한다.
* 이 그림을 비롯하여 이 책에 나오는 대부분의 그림에서는 이해를 쉽게 하기 위해서 편의상 시퀀스 번호는 1부터 시작하고, MSS▼는 1000으로 하고 있다.

③ 재전송 타임아웃의 결정

재전송하지 않고 확인 응답의 도착을 기다리는 시간을 재전송 타임아웃 시간이라고 합니다. 이 시간이 경과해도 확인 응답이 도착하지 않은 경우에는 데이터를 재전송합니다. 확인 응답을 기다리는 시간은 얼마로 하는 것이 적절할까요?

이상적인 시간은 '이 시간이 경과하면 확인 응답이 돌아오지 않는다'라고 할 수 있는 최소 시간입니다. 이 시간은 패킷이 통과하는 네트워크 환경에 따라 달라집니다. 사내 고속 LAN 환경인 경우는 짧아지고, 장거리 통신인 경우는 LAN보다 긴 시간이 될 것입니다. 동일한 네트워크를 이용하고 있더라도 네트워크의 혼잡도에 따라 적정한 시간으로 바뀝니다.

TCP에서는 이용 환경과 상관없이 고성능 통신을 실현하고, 네트워크의 혼잡 변화에도 동적으로 대응할 수 있도록 하기 위해 패킷을 송신할 때마다 라운드 트립 시간과▼ 분산을▼ 측정합니다. 그리고 측정한 라운드 트립 시간과 분산 시간을 합한 값보다 조금 큰 값을 재전송 타임아웃 시간으로 설정합니다.

라운드 트립 시간뿐만 아니라 분산까지 고려하여 재전송 타임아웃을 결정하는 데에는 이유가 있습니다. 그 이유는 네트워크 환경에 따라 그림 6.11과 같이 라운드 트립 시간이 크게 흔들리는 경우가 있기 때문입니다. 이는 도착하는 패킷이 각각 다른 경로를 통해 들어올 때에 발생합니다. TCP/IP에서는 이러한 환경에서도 가능한 한 쓸데없는 재전송을 하지 않도록 제어하고 있습니다.

:: **RTT**(Round Trip Time) 왕복 시간을 말한다.

:: 라운드 트립 시간이 흔들리는 분산으로, '지터'라고도 한다.

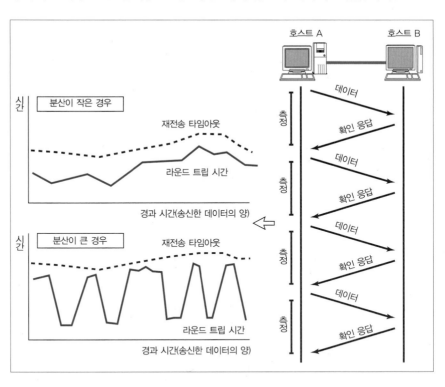

❍**그림 6.11** 라운드 트립 시간의 측정과 재전송 타임아웃의 시간 추이

:: 분산의 최솟값도 0.5초이므로 최소 전송 시간은 1초가 된다.

BSD 계열 UNIX나 Windows 등은 타임아웃을 0.5초 단위로 제어하기 때문에 타임아웃의 값은 0.5초의 정수배가 됩니다.▼ 단, 최초의 패킷은 라운드 트립 시간을 모르므로 초기값은 6초 정도로 설정됩니다.

재전송을 해도 확인 응답이 없는 경우에는 다시 한 번 송신을 합니다. 단, 확인 응답을 기다리는 시간을 2배, 4배와 같이 제곱승으로 증가시켜 나갑니다. 또한 데이터 전송을 무한정 반복할 수는 없으므로 특정 회수만큼 재전송을 반복해도 확인 응답이 없는 경우에는 네트워크나 상대 호스트에 이상이 발생했다고 판단하고 강제적으로 커넥션을 끊습니다. 그리고 애플리케이션에게 통신이 이상 종료되었다는 것을 통지합니다.

4 커넥션 관리

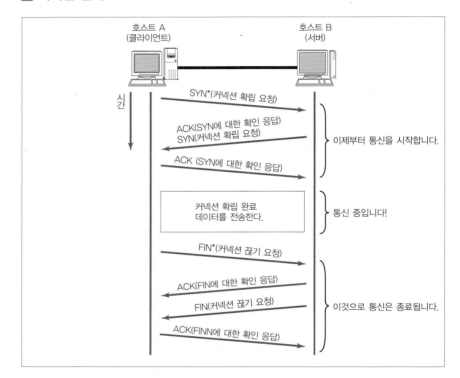

:: SYN

SYN은 영어의 synchronize를 줄임말로 동기(同期)를 의미한다. 서버와 클라이언트에서 시퀀스 번호 호와 확인 응답 번호를 일치시키는 작용이 있다. 자세한 내용은 290쪽 참조.

:: FIN

FIN은 영어의 FIN과 같은 뜻이며 끝을 의미한다. 자세한 내용은 290쪽 참조.

○ 그림 6.12 TCP의 커넥션 확립과 끊기

TCP는 커넥션 지향 통신을 제공합니다. 커넥션 지향에서는 데이터 통신을 시작하기 전에 먼저 통신 상대와 통신을 시작할 준비를 한 후 통신을 합니다. UDP는 커넥션리스이므로 상대에게 통신해도 좋은지, 아닌지 확인할 필요없이 바로 UDP 패킷으로 데이터를 송신합니다. 이에 반해 TCP는 데이터 통신 전에 TCP 헤더만으로 된 커넥션 확립 요청 패킷(SYN 패킷)을 송신하여 확인 응답을 기다립니다.▼ 상대방이 확인 응답을 보내오면 데이터 통신이 가능해집니다. 확인 응답을 보내오지 않으면 데이터 통신을 시작할 수 없습니다. 또한 통신이 종료되었을 때에는 커넥션을 끊는 처리를 합니다(FIN 패킷).

TCP에서는 이 커넥션을 관리하기 위해 TCP 헤더의 제어용 필드▼를 사용합니다. 또한 커넥션의 확립과 끊기에는 최소 7번 이상 패킷을 주고받습니다.▼

:: TCP에서는 처음에 커넥션 확립 요청 패킷을 보내는 측을 '클라이언트', 수신하는 측을 '서버'라고 한다.

:: 컨트롤 플래그라는 필드를 말한다(288쪽 참조).

:: TCP에서는 커넥션을 확립할 때 3개의 패킷을 주고받는데, 이를 '3-Way Handshake'라고 한다.

⑤ TCP는 세그먼트 단위로 데이터를 전송

TCP에서는 커넥션 확립 시에 통신을 수행할 데이터 단위를 결정하는데, 이를 '최대 세그먼트 길이(MSS : Maximum Segment Size)'라고 합니다. 이상적인 최대 세그먼트 길이는 IP에서 분할 처리되지 않는 최대 데이터 길이입니다.

TCP에서는 대량의 데이터를 송신할 때에 이 MSS값별로 데이터를 구분하여 송신합니다. 또한 재전송 처리도 기본적으로는 MSS 단위로 이루어집니다.

MSS는 3-Way Handshake를 할 때 송수신 호스트가 서로 결정합니다. 각 호스트는 커넥션 확립 요청을 보낼 때에 TCP 헤더에 MSS 옵션을 붙여 자신의 인터페이스에 적합한 MSS를 통지합니다.▼ 양쪽의 값 중 적은 쪽의 값이 MSS로 사용됩니다.▼

:: MSS 옵션을 붙이기 위해 TCP 헤더는 20옥텟이 아니라 4옥텟의 정수배만큼 늘어난다 (그림에서는 4로 되어 있다).

:: 커넥션 확립 요청 시에 한 쪽의 MSS 옵션이 생략된 경우에는 IP 패킷 길이가 576옥텟을 넘지 않는 크기를 MSS로 선택한다(IP 헤더가 20, TCP가 헤더 20인 경우 MSS는 536).

:: MSS를 상대방에게 통지하는 것은 확립 요청 시에만 한다. 확립 요청을 하지 않는 확인 응답에는 MSS 옵션이 붙지 않는다.

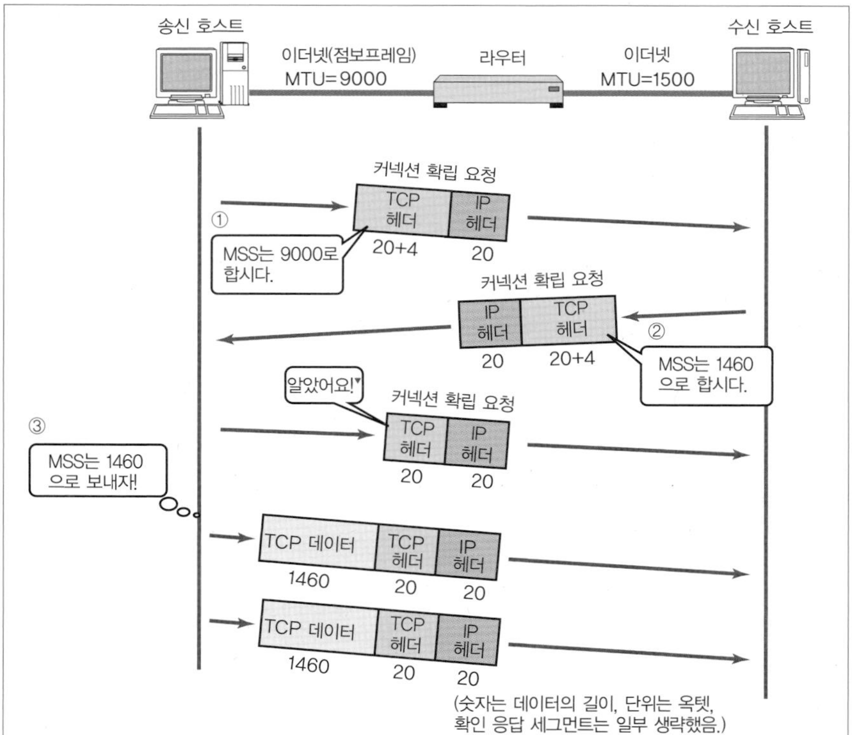

◐ 그림 6.13 MTU가 다른 네트워크에 연결된 호스트끼리 통신하는 경우

⑥ 윈도 제어로 속도 향상

그림 6.14는 TCP의 세그먼트마다 확인 응답을 한 경우의 처리 예입니다. 이 통신에는 한 가지 큰 문제가 있습니다. 바로 패킷의 왕복 시간(라운드 트립 시간)이 길어지면 통신 성능이 저하된다는 점입니다.

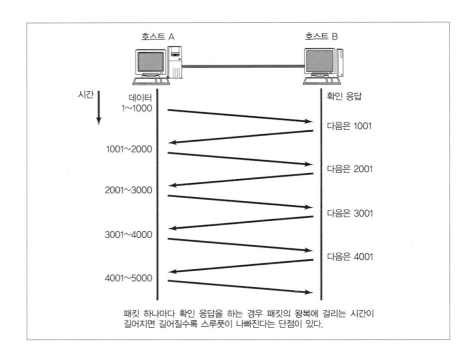

● 그림 6.14 패킷마다 확인 응
답을 하는 경우

호스트 A

호스트 B

시간

데이터
1~1000

확인 응답

다음은 1001

1001~2000

다음은 2001

2001~3000

다음은 3001

3001~4000

다음은 4001

4001~5000

패킷 하나마다 확인 응답을 하는 경우 패킷의 왕복에 걸리는 시간이
길어지면 길어질수록 스루풋이 나빠진다는 단점이 있다.

따라서 TCP에서는 윈도(window)라는 개념을 도입하여 패킷의 왕복 시간이
길어져도 성능이 저하되지 않도록 제어합니다. 그림 6.15와 같이 세그먼트 단
위가 아니라 좀 더 큰 단위로 확인 응답을 처리하면, 전송 시간이 큰 폭으로
단축된다는 것을 알 수 있습니다. 이는 송신한 세그먼트에 대해 확인 응답을
기다리지 않고 여러 개의 세그먼트를 송신함으로써 실현됩니다.

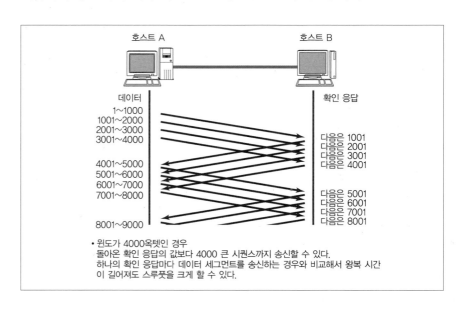

● 그림 6.15 슬라이딩 윈도 방
식으로 병렬 처리

호스트 A

호스트 B

데이터
1~1000
1001~2000
2001~3000
3001~4000

확인 응답

다음은 1001
다음은 2001
다음은 3001
다음은 4001

4001~5000
5001~6000
6001~7000
7001~8000

다음은 5001
다음은 6001
다음은 7001
다음은 8001

8001~9000

• 윈도가 4000옥텟인 경우
돌아온 확인 응답의 값보다 4000 큰 시퀀스까지 송신할 수 있다.
하나의 확인 응답마다 데이터 세그먼트를 송신하는 경우와 비교해서 왕복 시간
이 길어져도 스루풋을 크게 할 수 있다.

확인 응답을 기다리지 않고 송신할 수 있는 데이터의 크기를 '윈도 사이즈'라고 합니다. 그림 6.15의 경우 윈도 사이즈는 4세그먼트분의 크기가 됩니다.

이 장치는 큰 송수신 버퍼▼를 마련하여 여러 개의 세그먼트를 병렬로 확인 응답함으로써 실현하고 있습니다.

그림 6.16과 같이 송신할 데이터의 일부분만을 볼 수 있도록 한 창이 '윈도'입니다. 이 창에서 보이는 데이터 부분은 확인 응답을 수신하지 않아도 송신할 수 있습니다. 또한 이 창에서 보이는 부분은 아직 확인 응답이 되지 않았기 때문에 세그먼트가 분실된 경우에는 재전송해야 합니다. 그렇기 때문에 송신 호스트에서는 확인 응답이 끝날 때까지 버퍼에 저장해두어야 합니다.

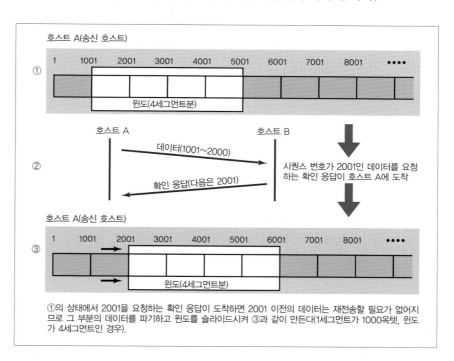

● 그림 6.16 슬라이딩 윈도 방식

윈도 바깥쪽의 보이지 않는 부분은 아직 송신해서는 안 되는 부분이나 이미 상대방에게 도착했다고 확인된 부분입니다. 데이터 송신 후에 확인 응답이 되면 재전송할 필요가 없어지므로 버퍼에서 삭제됩니다.

확인 응답을 수신한 경우에는 확인 응답을 받은 번호까지의 데이터가 창틀의 바깥쪽으로 가도록 창을 옆으로 이동시킵니다. 이렇게 해서 순차적으로 여러 개의 세그먼트를 병렬로 송신하여 통신 성능을 향상시키는 장치를 '슬라이딩 윈도 제어'라고 합니다.

7 윈도 제어와 재전송 제어

윈도 제어를 할 때에 세그먼트가 분실되면 어떻게 될까요?

먼저 확인 응답이 분실된 경우를 생각해봅시다. 데이터는 전달되었으므로 원래는 재전송할 필요가 없습니다. 하지만 윈도 제어를 하지 않는 경우에는 재전송해야 했습니다. 윈도 제어를 하는 경우에는 그림 6.17과 같이 확인 응답이 조금 분실되어도 재전송할 필요가 없어집니다.

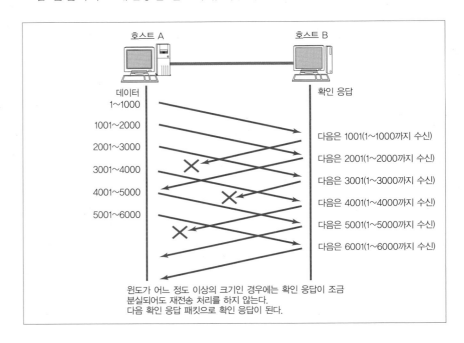

○ **그림 6.17** 확인 응답은 적어도 괜찮다.

그럼 송신 세그먼트가 분실된 경우는 어떨까요? 수신 호스트에서는 그림 6.18과 같이 다음에 수신해야 할 시퀀스 번호 이외의 데이터를 받은 경우에는 지금까지 수신한 데이터에 대한 확인 응답을 반환합니다.▼

:: 단, 수신 호스트에서는 번호가 비어 있어도 수신한 데이터를 버리지 않고 저장한다.

그림 6.18을 보면 송신 데이터가 분실된 후에는 1001번이라는 똑같은 확인 응답이 계속됩니다. 이 확인 응답은 마치 "내가 수신하고 싶은 데이터는 1001번부터 데이터로, 다른 데이터가 아니에요!"라고 외치고 있는 것처럼 느껴집니다. 이렇게 윈도가 클 때 데이터가 분실되면 동일한 번호로 된 확인 응답을 연속하여 반환합니다. 송신 호스트에서는 한 번 수신한 확인 응답과 동일한 것을 연속해서 세 번 더 수신하게 되면 해당 확인 응답이 가리키고 있는 데이터를 재전송합니다.▼ 이는 타임아웃에 의한 재전송 제어와 비교하여 고속으로 일어나기 때문에 '고속 재전송 처리'라고 부릅니다.

:: 두 번이 아닌 이유는 세그먼트의 순번이 2개 바뀌어도 재전송하지 않기 때문이다.

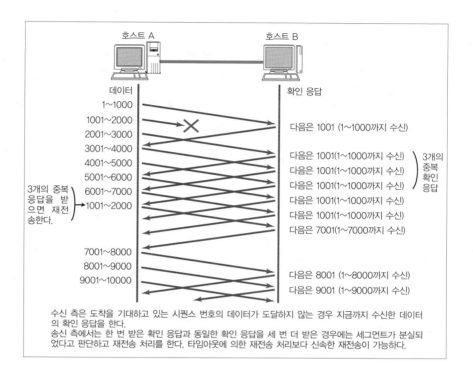

데이터   확인 응답

1~1000

1001~2000   다음은 1001 (1~1000까지 수신)

2001~3000

3001~4000   다음은 1001(1~1000까지 수신)

4001~5000   다음은 1001(1~1000까지 수신)   } 3개의 중복 확인 응답

5001~6000   다음은 1001(1~1000까지 수신)

6001~7000   다음은 1001(1~1000까지 수신)

3개의 중복 응답을 받으면 재전송한다. → 1001~2000   다음은 1001(1~1000까지 수신)

다음은 7001(1~7000까지 수신)

7001~8000

8001~9000   다음은 8001 (1~8000까지 수신)

9001~10000   다음은 9001 (1~9000까지 수신)

수신 측은 도착을 기대하고 있는 시퀀스 번호의 데이터가 도달하지 않는 경우 지금까지 수신한 데이터의 확인 응답을 한다.
송신 측에서는 한 번 받은 확인 응답과 동일한 확인 응답을 세 번 더 받은 경우에는 세그먼트가 분실되었다고 판단하고 재전송 처리를 한다. 타임아웃에 의한 재전송 처리보다 신속한 재전송이 가능하다.

○ **그림 6.18** 고속 재전송 제어
(Fast Retransmission)

8 플로 제어(유량 제어)

송신 측은 자신의 사정에 맞추어 데이터 패킷을 보냅니다. 하지만 수신 측은 자신의 사정과 관계없이 데이터 패킷이 들어오므로 다른 처리에 시간을 빼앗기고 있는 경우 등과 같이 부하가 높을 때에는 데이터를 모두 수신하지 못할 가능성이 있습니다. 만일 송신한 데이터를 수신 호스트가 모두 받지 못하면 해당 데이터를 재전송해야 하므로 쓸데없는 통신이 늘어나게 됩니다.

이러한 상황을 방지하기 위해 TCP의 송신 측은 수신 측의 수신 능력에 맞추어 데이터 송신량을 제어하는데, 이것이 바로 '플로 제어'입니다. 구체적으로는 수신 호스트가 송신 호수트에게 수신 가능한 데이터 크기를 통지해서 그 크기를 넘지 않도록 데이터를 보내는데, 이 크기가 '윈도 사이즈'입니다. 261쪽에서 설명한 윈도 사이즈의 크기는 수신 호스트가 정하게 되어 있습니다.

TCP의 헤더에는 윈도 사이즈를 통지하기 위한 필드가 있습니다. 수신 호스트는 수신 가능한 버퍼의 크기를 이 윈도 사이즈 필드에 넣어 보냅니다. 이 필드의 값이 크면 높은 스루풋(높은 효율)으로 통신할 수 있습니다.

하지만 수신 측 버퍼가 넘칠 것으로 예상되는 경우 윈도의 값을 작게 설정하여 송신 호스트에 전달함으로써 데이터 송신량을 제어합니다. 즉, 송신 호스트는 수신 호스트의 지시에 맞추어 송신량을 제어하게 됩니다. 이렇게 해서 TCP에서는 플로 제어(유량 제어)를 합니다.

그림 6.19는 윈도에 따라 송신량을 제어하는 예입니다.

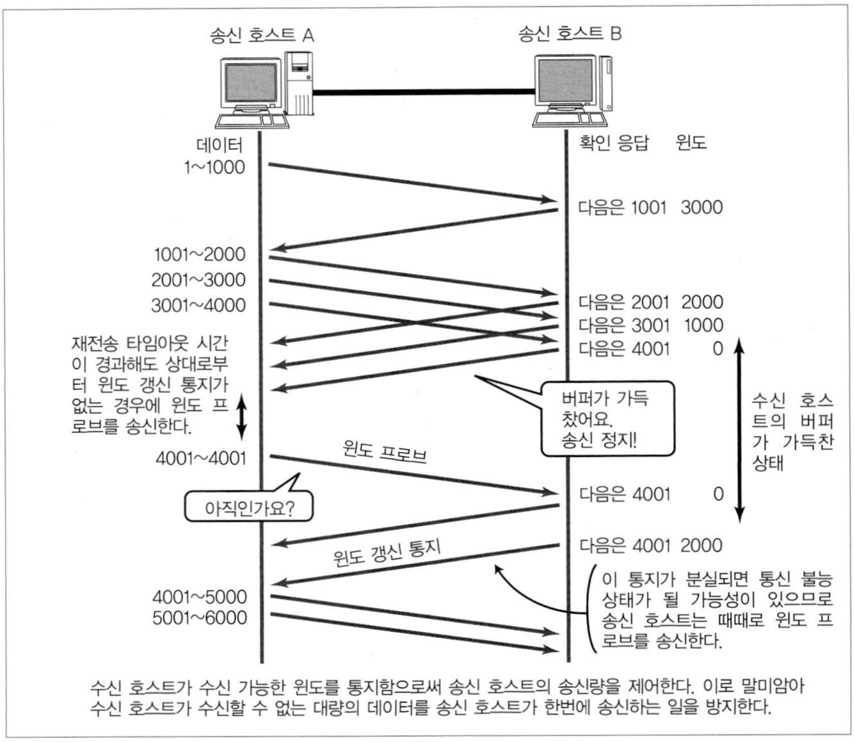

송신 호스트 A
송신 호스트 B
데이터
1~1000
확인 응답 윈도
다음은 1001 3000
1001~2000
2001~3000
3001~4000
다음은 2001 2000
다음은 3001 1000
다음은 4001 0
재전송 타임아웃 시간이 경과해도 상대로부터 윈도 갱신 통지가 없는 경우에 윈도 프로브를 송신한다.
버퍼가 가득 찼어요. 송신 정지!
수신 호스트의 버퍼가 가득찬 상태
4001~4001
윈도 프로브
다음은 4001 0
아직인가요?
윈도 갱신 통지
다음은 4001 2000
이 통지가 분실되면 통신 불능 상태가 될 가능성이 있으므로 송신 호스트는 때때로 윈도 프로브를 송신한다.
4001~5000
5001~6000
수신 호스트가 수신 가능한 윈도를 통지함으로써 송신 호스트의 송신량을 제어한다. 이로 말미암아 수신 호스트가 수신할 수 없는 대량의 데이터를 송신 호스트가 한번에 송신하는 일을 방지한다.

그림 6.19 플로 제어

:: 4001~4001
이 책의 표기법에서는 1옥텟의 데이터가 포함되어 있다. 자세한 것은 268쪽의 칼럼을 참조.

그림 6.19에서는 3001번부터 시작하는 세그먼트를 수신했을 때에 수신 측 버퍼가 가득차서 일단 데이터 전송을 정지시키고 있습니다. 그 후 윈도 갱신 통지 패킷을 송신하여 통신을 재개합니다. 이 윈도 통지 패킷이 도중에 분실되면 통신을 재개할 수 없을 가능성이 있습니다. 이 문제를 해결하기 위해 송신 호스트는 윈도 프로브(Window Probe)라는 1옥텟의 데이터만을 포함한 세그먼트를 때때로 송신하여 윈도 사이즈의 최신 정보를 구합니다.

9 혼잡 제어(네트워크 혼잡 해소)

TCP의 윈도 제어에 의해 1세그먼트마다 확인 응답을 하지 않아도 대량의 패킷을 연속적으로 송신할 수 있었습니다. 하지만 통신을 시작할 때에 갑자기 대량의 패킷을 송신하면 다른 문제가 발생할 가능성이 있습니다.

컴퓨터 네트워크는 서로 공유하는 것이 일반적이므로, 다른 통신에 의해 네트워크가 이미 혼잡해 있을 가능성이 있습니다. 혼잡한 네트워크에 갑자기 대량의 데이터를 송신하면 네트워크가 혼잡하여 제삼자에게 피해를 줄 수도 있습니다. 혼잡 상태가 계속 이어지면 제대로 된 통신을 할 수 없게 됩니다.

TCP에서는 이를 방지하기 위해 통신 시작 시에는 슬로 스타트라는 알고리즘에 따라 데이터의 송신량을 제어합니다. 이를 위해 TCP에서는 통신 시작 시에 그림 6.20처럼 패킷이 흐릅니다.

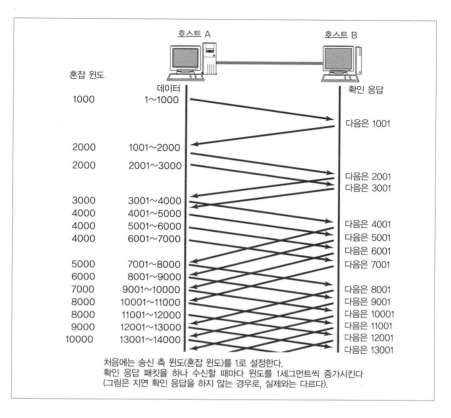

처음에는 송신 측 윈도(혼잡 윈도)를 1로 설정한다.
확인 응답 패킷을 하나 수신할 때마다 윈도를 1세그먼트씩 증가시킨다
(그림은 지연 확인 응답을 하지 않는 경우로, 실제와는 다르다).

◐ **그림 6.20** 슬로 스타트

:: 커넥션 확립 직후에 슬로 스타트를 1MSS부터 시작하면 위성 회선 등을 경유하는 통신의 경우 스루풋이 빨라지기까지 시간이 걸린다는 문제가 있다. 그래서 슬로 스타트의 초기값을 1MSS보다 큰 값부터 시작할 수 있도록 되어 있다. 구체적으로 MSS의 값이 1095옥텟 이하일 때에는 최대 4MSS, 2190옥텟 이하일 때에는 최대 4380옥텟, 2190옥텟을 넘을 경우에는 최대 2MSS부터 시작해도 된다. 이더넷의 경우 표준 MSS의 크기는 1460옥텟이므로, 슬로 스타트를 4380(3 MSS)부터 시작해도 된다.

:: 연속적인 패킷을 송신하는 것을 'burst'라고 한다. 슬로 스타트는 burst한 트래픽을 줄이는 장치다.

우선 송신 측에서 데이터의 송신량을 조절하기 위한 '혼잡 윈도'를 정의합니다. 그리고 슬로 스타트를 할 때에는 혼잡 윈도의 크기를 1세그먼트(1MSS)▼로 설정하여 데이터 패킷을 전송하고, 그에 대해 확인 응답을 받을 때마다 1세그먼트(1MSS)씩 혼잡 윈도를 늘려 나갑니다. 데이터 패킷을 송신할 때에는 혼잡 윈도와 상대방 호스트로부터 통지되어 온 윈도를 비교하여 작은 쪽의 값 이하가 되도록 데이터 패킷을 송신합니다.

타임아웃에 의한 재전송 시에는 혼잡 윈도를 1로 하여 슬로 스타트를 다시 시작합니다. 이러한 구조에 의해 통신 시작 시 연속적인 패킷 송신▼에 의한 트래픽을 줄이고 혼잡 발생을 방지합니다.

하지만 패킷이 오고갈 때마다 혼잡 윈도가 1, 2, 4와 같이 제곱승으로 커지기 때문에 트래픽이 급격히 증가하여 네트워크가 혼잡할 가능성이 있습니다. 이러한 문제를 해결하기 위해 '슬로 스타트 역치(Threshold Value)'라는 값을 사용합니다. 혼잡 윈도가 그 크기를 넘으면 확인 응답을 받을 때마다 아래 크기만큼 혼잡 윈도를 크게 만듭니다.

$$\frac{1세그먼트의 \ Byte \ 수}{혼잡 \ 윈도(Byte)} \times 1세그먼트의 \ Byte \ 수$$

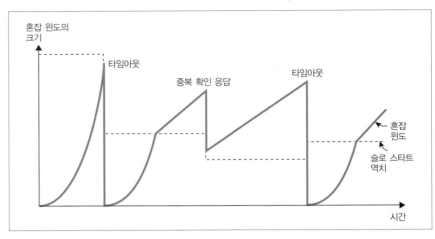

혼잡 원도의
크기

타임아웃

중복 확인 응답

타임아웃

혼잡
원도

슬로 스타트
역치

시간

○ **그림 6.21** TCP의 원도 변화

혼잡 원도가 클수록 확인 응답의 수는 늘어나지만, 그 대신 하나의 확인 응답
에 의해 확대되는 비율이 적어지므로 1세그먼트보다 작은 옥텟 수가 됩니다.
그 결과 혼잡 원도의 크기는 직선적으로 늘어납니다.

TCP의 통신 시작 시에는 슬로 스타트 역치는 설정되어 있지 않습니다.▼ 타임
아웃에 의해 재전송이 발생했을 때, 그때의 혼잡 원도의 절반 크기로 설정됩
니다.

:: 원도의 최댓값과 같은 크기
로 되어 있다.

중복 확인 응답에 의한 고속 재전송 제어가 일어나는 경우에는 타임아웃에 의
한 재전송 제어와는 다소 다른 처리가 일어납니다. 그 이유는 적어도 3개의 세
그먼트가 상대 호스트에게 전달되었다는 것은 분명하므로 타임아웃이 발생했
을 때보다도 네트워크의 혼잡도가 낮다고 생각하기 때문입니다.

중복 확인 응답에 의한 고속 재전송 제어가 일어나는 경우에는 슬로 스타트
역치의 크기를 그때의 원도 절반 크기로 합니다.▼ 그리고 원도의 크기를 원하
는 슬로 스타트 역치에 3세그먼트를 더한 크기로 합니다.

:: 엄밀히 말하면 '실제로 송
신이 완료되었지만 확인 응답이
오지 않은 데이터의 양'의 절반
크기로 된다.

이러한 제어에 의해 TCP의 혼잡 원도는 그림 6.21과 같이 변화합니다. 원도
의 크기는 데이터 전송 시 스루풋의 크기에 직접 영향을 미치므로 일반적으로
원도가 클수록 스루풋이 좀 더 높은 통신을 할 수 있습니다.

TCP에서는 통신 시작 후 서서히 스루풋을 향상시키지만 네트워크가 혼잡하
면 스루풋을 급격히 저하시킵니다. 그리고 서서히 스루풋을 올립니다. TCP의
스루풋의 성능은 서서히 네트워크의 대역을 점령하는 이미지가 됩니다.

:: 같은 100바이트의 데이터
를 보낸다고 해도, 데이터가 1
바이트인 패킷을 100회 보내
는 것보다 데이터가 100바이
트인 패킷을 1회 보내는 편이
네트워크의 이용 효율이 높아
진다. 1바이트만 보낸다고 해
도, IP 헤더 20바이트, TCP
헤더 20바이트가 최소한 필요
하므로 네트워크 이용 효율을
높이는 기능은 중요하다.

🔟 네트워크의 이용 효율을 높이는 장치

❖ Nagle 알고리즘

TCP에서는 네트워크의 이용 효율을 높이기 위해▼ 'Nagle 알고리즘'이라는 알
고리즘을 사용하고 있습니다.

이는 송신 측이 송신해야 할 데이터가 있더라도 그 데이터가 적은 경우에는

송신을 늦추는 처리입니다. 구체적으로는 아래 상태 중 하나에 해당하는 경우에만 TCP는 데이터 세그먼트를 송신합니다. 둘다 해당되지 않을 때에는 데이터 송신을 잠시 기다리게 됩니다.

- 모든 송신 완료 데이터가 확인 응답된 경우
- 최대 세그먼트 길이(MSS)의 데이터를 송신할 수 있는 경우

이 알고리즘을 통해 네트워크 이용 효율이 향상되지만, 경우에 따라서는 어느 정도 지연 시간이 발생할 수 있습니다. 그 때문에 원격 데스크톱▼이나 기계 제어 등에 TCP를 사용하는 경우에는 이 Nagle 알고리즘을 무효로 설정합니다. 파일 전송처럼 보내기 전부터 보낼 데이터가 정해져 있는 경우에는 Nagle 알고리즘을 비활성화하면 안 됩니다. 비활성화 시 네트워크 이용 효율이 저하되고 통신 성능이 저하됩니다. '버튼을 눌렀다', '레버를 돌렸다' 등 이벤트에 따라 소량의 패킷이 발생하는 경우 등 데이터 발생에 시간적 간격이 있을 경우 Nagle 알고리즘을 비활성화 할 수 있습니다.

❖ 지연 확인 응답

데이터를 수신한 호스트가 바로 확인 응답을 하면 크기가 작은 윈도를 반환할 가능성이 있습니다. 방금 수신한 데이터로 말미암아 수신 버퍼가 가득 찼기 때문입니다.

작은 윈도를 통지받은 송신 호스트가 그 크기로 데이터를 보내면, 네트워크의 이용 효율이 떨어집니다.▼ 그 결과 데이터를 수신해도 바로 확인 응답을 하지 않고 지연시키는 방법이 고안되었습니다.

- 2×최대 세그먼트 길이의 데이터를 수신할 때까지 확인 응답을 하지 않는다(OS에 따라서는 데이터 크기와 상관없이 2패킷을 수신하면 확인 응답을 하는 것도 있다).
- 그렇지 않은 경우에는 확인 응답을 최대 0.5초간 지연시킨다▼(대부분의 OS에서는 0.2초 정도▼)

데이터 세그먼트 하나에 대해 확인 응답이 하나일 필요는 없습니다. TCP는 슬라이딩 윈도 제어 방식이므로, 확인 응답은 적어도 상관없습니다. TCP 파일 전송에서는 대부분의 경우 2세그먼트마다 확인 응답이 하나 반환됩니다.

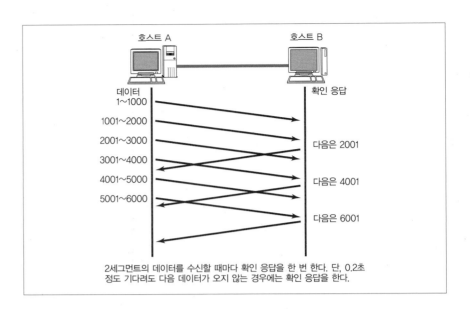

○그림 6.22 지연 확인 응답

호스트 A　　　　　　　호스트 B

데이터　　　　　　　　확인 응답
1~1000

1001~2000

2001~3000　　　　　　　다음은 2001

3001~4000

4001~5000　　　　　　　다음은 4001

5001~6000

다음은 6001

2세그먼트의 데이터를 수신할 때마다 확인 응답을 한 번 한다. 단, 0.2초
정도 기다려도 다음 데이터가 오지 않는 경우에는 확인 응답을 한다.

❖ 피기백(Piggyback)

애플리케이션 프로토콜에 따라서는 송신한 메시지에 대해 상대가 처리를 하여 대답을 반환하는 경우가 있습니다. 예를 들어, 전자메일 프로토콜인 SMTP나 POP, 파일 전송 프로토콜인 FTP의 제어 커넥션 등을 들 수 있습니다. 이러한 애플리케이션 프로토콜에서는 그림 6.23과 같이 하나의 TCP 커넥션을 사용하여 서로 메시지를 주고받습니다. WWW에서 사용되는 HTTP도 버전 1.1부터 그렇게 되어 있습니다. 원격 로그인으로 입력한 문자열의 에코백▼도 송신한 메시지에 대해 대답을 할 수 있습니다.

이러한 통신의 경우에는 TCP에서 확인 응답과 대답 데이터 패킷을 하나의 패킷으로 보낼 수 있습니다. 이를 '피기백(Piggyback)'▼이라고 합니다. 피기백에 의해 송수신할 패킷의 수를 줄일 수 있습니다.

또한 데이터 패킷을 수신하여 바로 확인 응답이 되돌아오면 피기백이 되지 않습니다. 수신한 데이터를 애플리케이션이 처리하여 대답이 되는 데이터를 작성한 후 송신 요청을 할 때까지 확인 응답의 송신을 기다릴 필요가 있습니다. 즉, 지연 확인 응답의 처리가 일어나지 않으면 피기백되는 일은 없습니다. 지연 확인 응답은 네트워크의 이용 효율을 향상시키고, 컴퓨터의 처리 부하도 낮출 수 있는 뛰어난 장치입니다.

:: **에코백**

원격 로그인에서 키보드로 입력한 문자가 일단 서버까지 보내져서 그 후에 그 문자가 서버로부터 클라이언트에게 반환되어 화면에 표시되는 것을 말한다.

:: 시골 농가에서 돼지를 팔러 장에 가는 김에 돼지의 등에 야채도 실어 같이 팔러 간다는 뜻이 있다.

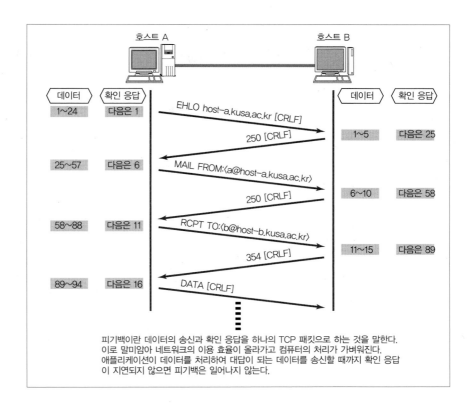

피기백이란 데이터의 송신과 확인 응답을 하나의 TCP 패킷으로 하는 것을 말한다.
이로 말미암아 네트워크의 이용 효율이 올라가고 컴퓨터의 처리가 가벼워진다.
애플리케이션이 데이터를 처리하여 대답이 되는 데이터를 송신할 때까지 확인 응답
이 지연되지 않으면 피기백은 일어나지 않는다.

⑪ TCP를 이용하는 애플리케이션

지금까지 설명했듯이 TCP는 실제로 다양한 제어를 합니다. 여기서 모두 설명하지 못한 복잡한 제어도 있습니다.▼ TCP는 이러한 제어에 의해 통신 속도의 고속화와 신뢰성을 제공하고 있습니다.

하지만 시간과 장소에 따라서는 이러한 제어가 반대로 트러블을 일으키는 경우도 있습니다. 따라서 애플리케이션을 작성할 때에는 TCP에 모든 것을 맡겨도 좋은지, 애플리케이션이 세세한 제어를 하는 편이 좋은지를 잘 생각해야 합니다.

애플리케이션이 세세한 제어를 하는 편이 좋은 경우에는 UDP를 사용하는 것이 좋습니다. 데이터 전송량이 비교적 많고, 신뢰성을 필요로 하지만, 어렵거나 가능한 한 생각하고 싶지 않은 경우에는 TCP를 사용하는 것이 좋습니다.▼ TCP와 UDP에는 각각 장단점이 있으므로 애플리케이션을 작성할 때에는 시스템 설계자가 잘 생각하여 프로토콜을 선정할 필요가 있습니다.

:: 예를 들어, 통신 상대가 있는지 없는지를 확인하는 킵 얼라이브 기능이 있다. 킵 얼라이브는 일부러 시퀀스 번호의 값을 1 작게 한 데이터 0 옥텟의 세그먼트를 송신해서 상대방의 확인 응답을 강요한다. 디폴트로는 무효로 되어 있거나 2시간 간격으로 보내지는데, 제어 시스템에서는 1초 이하인 짧은 간격으로 킵 얼라이브가 사용되기도 한다.

:: 인터넷을 통해서 대량의 데이터를 전송할 경우에는 혼잡 제어가 필수가 된다. TCP에는 혼잡 제어 기능이 포함되어 있어, 애플리케이션은 혼잡 제어를 생각할 필요가 없다. UDP를 사용하는 경우에는 애플리케이션이 혼잡 제어에 대해 배려할 필요가 있다.

기타 트랜스포트 프로토콜

05

인터넷에서는 오랫동안 TCP와 UDP를 트랜스포트 프로토콜로 사용해 왔습니다. 하지만 TCP와 UDP 외에도 몇 가지 트랜스포트 프로토콜이 제안되어 실험이 이루어졌습니다. 최근에는 실험 단계에서 실용 단계로 접어든 트랜스포트 프로토콜이 등장하기 시작했습니다.

여기서는 최근에 제안되어 앞으로 널리 보급될 트랜스포트 프로토콜을 소개합니다.

■ QUIC(Quick UDP Internet Connections)

QUIC은 구글에서 제안하고 IETF에 의해 표준화가 진행되고 있는 트랜스포트 프로토콜입니다. 웹 통신에 이용하는 것을 목적으로 개발되고 있지만, 현재 TCP로 이루어지고 있는 애플리케이션 통신이 앞으로는 QUIC으로 대체되어 갈 가능성도 있습니다.

현재, Web 통신의 상당수는 TCP 상에서 HTTP를 사용해 행해집니다. TCP는 인터넷이라는 복잡한 네트워크▼에서 잘 동작하고 있지만, QUIC은 근본적으로 그 기능을 재검토해 파워업 하는 제안입니다. 예를 들면, TCP 자체에는 암호화 기능이 없어▼, 암호화가 필요하면 상위층이나 하위층에 맡깁니다. 하지만, QUIC은 그 자체로 암호화 통신을 가능하게 합니다.

QUIC은 UDP를 사용합니다. 트랜스포트 프로토콜인 UDP를 사용하면서 「QUIC은 트랜스포트 프로토콜」이라고 하면 납득하기 어려울지도 모르지만, 'UDP+QUIC'으로 하나의 트랜스포트 프로토콜 역할을 한다고 생각하면 된다. UDP는 커넥션리스라 신뢰성이 없으나, 포트 번호에 의한 애플리케이션 식별이나 체크섬에 의한 데이터 파손은 체크할 수 있습니다. QUIC은 이 UDP를 사용하여 다음 기능을 제공합니다.

- 인증, 암호화

  QUIC 자체가 인증과 암호화를 제공합니다. 인증과 암호화를 통해 TCP보다도 견고해집니다.

:: 운용 방침이나 기능, 성능이 다른 회선이 연결되어 구축되어 있다. 용도도 웹에 한정되지 않고 메일, 게임, 화상 회의 등이 혼재한다. 목적이나 사고 방식이 다른 전 세계인이 이용하고 있다.

:: TCP 자체에 암호화 기능을 추가하는 제안은 있으나, 아직 표준화가 진행되지 않았다.

- 저지연 커넥션 관리

  TCP상에서 암호화된 HTTP를 사용하는 경우, TCP의 커넥션 관리(270쪽 참조)와 TLS의 핸드쉐이크(265쪽 참조)가 따로 필요했습니다. QUIC에서는 이들을 동시에 실시해 저지연으로 커넥션을 확립합니다.

- 다중화

  TCP에서 다루는 것은 1커넥션, 1개의 스트림이지만, QUIC에서는 1커넥션으로 여러 개의 스트림을 동시에 다룹니다. UDP의 포트 번호를 유효하게 이용할 수 있어 NAT(232쪽 참조)의 부담을 줄입니다.

- 재전송 처리

  TCP보다 치밀하게 라운드 트립 시간(268쪽 참조)을 측정해, 고정밀도의 재전송 처리를 실시합니다.

- 스트림 레벨의 재전송 제어와 커넥션 레벨의 플로우 제어

  TCP는 하나의 커넥션으로 하나의 스트림을 다루므로, 패킷이 유실되면 통신이 정지됩니다. 반면에 QUIC에서는 하나의 커넥션으로 복수의 스트림을 제어합니다. 하나의 스트림으로 패킷 유실이 일어나도 다른 의 스트림 통신은 계속됩니다. 이들 전체에서 플로우 제어를 실시합니다.

- 커넥션의 마이그레이션

  IP 주소가 바뀌었을 때도 커넥션이 유지되도록 합니다(휴대 단말이 다른 NAT 세그먼트로 이동했을 때를 포함한다).

:: NAT가 지원해 주지 않으면 모두가 사용할 수 없다. 모두가 사용하지 않으면 NAT는 지원하지 않는다'라고 하는 '닭이 먼저인가, 달걀이 먼저인가'라는 문제가 된다.

:: UDP를 사용하면 NAT나 방화벽이 있어도 반드시 동작한다는 것은 아니다. UDP의 이점은 당장이라도 운용 실험을 할 수 있다는 것. 특히 현재는 애플리케이션을 인터넷에서 내려받아 이용하는 시대가 됐다. 그 애플리케이션에 UDP상에서 움직이는 새로운 트랜스포트 프로토콜을 넣어 두면, 모르는 사이에 많은 사람이 사용하게 되어 단번에 사용자 수가 증가하게 된다. 사용자가 늘어나면, NAT나 방화벽이 원인으로 새로운 트랜스포트 프로토콜 통신에 오류가 발생할 수 있다. 이때 각 벤더가 바로 대응하지 않으면, 그 기기의 유저가 이탈해 버릴 가능성이 있으므로 대응이 빨라질 가능성이 있다.

QUIC은 왜 UDP를 사용할까?

QUIC가 새로운 트랜스포트 프로토콜을 목표로 한다면, UDP를 사용하는 것은 이상하다거나 UDP를 사용할 필요가 없다고 생각할 수도 있습니다. 이 뒤에 설명할 SCTP나 DCCP는, TCP도 UDP도 사용하지 않는 독자적인 트랜스포트 프로토콜입니다.

그러나 완전히 새로운 트랜스포트 프로토콜을 만드는 것에는 위험이 있습니다. 운용할 수 없거나 사용하는 사람이 늘어나지 않아 보급이 곤란해질 가능성이 있는 것입니다.

QUIC은 인터넷의 웹에서 사용하는 것을 전제로 한 프로토콜입니다. 특정 조직 내에서만 사용하는 프로토콜이 아닙니다. 인터넷은 복잡한 환경이므로 실제로 인터넷을 통해 운용하고 실험하면서 확장해 나가야 합니다. 그런데 현재 인터넷에서는 NAT나 방화벽이 사용되고 있기 때문에, 새로운 트랜스포트 프로토콜을 만들어도 바로 사용할 수 없습니다.▼ 패킷 중계기기가 네트워크층에서만 동작하면 새로운 트랜스포트 프로토콜을 자유롭게 만들 수 있지만, NAT나 방화벽에는 네트워크층뿐 아니라 트랜스포트층의 헤더도 관계가 있습니다.

UDP를 이용한 트랜스포트 프로토콜이라면 NAT나 방화벽이 지원하고 있으므로, 인터넷상에서 바로 실험하면서 개발할 수 있습니다. 이 때문에 QUIC에서는 UDP로 웹에서 사용하는 이상적인 트랜스포트 프로토콜을 만드는 것을 목표로 하고 있습니다.▼

:: 원래는 전화망에서 회선을 연결할 때에 사용하던 프로토콜(SS7)을 TCP/IP 상에서 이용하려고 했을 때 TCP를 사용하는 것이 불편했기 때문에 개발된 프로토콜이다. 앞으로 다양한 용도로 사용될 가능성이 있다.

☑ SCTP(Stream Control Transmission Protocol)

SCTP▼는 TCP와 마찬가지로 데이터의 도달성에 관한 신뢰성을 제공하는 트랜스포트 프로토콜입니다. 주요 특징은 아래와 같습니다.

:: TCP와 비교하여 장애 처리가 향상된다.

:: 스루풋이 향상된다.

- 메시지 단위 송수신

  TCP에서는 송신 측 애플리케이션이 정한 메시지 크기가 수신 측 애플리케이션에게 전달되지 않지만, SCTP에서는 송신 측 애플리케이션이 정한 메시지 크기가 수신 측 애플리케이션에 전달된다.
- 멀티허밍 지원

  여러 개의 NIC가 있는 호스트에서 사용할 수 있는 NIC가 바뀌어도 통신을 계속할 수 있다.▼
- 여러 개의 스트림 통신

  TCP에서 여러 개의 커넥션을 확립하여 통신을 하는 듯한 효과를 하나의 커넥션으로 실현할 수 있다.▼
- 메시지 생존 시간 정의

  생존 시간이 지난 메시지는 재전송하지 않는다.

:: **청크**(chunk)
덩어리를 뜻한다.

SCTP는 통신하는 애플리케이션 사이에 작은 메시지를 많이 보낼 때에 적합합니다. SCTP에서는 애플리케이션의 메시지를 '청크▼'라고 부르며, 여러 개의 청크를 묶어 하나의 패킷을 만듭니다.

또한 SCTP는 멀티허밍을 지원하므로, 여러 개의 IP 주소를 설정할 수 있다는 특징이 있습니다. 멀티허밍이란, 하나의 호스트가 여러 개의 네트워크 인터페이스를 구비하고 있는 것을 말합니다. 이더넷과 무선 LAN 모두를 동시에 연결하고 있는 랩톱 컴퓨터를 떠올리면 이해하기가 쉬울 것입니다.

이더넷과 무선 LAN을 동시에 사용하면 각각의 NIC에는 다른 IP 주소가 부여됩니다. TCP의 경우에는 이더넷에서 통신을 시작한 후에 무선 LAN으로 전환하면 커넥션이 끊깁니다. TCP의 경우에는 SYN부터 FIN까지 동일한 IP 주소로 되어 있어야 하기 때문입니다.

SCTP의 경우에는 여러 개의 IP 주소를 관리하면서 통신할 수 있기 때문에 무선 LAN과 이더넷을 전환해도 통신을 유지할 수 있습니다. 그렇기 때문에 SCTP에서는 여러 개의 NIC를 갖고 있는 호스트에서 통신의 신뢰성을 높일 수 있습니다.▼

:: 여러 개의 NIC를 갖고 있는 업무용 서버 등에서 하나의 NIC가 고장나도 정상인 NIC가 있는 한 통신을 유지할 수 있다.

☑ DCCP(Datagram Congestion Control Protocol)

DCCP는 UDP를 보완하는 프로토콜로 등장했습니다. UDP에는 혼잡 제어가 없습니다. 그래서 애플리케이션이 UDP를 사용하여 대량의 패킷을 인터넷에 보내면 문제가 발생합니다. 인터넷을 사용한 통신에서는 UDP를 사용하는 경우에도 혼잡 제어가 필요합니다. 이 기능을 애플리케이션 작성자가 제공하는 일은 어렵기 때문에 DCCP가 등장했습니다.

DCCP에는 다음과 같은 특징이 있습니다.

- UDP와 마찬가지로 데이터의 도달성에 관한 신뢰성은 없다.
- 커넥션 지향으로 커넥션의 확립과 끊기 처리가 있다. 커넥션의 확립과 끊기 처리에는 신뢰성이 있다.
- 네트워크의 혼잡에 맞춘 혼잡 제어를 할 수 있다. DCCP(RFC4340)를 이용하는 애플리케이션의 특성에 따라 'TCP 라이크(TCP와 비슷한) 혼잡 제어'와 'TCP 프렌들리(TCP와 친화성이 있는) 레이트 제어'▼(RFC4341) 중 한 가지 방법을 선택할 수 있다.
- 혼잡 제어를 하기 위해 패킷을 수신한 측은 확인 응답(ACK)을 반환한다. 이 확인 응답을 사용하여 재전송하는 일도 가능하다.

4 UDP-Lite(Lightweight User Datagram Protocol)

UDP-Lite는 UDP의 기능을 확장시킨 트랜스포트 프로토콜입니다. UDP에 의한 통신에서 체크섬 오류가 발생하면, 패킷 전체가 파기됩니다. 하지만 오류가 있는 패킷이라 하더라도 그 패킷 전체를 파기하지 않고 처리하는 편이 보다 나은 애플리케이션이 있습니다.▼

UDP 체크섬을 무효로 하면 데이터의 일부에 오류가 발생하더라도 패킷은 파기되지 않지만, UDP 헤더 안의 포트 번호가 손상된 패킷▼을 수신하거나 IP 헤더 안의 IP 주소가 손상된 패킷을 수신할 가능성이 있기 때문에 UDP 패킷의 체크섬을 무효로 하는 일은 별로 권장하지 않습니다. 이러한 문제점을 해결하기 위해 UDP를 수정한 UDP-Lite 프로토콜이 정의되었습니다.

UDP-Lite는 UDP와 거의 비슷한 기능을 제공하지만, 체크섬을 계산하는 범위를 애플리케이션이 정할 수 있습니다. 패킷과 유사 헤더를 포함하는 전체 체크섬을 계산하거나, 헤더와 유사 헤더의 체크섬만 계산하거나, 헤더와 유사 헤더와 데이터의 일부만 체크섬을 계산할 수도 있습니다.▼ 이로 말미암아 오류가 발생하면 안 되는 부분에 관해서만 체크섬을 검사하여 그렇지 않은 부분에 오류가 발생해도 그 오류를 무시하고, 데이터를 파기하지 않은 상태에서 오류가 발생한 채로 데이터를 애플리케이션에게 전달할 수 있습니다.

:: 레이트 제어

플로 제어의 일종으로, 단위 시간당 송신할 수 있는 비트 수(옥텟수)로 플로 제어를 한다. TCP가 사용하는 윈도 제어와 비교하여 레이트 제어는 음성이나 비디오와 같은 멀티미디어 통신에 적합하다.

:: H.263+, H.264, MPEG-4와 같은 영상이나 음성 데이터 포맷을 사용한 애플리케이션을 말한다.

:: 통신의 식별에는 IP 주소도 사용하기 때문에 UDP의 체크섬은 IP 주소가 올바른지 아닌지도 체크할 수 있다(자세한 내용은 286쪽 참조).

:: UDP 헤더의 '패킷 길이'를 나타내는 부분에 헤더의 맨 처음부터 몇 옥텟까지의 체크섬을 계산할 것인지가 들어간다. 0이면 패킷 전체, 8이면 헤더와 유사 헤더만 체크섬을 계산한다.

UDP 헤더 포맷

06

그림 6.24는 UDP 헤더의 포맷을 나타낸 것입니다. 데이터를 제외한 부분이 UDP 헤더입니다. 헤더는 송신처 포트 번호, 수신처 포트 번호, 패킷의 길이, 체크섬으로 구성됩니다.

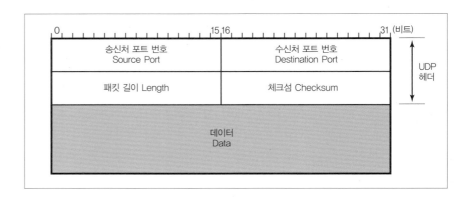

○ 그림 6.24 UDP 데이터그램 포맷

❖ 송신처 포트 번호(Source Port)

16비트 길이로 된 필드로, 송신처의 포트 번호를 나타냅니다. 또한 송신처 포트 번호는 옵션으로 지정하지 않을 수도 있습니다. 지정하지 않는 경우에는 값을 '0'으로 합니다. 이는 대답을 필요로 하지 않는 통신에서 사용할 수 있습니다.▼

❖ 수신처 포트 번호(Destination Port)

16비트 길이로 된 필드로, 수신처의 포트 번호를 나타냅니다.

❖ 패킷 길이(Length)

UDP 헤더의 길이와 데이터의 길이를 더한 값이 저장됩니다.▼ 단위는 옥텟 길이입니다.

❖ 체크섬(Checksum)

체크섬은 UDP 헤더와 데이터의 신뢰성을 제공하기 위한 것입니다. 체크섬을 계산할 때에는 그림 6.25와 같이 UDP 유사 헤더를 UDP 데이터그램 앞에 붙입니다. 그리고 전체 길이가 16비트의 배수가 되도록 데이터의 맨 끝에 '0'을 추가합니다. 이때 UDP 헤더의 체크섬 필드는 '0'으로 합니다. 그리고 16비트 단위로 1의 보수▼의 합을 구해, 구한 합의 1의 보수를 체크섬 필드에 넣습니다.

:: 예를 들어 어떤 호스트나 애플리케이션 또는 그 그룹에 대해 일반적으로 갱신 정보를 보낼 뿐 그 확인이나 응답을 필요로 하지 않는 경우 등에 사용한다.

:: UDP-Lite(285쪽 참조)에서는 이 필드가 Checksum Coverage가 되어서 체크섬을 계산할 부분이 어디까지인지 나타낸다.

:: 1의 보수
보통 컴퓨터의 정수 연산에서는 2의 보수를 사용한다. 체크섬 계산에 1의 보수를 사용하면 자리가 넘쳐도 1의 자리로 돌아오기 때문에 정보 누락이 없다는 점과 0의 표현이 두 가지 있으므로 0을 두 가지 뜻으로 사용할 수 있다는 장점이 있다.

:: 송신처 IP 주소와 수신처
IP 주소는 IPv4 주소인 경우 각
각 32비트, IPv6인 경우 각각
128비트 길이가 된다.

:: 패딩
위치를 맞추기 위해 항상 0을
넣는다.

◑ 그림 6.25 체크섬 계산에 사
용하는 UDP 유사 헤더

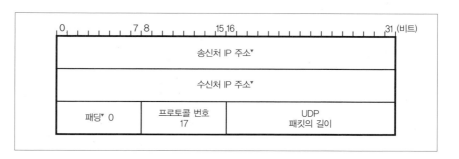

:: 1의 보수값으로 0(마이너스
제로), 이진수로 1111111111111
11, 16진수로 FFFF, 십진수로
65535를 넣는다.

:: 오버헤드
실제 데이터 이외의 통신을 하
기 위해 필요한 제어 정보 등을
처리하는 데에 필요한 부분을
말한다.

수신 호스트는 UDP 데이터그램을 수신한 후 IP 헤더로부터 IP 주소 정보를 구하여 UDP 유사 헤더를 작성하고 체크섬을 재계산합니다. 체크섬 필드에는 체크섬 이외의 남은 부분의 합의 보수값이 들어 있기 때문에 체크섬을 포함한 모든 데이터를 더한 결과가 '16비트 모두가 1'▾이 되면 올바른 값이 됩니다.

또한 UDP에서 체크섬을 사용하지 않을 수도 있습니다. 이 경우에는 체크섬의 필드에 0을 넣습니다. 이렇게 하면 체크섬의 계산 처리를 하지 않게 되므로 프로토콜 처리의 오버헤드▾가 줄어들고, 데이터의 전송 속도가 향상됩니다. 하지만 UDP 헤더의 포트 번호나 IP 헤더의 IP 주소 값이 손상되면 다른 통신에 악영향을 미칠 가능성이 있습니다. 이러한 이유로 현재 인터넷에서는 체크섬을 이용할 것을 권장하고 있습니다.

체크섬에서 UDP 유사 헤더를 계산하는 이유

왜 체크섬 계산을 할 때에 유사 헤더도 포함하는 것일까요? 그 이유는 257쪽에서 설명한 것과 관련이 있습니다.

TCP/IP에서는 통신을 하는 애플리케이션을 식별하기 위해 '송신처 IP 주소', '수신처 IP 주소', '송신처 포트 번호', '수신처 포트 번호', '프로토콜'이 필요합니다. 하지만 UDP 헤더에는 이 다섯 항목 중에서 '송신처 포트 번호'와 '수신처 포트 번호'밖에 포함되지 않습니다. 나머지 세 정보는 IP 헤더에 포함되어 있습니다.

다른 세 가지 정보가 손상된 경우를 가정해봅시다. 수신해야 할 애플리케이션이 아니라 다른 애플리케이션에게 데이터가 전달될지도 모릅니다.

이를 방지하기 위해 통신에 필요한 다섯 개의 식별자가 올바르다는 것을 확인해야 합니다. 그래서 체크섬 계산을 할 때에 유사 헤더를 사용하는 것입니다.

또한 IPv6에서는 IP 헤더에 체크섬이 없습니다. TCP나 UDP에서는 유사 헤더에 의해 다섯 항목의 숫자를 체크하므로 IP 헤더에 신뢰성이 없어도 신뢰성 있는 통신이 가능하다고 생각하기 때문입니다.

TCP 헤더 포맷

07

그림 6.26은 TCP 헤더의 포맷을 나타낸 것입니다. TCP 헤더는 UDP와 달리 매우 복잡합니다.

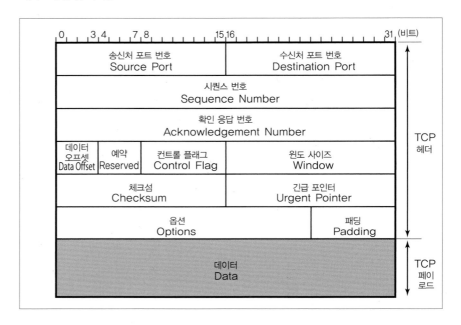

○ 그림 6.26 TCP 세그먼트 포맷

또한 TCP에는 패킷 길이나 데이터 길이를 나타내는 필드가 없습니다. TCP는 IP층으로부터 TCP 패킷의 길이를 구하고, 그 길이로부터 데이터의 길이를 계산해서 알 수 있습니다.

❖ **송신처 포트 번호(Source Port)**
16비트 길이로 된 필드로, 송신처의 포트 번호를 나타냅니다.

❖ **수신처 포트 번호(Destination Port)**
16비트 길이로 된 필드로, 수신처의 포트 번호를 나타냅니다.

❖ **시퀀스 번호(Sequence Number)**
32비트 길이로 된 필드로, 시퀀스 번호를 나타냅니다. 시퀀스 번호는 송신한 데이터의 위치를 의미합니다. 데이터를 송신할 때마다 송신한 데이터의 옥텟 수만큼 값이 증가합니다.
또한 시퀀스 번호는 0이나 1부터 시작하지 않습니다. 커넥션을 확립할 때에 초기값이 난수값으로 결정되고, SYN 패킷으로 수신 호스트에 전달됩니다. 그리고 전송한 바이트 수를 초기값에 더해 데이터의 위치를 나타냅니다. 또한 커넥션을 확립할 때의 SYN 패킷이나 끊을 때의 FIN 패킷은 데이터를 포함하지 않아도 1바이트로 간주하여 처리합니다.

❖ 확인 응답 번호(Acknowledgement Number)

32비트 길이로 된 필드로, 확인 응답 번호를 나타냅니다. 확인 응답 번호는 다음에 수신해야 할 데이터의 시퀀스 번호가 됩니다. 그러므로 실제로는 확인 응답 번호에서 1을 뺀 시퀀스 번호까지의 데이터를 수신한 것이 됩니다. 송신 측에서는 반환되어 온 확인 응답 번호보다 앞인 데이터까지는 정상적으로 통신이 이루어졌다고 판단합니다.

❖ 데이터 오프셋(Data Offset)

TCP가 운반하는 데이터가 TCP 패킷의 앞에서 몇 번째부터 시작하는지를 의미하는데, TCP 헤더의 길이를 나타내고 있다고 생각해도 무방합니다. 이 필드는 4비트 길이로, 단위는 4옥텟(32비트) 길이입니다. 옵션을 포함하지 않는 경우, 그림 6.26과 같이 TCP 헤더 길이는 20옥텟이므로 '5'가 들어갑니다. 바꾸어 말하면 '5'인 경우는 20옥텟까지가 TCP 헤더이고, 그 이후는 데이터가 된다는 뜻입니다.

❖ 예약(Reserved)

앞으로의 확장을 위해 마련되어 있는 필드로, 4비트 길이입니다. 지금은 '0'으로 해둘 필요가 있지만, 0이 아닌 패킷을 수신했다고 해서 파기해서는 안 됩니다.

❖ 컨트롤 플래그(Control Flag)

이 필드는 길이가 8비트로, 각 비트는 왼쪽부터 CWR, ECE, URG, ACK, PSH, RST, SYN, FIN으로 이름이 붙여져 있습니다. 이것들을 '컨트롤 플래그(Control Flag)' 또는 '제어 비트'라고 합니다. 각각의 비트에 1이 지정된 경우에는 아래와 같은 의미를 갖게 됩니다.

◯ 그림 6.27 컨트롤 플래그

:: CWR 플래그의 설정에 대해서는 247쪽 참조.

• CWR(Congestion Window Reduced)

CWR 플래그▾와 그 다음에 나오는 ECE 플래그는 IP 헤더의 ECN 필드와 함께 사용되는 플래그입니다. ECE 플래그가 1인 패킷을 수신하여 혼잡 윈도우를 작게 했다는 것을 상대에게 전합니다.

:: ECE 플래그의 설정에 대해서는 247쪽 참조.

• ECE(ECN-Echo)

ECE 플래그*는 ECN-Echo를 의미하는 플래그로, 통신 상대에게 상대 측에서 이쪽으로 오는 네트워크가 혼잡하다는 사실을 전합니다. 수신한 패킷의 IP 헤더 안에 있는 ECN 비트가 1일 때에 TCP 헤더의 ECE 플래그를 1로 설정합니다.

• URG(Urgent Flag)

이 비트가 '1'인 경우에는 긴급히 처리해야 할 데이터가 포함되어 있다는 것을 의미합니다. 긴급을 요하는 데이터는 나중에 설명할 긴급 포인터로 표시됩니다.

• ACK(Acknowledgement Flag)

이 비트가 '1'인 경우에는 확인 응답 번호의 필드가 유효하다는 것을 의미합니다. 커넥션 확립 시 첫 번째 SYN 세그먼트 외에는 반드시 '1'로 해야 합니다.

• PSH(Push Flag)

이 비트가 '1'인 경우에는 수신한 데이터를 바로 상위 애플리케이션에 전달해야 합니다. '0'인 경우에는 수신한 데이터를 바로 애플리케이션에게 전달하지 않고 버퍼링하는 것이 허락됩니다.

• RST(Reset Flag)

이 비트가 '1'인 경우에는 커넥션이 강제적으로 끊어집니다. 이것은 어떤 이상을 검출했을 경우에 송신됩니다. 예를 들어 사용되지 않는 TCP 포트 번호에 연결 요청이 와도 통신은 일어나지 않습니다. 이 경우에는 RST가 '1'로 설정된 패킷이 반송됩니다. 또한 프로그램이 다운되거나 전원이 나가는 등 컴퓨터를 재기동시키면 TCP 통신은 유지할 수 없게 됩니다. 커넥션 정보가 모두 초기화되기 때문입니다. 이러한 경우에 통신 상대가 패킷을 보내도 RST가 '1'로 설정된 패킷을 반송하여 통신을 강제적으로 중단시킵니다.

• SYN(Synchronize Flag)

커넥션 확립에 사용됩니다. 여기에 '1'이 설정된 경우에는 커넥션을 확립하고 싶다는 뜻을 나타냄과 동시에, 시퀀스 번호의 필드에 저장되어 있는 번호로 시퀀스 번호의 초기화가 일어납니다.▾

:: Synchronize에는 '동기'라는 뜻이 있다. 여기서는 커넥션을 확립하는 양쪽의 시퀀스 번호와 확인 응답 번호를 일치(동기화)시킨다는 뜻이 된다.

• FIN(Fin Flag)

여기에 '1'이 설정된 경우에는 앞으로 송신할 데이터가 없다는 것을 뜻하고, 커넥션을 끊고 싶다는 뜻을 나타냅니다. 통신을 종료하고 커넥션을 끊고 싶은 경우에는 통신을 하고 있는 양쪽의 호스트에서 FIN이 '1'로 설정된 TCP 세그먼트를 교환합니다. 그리고 각각의 FIN에 대해 확인 응답을 하면 커넥션은 끊어집니다. 또한 통신 상대로부터 FIN이 '1'로 설정된 세그먼트를 수신해도 바로 FIN을 반환할 필요는 없습니다. 통신해야 할 데이터가 모두 없어지고 난 후에 FIN을 반환하면 됩니다.

❖ 윈도 사이즈(Window Size)

이 필드는 길이가 16비트로, 동일한 TCP 헤더에 포함되는 확인 응답 번호가 가리키는 위치로부터 수신 가능한 데이터 크기(옥텟 수)를 통지하는 데에 사용합니다. 여기서 가리키고 있는 데이터량을 넘어서 송신할 수는 없습니다. 하지만 윈도가 0이라고 통지받은 경우에는 윈도의 최신 정보를 알아내기 위해 '윈도 프로브'를 송신할 수 있습니다. 이 경우 데이터는 1옥텟이어야 합니다.

❖ 체크섬(Checksum)

:: 송신처 IP 주소와 수신처 IP 주소는 IPv4 주소인 경우 각각 32비트, IPv6인 경우 각각 128비트 길이가 된다.

:: 패딩
위치를 맞추기 위해 항상 0을 넣는다.

◑ 그림 6.28 체크섬의 계산에 사용하는 TCP 유사 헤더

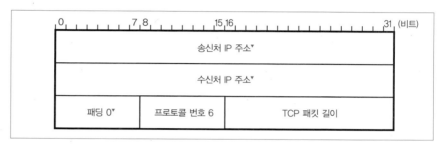

TCP의 체크섬도 UDP의 체크섬과 거의 비슷합니다. 단, TCP에서는 체크섬을 OFF로 설정할 수 없습니다. TCP에서도 UDP와 마찬가지로 체크섬 계산 시에 TCP 유사 헤더를 사용합니다(그림 6.28). TCP 유사 헤더는 전체 길이가 16비트의 배수가 되도록 데이터의 맨 끝에 '0'으로 된 패딩을 덧붙입니다. 이때 TCP 헤더의 체크섬 필드를 '0'으로 합니다. 그리고 16비트 단위로 1의 보수의 합을 구해, 구한 합의 1의 보수를 체크섬 필드에 넣습니다.

수신 측은 TCP 세그먼트를 수신한 후, IP 헤더로부터 IP 주소 정보를 구하여 TCP 유사 헤더를 작성하고 체크섬을 계산합니다. 체크섬 필드에는 체크섬 이외 나머지 부분의 합의 보수값이 들어 있기 때문에 체크섬을 포함한 모든 데이터를 더한 결과가 16비트 모두가 1▼이 되면 올바른 값으로 판단합니다.

:: 1의 보수값으로 0(마이너스 제로), 이진수로 1111111111111111, 16진수로 FFFF, 십진수로 65535.

> **체크섬은 무엇을 위한 것일까?**
> 통신 도중에 노이즈로 말미암아 생기는 비트 오류는 데이터 링크의 FCS에서 검출할 수 있습니다. 그렇다면 왜 TCP나 UDP에 체크섬이 있는 것일까요?
> 체크섬은 노이즈로 인한 오류의 검출이라기보다는, 도중에 있는 라우터의 메모리 고장이나 프로그램의 버그 등으로 말미암아 데이터가 손상되지 않았는지를 보장하기 위한 것이라고 할 수 있습니다.
> C 언어에서 프로그래밍을 해본 적이 있는 사람이라면, 포인터 조작을 잘못하여 데이터를 손상시킨 경험이 있을 것입니다. 라우터의 프로그램에도 버그가 포함되어 있거나 프로그램이 다운되는 일이 있습니다. 인터넷에서는 라우터를 여러 개 경유하면서 패킷을 배송하기 때문에 도중의 라우터 중 하나라도 상태가 좋지 않으면 이를 통과하는 패킷이나 헤더, 데이터가 손상될 가능성이 있습니다. 이 경우 TCP나 UDP 체크섬이 있으면 헤더와 데이터가 손상되지 않았는지를 체크할 수 있습니다.

❖ 긴급 포인터(Urgent Pointer)

이 필드의 길이는 16비트입니다. 컨트롤 플래그의 URG가 '1'인 경우에 유효합니다. 이에 들어가는 수치는 긴급을 요하는 데이터의 저장 장소를 가리키는 포인터로 취급합니다. 정확하게는 데이터 영역의 맨 처음부터 이 긴급 포인터가 가리키는 수치만큼의 데이터(옥텟 길이)가 긴급 데이터가 됩니다.

긴급 데이터를 어떻게 다룰 것인지는 애플리케이션이 결정합니다. 일반적으로는 통신을 도중에 중단시키거나 처리를 중단시키는 경우에 사용합니다. 예를 들어 웹 브라우저에서 중지 버튼을 입력한 경우나 TELNET에서 CTRL+C를 입력한 경우가 이에 해당합니다. 또한 긴급 포인터를 데이터 스트림의 구분점을 나타내는 표시로 사용할 수도 있습니다.

❖ 옵션(Options)

옵션은 TCP에 의한 통신의 성능을 향상시키기 위해 사용합니다. 데이터 오프셋 필드(헤더 길이 필드)에 의한 제한 때문에 옵션은 최대 40옥텟까지입니다. 또한 옵션 필드는 전체가 32비트의 정수배가 되도록 조정합니다. 표 6.3은 대표적인 TCP 옵션입니다. 이 중에서 중요한 것에 대해 설명하겠습니다.

○ **표 6.3** 대표적인 TCP 옵션

타입	길이	의미	RFC
0	–	End of Option List	RFC793
1	–	No-Operation	RFC793
2	4	Maximum Segment Size	RFC793
3	3	WSOPT – Window Scale	RFC1323
4	2	SACK Permitted	RFC2018
5	N	SACK	RFC2018
8	10	TSOPT – Time Stamp Option	RFC1323
27	8	Quick-Start Response	RFC4782
28	4	User Timeout Option	RFC5482
29	–	TCP Authentication Option (TCP-AO)	RFC5925
30	N	Multipath TCP (MPTCP)	RFC6824
34	variable	TCP Fast Open Cookie	RFC7413
253	N	RFC3692-style Experiment 1	RFC4727
254	N	RFC3692-style Experiment 2	RFC4727

:: **스루풋**

그 시스템에서 끌어낼 수 있는 최대 처리 능력을 말하며, 네트워크의 경우에는 그 기기나 네트워크에서 달성할 수 있는 최대 통신 속도를 의미한다. 단위는 bps(bits per second)가 사용되는 경우가 많다.

:: 예를 들어 왕복 시간이 0.1초인 경우에는 데이터 링크의 대역이 아무리 커도 최대 약 5Mbps밖에 스루풋을 낼 수 없다.

타입 2의 MSS 옵션은 커넥션 확립 시에 최대 세그먼트 길이를 결정하는 데에 사용합니다. 이 옵션은 대부분의 OS에서 사용하고 있습니다.

타입 3의 윈도 스케일 옵션은 TCP의 스루풋▼을 개선하기 위한 옵션입니다. TCP 윈도는 길이가 16비트밖에 없습니다. 그래서 TCP에서는 패킷이 왕복하는 동안(RTT, 라운드 트립 시간)에 64k 옥텟의 데이터만 보낼 수 있습니다.▼

이 옵션을 이용하면 윈도의 최대값을 1G 옥텟으로 확장할 수 있습니다. 이로써 왕복 시간이 긴 네트워크에서도 높은 스루풋을 달성할 수 있게 됩니다.

타입 8의 타임스탬프 옵션은 고속 통신 시 시퀀스 번호의 관리에 사용합니다. 몇 G 옥텟 이상의 데이터를 고속 네트워크로 전송하면, 32비트의 시퀀스 번호가 몇 초 이내에 순회할 가능성이 있습니다. 경로가 불안정한 경우 네트워크를 떠돌아다니는 오래된 시퀀스 번호를 가진 데이터를 나중에 수신할 가능성이 있습니다. 새로운 시퀀스 번호와 오래된 시퀀스 번호로 된 데이터가 섞이면 신뢰성을 제공할 수 없습니다. 이러한 사태를 막기 위해 이 옵션을 사용합니다. 이 옵션을 사용하면 오래된 시퀀스 번호화 새 시퀀스 번호를 구별할 수 있습니다.

타입 4와 5는 선택 확인 응답(SACK : Selective ACKnowledgement)에 사용합니다. TCP의 확인 응답은 1개의 숫자밖에 없기 때문에 세그먼트가 '이 빠진 상태'▼로 도착하면 성능이 현저하게 떨어집니다. 이 옵션을 사용하면 최대 4개의 '이 빠진 상태'의 확인 응답이 가능합니다. 이것으로 불필요한 재전송 처리를 방지하고, 재전송을 빨리 처리할 수 있기 때문에 스루풋을 향상시킬 수 있습니다.

:: 세그먼트가 중간중간에 분실된 상태를 말한다.

윈도 사이즈와 스루풋

TCP를 이용한 통신의 최대 스루풋은 윈도의 크기와 라운드 트립 시간에 의해 결정됩니다. 최대 스루풋을 T_{max}, 윈도의 크기를 W, 라운드 트립 시간을 RTT라고 할 때, 최대 스루풋은 아래 식으로 계산할 수 있습니다.

$$T_{max} = \frac{W}{RTT}$$

예를 들어 윈도가 65535 옥텟이고, 라운드 트립 시간이 0.1초인 경우 최대 스루풋 Tmax는 다음과 같습니다.

$$T_{max} = \frac{65535(옥텟)}{0.1(초)} = \frac{65535 \times 8(비트)}{0.1(초)}$$
$$= 5242800(bps) \fallingdotseq 5.2(Mbps)$$

이는 TCP의 한 커넥션에서 전송할 수 있는 최대 스루풋을 나타냅니다. 2개 이상의 커넥션을 동시에 확립하여 데이터를 전송할 경우, 이 식은 각각의 커넥션의 최대 스루풋을 나타냅니다. 즉, 하나의 TCP 커넥션에서 데이터를 전송하는 것보다 여러 개의 TCP 커넥션으로 데이터를 전송하는 편이 높은 스루풋을 얻을 수 있다는 것입니다. 웹 브라우저에서는 4개 정도의 TCP 커넥션을 동시에 확립함으로써 스루풋을 높이고 있습니다.

07

라우팅 프로토콜(경로 제어 프로토콜)

인터넷에서는 LAN이나 광역 회선이 복잡하게 얽혀 있습니다. 하지만 아무리 복잡한 네트워크로 구성되어 있다고 하더라도 적절한 경로를 통해 목적하는 호스트까지 패킷을 전달해야 합니다. 이 경로를 결정하는 것이 경로 제어(라우팅)입니다. 이 장에서는 경로 제어와 그것을 실현하는 라우팅 프로토콜에 대해서 살펴봅니다.

7 애플리케이션층	〈애플리케이션층〉 TELNET, SSH, HTTP, SMTP, POP, SSL/TLS, FTP, MIME, HTML, SNMP, MIB, SIP, …
6 프리젠테이션층	
5 세션층	
4 트랜스포트층	〈트랜스포트층〉 TCP, UDP, UDP-Lite, SCTP, DCCP
3 네트워크층	〈네트워크층〉 ARP, IPv4, IPv6, ICMP, IPsec
2 데이터 링크층	이더넷, 무선 LAN, PPP, … (트위스트 페어 케이블, 무선, 광섬유, …)
1 물리층	

경로 제어(라우팅)란?

01

■ IP 주소와 경로 제어

인터넷은 네트워크와 네트워크가 라우터로 연결되어 구축되어 있습니다. 패킷을 올바른 수신처 호스트에게 전달하기 위해서는 라우터가 올바른 방향으로 패킷을 전송해야 합니다. 이 '올바른 방향'으로 패킷을 전송하기 위한 처리를 '경로 제어' 또는 '라우팅'이라고 합니다.

라우터는 경로 제어표(라우팅 테이블)를 참조하여 패킷을 전송합니다. 받은 패킷의 수신처 IP 주소와 경로 제어표를 비교하여 다음에 보내야 할 라우터를 결정하는 것입니다. 따라서 경로 제어표에는 반드시 올바른 정보가 들어 있어야 합니다. 혹시 잘못된 정보가 들어 있으면 목적하는 호스트에게 패킷을 전달할 수 없는 경우가 발생합니다.

■ 정적 라우팅과 동적 라우팅

그렇다면 누가, 어떻게 경로 제어표를 작성하고 관리하는 것일까요? 경로 제어에는 크게 정적 라우팅(Static Routing ; 정적 경로 제어)과 동적 라우팅(Dynamic Routing ; 동적 경로 제어)이 있습니다.

정적 라우팅은 라우터나 호스트에 고정적으로 경로 정보를 설정하는 방법이고, 동적 라우팅은 라우팅 프로토콜을 작동시켜 자동으로 경로 정보를 설정하는 방법입니다. 두 방법 모두 장단점이 있습니다.

정적 라우팅은 보통 사람이 손으로 설정합니다. 예를 들어 100개의 IP 네트워크가 있다고 한다면, 100개에 가까운 경로 정보를 각각의 라우터에 입력해야 합니다. 또한 이 네트워크에 새로운 네트워크가 하나씩 추가될 때마다 추가된 네트워크의 정보를 모든 라우터에 설정해야 합니다. 이 방법은 관리자에게 큰 부담이 됩니다. 또한 네트워크에 장애가 발생했을 때 자동으로 장애 지점을 우회하는 제어는 기본적으로 불가능합니다. 이상이 발생했을 때에는 관리자가 수작업으로 설정을 변경합니다.

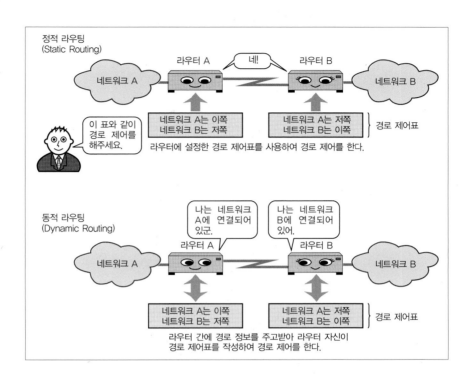

그림 7.1 정적 라우팅과 동적 라우팅

동적 라우팅을 이용하는 경우, 관리자는 라우팅(경로 제어표) 프로토콜을 설정해야 합니다. 설정의 난이도는 라우팅 프로토콜의 종류에 따라 다릅니다. 예를 들어 RIP의 경우에는 거의 아무것도 설정할 필요가 없지만, OSPF로 자세히 제어하려고 하면 설정이 힘들어집니다.

새로운 네트워크를 하나 추가한 경우에는 네트워크를 추가한 라우터에 동적 라우팅을 설정하기만 하면 됩니다. 정적 라우팅처럼 다른 모든 라우터의 설정을 변경할 필요는 없습니다. 라우터의 수가 많은 경우에는 동적 라우팅이 관리하는 수고를 덜어줄 수 있습니다.

네트워크에 장애가 발생한 경우, 우회로가 있으면 패킷은 자동으로 우회로를 통과하도록 설정이 변경됩니다. 이러한 경로 제어에 필요한 정보를 교환하기 위해 동적 라우팅에서는 인접한 라우터끼리 정기적으로 메시지를 교환합니다. 이 메시지의 교환으로 말미암아 네트워크에는 항상 어느 정도의 부하가 걸려있게 됩니다.

또한 정적 라우팅과 동적 라우팅은 어느 한쪽만 사용해야 하는 것이 아니라 조합하여 사용할 수도 있습니다.

3 동적 라우팅의 기초

동적 라우팅은 그림 7.2와 같이 인접한 라우터끼리 자신이 알고 있는 네트워크 연결 정보를 서로 가르쳐주면서 일어납니다. 정보가 릴레이식으로 전달되어 네트워크 구석구석까지 전달되면, 경로 제어표가 완성되고 IP 패킷을 올바르게 전송할 수 있게 됩니다.▼

:: 그림 7.2의 방법은 '루프가 없는 경우'에만 잘 작동한다. 예를 들어 라우터 C와 라우터 D가 연결되어 있으면 정상적으로 작동하지 않는다.

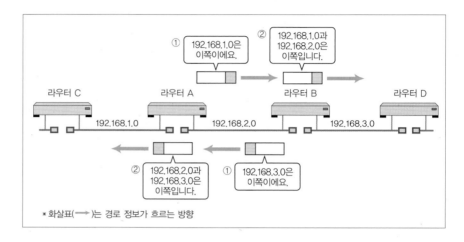

○ 그림 7.2 라우팅 프로토콜에 의한 경로 정보의 교환

경로를 제어하는 범위

02

:: EGP라는 이름을 가진 특정 라우팅 프로토콜이 있지만 그것과는 다르므로 혼동하지 않도록 주의해야 한다.

IP 네트워크의 발전과 함께 네트워크 전체를 일괄적으로 관리하는 것은 불가능해졌습니다. 그래서 경로를 제어하는 범위에 따라 IGP(Interior Gateway Protocol)와 EGP(Exterior Gateway Protocol)▼라는 두 종류의 라우팅 프로토콜을 사용하게 되었습니다.

1 인터넷에는 다양한 조직이 연결되어 있다

인터넷에는 전 세계 속의 조직이 연결되어 있습니다. 극단적으로 말하면 언어도, 종교도 다른 조직이 연결되어 있습니다. 가치관이나 방침이 다른 조직이 서로 연결되어 통신할 수 있는 세계가 인터넷이라 할 수 있습니다. 관리되는 측도 관리하는 측도 없고, 각 조직은 대등한 관계로 연결되어 있습니다.

2 자율 시스템과 라우팅 프로토콜

회사와 같은 내부 네트워크의 관리 방침은 그 조직 내부에서 결정하여 시행하면 됩니다. 기업이나 조직에 따라 네트워크 관리 및 운용에 대한 개념이 다릅니다. 기업이나 조직의 매출이나 생산성을 향상시키기 위해 최적의 기기와 최적의 네트워크를 구축하여 최적의 운용 체제를 만들고 싶을 것입니다. 사외 사람에게 내부 네트워크의 구조를 공개하도록 요구받아도 응할 필요도 없고, 세부 설정에 관해 지시를 받아도 따를 필요가 없습니다. 이는 일상생활에서도 마찬가지입니다. 가정 내의 규칙을 타인에게 공개하거나 지시에 따를 필요가 없는 것입니다.

경로 제어에 관한 규칙을 정하고 이를 바탕으로 운용하는 범위를 '자율 시스템(AS : Autonomous System)' 또는 '경로 제어 도메인(Routing Domain)'이라고 합니다. 이는 동일한 규칙과 정책(Policy)에 의해 경로 제어를 관리하는 단위를 말합니다.

자율 시스템의 구체적인 예로는 지역 네트워크와 규모가 큰 ISP(인터넷 서비스 프로바이더) 등을 들 수 있습니다. 지역 네트워크나 ISP의 내부에서는 네트워크의 구축, 관리, 운용을 하는 관리자 및 운용자가 경로 제어에 관한 방침을 세우고 그 방침에 따라 경로 제어를 설정합니다.

지역 네트워크나 프로바이더에 연결되는 조직은 그 관리자의 지시에 따라 경로 제어를 설정해야 합니다. 이를 지키지 않으면 다른 조직에 폐를 끼치게 되거나 어떤 조직과도 통신할 수 없게 되는 경우도 있습니다.

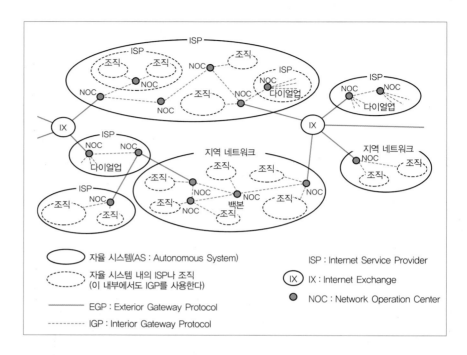

○그림 7.3 EGP와 IGP

이 자율 시스템(라우팅 도메인)의 내부에서 동적 라우팅에 사용되는 것이 도메인 내 라우팅 프로토콜, 즉 IGP입니다. 그리고 자율 시스템 간의 경로 제어에 사용되는 것이 도메인 간 라우팅 프로토콜, 즉 EGP입니다.

3 EGP와 IGP

앞에서 설명했듯이 라우팅 프로토콜은 크게 EGP(Exterior Gateway Protocol)와 IGP(Interior Gateway Protocol)로 분류됩니다.

IP 주소는 네트워크부와 호스트부로 나누어 각각 다른 역할을 하고 있습니다. EGP와 IGP의 관계는 IP 주소의 네트워크부와 호스트부의 관계와 비슷하다고 할 수 있습니다. IP 주소에서는 네트워크부에 의해 네트워크 간 경로 제어가 일어나고, 호스트부로 링크 내 호스트를 식별합니다. 이와 마찬가지로 EGP에 의해 지역 네트워크나 프로바이더 간 경로 제어를 하고, IGP로 그 지역 네트워크나 프로바이더 내부의 어느 호스트인지를 식별합니다.

이렇게 라우팅 프로토콜은 크게 2개의 계층으로 나누어 사용합니다. EGP가 없으면 전 세계의 조직과 통신할 수 없습니다. IGP가 없으면 조직 내부의 통신이 불가능합니다.

IGP에서는 RIP(Routing Information Protocol)나 RIP2, OSPF(Open Shortest Path First)와 같은 프로토콜을 사용합니다. 이에 반해 EGP에서는 BGP(Border Gateway Protocol)를 사용합니다.

경로 제어 알고리즘

03

경로 제어 알고리즘에는 여러 가지 방법이 있는데, 대표적인 예로인 거리 벡터형(Distance-Vector)과 링크 상태형(Link-State)을 들 수 있습니다.

1 거리 벡터형(Distance-Vector)

거리 벡터형 알고리즘이란, 거리(메트릭▼)와 방향에 따라 목적하는 네트워크나 호스트의 위치를 결정하는 방법을 말합니다.

:: **Metric**

경로 제어에서 사용하는 거리나 비용 등과 같이 전송 판단에 사용되는 지표를 말한다. 거리 벡터형에서는 통과하는 라우터의 수가 메트릭 값으로 사용된다.

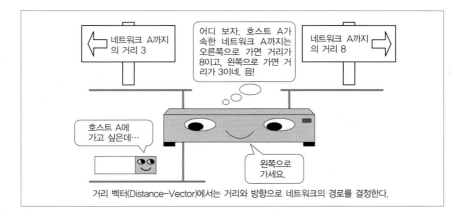

○ 그림 7.4 거리 벡터형

거리 벡터(Distance-Vector)에서는 거리와 방향으로 네트워크의 경로를 결정한다.

라우터끼리는 네트워크의 방향과 거리에 관한 정보를 교환합니다. 이 방향과 거리 정보를 가지고 경로 제어표를 작성합니다. 이 방법은 처리가 비교적 간단하지만, 거리와 방향 정보밖에 없으므로 네트워크의 구조가 복잡해지면 경로 제어 정보가 안정될 때까지 시간이 걸리고▼ 경로에 루프가 생기기 쉽다는 문제가 있습니다.

:: '경로 수습'이라고 한다.

2 링크 상태형(Link-State)

링크 상태형은 라우터가 네트워크 전체의 연결 상태를 이해하고 경로 제어표를 작성하는 방법입니다. 이 방법의 경우에는 각 라우터의 정보가 똑같으면 올바른 경로 제어가 일어납니다.

거리 벡터형의 경우, 각 라우터의 정보는 모두 다릅니다. 각 네트워크에 대한 거리(메트릭)는 라우터마다 다르기 때문입니다. 그래서 각 라우터의 정보가 올바른지 아닌지를 확인하기가 어렵다는 단점이 있습니다.

링크 상태형의 경우에는 모든 라우터가 동일한 정보를 갖게 됩니다. 네트워크의 구조는 어떤 라우터에게 있어서든 동일하기 때문입니다. 그래서 다른 라우터와 동일한 경로 제어 정보를 갖고 있으면 올바른 정보를 갖고 있다고 간주합니다. 그리고 각 라우터가 경로 제어 정보를 다른 라우터와 빨리 동기▼화시키는 일에 전념하면 경로 제어를 안정시킬 수 있습니다. 따라서 네트워크가 복잡해지더라도 각 라우터는 올바른 경로 제어 정보를 가질 수 있고, 안정된 경로 제어를 할 수 있다는 장점이 있습니다.

그 대신 네트워크 토폴로지로부터 경로 제어표를 구하는 계산이 매우 복잡합니다. 특히, 네트워크가 거대하고 복잡한 구조를 갖고 있는 경우에는 토폴로지 정보의 관리나 처리를 하기 위해 높은 CPU 성능과 많은 메모리 자원이 필요합니다.▼

:: **동기**
분산 시스템의 용어로 모든 시스템 간에 값을 똑같게 만드는 것을 의미한다.

:: 그래서 OSPF에서는 네트워크를 에어리어로 분할할 수 있게 하여 경로 제어 정보를 줄이고 있다.

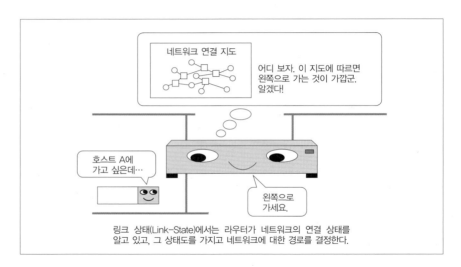

링크 상태(Link-State)에서는 라우터가 네트워크의 연결 상태를 알고 있고, 그 상태도를 가지고 네트워크에 대한 경로를 결정한다.

◑ **그림 7.5** 링크 상태형

3 주요 라우팅 프로토콜

라우팅 프로토콜에는 많은 종류가 있습니다. 표 7.2는 주요 라우팅 프로토콜을 나타낸 것입니다.

표 7.1에 있는 EGP▼는 CIDR을 지원하지 않기 때문에 현재 인터넷의 대외 연결용 프로토콜로는 사용되지 않습니다. 다음 절에서는 RIP, RIP2, OSPF, BGP의 기초적인 지식에 대해 설명하겠습니다.

:: 여기서 말하는 EGP는 IGP와 EGP의 구별이 아니라 EGP라는 이름을 가진 특정 프로토콜을 말한다.

◑ **표 7.1** 각 라우팅 프로토콜의 특성

라우팅 프로토콜	하위 프로토콜	방식	적용 범위	루프 검출
RIP	UDP	거리 벡터	조직 내	X
RIP2	UDP	거리 벡터	조직 내	X
OSPF	IP	링크 상태	조직 내	O
EGP	IP	거리 벡터	대외 연결	X
BGP	TCP	경로 벡터	대외 연결	O

RIP(Routing Information Protocol)

O4

:: routed
UNIX 머신에 내장되어 있는 RIP 프로세스를 작동시키기 위한 데몬을 말한다.

RIP은 거리 벡터형 라우팅 프로토콜로, LAN에서 널리 사용됩니다. RIP을 사용할 수 있는 routed▾가 BSD UNIX에 표준으로 제공되었기 때문에 급속히 보급되었습니다.

그 이후에 RIP를 운용하여 얻은 다양한 경험을 바탕으로 개량된 프로토콜인 RIP2가 생겼습니다. 현재는 라우팅 프로토콜에 RIP를 사용할 경우, RIP2가 주로 이용됩니다. RIP2에 대해서는 후술합니다.

❶ 경로 제어 정보를 브로드캐스트한다

RIP은 경로 제어 정보를 정기적으로 네트워크상에 브로드캐스트합니다. 경로 제어 정보의 송신 간격은 30초 주기입니다. 이 경로 제어 정보가 오지 않게 되면 연결이 끊어졌다고 판단합니다. 단, 패킷이 분실되었을 가능성도 있으므로 5번까지는 패킷을 기다립니다. 6번(180초) 기다려도 오지 않는 경우에는 연결이 끊어졌다고 간주합니다.

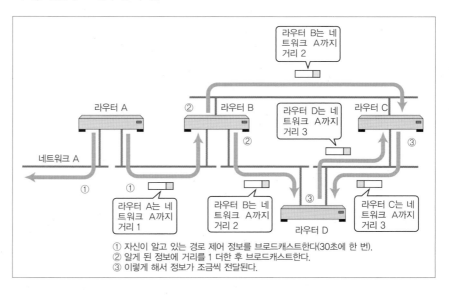

라우터 B는 네트워크 A까지 거리 2

라우터 A ② 라우터 B 라우터 D는 네트워크 A까지 거리 3 라우터 C

네트워크 A

① ① ② ③

라우터 A는 네트워크 A까지 거리 1 라우터 B는 네트워크 A까지 거리 2 ③ 라우터 D 라우터 C는 네트워크 A까지 거리 3

① 자신이 알고 있는 경로 제어 정보를 브로드캐스트한다(30초에 한 번).
② 알게 된 정보에 거리를 1 더한 후 브로드캐스트한다.
③ 이렇게 해서 정보가 조금씩 전달된다.

❍ 그림 7.6 RIP의 개요

❷ 거리 벡터에 의한 경로 결정

RIP는 거리 벡터에 의해 경로를 결정합니다. 거리(메트릭)의 단위는 '홉 수' 입니다. 홉 수란 '통과하는 라우터의 수'를 말합니다. RIP에서는 가능한 한 적은 수의 라우터를 통과하여 목적하는 IP 주소에 도달하도록 제어합니다. 이 예를 그림으로 나타내면 그림 7.7과 같습니다. 거리 벡터 알고리즘에 의해 거리 벡터 데이터베이스가 작성되면 거리가 작은 경로를 선택하여 경로 제어표를 만듭니다.

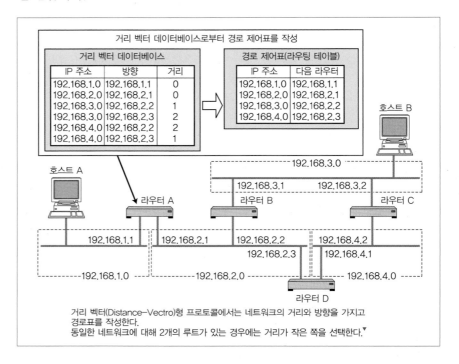

:: 거리가 동일한 경우에는 라우터의 기종에 따라 동작이 다르다. 적당히 어느 한 쪽을 선택하거나 둘 다 남겨서 패킷을 번갈아 보내기도 한다.

◑ 그림 7.7 거리 벡터에 의한 경로 제어표를 작성

③ 서브넷 마스크를 이용한 경우의 RIP 처리

RIP에서는 서브넷 마스크 정보를 교환하지 않지만, 서브넷 마스크를 사용하고 있는 네트워크에서도 이용할 수 있습니다. 단, 아래와 같은 점에 주의해야 합니다.

- 인터페이스에 부여된 IP 주소를 이용하여 클래스로 판단한 네트워크 주소를 구하고, 경로 제어 정보로 흘러온 주소를 이용하여 클래스로 판단한 네트워크 주소를 구해, 양쪽이 동일한 네트워크 주소인 경우에는 인터페이스에 부여되어 있는 네트워크 주소의 길이와 똑같은 것으로 간주한다.
- 다른 경우에는 해당 IP 주소를 클래스로 판단한 네트워크 주소로 취급한다.

예를 들어 라우터의 인터페이스에 192.168.1.33/27이라는 IP 주소가 부여되어 있다고 가정합시다. 이 경우는 클래스 C이므로, 클래스로 판단했을 때 네트워크 주소는 192.168.1.0/24가 됩니다. 이 192.168.1.0/24와 일치하는 주소인 경우에는 모든 네트워크 주소의 길이를 27비트로 판단하여 처리합니다. 이 밖의 주소인 경우에는 모두 각각의 IP 주소를 클래스로 판단한 네트워크 주소 길이로 취급하게 됩니다.

그래서 RIP에서 경로 제어를 하는 범위 내에 클래스로 판단하여 다른 네트워크 주소가 있는 경우나 네트워크 주소 길이가 다른 네트워크를 만들 때에는 주의가 필요합니다.▼

:: 클래스로 나타나는 네트워크부의 비트 길이를 서브넷 마스크에서 연장한 경우, 연장된 부분의 비트 수가 모두 0인 경우를 '0 서브넷'이라고 하며, 모두 1인 경우는 '1 서브넷'이라고 한다. 0 서브넷과 '1 서브넷'은 RIP에서 사용할 수 없기 때문에 주의해야 한다(RIP2, OSPF, 정적 라우팅에서는 사용 가능).

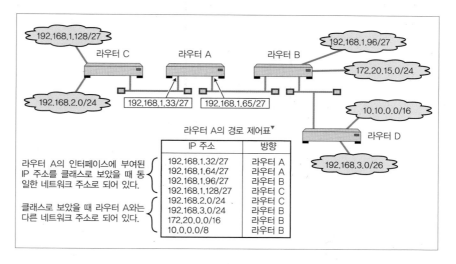

◐ 그림 7.8 RIP과 서브넷 마스크

4 RIP로 경로가 변경될 때의 처리

RIP의 기본적인 동작은 다음과 같습니다.

- 자신이 알고 있는 경로 제어 정보를 정기적으로 브로드캐스트한다.
- 네트워크가 끊어졌다고 판단한 경우에는 해당 정보가 흐르지 않기 때문에 다른 라우터는 네트워크가 끊어졌다는 것을 알게 된다.

하지만 이 상태로는 몇 가지 문제가 발생합니다.

그림 7.9의 경우 라우터 A는 라우터 B에 네트워크 A에 대한 연결 정보를 보내고, 라우터 B는 라우터 A와 라우터 C에 자신이 알게 된 정보에 1을 더해 흘려보냅니다. 이때 네트워크 A와 연결이 끊어졌다고 말합니다.

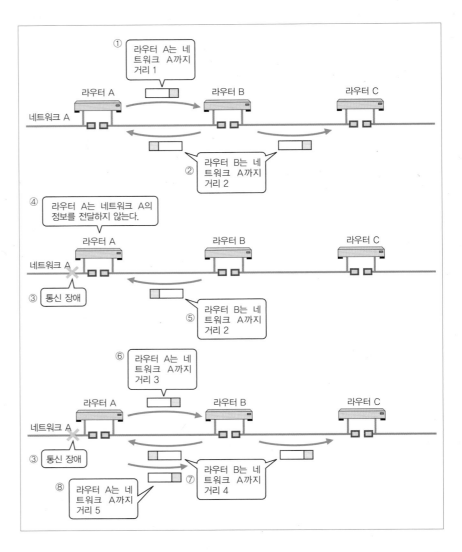

○ 그림 7.9 무한 카운트 문제

라우터 A는 네트워크 A와의 연결이 끊어졌다는 것을 이해하고 네트워크 A의
정보를 라우터 B에게 보내지 않게 되지만, 라우터 B는 과거에 알게 된 정보를
갖고 있기 때문에 그것을 계속 흘려보냅니다. 그러면 라우터 A는 라우터 B로
부터 받은 정보를 가지고 라우터 B를 경유하여 네트워크 A에 도착할 수 있다
고 착각하여 경로 제어 정보를 갱신해버립니다.

이렇게 과거에 전달한 정보를 역으로 전달받아 그것을 서로 전달해버리는 문
제를 '무한 카운트(Counting to Infinity)'라고 합니다. 이 문제를 해결하기
위해 아래와 같은 두 가지 방법을 사용합니다.

:: '거리 16'의 정보는 120초
동안 유지되어 그 시간 안에서
는 전달되지만 시간이 지나면
삭제되어 전달되지 않는다. 이
시간은 '가비지 콜렉션 타이머'
라는 타이머가 관리한다.

• 거리 16을 통신 불가능으로 간주한다.▼ 이것으로 무한 카운트가 발생해도
  그 시간을 줄일 수 있다.

- 경로 정보를 가르쳐준 인터페이스에게는 가르쳐준 경로 정보를 다시 보내지 않는데, 이를 '스플릿 호리즌(Split Horizon)'이라고 한다.

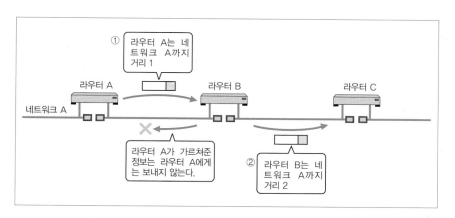

○ **그림 7.10** 스플릿 호리즌

하지만 그래도 해결할 수 없는 네트워크가 있습니다. 예를 들어 그림 7.11과 같은 루프가 있는 네트워크의 경우입니다.

루프가 있는 경우에는 역방향 회선이 우회로가 되기 때문에 경로 정보가 빙글 빙글 순환하게 됩니다. 루프 내부에서 통신 불가능 장소가 발생한 경우에는 올바른 우회로를 통하도록 설정하지만, 그림 7.11과 같이 네트워크 A와의 통신 장애가 발생했을 때에는 올바르게 정보를 전달하지 못하게 됩니다. 특히 루프가 몇 겹으로 된 경우에는 올바른 경로 정보를 만들 때까지 시간이 걸립니다.

이 문제를 해결하기 위해 포이즌 리버스(Poisoned Reverce)와 트리거 업데이트(Triggered Update)라는 방법을 사용합니다.

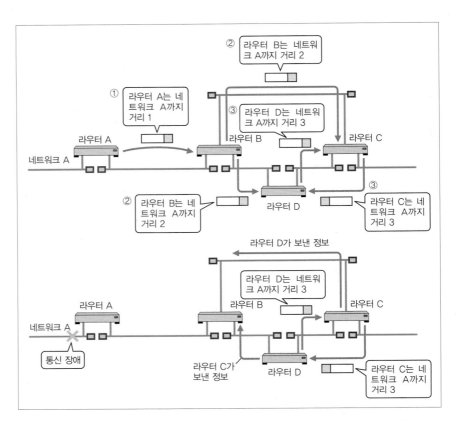

◐ 그림 7.11 루프가 있는 네트워크

포이즌 리버스는 경로가 끊어졌을 때에 해당 정보를 보내지 않는 것이 아니라 통신 불가능이라는 것을 나타내는 거리 16으로 보내는 방법입니다. 트리거 업데이트는 정보가 바뀌었을 때 30초를 기다리지 않고 바로 전달하는 방법입니다. 이러한 방법으로 말미암아 경로가 사라졌을 때에 정보를 신속하게 전달하고 경로 정보의 수습을 앞당길 수 있습니다.

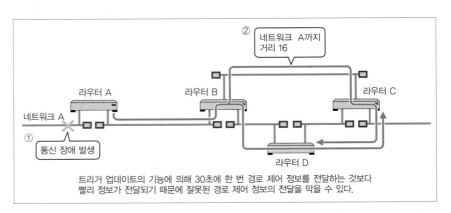

◐ 그림 7.12 포이즌 리버스와 트리거 업데이트

하지만 여기까지 설명한 방법을 이용해도 루프가 몇 겹으로 된 복잡한 구조를 가진 네트워크의 경우에는 경로 정보가 안정될 때까지 시간이 걸리는 일이 있

습니다. 이러한 문제를 해결하기 위해 네트워크의 구조를 파악하고 어떤 링크
가 끊어졌는지에 대한 정보를 바탕으로 경로 제어를 하는 OSPF 등을 사용할
필요가 있습니다.

5 RIP2

RIP2는 RIP의 버전 2로, RIP를 운용하여 얻을 수 있는 여러 경험을 바탕으로
개선된 프로토콜입니다. 기본적인 개념은 RIP 버전 1과 똑같지만, 아래 기능
이 추가되었습니다.▼

:: IPv6를 위한 라우팅 프로토콜로 RIPng가 있다(RFC2080).

❖ 멀티캐스트 사용

RIP에서는 경로 제어 정보를 교환할 때에 브로드캐스트 패킷을 사용했지만,
RIP2에서는 멀티캐스트를 사용합니다. 그 결과 트래픽이 감소했고, 관계없는
호스트에게 미치는 영향이 줄어들었습니다.

❖ 서브넷 마스크 지원

RIP로는 서브넷 마스크의 정보를 전달할 수 없기 때문에 주의가 필요했지만,
RIP2로는 경로 제어 정보 속에 서브넷 마스크의 정보도 포함시킬 수 있습니
다. 이를 통해 가변 길이 서브넷으로 구성된 네트워크의 경로 제어가 가능합
니다.

❖ 라우팅 도메인

OSPF의 에어리어와 같이 하나의 네트워크상에서 논리적으로 독립된 여러 개
의 RIP를 사용할 수 있게 되었습니다.

❖ 외부 루트 태그

BGP 등에서 얻은 경로 제어 정보를 RIP를 사용하여 AS 안에 통지할 때에 사
용합니다.

❖ 인증 키

OSPF와 마찬가지로 비밀번호를 사용하여 자신이 식별할 수 있는 비밀번호를
갖고 있는 패킷만 수용합니다. 비밀번호가 다른 RIP 패킷은 무시합니다. 인증
키를 이용해 경로 제어 정보의 위장이나 변조를 방지할 수 있습니다.

OSPF(Open Shortest Path First)

05

:: **OSPF 버전**
현재 OSPFv2(RFC2328, STD54)와 IPv6에 대응해 OSPFv3(RFC5340)가 있다.

:: **IS-IS프로토콜**(Intermediate System to Intermediate System Intra-Domain routing information exchange protocol)

OSPF▾는 OSI의 IS-IS 프로토콜▾을 참고로 하여 만들어진 링크 상태형 라우팅 프로토콜입니다. 링크 상태형을 채택함으로써 루프가 있는 네트워크에서도 안정된 경로 제어를 할 수 있습니다.

또한 OSPF에서는 서브넷 마스크를 지원합니다. 그래서 RIP로는 할 수 없었던 가변 길이 서브넷으로 구성된 네트워크의 경로 제어가 가능합니다.

더욱이 트래픽을 경감시키기 위해 에어리어(Area)의 개념을 도입했습니다. 에어리어는 네트워크의 논리적인 영역을 뜻하는데, 네트워크를 에어리어로 나눔으로써 불필요한 라우팅 프로토콜의 통신을 감소시킬 수 있습니다.

OSPF는 IP 헤더의 서비스 타입(TOS)별로 여러 개의 경로 제어표를 작성할 수 있습니다. 단, OSPF를 지원하는 라우터에서도 이 기능을 지원하지 않는 경우가 있습니다.

1 OSPF는 링크 상태형 라우팅 프로토콜

OSPF는 링크 상태형 프로토콜입니다. 라우터끼리 네트워크의 링크 상태를 교환하여 네트워크의 토폴로지 정보를 작성합니다. 그리고 그 토폴로지 정보를 바탕으로 경로 제어표를 작성합니다.

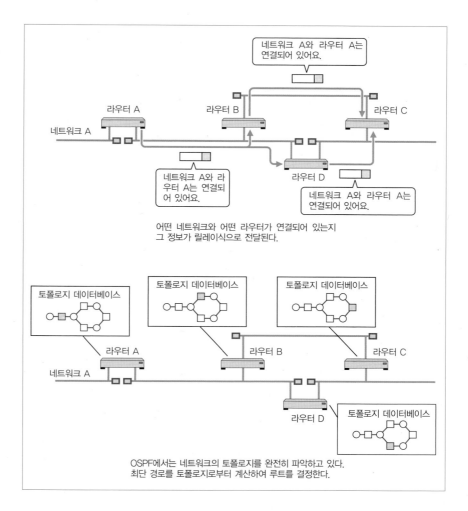

네트워크 A와 라우터 A는 연결되어 있어요.

라우터 A   라우터 B   라우터 C

네트워크 A

네트워크 A와 라우터 A는 연결되어 있어요.

라우터 D

네트워크 A와 라우터 A는 연결되어 있어요.

어떤 네트워크와 어떤 라우터가 연결되어 있는지
그 정보가 릴레이식으로 전달된다.

토폴로지 데이터베이스   토폴로지 데이터베이스   토폴로지 데이터베이스

라우터 A   라우터 B   라우터 C

네트워크 A

라우터 D

토폴로지 데이터베이스

OSPF에서는 네트워크의 토폴로지를 완전히 파악하고 있다.
최단 경로를 토폴로지로부터 계산하여 루트를 결정한다.

○ **그림 7.13** 링크 상태에 의한
경로 결정

∷ 실제로는 해당 데이터 링크
(서브 네트워크)에 연결되어 있
는 인터페이스에 코스트를 붙일
수 있다. 코스트는 송신 측에서
만 고려하고, 수신 측에서는 고
려하지 않는다.

RIP에서는 통과하는 라우터의 수가 가장 적은 방향을 경로로 설정합니다. 이
에 반해 OSPF에서는 각 링크▼에 하중을 붙일 수 있기 때문에 그 하중이 적은
경로를 선택합니다. OSPF에서는 이 하중을 '코스트(비용)'라고 부릅니다. 즉,
OSPF에서는 코스트를 메트릭으로 사용하여, 코스트의 합계값이 적은 쪽으로
경로 제어를 합니다. 그림 7.14와 같은 네트워크에서 RIP의 경우는 통과하는
라우터의 수가 적은 쪽을 패킷이 통과하지만, OSPF에서는 코스트의 합계값
이 적은 쪽을 통과합니다.

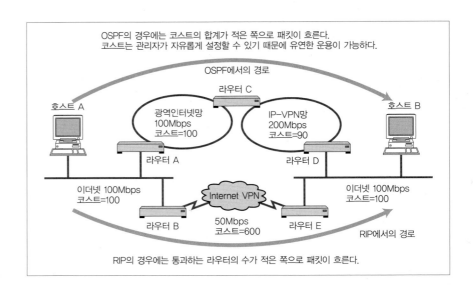

OSPF의 경우에는 코스트의 합계가 적은 쪽으로 패킷이 흐른다.
코스트는 관리자가 자유롭게 설정할 수 있기 때문에 유연한 운용이 가능하다.

OSPF에서의 경로

라우터 C

호스트 A

광역인터넷망
100Mbps
코스트=100

IP-VPN망
200Mbps
코스트=90

호스트 B

라우터 A

라우터 D

이더넷 100Mbps
코스트=100

Internet VPN

이더넷 100Mbps
코스트=100

라우터 B

50Mbps
코스트=600

라우터 E

RIP에서의 경로

RIP의 경우에는 통과하는 라우터의 수가 적은 쪽으로 패킷이 흐른다.

○ **그림 7.14** 네트워크의 하중과 경로 선택

② OSPF의 기초 기식

OSPF에서는 동일한 링크에 연결되어 있는 라우터를 인접 라우터(Neighboring Router)라고 합니다. 라우터가 1대1로 연결되는 네트워크▼의 경우에는 인접 네트워크 간에 경로 정보를 교환하지만, 이더넷이나 FDDI 등 여러 개의 라우터가 동일한 링크에 연결되어 있을 때에는 모든 인접 라우터 간에 경로 정보를 교환하는 것이 아니라 지명 라우터(Disignated Router)를 정해 그 라우터를 중심으로 경로 제어 정보를 교환합니다.▼

RIP에서는 패킷의 종류가 하나밖에 없었습니다. 경로 제어 정보를 이용하여 네트워크가 연결되어 있는지, 아닌지를 확인하면서 다른 네트워크의 정보도 흘려보냈습니다. 여기에는 네트워크의 수가 많아지면 매번 교환할 경로 제어 정보의 패킷 수가 많아진다는 단점이 있습니다. 더욱이 경로가 안정되어 변화가 없을 때에도 동일한 경로 정보를 반복하여 정기적으로 보내야 하기 때문에 네트워크의 대역을 쓸데없이 낭비하게 됩니다.

OSPF에서는 역할별로 5종류의 패킷이 마련되어 있습니다.

:: 전용 회선과 같이 라우터끼리를 PPP를 사용하여 연결하는 네트워크 등이 있다.

:: 인접 라우터 중에서 경로 정보를 교환하는 관계를 'Adjacency'라고 한다.

○ **표 7.2** OSPF 패킷의 종류

타입	패킷명	기능
1	HELLO	인접 라우터의 확인, 지명 라우터의 결정
2	데이터베이스 기술	데이터베이스의 요약 정보
3	링크 상태 요청	데이터베이스의 다운로드 요청
4	링크 상태 갱신	데이터베이스의 갱신 정보
5	링크 상태 확인 응답	링크 상태 갱신의 확인 응답

연결 확인은 HELLO 패킷이 합니다. 각 라우터의 경로 제어 정보를 일치(동기)시키기 위해 데이터베이스 기술 패킷(Database Description Packet)으로 경로 제어 정보의 요약 내용과 버전 번호를 주고받습니다. 버전이 오래된 경우에는 링크 상태 요청 패킷(Link State Request Packet)으로 경로 제어 정보를 요청하고, 링크 상태 갱신 패킷(Link State Update Packet)으로 경로 제어 정보가 송신되어, 링크 상태 확인 응답 패킷(Link State ACK Packet)으로 경로 제어 정보를 수신했다고 통지합니다.

이러한 역할 분담을 바탕으로 OSPF에서는 트래픽을 경감시키면서 보다 스피디하게 경로를 갱신할 수 있는 것입니다.

❸ OSPF의 동작 개요

OSPF에서는 연결 확인을 하는 프로토콜을 'HELLO 프로토콜'이라고 합니다. LAN의 경우에는 보통 10초에 한 번 HELLO 패킷을 송신합니다. 이 HELLO 패킷이 안 오는 경우에는 연결이 끊어졌다고 판단합니다. 세 번까지는 기다리지만, 네 번(40초)을 기다려도 답이 오지 않는 경우에는 연결이 끊어졌다고 판단합니다.▼ 그리고 연결이 끊어지거나 회복되는 등 연결 상태에 변화가 있는 경우에는 링크 상태 갱신 패킷(Link State Update Packet)을 송신하여 다른 라우터에게 네트워크의 상태 변화를 전달합니다.

링크 상태 갱신 패킷으로 전달하는 정보에는 크게 네트워크 LSA▼와 라우터 LSA▼가 있습니다.

네트워크 LSA는 네트워크를 중심으로 하여 작성한 정보로, 그 네트워크에 어떤 라우터가 연결되어 있는지를 나타내고 있습니다. 라우터 LSA는 라우터를 중심으로 하여 작성한 정보로, 그 라우터에 어떤 네트워크가 연결되어 있는지를 나타냅니다.

주로 이 두 종류의 정보▼가 OSPF에 의해 보내지면, 각 라우터는 네트워크의 구조를 나타내는 링크 상태 데이터베이스(Link State Database)를 작성합니다. 이 데이터베이스를 바탕으로 하여 경로 제어표를 작성합니다. 경로 제어표 작성에는 '다익스트라법'▼이라는 최단 경로를 구하기 위한 알고리즘이 사용됩니다.

이러한 과정을 거쳐 결정된 경로 제어표는 거리 벡터와 같은 모호성이 없기 때문에 경로의 루프와 같은 문제가 발생할 가능성이 적습니다. 하지만 네트워크의 규모가 커지면 최단 경로를 구하기 위한 계산 처리가 커지기 때문에 CPU의 성능과 메모리를 많이 필요로 하게 됩니다.

:: HELLO 패킷의 송신 간격이나 연결이 끊어졌다고 판단하는 시간은 관리자가 변경(결정)할 수 있다. 단, 동일한 링크에 연결되어 있는 기기 간에는 동일한 값으로 설정해야 한다.

:: **네트워크 LSA**(Network Link State Advertisement)

:: **라우터 LSA**(Router Link State Advertisement)

:: 이 밖에 서머리 LSA나 AS 익스터널 LSA가 있다.

:: **다익스트라(Dijkstra)법**
구조화 프로그래밍을 제창한 것으로 유명한 E. W. 다익스트라가 고안한 최단 경로를 구하는 알고리즘을 말한다.

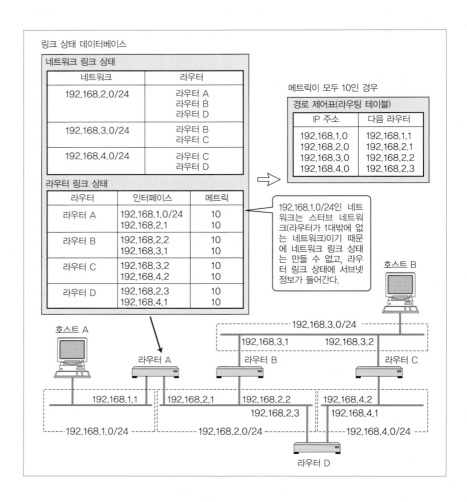

링크 상태 데이터베이스

네트워크 링크 상태

네트워크	라우터
192.168.2.0/24	라우터 A 라우터 B 라우터 D
192.168.3.0/24	라우터 B 라우터 C
192.168.4.0/24	라우터 C 라우터 D

라우터 링크 상태

라우터	인터페이스	메트릭
라우터 A	192.168.1.0/24 192.168.2.1	10 10
라우터 B	192.168.2.2 192.168.3.1	10 10
라우터 C	192.168.3.2 192.168.4.2	10 10
라우터 D	192.168.2.3 192.168.4.1	10 10

메트릭이 모두 10인 경우

경로 제어표(라우팅 테이블)

IP 주소	다음 라우터
192.168.1.0	192.168.1.1
192.168.2.0	192.168.2.1
192.168.3.0	192.168.2.2
192.168.4.0	192.168.2.3

192.168.1.0/24인 네트워크는 스터브 네트워크(라우터가 1대밖에 없는 네트워크)이기 때문에 네트워크 링크 상태는 만들 수 없고, 라우터 링크 상태에 서브넷 정보가 들어간다.

호스트 B

호스트 A

192.168.3.0/24

192.168.3.1   192.168.3.2

라우터 A   라우터 B   라우터 C

192.168.1.1   192.168.2.1   192.168.2.2   192.168.4.2

192.168.2.3   192.168.4.1

192.168.1.0/24   192.168.2.0/24   192.168.4.0/24

라우터 D

● **그림 7.15** OSPF에서 링크 상태를 가지고 경로 제어표를 작성한다.

4 계층화된 에어리어로 나누어 세부 관리

링크 상태형 라우팅 프로토콜은 네트워크가 커지면 링크 상태를 나타내는 토폴로지 데이터베이스가 커지므로 경로 제어 정보를 계산하기가 힘들어집니다. OSPF에서는 이런 계산의 부하를 줄이기 위해 에어리어라는 개념을 도입합니다.

에어리어(Area)란, 네트워크끼리나 호스트끼리를 묶어 그룹화한 것입니다. 각 AS(자율 시스템) 안에는 여러 개의 에어리어가 존재할 수 있지만, 반드시 하나의 백본 에어리어▼가 있어야 하며, 각 에어리어는 반드시 백본 에어리어와 연결되어 있어야 합니다.▼

에어리어와 백본 에어리어를 잇는 라우터를 '에어리어 경계 라우터'라고 합니다. 또한 에어리어 내의 라우터를 '내부 라우터', 백본 에어리어에만 연결되어 있는 라우터를 '백본 라우터', 외부와 연결되어 있는 라우터를 'AS 경계 라우터'라고 합니다.

:: **백본 에어리어**
백본 에어리어의 에어리어 ID는 0이 된다. 논리적으로는 하나지만, 물리적으로는 2개 이상으로 나누어질 수도 있다.

:: 네트워크의 물리 구조가 이 설명처럼 되어 있지 않는 경우에는 OSPF의 버추얼 링크 기능을 이용하여 가상으로 백본이나 에어리어를 설정해야 한다.

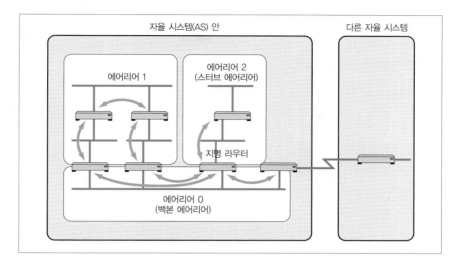

자율 시스템(AS) 안 | 다른 자율 시스템

에어리어 1

에어리어 2
(스터브 에어리어)

지정 라우터

에어리어 0
(백본 에어리어)

○ 그림 7.16 AS와 에어리어

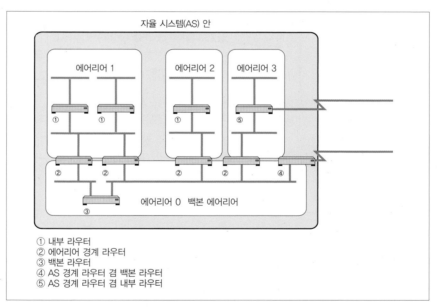

자율 시스템(AS) 안

에어리어 1

에어리어 2

에어리어 3

① ①

① ⑤

② ② ② ② ④

에어리어 0 백본 에어리어

③

① 내부 라우터
② 에어리어 경계 라우터
③ 백본 라우터
④ AS 경계 라우터 겸 백본 라우터
⑤ AS 경계 라우터 겸 내부 라우터

○ 그림 7.17 OSPF의 라우터
종류

각 에어리어 안의 라우터는 해당 라우터 안의 토폴로지 데이터베이스를 갖고 있습니다. 하지만 에어리어 밖의 경로에 대해서는 에어리어 경계 라우터까지의 거리밖에 모릅니다. 에어리어 경계 라우터는 에어리어 안의 링크 상태 정보를 그대로 다른 에어리어에게 전하지 않고 거리 정보만을 전달합니다. 이것으로 에어리어 내의 라우터가 갖고 있는 토폴로지 데이터베이스를 작게 만들수 있습니다.

즉, 라우터는 에어리어 내부의 링크 상태만 알면 되고, 그 정보만으로 경로 제어표를 계산하면 되는 것입니다. 이러한 장치로 말미암아 경로 제어 정보를 줄일 수 있고, 처리 부하를 가볍게 할 수 있습니다.

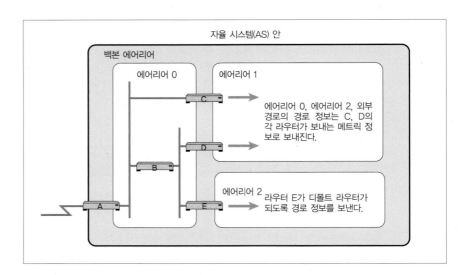

자율 시스템(AS) 안

백본 에어리어

에어리어 0   에어리어 1

C

D

에어리어 0, 에어리어 2, 외부 경로의 경로 정보는 C, D의 각 라우터가 보내는 메트릭 정보로 보내진다.

에어리어 2

A

E

라우터 E가 디폴트 라우터가 되도록 경로 정보를 보낸다.

○ **그림 7.18** 에어리어 내 경로 제어와 에어리어 간 경로 제어

또한 에어리어의 출구가 되는 에어리어 경계 라우터가 하나밖에 없는 경우는 '스터브 에어리어'라고 합니다(그림 7.18의 에어리어 2). 스터브 에어리어 내에는 에어리어 밖의 경로 정보를 전달할 필요가 없습니다. 에어리어 경계 라우터(이 예에서는 라우터 E)가 기본 라우터가 되도록 경로 정보를 보내면 되기 때문입니다. 이것으로 다른 에이리어의 각 네트워크에 대한 거리 정보가 불필요하기 때문에 경로 정보를 더욱 줄일 수 있습니다.

OSPF로 안정된 네트워크를 구축하기 위해서는 물리적인 네트워크의 설계도 중요하지만, 에이리어의 설계도 중요합니다. 에이리어의 설계가 좋지 않으면 OSPF의 장점을 충분히 활용할 수 없는 경우가 발생합니다.

BGP(Border Gateway Protocol)

06

:: RFC4271에서 정의되는 BGP-4와 IPv6 등 멀티프로토콜에 대응하고자 확장된 MP-BGP(RFC4760)가 사용되고 있다.

:: 최근에는 기업과 퍼블릭 클라우드의 프라이빗 접속 시 경로 정보 교환에 BGP를 이용하는 경우가 있다.
(예) Microsoft Azure나 Office 365와의 프라이빗 접속(Express Route), Amazon Web Services 와의 프라이빗 접속(Direct Connect)

BGP▼는 조직끼리를 연결할 때에 이용하는 프로토콜로, EGP로 분류됩니다. BGP는 구체적으로는 각 ISP 간의 연결 부분 등에 사용되고 있습니다.▼ 이 BGP와 RIP나 OSPF가 협력하여 경로 제어를 함으로써 인터넷 전체의 경로가 제어됩니다.

1 BGP와 AS 번호

RIP나 OSPF에서는 IP의 네트워크 주소를 이용하여 경로 제어를 했습니다. BGP에서는 인터넷 전체를 커버하도록 경로 제어를 해야 합니다.
BGP에서도 최종적인 경로 제어표는 네트워크 주소와 그 다음에 전송해야 할 라우터로 표현합니다. 단, BGP에서는 통과하는 AS의 수를 바탕으로 경로 제어를 합니다.

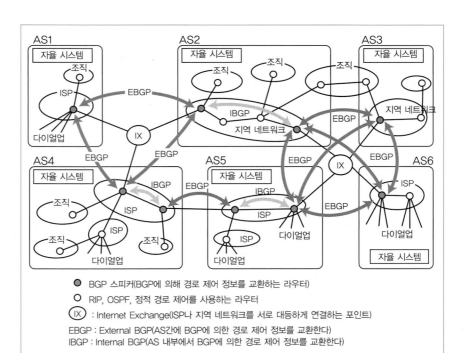

○ **그림 7.19** BGP는 AS 번호로 네트워크 정보를 관리

● BGP 스피커(BGP에 의해 경로 제어 정보를 교환하는 라우터)
○ RIP, OSPF, 정적 경로 제어를 사용하는 라우터
(IX) : Internet Exchange(ISP나 지역 네트워크를 서로 대등하게 연결하는 포인트)
EBGP : External BGP(AS간에 BGP에 의한 경로 제어 정보를 교환한다)
IBGP : Internal BGP(AS 내부에서 BGP에 의한 경로 제어 정보를 교환한다)

:: 국내에서는 KRNIC이 AS 번호를 관리하고 있다.

:: 피어링(peering)이라고도 한다.

:: 트랜지트(transit)라고 한다.

:: 중계를 하면 그만큼 네트워크의 부하가 올라가 코스트가 들게 된다. 그래서 보통은 중계 비용 지불이 필요하다.

:: 루트 리플렉션 기법으로 BGP 커넥션(피어) 수를 줄일 수 있다. 동일 AS 내 BGP 스피커가 많아지면 피어가 늘어나 라우터의 부하가 커진다. 루트 리플렉터(Route Reflector)가 되는 BGP 스피커는 입수한 광고를 다른 BGP 스피커로 전송한다. 각각의 BGP 스피커는 루트 리플렉터와만 피어를 연결하면 되므로 루트 리플렉터를 두면 AS 내 피어 수를 줄일 수 있다.

ISP나 지역 네트워크와 같이 조직을 묶는 네트워크 집단을 하나의 자율 시스템(AS : Autonomous System)으로 취급합니다. 그리고 각 자율 시스템마다 16비트로 된 AS 번호가 할당됩니다.▼ BGP에서는 이 AS 번호를 사용하여 경로 제어를 합니다.

또한 KRNIN이 관리하고 있는 AS 번호의 목록은 아래 사이트에서 구할 수 있습니다.

https://한국인터넷정보센터.한국/jsp/business/management/asList.jsp

AS 번호를 할당받은 조직은 이른바 독립 국가와 같은 입장이 됩니다.

AS의 대표자는 AS 내부의 네트워크의 운용 및 관리에 관한 규칙을 결정할 수 있습니다. 다른 AS와 연결할 때에는 마치 외교 교섭처럼 계약을 체결하여 연결하게 됩니다.▼ 그 AS가 다른 AS와 제대로 계약을 체결하지 않으면 인터넷 전체와 통신할 수 없게 될 가능성도 있습니다.

예를 들어 그림 7.19의 경우, AS1과 AS3이 통신을 하려면 AS2 또는 AS4와 AS5 둘다 AS1과 AS3 사이의 통신 패킷을 중계▼해주어야 합니다. 중계해 줄 것인지, 말 것인지를 결정하는 것은 회선을 소유하고 있는 AS2나 AS4, AS5입니다.▼ 중계해주지 않는 경우에는 AS1과 AS3 사이에 전용 회선을 마련해야 합니다. 여기서는 둘다 전송해준다고 가정하고, BGP 프로토콜에 대해 설명하겠습니다.

② BGP는 경로 벡터

BGP에 의해 경로 제어 정보를 교환하는 라우터를 'BGP 스피커'라고 합니다. BGP 스피커는 AS 사이에 BGP 정보를 교환하기 위해, 정보를 교환하는 모든 AS와 대등하게 BGP 커넥션을 확립합니다. 또한 그림 7.20의 AS2, AS4, AS5와 같이 동일 AS 내에 여러 개의 BGP 스피커가 있는 경우에는 AS 내부에서도 BGP 정보를 교환하기 위해 BGP 커넥션을 확립합니다.▼

BGP에서는 목적하는 네트워크 주소에 패킷을 보낸 경우에 그곳에 도착할 때까지 통과한 AS 번호의 목록을 만듭니다. 이를 'AS 경로 리스트(AS Path List)'라고 합니다. 동일한 수신처에 대한 경로가 여러 개 있는 경우에는 보통 AS 경로 리스트가 짧은 쪽의 루트를 선택합니다.

경로 선택에 사용되는 메트릭은 RIP에서는 라우터의 수, OSPF에서는 서브넷별로 부여된 코스트입니다. BGP에서 메트릭을 부여하는 단위는 AS입니다. RIP이나 OSPF에서는 홉 수나 네트워크의 대역을 고려한 효율 좋은 전송을 지향하지만, BGP에서는 각 AS 간의 연결 계약을 바탕으로 한 패킷 전송을 지향합니다. 기본적으로는 경유하는 AS의 수가 적은 루트를 선택하지만, 연결 상대와의 계약 내용에 따라서 세세한 경로 선택을 할 수도 있습니다.

AS 경로 리스트는 방향과 거리뿐만 아니라 도중에 통과하는 AS 번호를 모두 알게 되므로 거리 벡터는 아닙니다. 또한 네트워크의 구조를 1차원적으로 나타내기만 할 뿐이므로 링크 상태도 아닙니다. BGP와 같이 통과하는 경로의 리스트로 경로 제어를 하는 프로토콜을 '경로 벡터형(Path Vector)'이라고 합니다. RIP와 같은 거리 벡터형 프로토콜은 경로의 루프를 검출할 수 없기 때문에 무한 카운트가 발생한다는 문제가 있었습니다.▼ 경로 벡터형은 경로의 루프를 검출할 수 있기 때문에 무한 카운트 문제가 생기지 않아 경로를 안정시키기 쉽습니다. 더욱이 한정된 형태이기는 하지만 폴리시에 의한 경로 제어▼가 가능하다는 장점도 있습니다.

:: 경로가 안정되기까지 시간이 걸리는 문제나 홉 수의 최대값이 15로 정해져 있어 큰 네트워크는 처리할 수 없는 등의 문제가 있다.

:: **폴리시에 의한 경로 제어**
패킷을 전송할 때에 통과하는 AS를 선택하거나 지정하는 것으로, '폴리시 라우팅(Policy Routing)'이라고 한다.

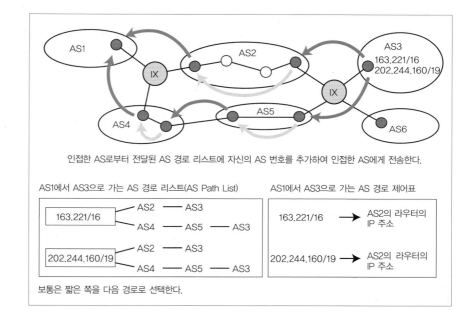

인접한 AS로부터 전달된 AS 경로 리스트에 자신의 AS 번호를 추가하여 인접한 AS에게 전송한다.

AS1에서 AS3으로 가는 AS 경로 리스트(AS Path List)

163.221/16	AS2 — AS3
	AS4 — AS5 — AS3
202.244.160/19	AS2 — AS3
	AS4 — AS5 — AS3

보통은 짧은 쪽을 다음 경로로 선택한다.

AS1에서 AS3으로 가는 AS 경로 제어표

| 163.221/16 | → AS2의 라우터의 IP 주소 |
| 202.244.160/19 | → AS2의 라우터의 IP 주소 |

⊙ **그림 7.20** 경로 제어표 작성에 AS 경로 리스트도 사용한다.

경로 제어는 인터넷 전체에 퍼져 있는 거대한 분산 시스템
분산 시스템이란, 여러 개의 시스템이 협력(협조)하여 특정 처리를 수행하는 시스템을 말합니다.
인터넷의 경로 제어는 인터넷의 모든 라우터가 올바른 정보를 갖고 있다는 것을 기본으로 하고 있습니다. 그리고 모든 라우터의 정보를 올바르게 하기 위한 프로토콜이 '라우팅 프로토콜'입니다. 라우팅 프로토콜이 협력하여 작동하지 않으면 인터넷에서 올바른 경로 제어를 할 수 없습니다. 즉, 라우팅 프로토콜은 인터넷 전체에 퍼져 인터넷을 작동시키기 위한 거대한 분산 시스템이라 할 수 있습니다.

MPLS(Multi Protocol Label Switching)

07

현재 IP 패킷의 전송에는 라우팅뿐만 아니라 라벨 스위칭이라는 기술도 이용하고 있습니다. 라우팅에서는 IP 주소를 바탕으로 최장 일치에 의해 패킷을 전송하지만, 라벨 스위칭에서는 각각의 IP 패킷에 '라벨'이라는 별도의 값을 설정하여 그 라벨을 바탕으로 전송합니다. 이 라벨 스위칭의 대표적인 것으로는 MPLS를 들 수 있습니다.

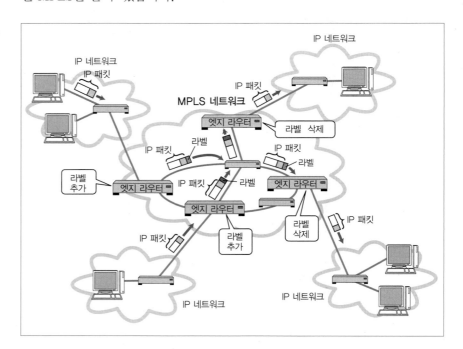

○ 그림 7.21 MPLS 네트워크

MPLS의 라벨은 MAC 주소처럼 하드웨어와 직접 대응하는 것은 아닙니다. 그래서 MPLS는 이더넷이나 ATM과 같은 데이터 링크 프로토콜과 똑같은 역할을 하는 것이 아니라 그러한 하위층과 IP층 사이에 있는 계층으로 기능하는 프로토콜이라고 생각할 수 있습니다.

이러한 라벨을 바탕으로 한 전송은 보통의 라우터에서는 처리할 수 없기 때문에 MPLS는 인터넷 전체에서 이용할 수 있는 기술이 아닙니다. 그림 7.22와 같이 IP 네트워크와는 전송 처리 방법도 다릅니다.

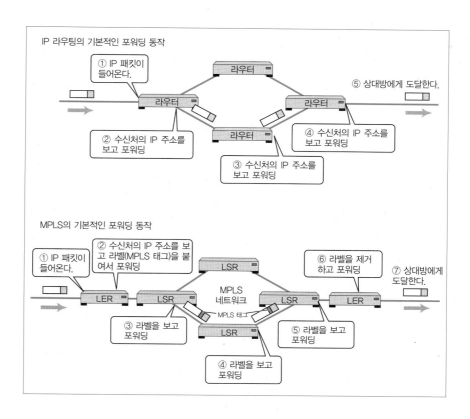

IP 라우팅의 기본적인 포워딩 동작

① IP 패킷이 들어온다.

라우터

⑤ 상대방에게 도달한다.

라우터

② 수신처의 IP 주소를 보고 포워딩

라우터

④ 수신처의 IP 주소를 보고 포워딩

라우터

③ 수신처의 IP 주소를 보고 포워딩

MPLS의 기본적인 포워딩 동작

① IP 패킷이 들어온다.

② 수신처의 IP 주소를 보고 라벨(MPLS 태그)을 붙여서 포워딩

LSR

MPLS 네트워크

⑥ 라벨을 제거하고 포워딩

⑦ 상대방에게 도달한다.

LER

LSR

LSR

LER

MPLS 태그

③ 라벨을 보고 포워딩

LSR

⑤ 라벨을 보고 포워딩

④ 라벨을 보고 포워딩

○ **그림 7.22** IP와 MPLS의 기본적인 포워딩 동작

1 MPLS 네트워크의 동작

MPLS 네트워크에서는 MPLS 기능을 지원하는 라우터를 'LSR(Label Switching Router)'이라고 합니다. 특히, 외부 네트워크와 연결된 부분에 있는 엣지 LSR을 'LER(Label Edge Router)'이라고 합니다. 이 LER에서 MPLS 태그를 패킷에 붙이거나 제거합니다.

패킷에 라벨을 붙이는 방법은 매우 간단합니다. 원래 라벨에 해당하는 것을 갖고 있는 데이터 링크인 경우에는 거기에 직접 라벨을 매핑시킵니다. 라벨에 해당하는 것을 갖고 있지 않은 데이터 링크(대표적인 것으로는 이더넷)의 경우는 새로 '심 헤더'라는 것을 추가하고, 이 심 헤더 안에 라벨을 포함시킵니다.▼

그림 7.23은 이더넷상의 IP 네트워크에서 MPLS 네트워크를 경유하여 다른 IP 네트워크에 패킷을 전송하는 처리를 보여주는 것입니다. 패킷은 MPLS 네트워크에 들어갈 때 IP 헤더 앞에 20비트의 라벨 값을 포함하는 32비트 심 헤더가 추가됩니다.▼ MPLS 네트워크 안에서는 이 심 헤더 안에 있는 라벨을 바탕으로 전송합니다. 심 헤더는 MPLS 네트워크에서 나올 때에 제거됩니다. 또한 라벨을 붙여서 포워딩하는 동작을 'Push', 라벨을 교체하여 포워딩하는 동작을 'Swap', 라벨을 제거하고 포워딩하는 동작을 'Pop'이라고 합니다.

:: 심 헤더는 IP 헤더와 데이터 링크 헤더 사이에 '쐐기'(shim)처럼 삽입된다.

:: 여러 개의 심 헤더가 붙는 경우도 있다.

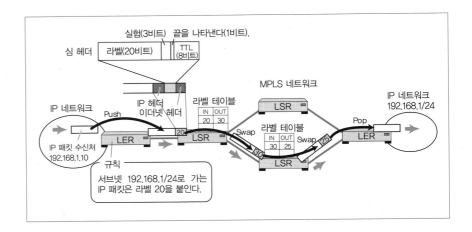

◎그림 7.23 Push와 Swap과
Pop 전송

∷ 이를 'FEC(Forwarding
Equivalence Class)'라고 한다.

MPLS에서 수신처나 취급이 똑같은 패킷▼은 모두 라벨에 의해 정해진 동일
경로를 통하게 되어 있습니다. 이 경로를 'LSP(Label Switch Path)'라고 합
니다. LSP에는 크게 1대1 연결인 Point To Point LSP와 동일한 수신처로 가
는 것을 여러 개 묶은 Merge LSP가 있습니다.

LSP를 구축하려면 각 LSR이 인접한 LSR에 MPLS 라벨 정보를 배포하거나
라우팅 프로토콜에 라벨 정보를 실어 통신합니다. LSP는 단방향 패스이므로
양방향 통신에 사용할 때에는 2개의 LSP가 필요합니다.

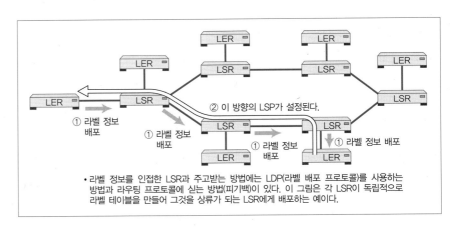

◎그림 7.24 MPLS 라벨 정보
의 배포에 의한 LSP

② MPLS의 장점

MPLS의 장점은 크게 두 가지로 나눌 수 있습니다. 첫 번째 장점은 전송 처리의 고속화입니다. 보통 라우터가 IP 패킷을 전송할 때에는 수신처 IP 주소와 경로 제어표에 있는 가변 길이 네트워크 주소를 비교하여 최장으로 일치하는 경로를 검색할 필요가 있습니다. 이에 반해 MPLS에서는 고정 길이 라벨을 사용하기 때문에 처리가 단순해지고 전송 처리의 하드웨어화에 의한 고속화가 가능합니다.▼ 또한 인터넷의 백본 라우터에서는 막대한 양의 경로 제어표를 기억하여 처리할 필요가 있는데 반해, 라벨은 필요한 수만큼 설정하면 되므로, 처리할 데이터량이 줄어들게 됩니다. 더욱이 IPv4든, IPv6든, 그 밖의 프로토콜이든 상관없이 고속으로 전송 처리를 할 수 있습니다.

두 번째 장점은 라벨을 이용하여 가상적인 경로를 만든 후, 그 위에서 IP와 같은 패킷을 사용한 통신이 가능하다는 점입니다. 이것으로 베스트 이포트 서비스▼라 불리는 IP 네트워크에서도 MPLS를 이용한 통신 품질의 제어나 대역 보증, VPN 등을 제공할 수 있게 되었습니다.

:: 보통의 라우터도 하드웨어화가 진행되고 있다.

:: **베스트 이포트 서비스**
최선 노력형 서비스를 말한다 (165쪽 칼럼 참조).

08

애플리케이션 프로토콜

우리가 평소 특별히 의식하지 않고 이용하는 네트워크 애플리케이션은 실제로는 어떤 구조로 움직이는 것일까요? 이 장에서는 TCP/IP에서 이용되는 주요 애플리케이션 프로토콜에 대해서 설명합니다. 이 부분은 OSI 참조 모델의 제5층 이상의 프로토콜에 해당됩니다.

7 애플리케이션층	〈애플리케이션층〉 TELNET, SSH, HTTP, SMTP, POP, SSL/TLS, FTP, MIME, HTML, SNMP, MIB, SIP, …
6 프리젠테이션층	
5 세션층	
4 트랜스포트층	〈트랜스포트층〉 TCP, UDP, UDP-Lite, SCTP, DCCP
3 네트워크층	〈네트워크층〉 ARP, IPv4, IPv6, ICMP, IPsec
2 데이터 링크층	이더넷, 무선 LAN, PPP, … (트위스트 페어 케이블, 무선, 광섬유, …)
1 물리층	

애플리케이션 프로토콜의 개요

01

지금까지 설명한 IP 프로토콜, TCP 프로토콜, UDP 프로토콜은 통신을 하는 데에 있어 기초가 되는 부분으로, OSI 참조 모델의 하위층에 해당합니다.

이 장에서 다룰 애플리케이션 프로토콜은 OSI 참조 모델의 제5층, 제6층, 제7층에 해당하는 상위층 프로토콜입니다.

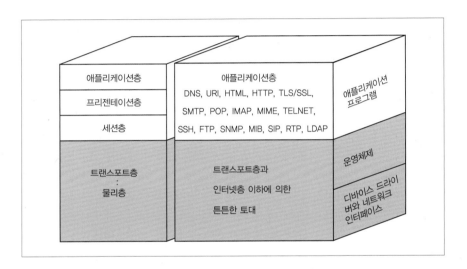

○그림 8.1 OSI 참조 모델과 TCP/IP의 애플리케이션

❖ 애플리케이션 프로토콜이란?

네트워크를 이용하는 애플리케이션으로는 웹 브라우저, 전자메일, 원격 로그인, 파일 전송, 네트워크 관리 등이 있습니다. 또한 Facebook이나 Twitter, Instagram, LINE, YouTube 등의 서비스를 이용하기 위해서 스마트폰에 설치하는 전용 어플리케이션도 네트워크를 이용합니다. 각 애플리케이션에서는 애플리케이션 특유의 통신 처리가 필요합니다. 이 애플리케이션 특유의 통신 처리를 수행하는 것이 애플리케이션 프로토콜입니다.

TCP나 IP와 같은 하위층 프로토콜은 애플리케이션의 종류와 상관없이 사용할 수 있도록 설계된 범용성 높은 프로토콜입니다. 이에 반해 애플리케이션 프로토콜은 실용적인 애플리케이션을 구현하기 위해 만들어진 프로토콜입니다.

예를 들어 원격 로그인에서 사용되는 TELNET 프로토콜에서는 문자 기반 커맨드(명령)과 응답이 정해져 있기 때문에 그 위에서 다양한 애플리케이션을 구현할 수 있습니다.

❖ 애플리케이션 프로토콜과 프로토콜의 계층화

네트워크 애플리케이션은 다양한 개발자와 소프트웨어 제조업체가 만들고 있습니다. 네트워크 애플리케이션의 기능을 구현하기 위해서는 애플리케이션끼리 통신할 때의 규약, 즉 애플리케이션 프로토콜이 필요합니다.▼ 애플리케이션의 설계자나 개발자는 구현해야 하는 기능이나 이용 목적에 따라 일반적인 애플리케이션 프로토콜을 사용하기도 하고, 독자적인 애플리케이션 프로토콜을 정의하기도 합니다.

애플리케이션은 트랜스포트층 이하의 바탕이 되는 부분을 그대로 이용할 수 있습니다. 그렇기 때문에 애플리케이션 개발자는 애플리케이션 프로토콜의 정의와 프로그램의 개발에만 전념할 수 있습니다. 상대방 컴퓨터까지 어떻게 패킷을 보내면 좋을 것인지 등은 전혀 고려하지 않아도 됩니다. 이러한 일이 가능한 것도 네트워크 프로토콜의 계층화 덕분입니다.

❖ OSI 참조 모델의 제5층, 제6층, 제7층에 해당하는 프로토콜

TCP/IP 애플리케이션층은 OSI 참조 모델의 제5층, 제6층, 제7층의 모든 기능을 망라합니다. 통신 커넥션 관리와 같은 세션층의 기능이나 데이터 포맷을 교환하는 프리젠테이션층의 기능, 상대방 호스트와 데이터를 주고받는 애플리케이션층의 기능은 모두 애플리케이션 프로그램이 담당합니다. 이 장에서는 대표적인 애플리케이션 프로토콜에 대해 설명합니다.

∷ 애플리케이션끼리 주고받는 정보를 '메시지'라고 한다. 애플리케이션 **프로토콜**은 메시지의 서식과 그것을 사용하여 제어하는 방법을 정해 놓고 있다.

원격 로그인(TELNET과 SSH)

02

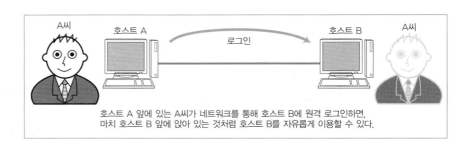

A씨

호스트 A

로그인

호스트 B

A씨

호스트 A 앞에 있는 A씨가 네트워크를 통해 호스트 B에 원격 로그인하면,
마치 호스트 B 앞에 앉아 있는 것처럼 호스트 B를 자유롭게 이용할 수 있다.

○ 그림 8.2 원격 로그인

:: **TSS**(Time Sharing
System)
제1장 참조.

:: **SSH**(Secure Shell)

:: **쉘**(Shell)
OS를 조개껍질처럼 싸서 OS가
제공하는 기능을 사용자가 이용
하기 쉽도록 해주는 인터페이스
를 말한다. 키보드나 마우스로
입력한 사용자의 커맨드를 해석
하여 OS에게 실행시킨다.
UNIX의 sh, csh, bash,
Windows의 Explorer, mac
OS의 Finder 등은 쉘의 일종
이라 할 수 있다.

원격 로그인은 제1장에서 설명한 TSS▾와 같은 환경을 구현하는 애플리케이션
으로, 메인 프레임과 단말기의 관계를 컴퓨터 네트워크에 응용한 것이라 할
수 있습니다. TSS의 경우는 중앙에 처리 능력이 뛰어난 컴퓨터가 있고, 처리
능력을 갖고 있지 않은 여러 대의 단말이 그 컴퓨터와 단말 전용 통신 회선으
로 연결되어 있습니다.

이러한 관계를 자신이 사용하고 있는 컴퓨터와 네트워크로 연결되어 있는 컴
퓨터 사이에서 구현할 수 있도록 한 것이 '원격 로그인'입니다. 범용 컴퓨터나
UNIX 워크스테이션과 같은 컴퓨터에 로그인하여 그 컴퓨터의 애플리케이션
을 이용하거나 시스템의 환경 설정을 할 수 있습니다. 원격 로그인 시에는
TELNET 프로토콜과 SSH▾ 프로토콜을 사용합니다.

1 TELNET

TELNET은 TCP 커넥션을 하나만 사용합니다. 이 통신로를 통해 상대방 컴
퓨터에 커맨드가 문자열로 송신되어 상대방 컴퓨터에서 실행됩니다. 자신의
키보드와 디스플레이가 상대방의 컴퓨터 내부에서 작동하고 있는 쉘▾에 연결
되어 있는 이미지입니다.

TELNET 서비스는 네트워크 가상 단말 기능과 옵션 통신 기능의 두 가지 기
본 서비스로 나눌 수 있습니다.

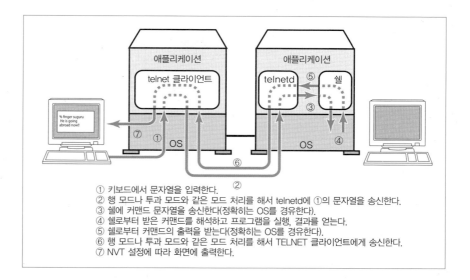

① 키보드에서 문자열을 입력한다.
② 행 모드나 투과 모드와 같은 모드 처리를 해서 telnetd에 ①의 문자열을 송신한다.
③ 쉘에 커맨드 문자열을 송신한다(정확히는 OS를 경유한다).
④ 쉘로부터 받은 커맨드를 해석하고 프로그램을 실행, 결과를 얻는다.
⑤ 쉘로부터 커맨드의 출력을 받는다(정확히는 OS를 경유한다).
⑥ 행 모드나 투과 모드와 같은 모드 처리를 해서 TELNET 클라이언트에게 송신한다.
⑦ NVT 설정에 따라 화면에 출력한다.

○ **그림 8.3** TELNET에 의한 커맨드의 입력과 실행, 결과 표시

:: 라우터나 스위치에는 키보드나 디스플레이가 없기 때문에 설정을 할 때에는 시리얼 케이블로 컴퓨터와 연결시키거나 TELNET, HTTP, SNMP와 같은 방법으로 네트워크를 경유하여 연결시킬 필요가 있다.

TELNET은 라우터나 고기능 스위치와 같은 네트워크 기기에 로그인하여, 그 기기를 설정할 때도 많이 사용됩니다.▾ TELNET에서 컴퓨터나 라우터와 같은 기기에 로그인하려면 자신의 로그인명과 비밀번호가 그 기기에 등록되어 있어야 합니다.

❖ 옵션

TELNET에는 사용자가 입력한 문자 이외의 옵션을 주고받는 기능이 마련되어 있습니다. 예를 들어 NVT(Network Virtual Terminal)를 실현하기 위한 화면 제어 정보는 이 옵션 기능을 이용하여 송신됩니다.

또한 TELNET에는 그림 8.4와 같이 행 모드와 투과 모드라는 두 가지 모드가 있습니다. 이러한 설정은 TELNET 클라이언트와 TELNET 서버 사이에 옵션 기능을 사용하여 설정합니다.

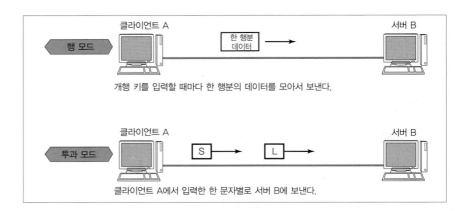

클라이언트 A 　　　　　　　　　　　　　　　　서버 B

행 모드 　　　　　　　　　한 행분 데이터 →

개행 키를 입력할 때마다 한 행분의 데이터를 모아서 보낸다.

클라이언트 A 　　　　　　　　　　　　　　　　서버 B

투과 모드 　　　　S →　　　L →

클라이언트 A에서 입력한 한 문자별로 서버 B에 보낸다.

⦿ 그림 8.4 행 모드와 투과 모드

:: 최근 운영체제에는 보안 차원에서 디폴트로는 telnet 명령어가 들어 있지 않으므로 별도로 설치해야 한다.

:: Windows 커맨드 프롬프트에서 실행하는 telnet 커맨드의 경우, 본문의 순서대로 실행해도 연결 후에 입력하는 문자가 표시되지 않는다. 그래서 호스트명과 포트를 지정하지 않고 'telnet'이라고 실행한 후 'open 호스트명 포트 번호'와 같이 입력해서 서버에 연결하는 것이 좋다. 또한 Windows Vista 이후 버전의 경우 처음에는 커맨드 프롬프트에서 telnet을 실행할 수 없기 때문에 따로 인스톨을 해야 한다.

:: GUI 타입 클라이언트의 경우에는 설정 메뉴 등에서 포트 번호를 변경할 수 있다.

TELNET 클라이언트

TELNET 프로토콜을 사용하여 원격 로그인을 할 때의 클라이언트 프로그램을 'TELNET 클라이언트'라고 합니다. 대부분의 경우 telnet이라는 이름의 프로그램으로 커맨드라인에서 실행할 수 있습니다.

TELNET 클라이언트는 보통 연결할 호스트의 TCP 23번 포트에 연결하여, 그곳에서 기다리고 있는 telnetd와 데이터를 주고받는데, 그 밖의 번호로 된 TCP 포트에 연결하여 그 포트에서 기다리고 있는 애플리케이션을 실행할 수도 있습니다. 일반적인 telnet 커맨드에서는 연결할 포트 번호를 아래와 같이 지정합니다.

　　telnet　　호스트명　　TCP 포트 번호

TCP 포트 번호를 21번으로 하면 FTP(332쪽), 25번으로 하면 SMTP(340쪽), 80번으로 하면 HTTP(351쪽), 110번으로 하면 POP3(343쪽) 서버에 연결할 수 있습니다. 그 이유는 각 서버가 그 번호의 포트를 열고 기다리고 있기 때문입니다.
따라서 아래 두 입력은 똑같은 것이 됩니다.

　　ftp 호스트명
　　telnet 호스트명 21

FTP, SMTP, HTTP, POP3와 같은 프로토콜의 커맨드와 응답은 문자열이므로, TELNET 클라이언트로 연결하면 키보드로 각 프로토콜의 커맨드를 직접 입력할 수 있습니다. 그렇기 때문에 TELNET 클라이언트를 TCP/IP 애플리케이션을 개발할 때 디버그에 사용하는 경우도 있습니다.

② SSH

SSH는 암호화된 원격 로그인 시스템입니다. TELNET의 경우 로그인 시의 비밀번호는 암호화되지 않고 그대로 전송되므로 통신을 도청당하면 부정 침입의 위험이 있었습니다. SSH를 사용하면 통신 내용이 암호화되기 때문에 설령 도청을 당하더라도 비밀번호나 입력한 커맨드, 커맨드의 처리 결과를 알 수 없습니다. 더욱이 SSH에는 편리한 기능이 많이 포함되어 있습니다.

:: UNIX에서는 scp나 sftp라
는 커맨드를 사용한다.

:: X Window System의 화면
을 건너뛰고 표시할 수도 있다.

:: VPN(Virtual Private
Network)을 실현할 수 있다.

- 보다 강력한 인증 기능을 사용할 수 있다.
- 파일을 전송할 수 있다.▼
- 포트 포워드 기능을 이용할 수 있다.▼

포트 포워드란, 특정 포트 번호에 전달된 메시지를 특정 IP 주소, 포트 번호에 전송하는 장치입니다. SSH 커넥션을 경유하는 부분이 암호화되기 때문에 보안을 확보한 유연한 통신이 가능해집니다.▼

 SSH에는 버전 1과 버전 2가 존재하지만, 버전 1에는 취약성이 있으므로 버전 2의 이용이 권장됩니다.

SSH 인증에서는 패스워드 인증 외에, 공개 키 인증, 원타임 패스워드 인증을 이용할 수 있습니다. 공개 키 인증 방식의 경우 사전에 공개 키와 비밀키를 생성해 접속처에 공개 키를 전달하는 등 준비가 필요하지만, 패스워드를 네트워크상에 내보낼 필요가 없어 패스워드 인증 방식보다 안전합니다.

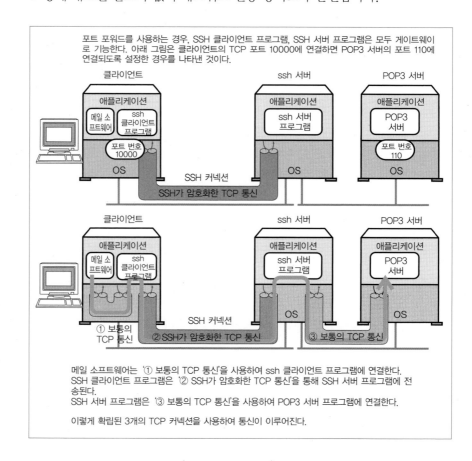

포트 포워드를 사용하는 경우, SSH 클라이언트 프로그램, SSH 서버 프로그램은 모두 게이트웨이로 기능한다. 아래 그림은 클라이언트의 TCP 포트 10000에 연결하면 POP3 서버의 포트 110에 연결되도록 설정한 경우를 나타낸 것이다.

메일 소프트웨어는 '① 보통의 TCP 통신'을 사용하여 ssh 클라이언트 프로그램에 연결한다.
SSH 클라이언트 프로그램은 '② SSH가 암호화한 TCP 통신'을 통해 SSH 서버 프로그램에 전송된다.
SSH 서버 프로그램은 '③ 보통의 TCP 통신'을 사용하여 POP3 서버 프로그램에 연결한다.

이렇게 확립된 3개의 TCP 커넥션을 사용하여 통신이 이루어진다.

○ **그림 8.5** SSH의 포트 포워드

파일 전송(FTP)

03

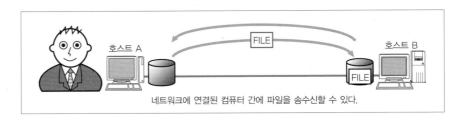

네트워크에 연결된 컴퓨터 간에 파일을 송수신할 수 있다.

○ 그림 8.6 FTP

∷ **FTP**(File Transfer Proto-col)

∷ '익명 ftp'라고 한다.

∷ 비밀번호는 일반적으로 전자메일의 주소를 입력하는 경우가 많다.

FTP▾는 서로 다른 컴퓨터 간에 파일을 전송할 때에 사용하는 프로토콜입니다. 328쪽에서는 상대방의 컴퓨터에 들어가는 것을 '로그인'이라고 했는데, FTP에서도 상대방의 컴퓨터에 로그인한 후 조작을 합니다.

인터넷상에는 누구나 로그인할 수 있는 FTP 서버가 마련되어 있습니다. 바로 'anonymous ftp 서버'입니다. 이러한 서버에 연결할 때에는 anonymous▾나 ftp라는 로그인명을 입력하면 접속할 수 있습니다.▾

❖ FTP의 구조

FTP는 어떤 구조로 파일 전송 기능을 실현하는 것일까요? FTP에서는 2개의 TCP 커넥션을 사용합니다. 하나는 제어용이고, 다른 하나는 데이터(파일) 전송용입니다.

제어용 TCP 커넥션은 FTP 제어에 사용됩니다. 로그인을 위한 사용자명과 비밀번호의 확인, 전송할 파일명과 전송 방법의 지시에 사용됩니다. 이 커넥션을 사용하여 ASCII 문자열에 의해 요청과 응답을 주고받습니다(표 8.1, 표 8.2). 이 제어용 커넥션에서는 데이터를 전송하지 않습니다. 데이터 전송에는 데이터 전송 전용 TCP 커넥션을 사용합니다.

FTP의 제어용 커넥션에는 TCP 포트 번호 21이 사용됩니다. 포트 번호 21인 TCP 커넥션상에서 파일의 GET(RETR)이나 PUT(STOR), 파일의 목록을 구하는 커맨드(LIST)를 실행시키면, 그때마다 데이터 전송용 TCP 커넥션이 확립됩니다. 이 커넥션을 사용하여 파일과 파일 목록의 전송이 이루어집니다. 데이터 전송이 끝나면 데이터 전송 커넥션은 끊어집니다. 그리고 다시 제어용 커넥션을 이용하여 커맨드나 응답을 주고받습니다.

보통 데이터 전송용 TCP 커넥션은 제어용 TCP 커넥션과는 역방향으로 확립됩니다. 그러므로 NAT를 사이에 두고 외부 FTP 서버를 이용하는 경우 등과 같은 상태로는 데이터 전송용 TCP 커넥션을 확립할 수 없습니다. 그렇기 때

:: 파일 전송 중에 끊기는 일은 없다. 파일 전송이 끝난 후 일정 시간 커맨드의 입력이 없는 경우에 커넥션이 끊어진다.

문에 PASV 커맨드를 투입하여 데이터 전송용 TCP 커넥션의 방향을 변경합니다. 제어용 커넥션은 사용자로부터 끊으라는 지시가 있을 때까지 연결된 채로 있습니다. 하지만 대부분의 FTP 서버는 일정 시간 사용자로부터 커맨드가 오지 않는 경우 커넥션을 강제로 끊습니다.▼

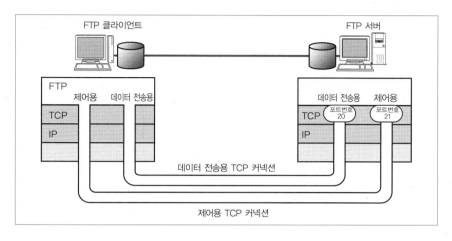

�‌ 그림 8.7 FTP 통신에서는 2개의 TCP 커넥션을 사용한다.

데이터 전송용 TCP 커넥션은 보통 20번 포트 번호를 사용합니다. 하지만 PORT 커맨드를 사용하여 다른 포트 번호를 지정할 수도 있습니다. 최근에는 보안 향상을 위해 데이터 전송용 커넥션의 포트 번호를 난수로 할당하는 것이 일반적입니다.

❖ ASCII 문자열에 의한 통신

:: ASCII(American Standard Code for Informat-ion Interchange)
보통 '아스키'라고 하며, 영어 알파벳, 숫자, !, @ 등의 기호를 표시할 수 있는 7비트 문자 코드를 말한다.

FTP에서는 요청 커맨드에 'RETR'와 같은 ASCII▼ 문자열을 사용합니다. 이에 대한 응답은 '200'과 같은 세 문자로 된 숫자를 ASCII 문자열로 나타낸 것을 사용합니다. TCP/IP 애플리케이션 프로토콜에는 이러한 ASCII 문자열형으로 된 프로토콜이 다수 있습니다.

ASCII 문자열형 프로토콜에서의 개행(줄바꿈)은 중요한 의미를 가집니다. 대부분의 경우 하나의 행이 하나의 커맨드나 응답을 의미하기 때문입니다. 그리고 파라미터 정보는 공백으로 구분하여 보냅니다. 개행은 'CR'(ASCII 코드는 십진수로 13)과 'LF'(ASCII 코드는 십진수로 10)라는 2개의 제어용 코드로 정의되어 있습니다. 표 8.1은 주요 FTP 커맨드를, 표 8.2는 FTP의 응답을 정리한 것입니다.

USER 사용자명	사용자명 입력
PASS 비밀번호	비밀번호 입력(PASSWORD)
CWD 디렉토리명	작업 디렉토리의 변경(CHANGE WORKING DIRECTORY)
QUIT	정상 종료

PORT h1, h2, h3, h4, p1, p2	데이터 커넥션에 사용할 IP 주소와 포트 번호의 지정
PASV	서버에서 클라이언트로 데이터 커넥션을 확립하는 것이 아니라 클라이언트에서 서버로 데이터 커넥션을 확립한다(PASSIVE).
TYPE 타입명	데이터의 송신과 저장 시 데이터 타입의 설정
STRU	파일 구조의 지정(FILE STRUCTURE)

RETR 파일명	FTP 서버로부터 데이터를 다운로드한다(RETRIEVE).
STOR 파일명	서버에 데이터를 전송한다(STORE).
STOU 파일명	서버에 데이터를 전송한다. 단, 이름이 똑같은 파일이 있는 경우에는 파일명이 중복되지 않도록 변경하여 저장한다(STORE UNIQUE).
APPE 파일명	서버에 데이터를 전송한다. 단, 이름이 똑같은 파일이 있는 경우에는 그 파일에 데이터를 덧붙인다(APPEND).
RNFR 파일명	RNTO로 이름을 변경할 파일의 지정(RENAME FROM)
RNTO 파일명	RNFR로 지정된 파일의 파일명을 변경(RENAME TO)
ABOR	처리의 중단, 이상 종료(ABORT)
DELE 파일명	서버의 파일 삭제(DELETE)
RMD 디렉토리명	디렉토리 삭제(REMOVE DIRECTORY)
MKD 디렉토리명	디렉토리 작성(MAKE DIRECTORY)
PWD	현재 디렉토리 위치의 통지를 요청 (PRINT WORKING DIRECTORY)
LIST	파일의 목록을 요청(이름, 크기, 최종 수정일 등의 정보를 포함한다)
NLST	파일명의 목록을 요청(NAME LIST)
SITE 문자열	서버가 제공하는 독자적인 커맨드를 실행
SYST	서버의 OS 정보를 구한다(SYSTEM).
STAT	서버의 FTP 상태를 표시한다(STATUS).
HELP	커맨드 목록을 구한다(HELP).
NOOP	아무 처리도 하지 않는다(NO OPERATION).

120	Service ready in nnn minutes.
125	Data connection already open ; transfer starting.
150	File status okay ; about to open data connection.

• 커넥션 관리에 관한 응답	200	Command okay.
	202	Command not implemented, superfluous at this site.
	211	System status, or system help reply.
	212	Directory status.
	213	File status.
	214	Help message.
	215	NAME system type. Where NAME is an official system name from the list in the Assigned Numbers document.
	220	Service ready for new user.
	221	Service closing control connection. Logged out if appropriate.
	225	Data connection open; no transfer in progress.
	226	Closing data connection. Requested file action successful.
	227	Entering Passive Mode(h1, h2, h3, h4, p1, p2).
	230	User logged in, proceed.
	250	Requested file action okay, completed.
	257	'PATHNAME' created.

• 인증과 어카운트에 관한 응답	331	User name okay, need password.
	332	Need account for login.
	350	Requested file action pending further information

• 불특정 오류	421	Service not available, closing control connection. This may be a reply to any command if the service knows it must shut down.
	425	Can't open data connection.
	426	Connection closed; transfer aborted.
	450	Requested file action not taken. File unavailable.
	451	Requested action aborted. Local error in processing.
	452	Requested action not taken. Insufficient storage space in system.

• 파일 시스템에 관한 응답	500	Syntax error, command unrecognized.
	501	Syntax error in parameters or arguments.
	502	Command not implemented.
	503	Bad sequence of commands.
	504	Command not implemented for that parameter.
	530	Not logged in.
	532	Need account for storing files.
	550	Requested action not taken. File unavailable.
	551	Requested action aborted. Page type unknown.
	552	Requested file action aborted. Exceeded storage allocation.
	553	Requested action not taken. File name not allowed.

STORY

전자메일(E-Mail)

04

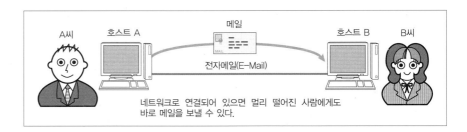

네트워크로 연결되어 있으면 멀리 떨어진 사람에게도 바로 메일을 보낼 수 있다.

● 그림 8.8 전자메일(E-Mail)

전자메일(E-mail)이란, 이름 그대로 '네트워크상의 우편'을 말합니다. 전자메일은 컴퓨터에 입력한 문장이나 디지털 카메라로 찍은 이미지 데이터, 표 계산 소프트웨어에서 입력한 수치 데이터 등과 같이 컴퓨터에서 다룰 수 있는 다양한 정보를 보낼 수 있습니다.

전자메일은 옆 자리나 옆 방, 다른 층, 한국 국내, 해외를 불문하고 전 세계 어디에나 보낼 수 있습니다. 또한 전자메일은 출장지에서도 받을 수 있습니다. 더욱이 전자메일에서는 메일링 리스트에 의한 동보 통신도 가능합니다. 하나의 전자메일을 메일링 리스트 지정 주소로 보내면 메일링 리스트에 참가하고 있는 전원에게 간단하게 전송할 수 있습니다. 이 메일링 리스트는 사내나 학교 내 업무 연락을 비롯하여 공통 화제에 관한 정보 교환이나 논의를 하기 위해 국경을 초월하여 이용되고 있습니다. 전자메일은 이러한 장점 때문에 많은 사람들이 이용하는 서비스가 되었습니다.

1 전자메일의 구조

전자메일 서비스를 제공하기 위한 프로토콜은 SMTP(Simple Mail Transfer Protocol)입니다. SMTP에서는 메일을 효율적으로 확실하게 상대방에게 전달하기 위해 트랜스포트 프로토콜로 TCP를 사용합니다.

초기의 전자메일에서는 전자메일의 송신자가 사용하는 컴퓨터와 수신자 컴퓨터 간에 직접 TCP 커넥션을 확립해서 전자메일을 전송했습니다. 송신자가 메일을 작성하면 자신의 컴퓨터 하드디스크에 저장됩니다. 그리고 상대방의 컴퓨터와 TCP로 통신을 한 후 상대 컴퓨터의 하드디스크로 전자메일이 전송됩니다. 전송이 정상적으로 종료된 후에 자신의 컴퓨터의 하드디스크에서 전자메일을 삭제합니다. 가령, 상대 컴퓨터의 전원이 들어와 있지 않은 이유 등으로 통신할 수 없는 경우에는 잠시 시간을 두고 다시 메일을 전송합니다.

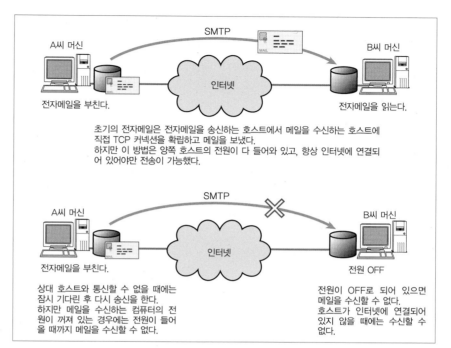

◐ 그림 8.9 초기의 전자메일

초기의 전자메일은 전자메일을 송신하는 호스트에서 메일을 수신하는 호스트에 직접 TCP 커넥션을 확립하고 메일을 보냈다.
하지만 이 방법은 양쪽 호스트의 전원이 다 들어와 있고, 항상 인터넷에 연결되어 있어야만 전송이 가능했다.

상대 호스트와 통신할 수 없을 때에는 잠시 기다린 후 다시 송신을 한다.
하지만 메일을 수신하는 컴퓨터의 전원이 꺼져 있는 경우에는 전원이 들어올 때까지 메일을 수신할 수 없다.

전원이 OFF로 되어 있으면 메일을 수신할 수 없다.
호스트가 인터넷에 연결되어 있지 않을 때에는 수신할 수 없다.

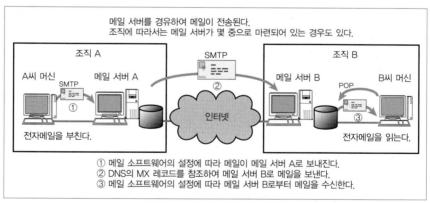

◐ 그림 8.10 현재 인터넷의 전자메일

메일 서버를 경유하여 메일이 전송된다.
조직에 따라서는 메일 서버가 몇 중으로 마련되어 있는 경우도 있다.

① 메일 소프트웨어의 설정에 따라 메일이 메일 서버 A로 보내진다.
② DNS의 MX 레코드를 참조하여 메일 서버 B로 메일을 보낸다.
③ 메일 소프트웨어의 설정에 따라 메일 서버 B로부터 메일을 수신한다.

이는 전자메일의 신뢰성을 높이는 매우 좋은 방법이었지만, 인터넷의 운용이 복잡해지면서 잘 작동하지 않게 되었습니다. 한 가지 예로 이용자가 컴퓨터의 전원을 넣었다 끊었다 하는 경우를 생각해봅시다.

송신자의 컴퓨터와 수신자의 컴퓨터 모두의 전원이 들어와 있지 않으면 메일은 도착하지 않습니다. 한국이 낮일 때 미국은 밤입니다. 낮에만 컴퓨터 전원을 넣고 있는다면 한국과 미국 간에는 전자메일을 주고받을 수 없습니다. 인터넷에는 전 세계의 사람과 커뮤니케이션을 할 가능성이 있으므로 이 시차를 무시할 수 없습니다.

그래서 전자메일의 송신자의 컴퓨터와 수신자의 컴퓨터 사이에 직접 TCP 연결을 하는 것이 아니라 전원이 끊기지 않는 메일 서버▼를 경유하는 방법이 고

:: 트랜스포트층 이상의 계층에서 통신을 중계하므로 메일 서버는 67쪽에서 설명한 게이트웨이에 해당한다.

안되었습니다. 그리고 수신자가 메일 서버로부터 전자메일을 수신하는 POP(Post Office Protocol)라는 프로토콜이 표준화되었습니다.

전자메일의 구조는 메일 주소, 데이터 형식, 전송 프로토콜의 세 가지 요소로 구성됩니다.

2 메일 주소

전자메일을 이용할 때에 사용하는 주소가 메일 주소입니다. 이 메일 주소를 우편이라고 하면 주소와 이름에 해당합니다. 인터넷의 전자메일은 아래와 같은 구조로 되어 있습니다.

이름@주소

예를 들어

```
master@tcpip.abc.ac.kr
```

의 경우, master가 '이름'이고, tcpip.abc.ac.kr가 '주소'입니다. 전자메일의 주소는 도메인명과 동일한 구조로 되어 있습니다. 이 경우 abc.ac.kr가 조직 명을 나타내고, tcpip는 master가 메일을 수신하는 컴퓨터의 호스트명 또는 메일 전송용 서브 도메인명을 나타냅니다. 또한 메일 주소는 개인용이든, 메일링 리스트용이든 상관없이 동일한 구조로 이루어집니다. 그래서 주소의 구조만 보면 양쪽을 구분할 수 없습니다.

:: MX(Mail Exchange)

현재 전자메일의 전송처 관리는 DNS가 합니다. DNS에는 메일 주소와 그 메일 주소 앞으로 된 메일을 송신해야 하는 메일 서버의 도메인명을 등록할 수 있습니다. 이를 'MX▼ 레코드'라고 합니다. 예를 들어 abc.ac.kr의 MX 레코드에 mailserver.abc.ac.kr를 지정했다고 가정하면, abc.ac.kr로 끝나는 메일 주소 앞으로 온 메일은 모두 mailserver.abc.ac.kr로 전송됩니다. 이렇게 MX 레코드로 메일 서버를 정확하게 지정함으로써 서로 다른 메일 주소를 특정 메일 서버에서 관리할 수 있게 되었습니다.

3 MIME(Multipurpose Internet Mail Extensions)

:: 텍스트 형식
문자만으로 이루어진 정보

:: MIME(Multipurpose Internet Mail Extensions)
'마임'이라고 한다. 인터넷에서 폭넓게 사용할 수 있도록 메일의 데이터 형식을 확장한 것으로, WWW나 NetNews에서도 사용된다.

오랫동안 인터넷의 전자메일은 텍스트 형식▼밖에 취급할 수 없었습니다. 하지만 현재는 전자메일로 전송할 수 있는 데이터 형식을 확장한 MIME▼이 일반화되어 이미지나 동영상, 음성, 프로그램 파일 등과 같은 다양한 정보를 보낼 수 있습니다. 이 MIME은 애플리케이션 메시지의 서식을 규정하고 있기 때문에 OSI 참조 모델로 치면 제6층인 프리젠테이션층에 해당합니다.

MIME은 기본적으로 헤더와 본문(데이터)으로 구성됩니다. 헤더에는 공백 행이 있으면 안 되고, 공백 행이 있으면 거기서부터 이후는 본문(데이터)으로 취급합니다. MIME 헤더의 'Content-Type'을 'Multipart/Mixed'로 지정하고 'boundary=' 다음에 쓴 문자열로 구분하면▼, 하나의 MIME 메시지를 여러 개의 MIME 메시지의 집합으로 정의할 수 있습니다. 이를 '멀티파트'라고 합니다. 물론 각 파트는 MIME 헤더와 본문(데이터)으로 구성되어 있습니다.

'Content-Type'이란, 헤더에 이어지는 정보가 어떤 종류의 데이터인지를 가리킵니다. IP 헤더로 말하자면 프로토콜 필드에 해당합니다. 표 8.3은 대표적인 'Content-Type'입니다.

▼ boundary＝다음에 쓰는 문자열의 맨 앞에는 --를 붙여야 한다. 또한 구분의 마지막에도 --를 써야 한다.

○ 표 8.3 MIME의 대표적인 Content-Type

Content-Type	내용
text/plain	일반 텍스트
message/rfc822	MIME과 본문
multipart/mixed	멀티파트
application/postscript	PostScript
application/octet-stream	바이너리 파일
image/gif	GIF
image/jpeg	JPEG
audio/basic	AU 형식의 음성 파일
video/mpeg	MPEG
message/external-body	외부에 메시지가 있다.

```
To: master@tcpip.abc.ac.kr                              ← 메일의 수신처
Subject: =?ISO-2022-KR?B?B?GyRCo3c0aTMoGyhC?=            ← 제목은 ISO-2022-KR로 B 부호화(base64화)되어 있다.
MIME-Version: 1.0
Content-Type: multipart/mixed; boundary=Sample-Boundary ← 멀티파트 설정이 되어 있다. 구분 문자는
Content-Transfer-Encoding: 7bit                            "Sample-Boundary"
From:jh_kim@udapip.abc.ac.kr

                                                        ← MIME 헤더와 본문 사이에는 반드시 공백 행이 있다.
--Sample-Boundary--                                     ← 멀티파트의 구분 문자(맨 앞에 --가 추가된다.)
Content-Type: text/plain; charset=iso-2022-kr           ← 본문은 ISO-2022-KR로 정의되는 문자열
Content-Transfer-Encoding: 7bit

초상화를 보냅니다.                                        ← MIME 헤더와 본문 사이에는 반드시 공백 행이 있다.
// 김철수                                                 ) 메일 본문


--Sample-Boundary--                                     ← 멀티파트의 구분 문자(맨 앞에 --가 추가된다)
Content-Type: Image/Gif; name="face.ig"                 ← 본문은 이미지가 GIF이고, base64로 인코딩되어 있다.
Content-Transfer-Encoding: base64
                                                        ← MIME 헤더와 본문 사이에는 반드시 공백 행이 있다.
SFdQIERvY3VtZW50IEZpbGUgVjMuMDAgGgECAwQFMwpbGUgVjMuMDAgGgECA
wQcIBwgHhAOEAwMwpbGUgVjMuMDAgwQAW50UgVgwQAQAAgVjMuMGUgQAAQAA
ERvY3VtZW50IEZpMwpbGUgVjMuMDAgMwpbGUgVjMuMDAgwMwpbGUgVjMuMDA
VjMuMbGUgVgwQAQAAgVjgwMwpbGUgVgwQAQAAgVjMuMDAgGgEuMDAgwMwpbG
UgVjMuMDAgMwpbGUgMDAgGgEuMDVjMuMDSFdQIERvY3VtZW50IEZpbGUgVAQ
AAgVjMuMDAgGdQIEW50UgVgwQAQAAgVjMuMUgRvY3VtZW50IEZpbGUgVjMA
DAgwQAQAAgVjMuMbGUgVjMuMDAgMwpbGUgVjMuMDAgwMwpbGUgVjMSFdQIER
vY3VtZW50IEZpbGUgVuMDAgwQAQAAgVjMuMpbGUgVjMuMDAgwMwpbGUgVjMuM
DADAgwQAQAAgAgMgVjMuMDAgMwMVUgVgwQAQAAgVjMGUgVjMuuMDAgGd
QIERvY3VtZW50UgVgwQAQAAgVjMuMGUgVjMuMDAgGgEuMDAAAAAAATU1NW50
UgVgwQAQAAgVjMuMGUgRShN

--Sample-Boundary--                                     ← 멀티파트의 마지막을 나타내는 --가 맨 뒤에 있다.
```

base64로 인코딩된 GIF 이미지 포맷

○ 그림 8.11 MIME의 예

④ SMTP(Simple Mail Transfer Protocol)

SMTP는 전자메일을 전송하는 애플리케이션 프로토콜입니다. TCP 포트 번호는 25번을 사용합니다. SMTP는 하나의 TCP 커넥션을 확립하고, 그 커넥션상에서 제어나 응답, 데이터로 구성된 메시지를 전송합니다. 클라이언트는 텍스트 커맨드로 요청을 하고, 서버는 세 자리 수치로 나타낸 문자열로 응답을 반환합니다.

각 커맨드와 응답의 끝에는 반드시 개행(CR, LF)이 추가됩니다.

○ 표 8.4 SMTP의 주요 커맨드

HELO ⟨domain⟩	통신 시작
EHLO ⟨domain⟩	통신 시작(확장판 HELO)
MAIL FROM:⟨reverse-path⟩	송신자
RCPT TO:⟨forward-path⟩	수신자의 지정(Receipt to)
DATA	전자메일의 본문의 송신
RSET	초기화
VRFY ⟨string⟩	사용자명 확인
EXPN ⟨string⟩	메일링 리스트명을 사용자명으로 전개
NOOP	응답 요청 (NO Operation)
QUIT	종료

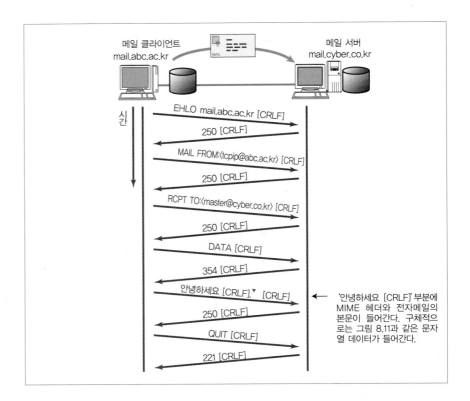

:: SMTP에서는 메일 본문의 끝을 피리어드(.)만으로 된 행으로 나타낸다. 단, 본문 중에 피리어드만으로 된 행이 있어도 올바르게 식별하여 통신할 수 있도록 처리한다. 구체적으로는 통신 시에 메일 본문의 행 앞에 피리어드가 있는 경우에는 그 직후에 피리어드를 하나 추가한다. 수신 시에는 행 앞에 피리어드가 2개 연속되어 있는 경우에 그 피리어드를 하나 삭제한다.

'안녕하세요 [CRLF] 부분에 MIME 헤더와 전자메일의 본문이 들어간다. 구체적으로는 그림 8.11과 같은 문자열 데이터가 들어간다.

○ 그림 8.12 SMTP

전자메일이 보급되면서 광고 선전 메일이나 위험한 URL 링크가 포함된 메일을 무차별적으로 보내는 행위가 문제시되고 있습니다. 원래 SMTP에는 송신자를 인증하기 위한 기능이 없기 때문에 이러한 스팸 메일의 송신에 자신의 메일 서버가 사용되는 것을 막을 수 없습니다. 그래서 현재는 '다양한 스팸 메일 대책이 시행되고 있습니다.

○ 표 8.5 SMTP의 응답

• 요청에 대한 긍정 확인 응답

211	시스템의 상태나 HELP의 응답
214	HELP 메시지
220 〈domain〉	메시지를 시작한다.
221 〈domain〉	메시지를 종료한다.
250	요청된 메일의 처리가 완료되었다.
251	사용자가 이 호스트에는 없지만 이 호스트가 전송 처리를 수행한다.

• 데이터의 입력

354	전자메일의 데이터 입력 시작. 피리어드(.)만으로 된 행으로 입력 종료

• 전송 오류 메시지

421 〈domain〉	서비스를 제공할 수 없으므로 커넥션을 종료한다.
450	메일 박스가 존재하지 않으므로 요청을 받아들일 수 없다.
451	문제가 발생했기 때문에 처리가 중단되었다.
452	디스크 용량이 부족하므로 요청을 실행할 수 없다.

• 처리의 계속이 불가능한 오류

500	문법 오류. 커맨드를 이해할 수 없다.
501	문법 오류. 인수나 파라미터를 이해할 수 없다.
502	그 커맨드는 지원하지 않는다.
503	커맨드의 순서가 틀렸다.
504	그 커맨드의 파라미터는 지원하지 않는다.
550	메일 박스가 마련되어 있지 않으므로 요청을 실행할 수 없다.
551	사용자가 이 호스트에 없기 때문에 요청을 받아들일 수 없다.
552	디스크의 용량을 초과했기 때문에 처리가 중단되었다.
553	허용되지 않은 메일 박스명이므로 요청을 실행할 수 없다.
554	기타 오류

:: telnet 커맨드의 사용법에 대해서는 330쪽 칼럼 참조.

다양한 스팸 메일 대책

전자메일을 보내는 기술인 SMTP는 단순한 사양으로 되어 있어 인터넷 메일로서 널리 보급됐습니다. 하지만 SMTP에는 인증 시스템이 없어, 메일 송신자로 위장하거나 스팸 메일에 이용되는 등 비교적 쉽게 악용할 수 있었습니다. 따라서 다음과 같은 스팸 메일 대책이 취해지고 있습니다.

• 메일을 보내는 사용자를 인증하는 시스템

POP before SMTP. … 메일을 송신하기 전에 POP에 의한 사용자 인증을 실시해, 인증을 통과하면 일정 기간 클라이언트 IP 주소로부터의 SMTP 통신을 받아 들이는 대책.
SMTP 인증(SMTP Authentication) … 메일 송신 시에 SMTP 서버에서 사용자 인증을 시행하는 SMTP의 확장 사양.

• 송신원 도메인을 인증하는 시스템

SPF(Sender Policy Framework) … 송신원 메일 서버의 IP 주소를 DNS 서버에 등록해 두고, 수신측에서 받은 메일의 IP 주소와 송신원 메일 서버의 IP 주소를 비교해 도메인 인증함으로써 수신한 메일의 송신원이 사칭되고 있는지 확인하는 대책.
DKIM(Domain Keys Identified Mail) … 송신원 메일 서버에서 전자서명을 부여하고, 수신측에서는 전자서명을 인증함으로써 수신한 메일의 송신원이 사칭되는지 확인하는 대책. 송신원 메일 서버에서 서명에 사용할 공개 키를 DNS 서버에 등록해 두고, 수신측이 공개 키를 취득해 서명을 인정 증명할 수 있도록 한다.
DMARC(Domain-based Message Authentication, Reporting and Conformance) … SPF나 DKIM 등 송신원 도메인을 인증하는 방식으로 인증이 실패했을 때의 메일 취급 폴리시를 송신자가 DNS 서버에 등록해 공개하는 대책. 수신측은 인증에 실패했을 경우, 송신자의 폴리시에 따라 취급을 결정하거나 송신자에게 인증 실패 사실을 통지할 수 있다.

• 기타 대책

OP25B(Outbound Port 25 Blocking) … 인터넷 서비스 공급자 등에서 스팸 메일이나 바이러스 메일을 직접 송신할 수 없게, TCP 포트 25의 SMTP 통신을 차단하는 대책. 이 대책이 실시되고 있는 경우는 메일을 송신할 수 없게 되어 버리기 때문에, 메일을 송신하기 위해서 SMTP 인증 등의 사용자 인증과 함께 프로바이더가 지정하는 송신 전용 서브미션 포트를 이용하는 일이 많다.

5 POP(Post Office Protocol)

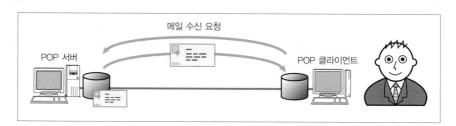
메일 수신 요청
POP 서버
POP 클라이언트

○ **그림 8.13** POP

앞에서 설명한 SMTP는 메일을 전송하는 프로토콜입니다. 즉, SMTP는 보내고 싶은 메일을 갖고 있는 컴퓨터가 메일을 수신하는 컴퓨터에게 메일을 송신하는 프로토콜입니다. UNIX 워크스테이션을 주축으로 하는 초기 인터넷에서는 전혀 문제가 없었지만, 개인용 컴퓨터를 인터넷과 연결하자 불편한 점이 생겼습니다.

개인용 컴퓨터는 항상 전원이 들어와 있는 것은 아닙니다. 사용자는 책상에 앉아 있을 때 개인용 컴퓨터의 전원을 켜고, 집에 갈 때에는 전원을 끕니다. 컴퓨터의 전원을 넣었을 때에 바로 전자메일을 수신하여 읽고 싶다는 요구가 생겼습니다. 하지만 SMTP에서는 이러한 처리를 하지 못합니다. SMTP의 불편한 점은 메일을 갖고 있는 호스트에 대해 메일을 수신하는 쪽에서는 아무 요청을 할 수 없다는 점입니다.

:: 현재 주로 POP3(Post Office Protocol version 3.0) 이 사용된다.

이 문제를 해결한 것이 POP(Post Office Protocol)▼입니다(그림 8.14). 이 프로토콜은 전자메일을 수신하기 위한 프로토콜입니다. 메일은 송신자로부터 SMTP에 의해 항상 전원이 켜져 있는 POP 서버까지 도착합니다. 클라이언트는 POP에 의해 POP 서버에 저장된 상대가 보낸 메일을 꺼냅니다. 또한 다른 사람에게 메일을 도난당하지 않도록 사용자 인증도 합니다.

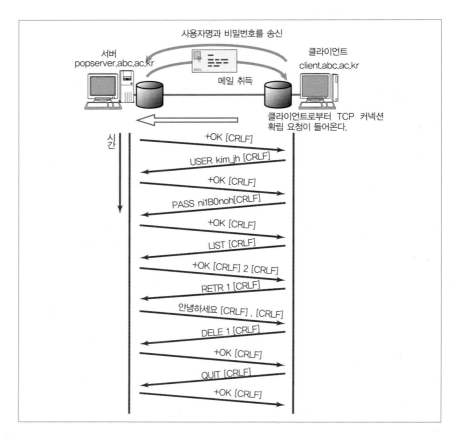

사용자명과 비밀번호를 송신

서버
popserver.abc.ac.kr

클라이언트
client.abc.ac.kr

메일 취득

클라이언트로부터 TCP 커넥션
확립 요청이 들어온다.

시간

+OK [CRLF]

USER kim_jh [CRLF]

+OK [CRLF]

PASS ni1B0noh[CRLF]

+OK [CRLF]

LIST [CRLF]

+OK [CRLF] 2 [CRLF]

RETR 1 [CRLF]

안녕하세요 [CRLF] . [CRLF]

DELE 1 [CRLF]

+OK [CRLF]

QUIT [CRLF]

+OK [CRLF]

○ **그림 8.14** POP의 구조

POP도 SMTP와 마찬가지로 서버와 클라이언트 사이에 하나의 TCP 커넥션을
이용하여 통신을 합니다. 커맨드와 응답 메시지는 표 8.6과 같습니다. 커맨드
는 짧은 ASCII 문자열로 나타내고, 응답 메시지의 종류는 단 두 가지밖에 없습
니다. 정상적인 경우에는 '+OK', 오류가 발생한 경우에는 '-ERR'입니다.

○ **표 8.6** 주요 POP 커맨드

• 인증 시에 유효한 커맨드

USER name	사용자명 송신
PASS string	비밀번호 송신
QUIT	통신 종료
APOP name digest	인증

• 응답

+OK	정상 시
-ERR	오류 발생 시

• 트랜잭션 상태일 때의 커맨드

STAT	상태 통지
LIST [msg]	지정한 번호의 메일 확인(목록 취득)
RETR msg	메일의 메시지 취득
DELE msg	서버에 저장되어 있는 메일의 삭제(QUIT 커맨드 후에 실행)

RSET	리셋(DELE 커맨드의 취소)
QUIT	DELE 커맨드를 실행하고 통신 종료
TOP msg n	메일의 처음부터 n행만 취득
UIDL [msg]	메일의 유니크 ID 정보의 취득

POP 커맨드 시험하기

POP 서버와 TELNET으로 연결할 수 있는 경우, 아래와 같이 POP 서버에 로그인하면▼ 표 8.6에 있는 POP 커맨드를 수동으로 실행할 수 있습니다.

```
telnet 서버명 또는 주소 110
```

342쪽의 칼럼에서 소개한 SMTP와 마찬가지로, 자신이 POP 클라이언트가 되었다고 생각하고 POP 커맨드를 실행한 후 표 8.6의 응답을 확인해보십시오.

∷ telnet 커맨드의 사용법에 대해서는 330쪽 칼럼 참조.

⑥ IMAP(Internet Message Access Protocol)

IMAP는 POP와 마찬가지로 전자메일 등의 메시지를 수신(취득)하기 위한 프로토콜입니다. POP의 경우는 전자메일을 클라이언트 측에서 관리했지만, IMAP의 경우는 서버 측에서 관리합니다.

IMAP을 사용하면 서버상에서 전자메일을 모두 다운로드하지 않아도 전자메일을 읽을 수 있습니다. IMAP에서는 서버 측에서 MIME의 정보를 처리하기 때문에 하나의 메일에 10개의 첨부 파일이 포함된 메일이 도착했을 때에 '7번째 첨부 파일만 다운로드한다'라는 처리가 가능합니다.▼ 이는 통신 회선의 대역이 작을 때에 도움이 되는 기능입니다. 또한 그 메일을 읽었는지, 아닌지에 대한 정보(읽지 않음, 읽음 정보)나 메일을 분류할 때에 사용하는 메일 박스의 관리를 서버에서 해주기 때문에 여러 대의 컴퓨터에서 메일을 읽는 환경에서 편리하게 사용할 수 있습니다.▼ 이렇게 IMAP를 사용하면 서버상에 저장 관리되는 메일 메시지를 마치 자신이 사용하는 클라이언트의 기억 매체에 있는 것처럼 취급할 수 있습니다.

IMAP를 이용함으로써 개인용 컴퓨터, 회사 컴퓨터, 휴대용 노트북 컴퓨터, 스마트폰 등에서 IMAP 서버상에 있는 메시지를 읽거나 쓸 수 있게 되었습니다. 이로써 회사의 컴퓨터에서 다운로드한 메일을 노트북 컴퓨터나 스마트폰에 전송할 필요가 없어졌습니다.▼ 이렇게 여러 컴퓨터를 이용하는 사람에게 편리한 환경을 제공할 수 있습니다.

∷ POP에서는 첨부 파일 중 특정 파일만 다운로드하는 일은 불가능하기 때문에 첨부 파일을 다운로드하고 싶을 때에는 첨부 파일이 포함되어 있는 메일 전체를 다운로드해야 한다.

∷ POP를 사용하여 여러 컴퓨터에 메일을 다운로드할 수 있지만, 읽지 않은 정보나 메일 박스는 메일 소프트웨어별로 관리되므로 불편하다.

∷ 랩톱 컴퓨터나 스마트폰이 IMAP 서버와 통신할 필요가 있다.

WWW(World Wide Web)

05

:: **하이퍼텍스트**(HyperText)
문장 안의 문자 등을 관련시켜 서로 참조할 수 있도록 한 것을 말한다.

:: **웹 브라우저**(Web Browser)
'WWW 브라우저' 또는 그냥 '브라우저'라고도 한다.

1 인터넷 붐의 도화선

WWW는 인터넷상의 정보를 하이퍼텍스트▼ 형식으로 참조할 수 있는 정보 제공 시스템입니다. 문서 안에 다른 문서에 대한 링크를 기술함으로써 인터넷상의 문서를 서로 참조할 수 있습니다. 문서 간 연결 고리를 전 세계에 거미줄처럼 친다는 이미지에서 World Wide Web이라고 명명했습니다. 간단히 웹(Web)이라고 부르기도 합니다. WWW의 정보를 화면에 표시하는 클라이언트 소프트웨어를 '웹 브라우저'▼라고 합니다. 웹 브라우저에는 Microsoft의 Microsoft Edge, Mozilla Foundation의 Firefox, Google의 Google Chrome, Opera Software의 Opera, Apple의 Safari 등이 있습니다.

웹 브라우저를 이용하면 정보가 어떤 컴퓨터에 존재하는지를 거의 의식할 필요없이, 마우스로 클릭하기만 하면 관련된 다양한 정보에 차례로 액세스할 수 있습니다. 처음에는 문자밖에 다루지 못했지만, 그 후 이미지나 동영상을 다룰 수 있게 되었고, 또 검색 엔진의 출현으로 광대한 인터넷상의 정보에 접속할 수 있게 되면서 인터넷 붐으로 급속히 발전했습니다.

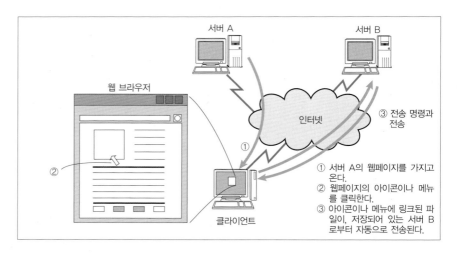

○ 그림 8.15 WWW

액세스했을 때에 웹 브라우저의 화면에 표시되는 이미지 전체를 '웹페이지(WWW 페이지)'라고 합니다. 회사나 학교 등의 조직이나 개인의 웹페이지의 메인이 되는 페이지를 '홈페이지'라고도 합니다. 대부분의 한국의 기업에서는 아래와 같은 주소로 되어 있고, 이 주소로 해당 기업의 홈페이지에 액세스할 수 있습니다.

`http://www.기업명.co.kr/`

이 페이지에는 기업 안내, 제품 정보, 입사 안내와 같은 정보의 제목이 있으며, 그 제목의 문자열이나 아이콘을 마우스로 클릭하면 해당 정보에 대한 페이지로 이동합니다. 제공되는 정보는 문자 정보뿐만 아니라 이미지, 동영상, 음성, 프로그램 등과 같이 다양합니다. 또한 정보를 입수하는 것 외에도 웹페이지를 통해 누구나 세계로 정보를 발신할 수도 있습니다.

2 WWW의 기본 개념

WWW에서는 크게 정보에 대한 액세스 수단과 위치에 대한 정의, 정보의 표현 포맷에 대한 정의, 정보의 전송 등과 같은 조작이 정의되어 있습니다. 이는 각각 URI(Uniform Resource Identifier), HTML(HyperText Markup Language), HTTP(HyperText Transfer Protocol)입니다.

3 URI(Uniform Resource Identifier)

URI는 'Uniform Resource Identifier'의 머릿글자를 딴 것으로, 자원을 나타내는 표기법(식별자)으로 이용됩니다. URI 자체는 WWW 이외에도 이용할 수 있는 범용성 높은 식별자입니다. 홈페이지의 주소나 전자메일의 주소, 전화번호 등 다양한 틀을 지원하고 있습니다. 아래는 URI의 예입니다.

```
http://www.rfc-editor.org/rfc/rfc4395.txt
http://www.ietf.org:80/index.html
http://localhost:631/
```

위의 예는 일반적으로 '홈페이지 주소', 'URL(Uniform Resource Locator)'이라 불리는 것입니다. URL은 종종 인터넷 자원(파일 등)의 장소를 나타내는 속칭으로 사용됩니다. 이에 반해 URI은 인터넷 자원에 국한되지 않고 모두 자원을 식별할 수 있도록 고안된 식별자입니다. 현재 유효한 RFC 문서 등에서는 URL이라는 명칭은 사용하지 않고 URI를 사용합니다.▼ URL이 좁은 개념인데 반해, URI는 모든 자원을 정의할 수 있는 폭넓은 개념이므로 WWW 이외의 애플리케이션 프로토콜에서도 사용할 수 있습니다.

URI가 나타내는 틀을 '스킴(scheme)'▼이라고 합니다. WWW에서는 주로 URI 스킴 중 http나 https를 사용하여 웹페이지의 위치를 나타내거나 웹페이지에 대한 액세스 방법을 나타냅니다. URI 스킴 목록은 아래 웹페이지에 있습니다.

```
http://www.iana.org/assignments/uri-schemes/uri-schemes.html
```

URI의 http 스킴은 다음과 같은 서식으로 표현합니다.

http://호스트명/패스

http://호스트명:포트번호/패스

http://호스트명:포트번호/패스?조회 내용#부분 정보

∷ 비슷한 예로 바이트와 옥텟의 관계가 있다. 프로토콜의 정의에서는 옥텟을 사용하는데, 일상적으로는 바이트를 사용한다.

∷ 체계적인 계획이나 틀을 의미하는 영어를 말한다.

:: CGI에 대해서는 356쪽 참조.

호스트명은 도메인명이나 IP 주소를 나타내고, 포트 번호는 트랜스포트 번호를 나타냅니다. 포트 번호에 대한 자세한 내용은 257쪽을 참조하기 바랍니다. 포트 번호를 생략했을 때 http 스킴에서는 보통 80번이 사용됩니다.

패스는 그 호스트상의 정보 위치, 조회 내용은 CGI▼ 등에 전달할 정보, 부분 정보는 표시되는 페이지 안에서의 위치 등을 나타냅니다.

이 표기법으로 인터넷 전체에서 특정 데이터를 유일하게 결정할 수 있습니다. 하지만 http 스킴으로 표현되는 데이터는 수시로 변경될 가능성이 있기 때문에 마음에 드는 웹페이지를 발견하고, 그 URI(URL)를 기억하더라도 나중에 해당 페이지가 없어지거나 바뀔 가능성이 있습니다.

표 8.7은 주요 URI 스킴을 정리한 것입니다.

● **표 8.7** 주요 URI 스킴

스킴명	내용
acap	Application Configuration Access Protocol
cid	Content Identifier
dav	WebDAV
fax	Fax
file	Host-specific File Names
ftp	File Transfer Protocol
gopher	The Gopher Protocol
http	Hypertext Transfer Protocol
https	Hypertext Transfer Protocol secure
im	Instant Messaging
imap	Internet Message Access Protocol
ipp	Internet Printing Protocol
ldap	Lightweight Directory Access Protocol
mailto	Electronic Mail Address
mid	Message Identifier
news	USENET news
nfs	Network File System Protocol
nntp	USENET news using NNTP access
rtsp	Real Time Streaming Protocol
service	Service Location
sip	Session Initiation Protocol
sips	Secure Session Initiation Protocol
snmp	Simple Network Management Protocol
tel	Telephone
telnet	The Network Virtual Terminal Emulation Protocol
tftp	Trivial File Transfer Protocol
urn	Uniform Resource Names
z39.50r	Z39.50 Retrieval
z39.50s	Z39.50 Session

④ HTML(HyperText Markup Language)

HTML(HyperText Markup Language)은 웹페이지를 기술하기 위한 언어(데이터 형식)입니다. 웹 브라우저 화면에 표시되는 문자나 문자의 크기, 위치, 색 등을 지정할 수 있습니다. 또한 이미지나 동영상을 화면에 붙여넣는 설정이나 음악 등을 재생하는 설정이 가능합니다.

HTML에는 하이퍼텍스트라는 기능이 있습니다. 화면에 표시되는 문자나 그림에 링크를 걸고, 이곳을 클릭하면 다른 정보를 표시하는 기능으로, 인터넷 상의 어떤 WWW 서버의 정보든 링크를 걸 수 있습니다. 인터넷상에 있는 대부분의 웹페이지에는 관련된 정보에 링크가 걸려 있습니다. 이를 마우스로 클릭해서 링크를 차례차례 따라가면 전 세계의 정보를 볼 수 있습니다.

HTML은 'WWW의 공통된 데이터 표현 프로토콜'이라고 할 수 있습니다. 아키텍처가 다른 컴퓨터라도 HTML에 따라 데이터를 만들어두면 거의 비슷하게 표시됩니다. OSI 참조 모델에 비춰보면 HTML은 'WWW의 프리젠테이션 층'이라고 할 수 있습니다.▼ 단, 현재 컴퓨터 네트워크의 프리젠테이션층은 완전히 정비되어 있지 않기 때문에 OS 또는 이용하는 소프트웨어가 다르면 세세한 부분의 표시가 달라지는 경우가 있습니다.

그림 8.16은 HTML로 표현한 데이터의 예입니다. 또한 그림 8.17은 이 HTML 문서를 브라우저(Internet Explorer)로 읽어들인 화면 이미지입니다.

:: HTML은 WWW뿐만 아니라 전자메일 등에서 사용하는 경우도 있다.

```
<!DOCTYPE HTML PUBLIC "-//W3C//DTD HTML 4.01 Transitional//EN"
  "http://www.w3.org/TR/html4/loose.dtd">
<html lang="kr">
<head>
  <meta http-equiv="Content-Type" content="text/html; charset=UTF-8">
  <title>Mastering TCP/IP</title>
</head>
<body>
<h1>"마스터링 TCP/IP" 소개 페이지</h1>
<img src="cover.jpg" alt="마스터링 TCP/IP 표지 이미지">
<p>이 페이지는 도서 "마스터링 TCP/IP"를 소개하는 페이지입니다.</p>
<ul>
  <li><a href="feature.html">마스터링 TCP/IP의 특징</a></li>
  <li><a href="feature.html">이 책의 독자층</a></li>
  <li><a href="feature.html">크기 / 페이지수 / 가격</a></li>
  <li><a href="feature.html">저자 소개</a></li>
</ul>
</body>
</html>
```

○ **그림 8.16** HTML의 예

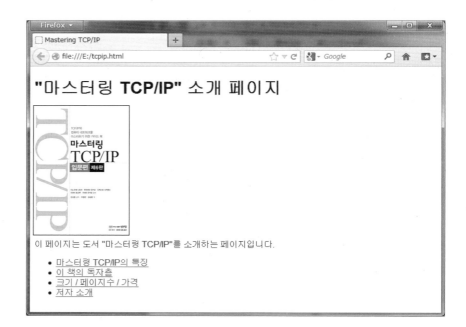

◑ **그림 8.17** 웹 브라우저로 그림 8.16의 HTML을 읽어들인다.

∷ **SGML**(Standard Gener-alized Markup Language)

XML과 Java

WWW에서 데이터를 파일로 저장하거나 애플리케이션 간에 주고받는 형식으로 XML(Extensible Markup Language)을 이용할 수 있습니다. XML은 SGML*에서 파생된 언어이지만, HTML과 마찬가지로 항목의 전후에 태그를 붙여 의미를 나타냅니다. 〈태그명〉부터 〈/태그명〉까지를 하나의 데이터로 취급합니다.

최근에는 Java와 XML을 조합한 애플리케이션의 개발이 증가하고 있습니다. 구 Sun Microsystems 사가 개발한 Java는 플랫폼에 의존하지 않는 프로그래밍 언어 및 실행 환경이고, XML은 소프트웨어 제조업체에 의존하지 않는 데이터 포맷입니다. Java와 XML도 OSI 참조 모델의 제6층인 프리젠테이션층에 해당한다고 할 수 있습니다. 이 두 가지를 조합하면 네트워크에 종류가 다른 시스템이 연결되어 있더라도 똑같이 동작하는 애플리케이션을 개발할 수 있습니다.

❖ HTML5·CSS3

초기 웹 브라우저는 기본적인 문자 정보와 이미지 표시만 지원했고 음성이나 동영상을 재생하려면 기능을 확장하는 플러그인을 이용해 멀티미디어를 구현했습니다. 이러한 독자적인 플러그인은 리치 인터넷 애플리케이션을 실현하는 플랫폼으로서 널리 이용되게 된 반면 보안 대책의 지연 등도 지적되어 표준 HTML에 웹 애플리케이션 플랫폼으로서의 기능 구현이 필요해졌습니다.

이러한 배경에서 HTML5로 불리는 새로운 규격은 표준으로 음성과 동영상을 재생할 수 있게 됐고, 다양한 API를 내장한 웹 어플리케이션을 만들기 쉬워졌습니다. 또한 HTML4 이전에는 복잡했던 요소나 속성을 새롭게 재검토하여 더욱 명확하게 문서 구조를 나타낼 수 있게 되었습니다.

CSS(Cascading Style Sheet)는 HTML의 요소를 어떻게 표시할지 지정할 수 있는 언어이고, 주요 웹 브라우저에서 이용할 수 있습니다. CSS3라 불리는 새로운 규격에서는 종래의 웹페이지에서는 이미지 데이터로 디자인하던 버튼 표현 등을 이미지 데이터를 사용하지 않고 CSS3의 기술만으로 디자인할 수 있게 되었습니다.

HTML5와 CSS3의 조합으로 문서 구조와 디자인의 분리가 명확해졌고, 컴퓨터나 스마트폰 등 화면 크기가 다른 단말기에 맞는 디자인을 하기 쉬워졌습니다. 기존에는 PC용, 스마트폰용으로 각각의 화면 크기에 맞춘 사이트를 준비하는 방식이 일반적이었지만, HTML5·CSS3로 화면 표시에 사용할 CSS를 전환할 수 있게 되었습니다. 이러한 디자인 기법을 반응형 웹디자인이라고 합니다.

5 HTTP(HyperText Transfer Protocol)

HTTP는 HTML 문서나 이미지, 음성, 동영상 등의 컨텐츠 송수신에 이용할 수 있는 프로토콜입니다. 트랜스포트 프로토콜로서 TCP를 사용합니다.

HTTP에서는 클라이언트가 HTTP 서버(웹 서버)에 정보를 요청하고, 이 요청에 대해 HTTP 서버(웹 서버)가 클라이언트에 정보를 송신합니다. HTTP 서버는 클라이언트의 상태를 유지하지 않습니다(스테이트리스라고 부릅니다).

구체적으로는 사용자가 브라우저에 웹페이지의 URI를 입력하면 HTTP 처리가 시작됩니다. HTTP 에서는 보통 80번 포트가 이용됩니다. 먼저 클라이언트에서 서버로 포트 80번을 통해 TCP 커넥션을 확립합니다. 확립된 TCP 통신로를 이용해 커맨드나 응답, 데이터로 이루어진 메시지 송수신이 이루어집니다.

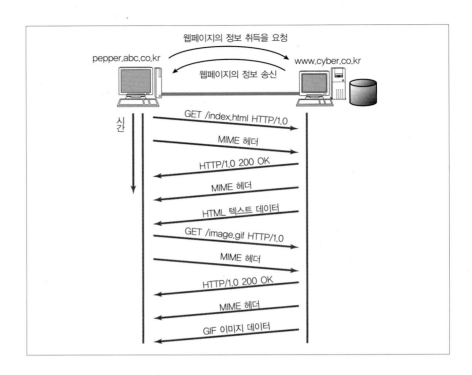

⊙ 그림 8.18 HTTP의 구조

HTTP에서는 주로 HTTP 1.0과 HTTP 1.1이라는 2개의 버전을 사용합니다. HTTP 1.0까지는 하나의 '커맨드'와 '응답'을 주고받을 때마다 TCP 커넥션을 확립하고 끊었습니다. 하지만 HTTP 1.1부터는 하나의 TCP 커넥션으로 여러 개의 '커맨드'와 '응답'을 할 수 있게 되었습니다.▼ 이로 말미암아 TCP 커넥션의 확립 및 끊기에 의한 오버헤드를 줄일 수 있어서 효율이 올라갔습니다.

∷ 커넥션을 확립한 채로 통신하는 방법을 'keep-alive'라고 한다.

⊙ 표 8.8 HTTP의 주요 커맨드와 응답 메시지

• HTTP의 주요 커맨드

OPTIONS	옵션 지정
GET	지정한 URL의 데이터를 취득
HEAD	메시지 헤더만 취득
POST	지정한 URI에 데이터를 등록
PUT	지정한 URI에 데이터를 저장
DELETE	지정한 URI의 데이터를 삭제
TRACE	리퀘스트 메시지를 클라이언트에게 되돌린다.

• 정보의 제공

100	Continue
101	Switching Protocols

• 긍정적인 응답

200	OK
201	Created
202	Accepted
203	Non-Authoritative Information
204	No Content
205	Reset Content
206	Partial Content

• 전송 요청(리다이렉션)

300	Multiple Choices
301	Moved Permanently
302	Found
303	See Other
304	Not Modified
305	Use Proxy

• 클라이언트가 보낸 요청 내용의 오류

400	Bad Request
401	Unauthorized
402	Payment Required
403	Forbidden
404	Not Found
405	Method Not Allowed
406	Not Acceptable
407	Proxy Authentication Required
408	Request Time-out
409	Conflict
410	Gone
411	Length Required
412	Precondition Failed
413	Request Entity Too Large
414	Request-URI Too Large
415	Unsupported Media Type

• 서버 오류

500	Internal Server Error
501	Not Implemented
502	Bad Gateway
503	Service Unavailable
504	Gateway Time-out
505	HTTP Version not supported

❖ HTTP에서의 인증

HTTP에 정의된 인증 방식에는 Basic 인증과 Digest 인증이 있습니다. HTTP 서버는 클라이언트를 인증하고 인증에 성공한 클라이언트에만 컨텐츠를 반환하도록 액세스를 제한할 수 있습니다.

Basic 인증에서는 base64로 인코딩이 되는데, 사용자 ID와 비밀번호가 평문으로 네트워크를 흐르기 때문에 안전하지 않아, HTTPS 암호화 통신과 결합해 이용하는 것을 권장합니다.

Digest 인증은 Basic 인증의 결점인 평문으로 네트워크를 흐르는 것을 개선한 인증 방식으로, 유저 ID와 패스워드를 MD5로 해시화해 송신합니다. 해시화되어 있기 때문에 도청되어도 패스워드 해석이 어렵다고 여겨졌습니다. 그러나 MD5는 최근 해석이 가능한 해시 알고리즘으로서 안전성에 우려가 있음이 밝혀졌습니다.

또한, 웹사이트 인증으로서 방식은 다르지만 웹사이트 로그인 페이지처럼 HTML로 만든 폼 화면 방식도 있습니다.

어쨌든, 패스워드가 평문으로 네트워크를 흐르지 않도록 HTTPS 암호화 통신을 사용하는 것이 일반적입니다.

❖ 더 빠르고 쾌적한 Web을 목표로 (HTTP/2 와 HTTP/3)

최근 몇 년간 웹페이지를 읽으려면 이전보다 많은 리소스가 필요해졌습니다. 이미지를 많이 사용한 웹페이지나 동영상 컨텐츠를 부드럽게 전송하려면 복수의 접속이 필요한데, 이는 한편으로 네트워크에 혼잡을 일으키는 원인이 되기도 합니다.

그래서 2015년 5월에 공개된 HTTP 버전2인 HTTP/2(RFC7540)에서는 하나의 접속에서의 병렬 처리나 이진 데이터 사용으로 송수신 데이터량 감소, 헤더 압축, 서버 푸시 등의 기술을 도입해 네트워크 자원의 효율화를 실현했습니다.

웹 서버와 웹 브라우저가 HTTP/2를 지원하면, 자동으로 HTTP/2 통신을 시작하므로 사용자가 HTTP/2를 의식할 필요는 없습니다.

또한, 더 많은 클라이언트 접속을 지원하고, 고속으로 웹페이지를 읽을 수 있도록 TCP의 3웨이 핸드쉐이크가 없는 UDP를 사용하는 HTTP-over-QUIC이 인터넷 드래프트로 2016년 11월에 제출됐습니다. 그 후, 2018년 12월에 HTTP/3로 명칭을 새롭게 했습니다.

앞으로 HTTP/3의 구현이 진행되면 더욱 더 편리한 웹이 실현될 것입니다.

:: telnet 커맨드의 사용법에 대해서는 330쪽 칼럼 참조.

> **HTTP 커맨드 시험하기**
> HTTP 서버와 TELNET으로 연결할 수 있는 경우, 아래와 같이 HTTP 서버에 로그인하면 표 8.8에 있는 HTTP 커맨드를 수동으로 실행할 수 있습니다.
>
> ```
> telnet 서버명 또는 주소 80
> ```
>
> 자신이 HTTP 클라이언트가 되었다고 생각하고, ASCII 문자열로 HTTP 커맨드를 입력하여 표 8.8의 응답을 확인해보십시오.

⑥ 웹 애플리케이션

WWW 초기에는 정적인 이미지나 텍스트 표시뿐이었지만, 앞으로 소개할 서버상에서 프로그램을 실행하고 그 결과를 표시할 수 있는 CGI나 웹 브라우저상에서 프로그램을 실행할 수 있는 JavaScript에 의해 다양한 애플리케이션을 이용할 수 있게 되었습니다. 이러한 웹 브라우저에서 이용하는 애플리케이션을 웹 애플리케이션이라고 합니다.

❖ JavaScript

웹의 기본 요소는 URI, HTML, HTTP이지만, 이것만으로는 조건에 따라 동적으로 표시하는 내용을 변경할 수 없습니다. 그래서 웹 브라우저 측이나 서버 측에서 프로그램 처리를 수행함으로써 다양한 서비스, 예를 들어 인터넷 쇼핑이나 정보 검색 등을 실현할 수 있도록 하고 있습니다.

웹 브라우저에서 움직이는 프로그램을 '클라이언트사이드 애플리케이션'이라고 하며, 서버 측에서 움직이는 프로그램을 '서버사이드 애플리케이션'이라고 합니다.

:: JavaScript는 브라우저에서 동작하는 스크립트 언어로 개발되었는데, 최근에는 서버상에서 동작하는 기술도 나왔다. 이것을 서버사이드 JavaScript라고 한다.

:: 사용자 입력의 확인 등을 모두 서버 측에서 체크하면 서버의 부하가 높아지기 때문에 클라이언트 측만으로 체크할 수 있는 항목은 클라이언트 측에서 체크하는 편이 효율적이다.

JavaScript는 HTML에 심어지는 프로그래밍 언어이자, 클라이언트사이드 애플리케이션으로, 많은 종류의 웹 브라우저상에서 작동합니다. 이러한 웹 브라우저에서 JavaScript가 심어져 있는 HTML을 HTTP에서 다운로드하면, JavaScript로 작성된 프로그램이 클라이언트 측에서 실행됩니다.▼ 이러한 프로그램은 사용자가 입력한 수치가 허용 범위를 넘은 경우나 입력 및 선택이 필수인 난이 미입력 상태인 경우의 확인 처리 등에 사용합니다.▼ HTML이나 XML 문서의 논리적인 구조(DOM : Document Object Model)를 JavaScript로 조작하여, 웹페이지로 표시될 정보나 스타일을 동적으로 변경할 수도 있습니다. 최근에는 서버에서 웹페이지 전체를 읽어들이는 것이 아니라 JavaScript로 DOM을 조작하여, 보다 동적인 웹 사이트를 작성하는 일도 가능해졌습니다. 이러한 기법을 'Ajax(Asynchronous JavaScript and XML)'라고 부르기도 합니다.

예전의 웹페이지는 사람이 읽는 것을 가정한 내용으로 되어 있습니다. 한편, 웹페이지를 동적으로 변화시키게 됨에 따라, 프로그램으로 데이터를 주고받기 쉽게 하기 위한 구조가 확대되고 있습니다. 이 구조는 WebAPI로 불립니다. 각 웹사이트에서는 데이터를 활용하기 쉽도록 WebAPI를 통해 데이터를 제공하고 있습니다. 이용자는 WebAPI를 이용해 필요한 데이터와 연계하여 시스템을 작성할 수 있게 되었습니다.

예를 들면, 온라인 쇼핑 사이트의 인기상품 정보라던지 일기예보 사이트의 일기예보 정보 등을 웹 API를 이용해서 입수할 수 있습니다.

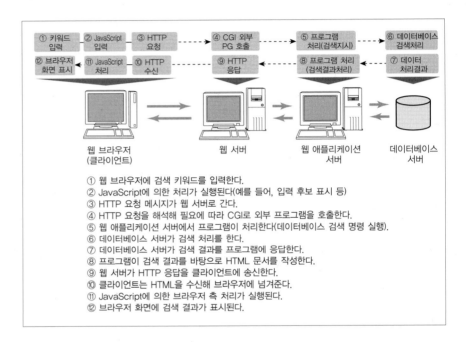

① 웹 브라우저에 검색 키워드를 입력한다.
② JavaScript에 의한 처리가 실행된다(예를 들어, 입력 후보 표시 등)
③ HTTP 요청 메시지가 웹 서버로 간다.
④ HTTP 요청을 해석해 필요에 따라 CGI로 외부 프로그램을 호출한다.
⑤ 웹 애플리케이션 서버에서 프로그램이 처리한다(데이터베이스 검색 명령 실행).
⑥ 데이터베이스 서버가 검색 처리를 한다.
⑦ 데이터베이스 서버가 검색 결과를 프로그램에 응답한다.
⑧ 프로그램이 검색 결과를 바탕으로 HTML 문서를 작성한다.
⑨ 웹 서버가 HTTP 응답을 클라이언트에 송신한다.
⑩ 클라이언트는 HTML을 수신해 브라우저에 넘겨준다.
⑪ JavaScript에 의한 브라우저 측 처리가 실행된다.
⑫ 브라우저 화면에 검색 결과가 표시된다.

○ **그림 8.19** JavaScript와 CGI에서의 처리 흐름

❖ CGI

:: **CGI**(Common Gateway Interface)

CGI▼는 웹 서버가 외부 프로그램을 호출하는 서버사이드 애플리케이션 장치입니다.

보통 웹 통신은 클라이언트의 요청에 따라 웹 서버의 하드디스크에 저장되어 있는 데이터를 전송할 뿐입니다. 이 경우 클라이언트에 전송되는 것은 항상 똑같은 정보(정적인 정보)입니다. CGI를 사용하면 클라이언트의 요청에 따라 웹 서버 측에서 별도의 외부 프로그램을 실행시켜 그 프로그램에게 사용자가 입력한 정보를 전달합니다. 그리고 외부 프로그램이 그 정보를 처리하여 작성한 HTML이나 그 밖의 데이터가 클라이언트 측으로 전송됩니다.▼

:: 반드시 외부 프로그램이 CGI를 사용하여 실행된다고는 할 수 없다. 웹 서버 내부에 서버 프로그램이 심어져 있거나, 인터프리터형 언어로 작성된 프로그램을 해석 및 실행하는 인터프리터가 웹 서버에 내장되어 있는 경우도 있다.

CGI를 사용하면 사용자의 조작에 따라 다양하게 변화하는 정보(동적인 정보)를 전송할 수 있습니다. 게시판이나 인터넷 쇼핑 중에는 CGI를 사용하여 외부 프로그램을 호출하거나 데이터베이스에 액세스하는 것도 있습니다.

❖ 쿠키(Cookie)

웹 애플리케이션에서는 사용자의 정보를 식별하기 위해 '쿠키'라는 장치를 사용합니다. 쿠키는 웹 서버가 클라이언트 측에 정보('태그명'과 '태그명에 붙은 값')를 저장하기 위해 사용합니다.▼ 로그인 정보 또는 인터넷 쇼핑의 장바구니 정보 등을 웹 브라우저에 기억시킬 때 사용됩니다.

웹 서버 측에서 클라이언트의 쿠키를 확인함으로써 동일한 상대와 통신하는지, 아닌지를 확인하거나 장바구니에 저장된 상품을 서버 측에 기억시켜둘 필요가 없어집니다.

:: 쿠키에 유효 기간을 붙일 수도 있다.

❖ 웹소켓(WebSocket)

채팅 앱이나 게임 앱 등 클라이언트와 서버 간의 양방향 통신을 HTTP 상에서 구현하는 프로토콜로 웹소켓(WebSocket)이 개발됐습니다. 원래 HTTP는 단방향 통신용으로 만들어진 프로토콜이지만, 다양한 애플리케이션에서 양방향 실시간 통신이 필요해졌기 때문입니다.

웹소켓을 이용한 애플리케이션 통신에서는 우선 클라이언트와 서버 사이에 HTTP 통신을 실시하고, HTTP의 upgrade 요청/응답으로 웹소켓용 통신로를 확립해 양방향 통신을 할 수 있게 되어 있습니다. 웹소켓 프로토콜은 RFC6455로 인터넷 표준이 되었습니다.

또한, W3C가 웹소켓을 이용하기 위한 API를 정리함으로써, 웹소켓 API에 준거한 JavaScript 프레임워크 등이 개발되어 널리 이용되게 되었습니다.

네트워크 관리(SNMP)

06

◪ SNMP(Simple Network Management Protocol)

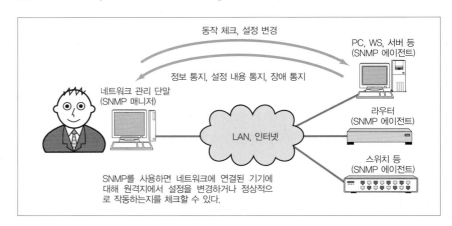

동작 체크, 설정 변경

PC, WS, 서버 등
(SNMP 에이전트)

정보 통지, 설정 내용 통지, 장애 통지

네트워크 관리 단말
(SNMP 매니저)

LAN, 인터넷

라우터
(SNMP 에이전트)

스위치 등
(SNMP 에이전트)

SNMP를 사용하면 네트워크에 연결된 기기에
대해 원격지에서 설정을 변경하거나 정상적으
로 작동하는지를 체크할 수 있다.

◐ **그림 8.20** 네트워크 관리

네트워크는 예전에는 관리자나 도입 담당자의 기억과 감으로 관리했습니다. 하지만 네트워크의 발전과 확대로 말미암아 사람의 기억이나 감만으로 따라갈 수 없는 레벨로 올라감으로써 제대로 된 지식을 수반하는 관리가 중요해졌습니다. TCP/IP 네트워크의 관리에는 SNMP(Simple Network Management Protocol)를 이용하여 필요한 정보 등을 취득합니다. SNMP는 UDP/IP상에서 작동하는 프로토콜입니다.

SNMP에서는 관리하는 측을 '매니저(네트워크 감시 단말)', 관리되는 측을 '에이전트(라우터, 스위치 등)'라고 합니다.▼ 매니저와 에이전트 사이의 통신 방법을 정해 놓은 것이 'SNMP'입니다. SNMP에서는 MIB▼라는 에이전트가 관리하는 관리 정보의 데이터베이스의 값을 구하거나 새로운 값을 설정할 수 있습니다.

초기 SNMP에서는 보안 기능이 불충분했습니다. SNMPv2의 표준화 시 보안 기능도 제안되었지만, 의견이 모아지지 않고 결국 종래의 커뮤니티 베이스의 인증만을 지원하는 제안(SNMPv2c)이 표준으로 되었습니다. SNMPv2c에서는 보안 기능은 채택되지 않았습니다.

그래서 SNMPv3에서는 SNMP가 가져야 할 모든 기능을 동일 버전의 SNMP에서 실현하는 것이 아니라, 개별 기능(컴포넌트)으로 정의하고 다양한 버전을 조합하여 통신할 수 있도록 했습니다.

:: SNMPv3에서는 매니저와 에이전트를 모두 '엔터티'라고 한다.

:: MIB(Management Information Base)에 대해서는 360쪽 참조.

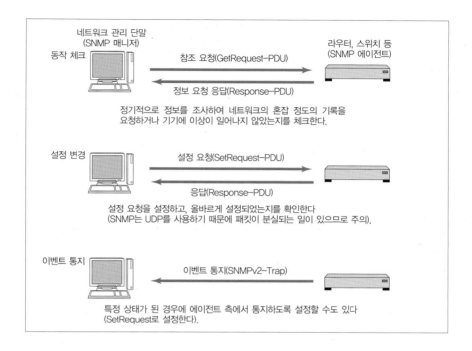

네트워크 관리 단말
(SNMP 매니저)

라우터, 스위치 등
(SNMP 에이전트)

동작 체크

참조 요청(GetRequest-PDU)

정보 요청 응답(Response-PDU)

정기적으로 정보를 조사하여 네트워크의 혼잡 정도의 기록을
요청하거나 기기에 이상이 일어나지 않았는지를 체크한다.

설정 변경

설정 요청(SetRequest-PDU)

응답(Response-PDU)

설정 요청을 설정하고, 올바르게 설정되었는지를 확인한다
(SNMP는 UDP를 사용하기 때문에 패킷이 분실되는 일이 있으므로 주의).

이벤트 통지

이벤트 통지(SNMPv2-Trap)

특정 상태가 된 경우에 에이전트 측에서 통지하도록 설정할 수도 있다
(SetRequest로 설정한다).

○ 그림 8.21 SNMP의 구조

SNMPv3에서는 '메시지 처리', '보안', '액세스 컨트롤' 부분을 나누어 생각해서, 각각에 필요한 장치를 선택할 수 있도록 되어 있습니다.

예를 들어 '메시지 처리'에 대해서는 SNMPv3에서 정의되어 있는 처리 모델 외에, SNMPv1과 SNMPv2의 처리 모델을 선택할 수 있습니다. 실제로 SNMPv3에서는 SNMPv2의 메시지 처리를 사용하여 통신을 하는 경우가 많습니다.

메시지 처리에 SNMPv2를 선택한 경우는 참조 요청(GetRequest-PDU) 이전에 요청한 다음 정보의 참조 요청(GetNextRequest-PDU), 응답(Response-PDU), 일괄 참조 요청(GetBulkRequest-PDU), 다른 매니저에 대한 정보 통지 요청(InformationRequest-PDU▼), 이벤트 통지(SNMPv2-Trap-PDU), 관리 시스템에서 정의하는 명령(Report-PDU)과 같은 여덟 가지 조작을 할 수 있습니다.

보통은 참조 요청과 응답에 의해 정기적으로 기기의 동작을 체크하거나, 설정 요청에 의해 기기 설정을 변경합니다. SNMP에서의 처리는 기기에 대한 데이터의 읽고 쓰기로 집약할 수 있습니다. 이 방법을 '페치/스토어 패러다임'이라고 하는데, 컴퓨터의 입출력과 같은 기본적인 동작과 똑같습니다.▼

Trap은 어떤 원인으로 네트워크 기기가 바뀌는 상황에서 그 상황 변화를 SNMP 매니저에게 통지하는 경우에 사용합니다. Trap에서는 매니저가 에이전트에게 조회를 하지 않아도 기기의 상태가 바뀌면 에이전트 측에서 통지를 합니다.

:: 덫과 같은 장치를 'Trap'이라고 하는데, SNMP의 Trap에도 이와 비슷한 뜻이 포함되어 있다.

:: 컴퓨터에서는 메모리의 특정 주소에 데이터를 쓰거나 메모리의 특정 주소에 있는 데이터를 읽어들임으로써 키보드의 입력이나 화면 표시, 디스크를 읽고 쓰는 일을 한다. 이를 '메모리 맵 I/O'라고 하는데, 대표적인 페치/스토어 패러다임이라 할 수 있다. SNMP는 이를 네트워크에 응용하고 있다.

:: '프라이빗 MIB'라고 부르는
경우도 있다.

② MIB(Management Information Base)

SNMP에서 주고받는 정보를 'MIB(Management Information Base)'라고
합니다. MIB는 트리형 구조를 가진 데이터베이스로, 각 항목에 번호가 붙어
있습니다.

SNMP가 MIB에 액세스할 때에는 숫자열을 사용합니다. 이 숫자에는 사람이
알기 쉽도록 이름이 붙여져 있습니다. MIB에는 표준 MIB(MIB, MIB-II,
FDDI-MIB)와 각 제조업체가 독자적으로 작성한 확장 MIB가 있습니다. 어떤
MIB든 ISO의 ASN.1▼을 이용한 SMI(Structure of Management
Information)에서 정의된 구문으로 기술합니다.

MIB는 SNMP의 프리젠테이션층에 해당합니다. 즉, 네트워크 투과적인 구조
체입니다. SNMP에서는 에이전트의 MIB에 값을 대입하거나 값을 꺼냅니다.
이에 의해 충돌 횟수나 트래픽의 양과 같은 정보의 수집, 인터페이스 IP 주소
와 같은 정보의 변경, 라우팅 프로토콜의 정지, 기동, 기기의 재기동 및 전원
OFF 등의 처리를 수행할 수 있습니다.

:: **ASN.1**(Abstract Syntax
Notation 1)
'추상 구문 문법1'이라고도 하
는데, OSI 프로토콜의 프리젠테
이션층을 기술하기 위해 개발된
언어다. ASN.1로 기술된 데이
터는 네트워크 안에서 투과적으
로 이용할 수 있다.

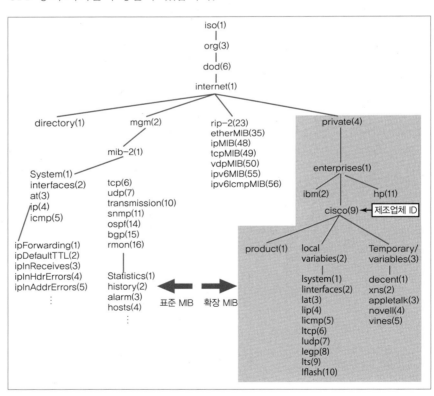

○그림 8.22 MIB 트리의 예
(Cisco Systems 사 개발)

③ RMON(Remote Monitoring MIB)

RMON은 'Remote Monitoring MIB'의 약자입니다. 보통의 MIB가 네트워
크 기기의 인터페이스(점)를 감시하는 파라미터군으로 구성되어 있는 데에 반

해, 'RMON'은 연결되는 네트워크의 회선(선)을 감시하는 파라미터군으로 구성되어 있습니다.

RMON으로 말미암아 감시 가능한 부분이 점인 정보에서 선인 정보로까지 퍼져, 네트워크를 효과적으로 감시할 수 있게 되었습니다. 감시 가능한 내용도 통신 트랙픽의 통계 정보와 같이 사용자 입장에서 생각할 때에 의미 있는 것이 많습니다.

이것으로 어떤 특정 호스트가 어디의 누구와 어떤 프로토콜(애플리케이션)을 사용하여 통신하고 있는지와 같은 통계 정보를 얻을 수 있고, 네트워크상에 걸려 있는 부하의 내용을 자세히 분석할 수 있습니다.

RMON으로 말미암아 현재 사용 상황으로부터 통신의 방향성까지를 단말 단위부터 프로토콜 단위까지 파악할 수 있습니다. 또한 네트워크를 관리만 하는 것이 아니라 앞으로 네트워크를 확장하거나 변경할 때에도 매우 유익한 정보를 얻을 수 있습니다. 특히, WAN 회선 부분이나 서버 세그먼트 부분의 트래픽 정보를 조사함으로써 네트워크의 이용율이나 회선에 부하를 주고 있는 호스트나 프로토콜을 특정하기 위한 정보를 얻을 수 있기 때문에 네트워크의 대역이 충분한지 아닌지를 판단하는 데에 있어 중요한 자료가 됩니다.

④ SNMP를 사용하는 애플리케이션의 예

SNMP를 사용하는 애플리케이션을 소개하겠습니다.

MRTG(Multi Router Traffic GRAPHER)는 RMON을 사용하여 네트워크에 연결되어 있는 라우터의 트래픽양의 정보를 정기적으로 수집하여 그래프화하는 툴입니다. 이 애플리케이션은 아래의 사이트에서 입수할 수 있습니다.

```
http://oss.oetiker.ch/mrtg
```

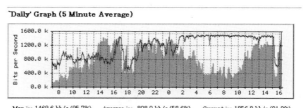

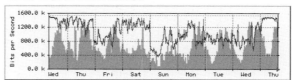

○ 그림 8.23 MRTG에 의한 트래픽양의 그래프화

그 밖의 애플리케이션 프로토콜

07

인터넷은 데이터 통신용 네트워크로 발전해 왔습니다. 하지만 최근에는 실시간으로 음성이나 영상을 송수신할 때에 널리 이용되고 있습니다. 인터넷을 통한 전화나 화상 회의, 라이브 중계 등 즉시성과 쌍방향성이 요구되는 분야에서의 이용도 늘어가고 있습니다.

1 멀티미디어 통신을 실현하는 기술(H.323, SIP, RTP)

TCP에 의한 통신은 플로 제어, 혼잡 제어, 재전송 제어를 하기 때문에 애플리케이션이 송신한 패킷이 신속하게 수신처 호스트의 애플리케이션에 도달하지 않는 경우가 있습니다. 인터넷 전화에서 사용되는 VoIP▾나 화상 회의의 경우는 패킷이 다소 누락될 가능성이 있어도 지연이 적거나 즉시성이 중요시됩니다. 그래서 실시간 멀티미디어 통신에는 UDP가 사용됩니다.

:: VoIP
Voice Over IP의 약자다.

UDP를 사용한다고 해서 그것으로 멀티미디어 통신이 가능해지는 것은 아닙니다. 인터넷 전화나 화상 회의의 상대를 찾아 전화기처럼 상대를 호출하고, 어떤 형식으로 데이터를 주고받을 것인지를 정하는 장치 '호출 제어'가 필요합니다. 호출 제어를 수행하는 프로토콜로는 H.323, SIP를 들 수 있습니다. 멀티미디어 데이터 본체의 특성에 맞추어 전송을 하는 것으로는 'RTP'가 있습니다. 그리고 음성이나 영상 등 큰 멀티미디어 데이터를 네트워크로 보내기 위한 압축 기술도 필요합니다.

이러한 기술을 조합하여 실시간으로 멀티미디어 통신을 실현하고 있는 것입니다. 또한 인터넷 통신이나 화상 회의에서는 지금까지의 데이터 통신 이상으로 실시간성이 요구됩니다. 따라서 QoS나 회선 용량, 회선 품질에도 충분히 고려한 네트워크 구축이 필요합니다.

❖ H.323

H.323은 ITU에 의해 책정된 IP 네트워크상에서 음성이나 영상을 주고받기 위한 프로토콜 체계입니다. 원래 예전의 ISDN망과 IP 네트워크상의 전화망을 연결하기 위한 규격으로 개발되었습니다.

H.323은 이용 단말인 터미널, 이용자의 데이터 압축 방법의 차이 등을 흡수하는 게이트웨이, 전화번호부의 관리와 호출 제어를 담당하는 게이트 키퍼, 여러 개의 단말로부터 동시에 사용할 수 있도록 하는 멀티 컴포넌트 유닛으로 구성됩니다.

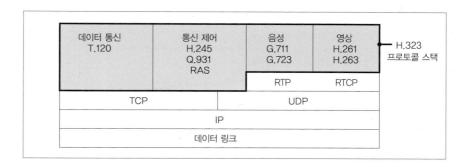

| 데이터 통신
T.120 | 통신 제어
H.245
Q.931
RAS | 음성
G.711
G.723 | 영상
H.261
H.263 | ← H.323
프로토콜 스택 |

○ 그림 8.24 H.323의 기본 구성

❖ SIP(Session Initiation Protocol)

H.323과 비교되는 TCP/IP 프로토콜이 'SIP'입니다. SIP는 H.323보다 나중에 개발되어, H.323보다 인터넷에서의 이용 요구에 일치하도록 만들어졌습니다. H.323는 수많은 규격을 지원하기 위해 복잡하게 구성되었지만, SIP는 비교적 간단한 구성으로 되어 있습니다.

단말 간에 멀티미디어 통신을 하려면, 사전에 상대의 주소를 해결하거나, 상대를 호출하거나, 주고받을 미디어 정보▾에 대해 교환하는 기능이 필요합니다. 또한 세션을 중단시키거나 전송하기 위한 기능도 필요합니다. 이러한 기능(호출 제어나 시그널링이라 함.)을 실현하는 것이 'SIP'의 역할입니다. OSI 참조 모델로 말하자면, 세션층에 해당한다고 할 수 있습니다.

SIP에서는 단말 간에 메시지를 주고받음으로써 호출을 제어하고, 멀티미디어 통신에 필요한 준비를 합니다. 단, SIP 자체는 데이터 통신의 준비를 할 뿐, 멀티미디어 데이터 자체는 전송하지 않습니다. SIP 메시지는 단말끼리 직접 통신하는 것이 기본이지만, 서버를 경유해 전송할 수도 있습니다. SIP는 HTTP와 비슷한 심플한 구조▾로 되어 있기 때문에 VoIP뿐만 아니라 다양한 애플리케이션에서도 응용하고 있습니다.

주요 SIP 메시지를 표 8.9에, 응답 메시지를 표 8.10에 정리했습니다.

:: 압축 방법, 샘플링 레이트, 채널 수 등이 있다.

:: HTTP에서는 웹페이지의 취득 및 송신에 ASCII 문자열에 의한 요청 커맨드와 숫자 세 자리로 된 응답을 사용하는데, SIP에서도 이와 비슷한 ASCII 문자열을 사용한다.

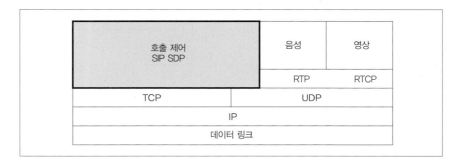

| 호출 제어
SIP SDP | 음성 | 영상 |

○ 그림 8.25 SIP의 기본 구조

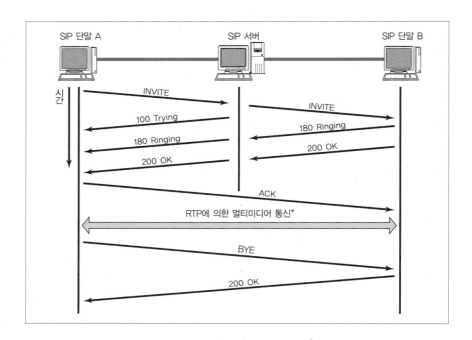

:: RTP에 의한 통신은 SIP 서
버를 경유하지 않고 SIP 단말
간에서 직접 일어난다.

◑그림 8.26 SIP의 호출 제어
절차(SIP 서버를 통하는 경우)

◑표 8.9 주요 SIP 메시지

메시지	내용
INVITE	세션을 시작한다는 요청
ACK	INVITE에 대한 응답 확인
BYE	세션의 종료
CANCEL	세션의 취소
RESISTER	사용자의 URI 등록

◑표 8.10 SIP의 주요 응답 메
시지

100번대	잠정적인 응답, 정보
100	Trying
180	Ringing
200번대	요청이 성공했다
200	OK
300번대	리다이렉트
400번대	클라이언트 측 오류
500번대	서버 측 오류
600번대	기타 오류

❖ RTP(Real-Time Protocol)

UDP는 신뢰성이 없는 프로토콜입니다. 패킷이 분실되거나 순번이 바뀔 가능성이 있습니다. UDP로 실시간 멀티미디어 통신을 실현하려면 패킷의 순번을 나타내는 시퀀스 번호를 붙이거나 패킷의 송신 시간을 관리해야 합니다. 이것을 수행하는 것이 'RTP'입니다. RTP는 QUIC처럼 UDP를 사용한 트랜스포트 프로토콜이라고 할 수 있습니다.

RTP는 각각의 패킷에 타임스탬프와 시퀀스 번호를 추가합니다. 패킷을 수신한 애플리케이션은 이 타임스탬프의 시작을 바탕으로 재생할 타이밍을 조절할 수 있습니다. 시퀀스 번호는 패킷을 하나 보낼 때마다 1씩 증가합니다. 시퀀스 번호를 사용하여 동일한 타임스탬프를 갖고 있는 데이터▼의 순서를 바로고치거나 패킷이 빠진 것을 파악합니다.

RTCP(RTP Control Protocol)는 RTP에 의한 통신을 보조합니다. 패킷 분실률 등 통신 회선의 품질을 관리함으로써 RTP의 데이터 전송 레이트를 제어합니다.

:: 화면 한 프레임을 구성하는 데이터는 대부분의 경우 하나의 패킷에 모두 들어가지 않는다. 이 경우 타임스탬프는 동일하지만 시퀀스 번호는 다른 값이 된다.

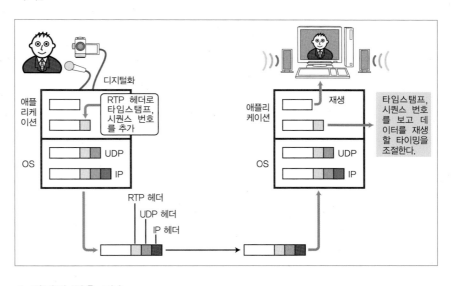

○ **그림 8.27** RTP에 의한 통신

❖ 디지털 압축 기술

효율적으로 데이터를 압축하면 음성이나 영상 데이터의 총 용량을 줄일 수 있습니다. 한정된 네트워크 자원에서 멀티미디어 데이터를 송수신하기 위해서는 압축 기술이 필요합니다.

MPEG(Moving Picture Experts Group)은 디지털 압축의 규격을 정하는 ISO/IEC의 워킹 그룹입니다. 여기서 책정된 규격이 'MPEG'입니다. MPEG1은 VideoCD, MPEG2는 DVD나 디지털 TV 방송에 사용합니다. 또한 MPEG4, MPEG7도 이용되기 시작했습니다. 음악 압축에 사용되는 MP3▼도 MPEG의 규격입니다.

:: 정식 명칭은 MPEG1 Audio Layer III이다.

한편 ITU-T에는 H.323에서 규정되는 H.261, H.263, MPEG과 공동으로 작업한 H.264, H.265/HEVC 등이 있습니다. 이 밖에도 Microsoft 사가 독자적으로 개발한 규격도 존재합니다.

이러한 디지털 압축 기술은 데이터의 형식을 규정하고 있기 때문에 OSI 참조 모델의 프리젠테이션층에 해당한다고 할 수 있습니다.

❖ HTTP를 이용한 스트리밍 전송

지금까지 설명한 SIP나 H.323, RTP는 영상이나 음성을 활용한 멀티미디어 애플리케이션에서 이용되지만, 인터넷을 경유한 통신의 경우 NAT나 방화벽 등의 영향으로 통신이 제대로 성립되지 않는 경우가 있습니다.

그래서 HTTP를 이용한 스트리밍 방식이 고안됐습니다. 처음에 생각했던 것은 영상 컨텐츠를 HTTP로 다운로드한 후 클라이언트에서 재생하는 방법이었습니다. 이어서, 영상 컨텐츠를 모두 다운로드하기 전에 다운로드된 부분부터 재생이 가능해진 유사 스트리밍 방식이 보급되었습니다.

최근에는 PC용, 스마트폰용 등 재생하는 환경이나 네트워크 상태에 맞추어 영상 컨텐츠를 전송하는 Adaptive Bitrate Streaming 방식이 주류입니다.

HTTP를 이용하는 스트리밍 기술은 벤더의 독자적인 구현에서 발전해 왔습니다. 하지만 범용성이 높고 표준화된 기술로서 MPEG-DASH가 책정되어 향후 보급이 기대되고 있습니다.

② P2P(Peer To Peer)

인터넷상에서 전자메일 등의 통신은 1대의 메일 서버에 대해 여러 대의 메일 클라이언트가 연결된 클라이언트/서버 모델로, 1대N 형태의 통신입니다.

이와 달리 네트워크상에 전개되는 각 단말이나 호스트가 서버 등을 사이에 두지 않고 1대1로 직접 연결하여 통신하는 형태를 'P2P(Peer To Peer)'라고 합니다. 이는 무선 트랜시버를 사용한 1대1 통신과 비슷한 형태로 통신하는 형태입니다. P2P에서는 각 호스트가 클라이언트와 서버 모두의 기능을 가지고 대등한 관계로 서비스를 서로 제공합니다.

IP 전화 중에는 P2P를 사용하여 통신하는 것이 있습니다. P2P 방식을 채택함으로써 음성 데이터에 의한 네트워크 부하가 분산되어 효율적인 운용을 할 수 있습니다. 예를 들어, Skype와 같은 인터넷 전화 서비스는 P2P의 기능을 이용한 것입니다.

IP 전화 이외에도 인터넷상의 파일 교환 애플리케이션을 실현하는 Bit Torrent 프로토콜이나 일부 그룹웨어 애플리케이션 등에서도 P2P를 이용하고 있습니다.

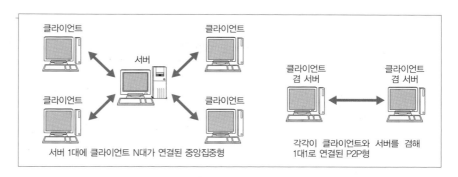

○ 그림 8.28 중앙 집중형과 P2P형

왼쪽: 클라이언트 / 서버 / 클라이언트 / 클라이언트 / 클라이언트
서버 1대에 클라이언트 N대가 연결된 중앙집중형

오른쪽: 클라이언트 겸 서버 / 클라이언트 겸 서버
각각이 클라이언트와 서버를 겸해 1대1로 연결된 P2P형

하지만 P2P를 제대로 이용할 수 없는 환경도 있습니다. 서버와 클라이언트로 나누어진 형태의 통신에서 서버는 인터넷에서 액세스 가능한 장소에 있어야 하는데, 클라이언트는 NAT 내부에 있어도 문제없습니다. 이러한 경우 P2P는 제대로 작동하지 않고, 인터넷에서 NAT를 넘어 양쪽 단말에 액세스할 수 있는 기술이 필요합니다.

❸ LDAP(Lightweight Directory Access Protocol)

LDAP는 디렉토리 서비스에 액세스하기 위한 프로토콜입니다. 대규모 기업이나 교육 기관에서는 관리 대상이 되는 이용자, 기기, 애플리케이션 등이 방대합니다. 예를 들어, 회사 컴퓨터로 사내 포털 사이트에 접속하거나 메일을 체크하기 위해서는 유저명과 비밀번호를 입력해 컴퓨터 인증이나 운영체제 로그인, 포털 사이트 로그인, 메일 서버 로그인을 할 것입니다.

이를 관리하고자 하는 경우, 컴퓨터나 포털 사이트, 메일 서버에 각각 사용해도 되는 사람의 유저명과 패스워드를 미리 설정하여 두어야 하는데, 그 수가 많아지면 관리하기가 매우 힘이 듭니다.

하지만 각 기기나 각 애플리케이션에 대한 유저명이나 패스워드 같은 인증에 필요한 정보를 일원화해 관리하고 곧바로 확인할 수 있으면 편리합니다.

이러한 관리 대상의 정보를 일원화해 관리(인증관리나 자원관리)하는 방법으로서 디렉토리 서비스가 있습니다.▼

'디렉토리 서비스'란 네트워크상에 존재하는 다양한 자원에 관해 데이터베이스와 같은 정보 제공을 하는 서비스를 말합니다. 디렉토리라는 말에는 '연락처'나 '주소록'과 같은 뜻도 있습니다. 디렉토리 서비스는 네트워크상의 자원에 대한 '관리 서비스'라고 생각해도 무방합니다.

LDAP는 이 디렉토리 서비스에 대한 액세스에 사용됩니다. 디렉토리 서비스의 표준화는 ISO(국제표준화기구)에 의해 1988년에 X.500▼으로 이루어졌습니다. LDAP는 이 X.500의 기능 중 일부를 TCP/IP에 대응시킨 것입니다.

DNS가 네트워크상의 각 호스트를 간단하게 관리하는 것을 목적으로 개발된 것처럼, LDAP는 네트워크상에 존재하는 자원을 통일적이고 간단하게 관리하

:: 같은 기능을 가진 제품으로 Microsoft의 Active Directory, 구 Novel사의 eDirectory 등이 있고, 오픈 소스를 구현한 OpenLDAP이나 Apache Directory 등도 있다. 각각 LDAP을 지원하지만 독자적으로 기능이 확장된 부분이 있어 완전히 동일하지는 않다. 그래서 용도에 맞춰 제품을 고르는 기업이 많다.

:: X.500
ISO(국제표준화기구)가 디렉토리 서비스의 표준으로 1988년에 규정한 Directory Access Protocol(DAP) X.500는 ITU-T의 권고 번호이다.

는 것을 목적으로 하고 있습니다.

LDAP에서는 디렉토리 트리 구조와 데이터형, 명명 규칙, 디렉토리 트리에 대한 액세스 방법, 보안을 정하고 있습니다.

LDAP에서 설정할 수 있는 정보는 그림 8.29와 같은 구조로 되어 있습니다.▼ 그림 8.30은 정보 트리를 단순화시킨 것입니다.

:: **LDIF**(LDAP Interchange Format)

LDAP 데이터 교환 형식을 말한다.

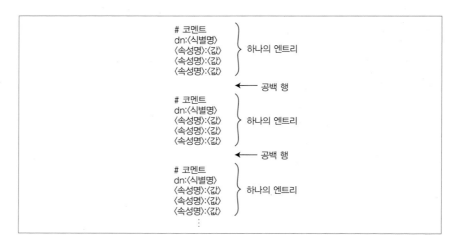

❍ **그림 8.29** LDIF 파일

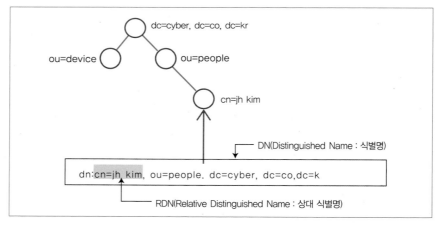

❍ **그림 8.30** LDAP 디렉토리 정보 트리(DIT)

❹ NTP(Network Time Protocol)

NTP는 네트워크에 접속되는 기기의 시각을 동기화하기 위한 애플리케이션 프로토콜입니다.

네트워크에 접속되는 기기의 시각이 다를 경우, 예를 들어 라우터나 서버 등의 로그에 기록되는 시각이 제각각이 됩니다. 기기의 로그 기록은 장애 원인 규명에 도움이 되는 정보인데, 로그의 시각이 서로 다르다면 시계열로 장애 상황을 확인할 때 언제 무슨 일이 발생했는지 정확하게 정보를 파악하기 어렵습니다.

이처럼 네트워크를 운용하기 위해서는 타임스탬프에 일관성을 갖게 하는 것이 중요합니다. 여기에 필요한 것이 바로 NTP입니다.

NTP는 클라이언트 서버 형태의 애플리케이션입니다. 시각 정보를 요구하는 클라이언트와 시각 정보를 제공하는 서버로 구성되며, UDP 포트 123번을 사용해 통신합니다. NTP 클라이언트는 NTP 서버로부터 시각 정보를 취득하면, 자신의 시각과 취득한 시각의 차이를 조정합니다.

NTP 서버가 올바른 시각 정보를 제공하려면 NTP 서버가 올바른 시각 정보를 가지고 있어야 합니다. 그래서 NTP는 Stratum▾이라는 계층 구조로 되어 있습니다. 최상위 Stratum0에 위치한 GPS 위성이나 원자 시계의 정확한 시각 정보(reference clock)를 하위 NTP 서버로 전송하는 시스템입니다. 국내에서는 한국표준시를 생성하는 한국표준과학연구원 시간주파수 연구소 등에서 Stratum1인 NTP 서버를 운용하고 있습니다(time.kriss.re.kr).

NTP 서버를 설정할 때 상위 NTP 서버를 지정할 필요가 있는데, 이때 IP 주소가 아닌 호스트명으로 지정해야 한다고 되어 있습니다. 그 이유는 NTP 서버의 IP 주소가 바뀌는 경우를 고려한 것입니다.

:: Stratum은 계층이 내려갈수록 숫자가 늘어나 16개의 계층이 있다. Stratum1 NTP 서버를 참조하는 NTP Server는 Stratum2로 하위 NTP Client에 시각 정보를 제공한다. 클라이언트가 어느 NTP 서버에 접속하는지는 환경이나 설정에 따라 달라진다. 예를 들어, 보안 문제로 외부 NTP Server에 직접 액세스 할 수 없게 설정되는 경우도 있다. 이런 경우 조직 내에 NTP 서버를 설치하고 클라이언트는 조직 내 NTP Server에 액세스하도록 설정한다. 이런 케이스에서 이 그림의 Stratum2는 소속 조직이 운용하는 NTP 서버다.

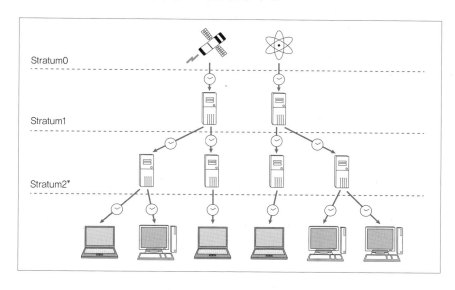

◐ 그림 8.31 NTP 서버와 Stratum의 계층 구조

:: Operational Technology
:: Industrial Control Systems
:: Proportional-IntegralDerivative controller

5 제어시스템 프로토콜

제어시스템은 OT▾나 ICS▾라고도 불리며, 기기나 장치 감시와 제어를 자동으로 하는 PID 제어▾ 등의 프로세스 제어에 사용됩니다. 구체적으로는 발전소의 발전량 감시와 연료 주입량 제어, 상하수도국의 침전조 수위 감시와 펌프·밸브 제어, 공장의 로봇 컨베이어 벨트 감시 및 제어, 철도 운행 관리(열차 위치 정보, 신호 제어, 포인트 제어, 건널목 제어), 오피스 빌딩의 공조·조명·도어락·화재경보기의 감시나 제어 등이 있습니다. 이러한 시스템에서는 시리얼 통신이나 독자적인 통신 방식이 사용되고 있었지만, 현재는 이더넷이나

TCP/IP가 사용되는 사례가 증가하고 있습니다.

그림 8.32는 제어시스템의 개략도입니다. 주요 구성 요소는 인간이 조작하는 단말인 오퍼레이터 스테이션이나 HMI▼, 기기를 제어하는 PLC▼나 DCS▼ 등의 컨트롤러, 제어 대상이 되는 필드 장치(센서▼, 액튜에이터▼)입니다. 이 외에도 컨트롤러의 프로그램을 작성하는 엔지니어링 워크스테이션(EWS)이나 제어 정보나 이력을 기록하는 데이터 히스토리안 등이 있습니다.

이러한 구성 요소가 이더넷 등의 네트워크에 연결됩니다. 그리고 HMI와 컨트롤러와 필드 장치의 제어 장치가 제어시스템 프로토콜을 사용해 통신을 합니다. 제어시스템의 프로토콜로는 벤더의 독자적인 프로토콜이나 이더넷을 직접 사용하고 IP를 사용하지 않는 프로토콜이 이용되기도 합니다.▼

여기에서는 IP를 사용하고 있으며 제어시스템 업계에서 널리 사용되는 프로토콜을 소개합니다.▼

:: Human Machine Interface

:: Programmable Logic Controller

:: Distributed Control System

:: 센서
기온이나 물체까지의 거리 등 물리량을 측정하여 결과를 전기신호로 표현하는 장치

:: 액튜에이터
모터 등 전기신호를 물리현상으로 변환하는 장치

:: 예전에는 제어시스템이 보안 문제로 외부 시스템으로 접속되지 않았다. 그러나 편리성이나 생산성 향상을 위해서 인터넷에 접속되는 시스템도 증가했다. 예를 들어, 스마트폰 등으로 간편하게 볼 수 있는 철도의 열차 위치 정보 등은 철도 운행 관리 시스템이 가지고 있는 정보가 인터넷을 통해 배포된 것이다. 철도 운행 관리 시스템에 연결된 기기가 바이러스에 감염되면, 안전하게 운행할 수 없게 될 가능성이 있다. 인명과 관련될 가능성도 있으므로 제어시스템의 보안 대책은 중요한 과제가 됐다.

:: IP를 사용하지 않고 이더넷을 직접 사용하는 제어 프로토콜로 EtherCAT이 있다. 또 PROFINET에서는 IP를 사용하는 통신과 IP를 쓰지 않고 이더넷을 직접 사용하는 통신을 병용한다.

:: 그 밖에도 각사가 개발한 독자적인 프로토콜이 있다. 지멘스에서 개발한 S7 Communication이 유명하다.

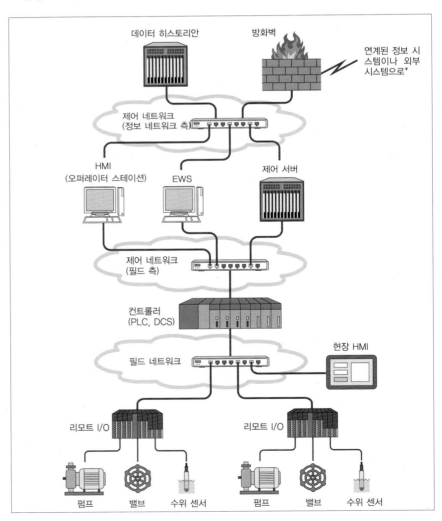

○그림 8.32 제어시스템 네트워크의 예

• ECHONET Lite

:: Home Energy Management System

에너지 절약을 목적으로 가정에서 생산·사용되는 에너지의 표시와 관리를 위해 책정되어 ISO/IEC에서 국제 규격이 된 프로토콜이다. 에너지의 생산·사용량을 관리하는 HEMS▼가 스마트미터나 태양광 발전시스템, 급탕기, 가전제품 등과 통신하기 위해 사용된다. TCP 또는 UDP 상에서 동작한다.

• DNP3.0(Distributed Network Protocol)

전력회사와 수도시설 등 프로세스 제어 분야에서 자주 사용된다. IEC 표준으로 TCP 또는 UDP 상에서 동작한다.

• FL-net

멀티벤더에 의한 FA(Factory Automation) 환경 구축을 목표로 일본의 업계 단체에 의해 책정되어 일반사단법인 일본전기공업회에서 표준화된 프로토콜이다. 공장에서 제품을 생산하는 로봇 제어 등에 사용된다. 주로 UDP가 사용되지만 TCP를 사용할 수도 있다.

• BACnet (Building Automation and Control networking protocol)

빌딩 시설 제어에 사용되는 프로토콜로, 공기조절이나 조명, 입퇴실 관리, 화재경보기 등을 통합적으로 제어할 때 사용된다. ISO나 ANSI 등의 국제 표준 프로토콜. UDP 상에서 동작한다.

• LonTalk

:: Local Operating Network

빌딩 시설이나 공장 등 필드넷에서 사용되는 네트워크 플랫폼인 LonWorks▼에서 사용하는 프로토콜이다. ISO나 ANSI의 국제 표준 프로토콜로 UDP 상에서 동작한다.

• Modbus/TCP

원래는 시리얼 통신에서 사용하는 Modbus가 있어, 그것을 TCP상에서 동작하게 만든 것이다. Modicon사가 자사의 PLC를 제어하기 위해 만든 프로토콜인데, 사양을 개방함으로써 널리 사용되어 필드 네트워크의 디팩토 스탠다드가 되었다.

:: 데드라인으로 불리는 특정 시간까지 처리를 끝내지 않으면 문제가 발생하는 시스템

제어시스템에서는 실시간성▼이나 신뢰성이 중요시됩니다. 그러므로 정보계 네트워크 등과 혼재할 수 없거나 다중화나 고신뢰성 기기, 케이블로 구축되기도 합니다.

보안

이 장에서는 인터넷에 있어서 네트워크 보안의 중요성과
이를 실현하는 기술에 대해 소개합니다.

7 애플리케이션층	〈애플리케이션층〉 TELNET, SSH, HTTP, SMTP, POP, SSL/TLS, FTP, MIME, HTML, SNMP, MIB, SIP, …
6 프리젠테이션층	
5 세션층	
4 트랜스포트층	〈트랜스포트층〉 TCP, UDP, UDP–Lite, SCTP, DCCP
3 네트워크층	〈네트워크층〉 ARP, IPv4, IPv6, ICMP, IPsec
2 데이터 링크층	이더넷, 무선 LAN, PPP, … (트위스트 페어 케이블, 무선, 광섬유, …)
1 물리층	

TCP/IP와 보안

01

:: 불특정 다수가 아니라 특정 범위 안에 속해 있는 사용자를 말한다.

① TCP/IP와 보안

초기의 TCP/IP는 제한된 범위▼ 안에서 정보를 교환하거나 공유하는 툴로 이용되었습니다. 원격지에서 보다 많은 정보를 제한 없이 이용할 수 있도록 발전된 것은 좀 더 지난 후의 일입니다. 그래서 예전에는 보안이 중요하다고 생각하지 않았습니다. 하지만 인터넷이 널리 보급된 현재는 악의를 가진 이용자 등으로 말미암아 기업이나 개인의 이익에 손해를 끼치는 문제가 많이 발생하면서 보안을 중요시 여기게 되었습니다.

인터넷의 발전은 편리성에 기인합니다. 이렇게 편리한 인터넷을 안전하게 이용하기 위해서는 편리성의 일부를 희생하더라도 보안을 확보할 수밖에 없습니다. '편리성'과 '안전성'이라는 상반되는 개념을 양립시키기 위해 많은 기술 혁신이 일어났습니다. 인터넷을 악용하는 측의 기술이 나날이 교묘해지고 있는 가운데, 이에 대항하는 보안 기술도 진보하고 있습니다. 앞으로는 네트워크 기술뿐만 아니라 보안 관련 기술을 제대로 이해하고 적절한 보안 정책▼을 마련하여 이에 따라 관리 및 운용하는 일도 중요해질 것입니다.

:: 보안 정책

회사와 같은 조직 전체가 정보의 취급이나 보안 대책에 대해 통일된 기준이나 개념을 세워 문서화한 것을 말한다.

② 사이버 보안

사이버 보안이란 관계없는 제3자에 대한 정보 유출을 방지하고 정보 시스템 및 통신 네트워크의 안전성, 신뢰성을 확보하기 위해 필요한 조치를 취하며 적절하게 유지하고 관리하는 것입니다.

이러한 사이버 보안 대책이 적절하게 시행되지 않으면, 네트워크를 통해 컴퓨터의 중요한 기밀 정보를 도둑맞거나 서버나 시스템이 공격받고, 정지되어 서비스를 제공할 수 없게 되는 경우가 있습니다. 또한 홈페이지의 내용이나 중요한 파일 내용이 변조되거나 다른 시스템에 대한 공격의 발판이 되기도 합니다. 이런 행위를 사이버 공격이라고 부릅니다. 사이버 공격은 나날이 진화하고 교묘해지고 있습니다. 예를 들어 랜섬웨어라고 불리는 사이버 공격은 시스템이나 파일에 암호를 걸어 인질로 잡고 금전을 요구하는 방식의 공격입니다. 사이버 공격은 특정 조직 및 기업뿐만 아니라 개인을 표적으로 하는 경우도 있고, 불특정 다수를 표적으로 하는 경우도 있습니다. 그 목적은 금전에서부터 재미까지 다양합니다. 즉, 누가 무엇을 위해 사이버 공격을 할지 예상하기 어려운 상황입니다.

최근의 사이버 공격은 개인에 의한 공격에서 조직적인 공격으로 진화하고 있습니다. 사이버 범죄자는 '다크 웹'이라고 불리는 언더그라운드로 서로 연락을 주고 받고 마켓을 형성하고 있어, 거기서 멤버를 모집해 복잡하고 교묘한 사이버 공격을 하고 있습니다. 기밀 정보를 훔치고 서비스를 정지시키는 등의 공격을 의뢰받은 사이버 범죄자가 금전을 목적으로 사이버 공격을 한다고 알려져 있습니다.

복잡하고 교묘한 사이버 공격 중 하나로 표적형 공격이라고 하는 공격 방법이 있습니다. 이는 불특정 다수에게 공격이 이루어지는 것이 아니라 특정 조직 내의 기밀 정보를 노리는 사이버 공격입니다. 더욱이 표적형 공격 중에서 멀웨어 초기의 TCP/IP는 제한된 범위▼가 내부 네트워크에 침입한 후 몇 개월 후에 활동을 시작해 정보를 빼내는 것처럼 지속적으로 공격하는 수법을 APT 공격▼이라고 하며 점점 고도화되고 있습니다.

표적형 공격에는 사이버 킬 체인▼이라는 모델이 있습니다. 이 모델에서는 공격을 7가지 단계로 분류하고 있습니다. 먼저 타깃으로 하는 조직의 내부 정보를 수집하기 위해 직원의 SNS 정보 등을 조사해 인간관계를 조사합니다. 다음으로 멀웨어를 첨부한 표적형 메일을 업무 관련 메일 등으로 가장해 보내 멀웨어에 감염시킵니다. 멀웨어는 다운로더로 불리며 활동을 시작하면 다양한 멀웨어를 다운로드해 감염시켜 나갑니다. 이러한 멀웨어는 내부 네트워크를 이동하여 시스템의 취약성을 공격해 침입을 진행하고, 더욱 접근 권한이 높은 컴퓨터를 찾아갑니다. 타깃으로 하는 기밀 정보에 멀웨어가 도달하면, 기밀 정보를 외부로 전송한 뒤 자신의 활동 흔적을 로그 등에서 삭제합니다. 그래서 표적형 공격의 각 단계에 대응하는 대책을 세워 전체적인 연계를 도모해 가는 것이 중요합니다.

이와 같이 사이버 보안은 기업이나 조직의 사업에서 비즈니스 리스크의 하나로 여겨집니다. 그 때문에 사이버 보안 대책으로서 리스크 관리 체제를 정리해 SOC▼나 CSIRT▼를 설치하는 기업이 증가하고 있습니다. 보안 사고가 발생하지 않도록 사원 교육이나 보안 대책에 임하고, 또 만일 보안 사고가 발생하더라도 피해를 최소한으로 억제하기 위한 연락 체제를 갖추는 등의 대책이 이루어지고 있습니다.

보안 사고에 대한 대응은 조기의 탐지와 신속한 조사가 필요합니다. 보안 사고가 발생했을 때 원인이나 피해를 특정하기 위해서는 증거가 되는 데이터를 적절히 수집해 두는 것이 중요합니다(증거보전). 하드디스크나 USB 메모리, 스마트폰 등에 남는 증거가 되는 전자 데이터를 수집하여 검사, 분석, 보고를 하는 것을 디지털 포렌식이라고 하며, 원인이나 피해를 파악하고 대응함으로써 보안 대책의 유지와 향상에 도움이 됩니다.

:: 멀웨어(malware)
악의적인 소프트웨어의 총칭. malicious(악성)와 software(소프트웨어)를 조합해 만든 합성어. 바이러스도 멀웨어의 일종.

:: APT 공격
Advanced(지능형) Persistent (지속) Threat(공격)

:: Cyber Kill Chain
Lockheed Martin사가 제안한 모델

:: SOC(Security Operation Center)
네트워크나 PC 등의 단말을 감시해, 기업을 향한 사이버 공격을 검출해 분석이나 대책을 검토하는 부문이나 전문 조직을 말한다. 인시던트의 탐지에 중점이 놓여져 있다.

:: CSIRT(Computer Security Incident Response Team)
네트워크나 PC 등에서 어떠한 보안상의 문제가 만일 발생했을 경우에, 그러한 사고에 대응하는 팀을 말한다. SOC와 비교하면 사후의 대응에 중점을 둔다.

:: 스파이웨어
감염이 아닌 이용자의 동의로 설
치되는 스파이웨어라는 것도 있
다. 스파이웨어는 사용자 및 디
바이스 정보를 스파이처럼 수집
한다. 무료 소프트웨어 등을 설
치할 때 표시되는 사용 허락 계
약을 읽지 않고 동의해 버림으로
써 의도하지 않게 설치된다.

개인도 멀웨어 감염▼에 의해 ID의 부정 이용이나 SNS상에서의 위장, 개인정
보 유출 및 사생활 침해 등의 보안 피해가 발생하고 있습니다. 사이버 보안은
기업이나 단체에만 해당하는 이야기가 아니라, 인터넷을 이용하는 우리 모두
가 의식하고 대처해야 할 것입니다.

보안의 구성 요소

02

인터넷의 발전과 함께 네트워크에 대한 의존도가 높아질수록 보안의 중요성도 동시에 높아질 필요가 있습니다. 특히 최근에는 시스템에 대한 공격 수단도 매우 다양화되어 있기 때문에 어떤 특정 기술만으로 모든 안전성을 확보하는 것은 불가능합니다. 보안의 기본 중의 기본은 '사전 대책'입니다. 트러블이 발생하고 난 후에 대책을 세우는 것이 아니라 일어날 가능성이 있는 사건을 예측하고, 가능한 범위에서 시스템에 안전 대책을 세워 날마다 운용하는 것이 중요합니다.

TCP/IP와 관련된 보안은 그림 9.1과 같은 요소로 구성됩니다.▼ 이 장에서는 각 구성 요소에 대한 기초 개념을 설명합니다.

:: 이 그림에 기재한 것 이외에도 복수의 보안 기능을 통합해 제공하는 UTM(Unified Threat Management) 등 다양한 기능이나 제품이 있다.

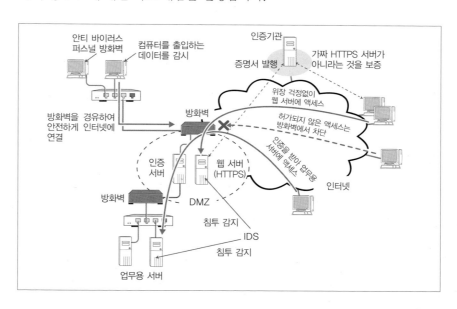

❍ **그림 9.1** 보안 시스템을 구성하는 요소

1 방화벽(Firewall)

조직 내 네트워크와 인터넷을 연결할 때에는 조직 내부의 네트워크를 부정 액세스로부터 보호하기 위해 방화벽을 설치해야 합니다.▼

방화벽에는 여러 가지 종류와 형태가 있습니다. 규정된 패킷만을 통과시키는 (또는 통과시키지 않는) 패킷 필터링 타입, 애플리케이션을 중간에 두고 부정 연결을 차단하는 애플리케이션 게이트웨이 타입 등이 있는데, 기본적인 개념은 모두 똑같습니다. 바로 '위험에 내놓는 것은 특정 호스트나 라우터만으로

:: NAT(NAPT)를 사용하는 경우는 외부에서 참조할 수 있는 주소가 한정되므로, 결과적으로 방화벽의 역할을 한다고 할 수 있다.

:: 379쪽 칼럼 참조.

한정한다'라는 것입니다.

네트워크 내부에 1000대의 호스트가 연결되어 있는 경우, 이 모든 호스트에 부정 침투에 대한 대책을 마련하는 일은 매우 어렵습니다. 그래서 방화벽으로 액세스 제한을 걸어, 인터넷에서 직접 액세스할 수 있는 호스트는 몇 대로만 한정시킵니다.▼ 안전한 호스트와 위험에 내놓을 호스트를 구별하여, 위험한 호스트에만 집중적으로 보안 대책을 마련합니다.

그림 9.2의 네트워크는 방화벽의 한 예입니다. 라우터에는 특정 IP 주소나 포트 번호가 붙어 있는 패킷만을 전송하도록 설정하고 있는데, 이것이 바로 '패킷 필터링'입니다.

:: 실제로는 DNS와 같이 이외에도 통과시켜야 하는 패킷이 존재한다.

외부에서는 웹 서버에 대해 TCP 포트 80번으로 연결되는 통신과 메일 서버에 대해 TCP 포트 25번으로 연결되는 통신만을 통과시킵니다. 이 밖의 통신 패킷은 모두 파기합니다.▼

또는 커넥션 확립 요청을 하는 TCP 패킷은 내부에서 외부로 나가는 것만 통과시킵니다. 이는 라우터가 패킷을 전송할 때, TCP 헤더의 SYN 플래그와 ACK 플래그를 감시함으로써 가능합니다. 구체적으로는 SYN이 1이고 ACK가 0인 TCP 패킷이 인터넷 측에서 들어올 때에는 파기합니다. 이로 말미암아 내부에서 외부에 대한 연결은 가능하지만 외부에서 내부로는 연결할 수 없도록 설정할 수 있습니다.

애플리케이션 게이트웨이 타입의 방화벽에서는 애플리케이션층에서 필터링을 합니다. 방화벽이 내부 네트워크의 컴퓨터를 대신해 외부의 호스트와 통신하고, 그 통신 내용을 내부로 보냅니다. 내부 네트워크의 컴퓨터는 직접 외부와 접촉하지 않으므로, 외부의 부정한 공격으로부터 보호됩니다. 패킷의 데이터 부분까지 체크할 수 있어 세밀한 액세스 제어가 가능한 반면, 처리 속도가 느려지는 단점도 있습니다.

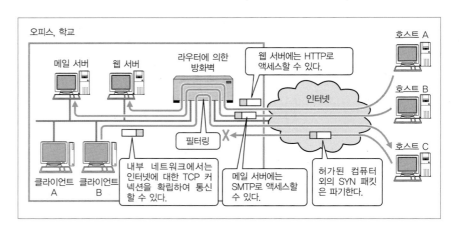

○ **그림 9.2** 방화벽의 예

② IDS/IPS(침입 탐지 시스템, 침입 방지 시스템)

방화벽은 기본적으로 보안 정책과 일치하는 통신이면 무엇이든 통과시킵니다. 즉, 정책과 일치하기만 하면 그것이 악의가 있는 통신인지, 아닌지 판단할수 없기 때문에 그냥 통과시킵니다.

이러한 통신이나 일단 내부에 침입하여 부정 액세스를 하는 통신을 발견하고, 보안 관리자에게 통지하는 것이 'IDS▾(침입 탐지 시스템)'입니다.

IDS는 그 용도에 따라 다양한 기능을 갖고 있습니다. 설치 형태의 관점에서 보면 방화벽이나 DMZ 등과 같이 경계가 되는 곳에 설치한 후 이 경계를 감시 및 탐지하는 것도 있고, 기업 내의 네트워크 내부에 설치하여 네트워크 전체나 개별 용도로 사용하고 있는 서버 등을 감시하는 것도 있습니다.

기능면에서는 정기적으로 로그를 수집 및 감시하여 이상을 탐지하는 기능도 있으며, 네트워크상에 흐르는 패킷 전부를 감시하는 것도 있습니다. 다양한 시스템의 보안을 확보하기 위해서 방화벽 등에서 처리할 수 없는 영역을 커버하는 것이 'IDS'라고 할 수 있습니다.

IPS▾(침입 방지 시스템)에는 IDS의 네트워크 감시, 이상 탐지 기능에 더해 부정 침입을 방어하는 기능이 있습니다. 구체적으로는 부정 액세스를 탐지했을 경우, 그 부정 액세스 통신을 차단할 수 있습니다. 정책 외의 통신이 발생했을 때 통지뿐만 아니라 대책까지 실시할 수 있으므로 관리자가 이상 통지를 받고 대처하는 IDS보다 신속하게 대응할 수 있게 됩니다.

:: Intrusion Detection System

:: Intrusion Prevention System

DMZ란?
인터넷으로 연결된 네트워크의 경우, 인터넷에서 직접 통신할 수 있는 전용 서브넷을 마련한 후, 이곳에 서버를 설치하는 경우가 있습니다. 이렇게 외부로부터도 내부로부터도 격리된 전용 서브넷을 DMZ(DeMilitarized Zone : 비무장지대)라고 합니다.
외부에 공개하는 서버를 DMZ에 설치하면 외부로부터의 부정 액세스를 제거할 수 있습니다. 혹시 공개 서버에 장애가 발생한 경우에도 내부 네트워크까지 영향이 미치는 일은 없습니다.
DMZ에 설치하는 호스트에는 호스트 자체에 충분한 보안 대책을 마련할 필요가 있습니다.

:: WAF(Web ApplicationFirewall)

WAF(웹 애플리케이션 방화벽)
WAF▾는 웹 애플리케이션의 취약성을 악용한 공격으로부터 보호하기 위한 보안 대책입니다. 웹 앱이 가동되는 웹 서버 전면에 배치하면, 방화벽이나 IDS/IPS로는 탐지하기 어려운 'SQL 인젝션'이나 '크로스사이트 스크립팅', '파라미터 조작'과 같은 애플리케이션 레벨에서의 공격을 탐지하여 막을 수 있습니다.

❸ 안티 바이러스/퍼스널 방화벽

안티 바이러스와 퍼스널 방화벽은 IDS/IPS와 방화벽에 잇따르는 보안 대책입니다. 이것은 사용자가 이용하는 컴퓨터나 서버 등에서 실행시키는 소프트웨어입니다. 해당 컴퓨터를 출입하는 패킷이나 데이터, 파일 등을 감시하여 부정한 처리나 바이러스의 침투 등을 방지합니다. 기업 네트워크 안의 모든 클라이언트 PC를 보호함으로써 방화벽을 통과한 공격을 방어할 수 있습니다.

최근의 보안 공격은 매우 복잡하고 정교한 방법을 사용합니다. 전자메일을 경유하여 바이러스나 웜 바이러스를 감염시키는 일 외에도 OS가 갖고 있는 취약성을 직접 공격하는 일도 있고, 시간차나 여러 감염 경로를 사용하여 공격원을 특정할 수 없도록 만드는 악질적인 것도 많습니다.

안티 바이러스와 퍼스널 방화벽은 이러한 위협으로부터 OS, 즉 클라이언트 PC를 방어하기 위한 것입니다. 더욱이 혹시 어떤 머신이 바이러스에 감염되었을 때에는 감염이 그 이상으로 확대되어 피해가 커지지 않도록 막는 경우에도 효과적입니다.

또한 안티 바이러스와 퍼스널 방화벽 제품 중에는 스팸 방지, 광고 차단, 금지 사이트에 대한 연결 방지를 하는 URL 필터링 등 잠재적인 위협이나 생산성 저하의 원인이 되는 요소를 제거하는 기능을 갖고 있는 것도 있습니다.

또한 클라이언트 컴퓨터의 프로세스 감시를 통해 잠복해 있는 악성코드의 공격 징후나 공격 진행상황을 관리자가 파악할 수 있는 기능도 있습니다. 이러한 멀웨어 방어를 갖추고 안티 바이러스를 포함한 포괄적인 보안 대책을 총칭하여 엔드포인트 보안이라고 합니다.

❹ 콘텐츠 보안(E-mail, Web)

표적형 공격에서 멀웨어를 내부에 보낼 때는 교묘하게 변조된 메일을 받게 하는 방법이나 부정한 웹 사이트로 유도해 멀웨어가 삽입된 웹페이지의 표시나 콘텐츠를 다운로드하게 하는 방법▼이 이용됩니다. 이런 공격을 막기 위해서는 메일 송수신이나 웹페이지 열람 등 네트워크 통신 경로상에서 공격을 검출하고 대책을 강구할 필요가 있습니다. 구체적으로는 서버와 클라이언트 사이에 콘텐츠 보안 대책을 적용한 SMTP 서버나 프록시 서버를 설치해 보안 검사를 합니다. 메일 대책으로는 SMTP 서버에서 송신원 IP 주소의 평가나 송신자 인증을 통해 악성 메일을 차단하고, 첨부 파일을 진단해 문제가 있는 메일을 격리하고, 메일 본문에 기재된 수상한 URL을 고쳐 쓰고(무해화), 보안 정책에 일치하는 메일 본문인지 아닌지를 체크하는 등의 대책을 실시합니다.

웹 통신 대책으로는 프록시 서버로서 의심스러운 사이트로의 액세스 차단, 업무와 무관한 사이트로의 액세스 제어(URL 필터링), 다운로드 콘텐츠의 멀웨어 탐지 및 차단을 실행합니다.

:: 워터링 홀 공격(watering hole attack)으로 알려져 있다.

암호화 기술의 기초

03

보통 웹페이지에 대한 액세스나 전자메일과 같이 인터넷상을 흐르는 데이터는 암호화되어 있지 않습니다. 또한 인터넷상에서는 이러한 데이터가 어떤 경로를 통과하고 있는지도 알 길이 없습니다. 그래서 주고받는 정보가 제삼자에게 누출될 가능성을 완전히 배제할 수 없습니다.

이러한 누출을 막고, 기밀성이 높은 정보의 송수신을 실현하기 위해 다양한 암호화 기술이 등장했습니다. 암호화 기술도 OSI 참조 모델의 계층별로 존재하며 상호 통신을 보장합니다.

○ **표 9.2** 암호화 기술의 계층 분류

:: **PET**(Privacy Enhanced Telnet)

계층	암호화 기술
애플리케이션	SSH, SSL-Telnet, PET* 등 원격 로그인, PGP, S/MIME 등 암호화 메일
세션, 트랜스포트	SSL/TLS, SOCKS V5의 암호화
네트워크	IPsec
데이터 링크	Ethernet, WAN의 암호화 장치 등, PPTP(PPP)

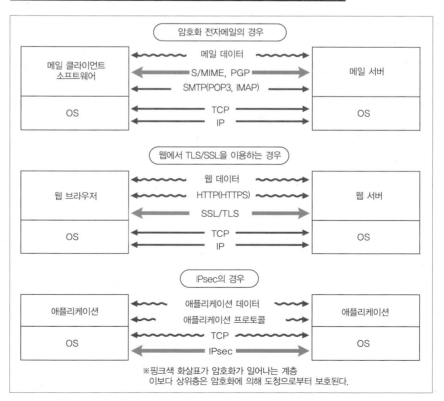

○ **그림 9.3** 다양한 레이어에서 암호화 적용

※핑크색 화살표가 암호화가 일어나는 계층
  이보다 상위층은 암호화에 의해 도청으로부터 보호된다.

■ 공통 키 암호 방식과 공개 키 암호 방식

암호화를 할 때에는 어떤 값(키)을 마련한 후, 그 값을 사용하여 원래의 데이터(보통문)을 일정한 알고리즘에 따라 변환하여 암호화 데이터(암호문)를 만듭니다. 이와는 반대로 암호화된 데이터를 원래의 데이터를 되돌리는 것을 '복원'이라고 합니다.

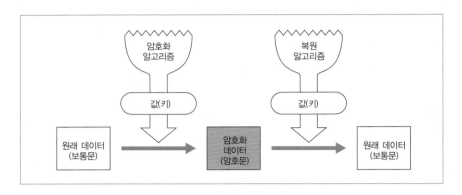

○ 그림 9.4 암호화

암호화와 복원에 동일한 키를 사용하는 것이 '공통 키 암호 방식'입니다. 이에 반해 암호화와 복원에 한 쌍의 다른 키(공개 키와 비밀 키)를 사용하는 것이 공개 키 암호 방식입니다. 공통 키 암호 방식은 키를 안전하게 주고받는 방법이 과제로 남아 있습니다. 공개 키 암호 방식의 경우, 한쪽 키만으로는 암호화 데이터를 복원할 수 없습니다. 비밀 키는 엄중히 관리하고, 공개 키는 메일로 보내거나 웹상에 공개하여 PKI▼를 사용하여 배포함으로써, 네트워크상에서 안전하게 키를 주고받을 수 있습니다. 하지만 공통 키 암호 방식에 비해 암호화와 복원의 계산에 걸리는 시간이 길어지므로, 긴 메시지를 암호화하는 경우에는 비밀 키 암호 방식과 공통 키 암호 방식을 조합하는 방법을 사용합니다.▼

:: PKI에 대해서는 384쪽 칼럼 참조.

:: 388쪽 참조.

공통 키 방식에는 AES(Advanced Encryption Standard), DES(Data Encryption Standard)가 있고 공개 키 암호 방식에는 RSA, DH(Diffie-Hellman), 타원 곡선 암호 등이 있습니다.

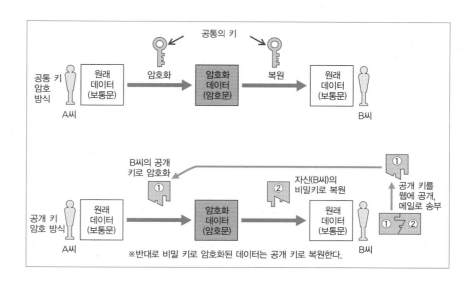

○ 그림 9.5 공통 키 암호 방식
과 공개 키 암호 방식

2 인증 기술

보안 대책을 실시할 때에는 이용자가 정당한 이용자인지, 아닌지를 식별하고, 정당한 이용자가 아닌 경우는 배제할 필요가 있습니다. 이때 암호화와 함께 사용되는 것이 인증 기술입니다.

인증 기술은 아래와 같이 분류할 수 있습니다.

- 어떤 정보를 갖고 있다는 것에 의한 인증
  비밀번호나 암호 코드 등을 사용한다. 비밀번호 등이 누출되거나 간단히 추측할 수 없도록 운용상의 궁리가 필요하다. 공개 키 암호 방식을 사용하는 디지털 인증도 비밀 키를 이용한다.

- 어떤 것(물건)을 갖고 있다는 것에 의한 인증
  ID 카드, 키, 전자 증명서, 전화번호 등을 이용하는 방법이다. 휴대전화에서 보급된 인터넷 정보 발신 등에서는 휴대전화의 전화번호나 단말기 정보를 이용하여 이용 권한을 인증한다.

- 어떤 특징을 갖고 있다는 것에 의한 인증
  지문이나 눈동자와 같이 개인마다 다른 특징을 이용하여 인증한다.

일반적으로 필요로 하는 인증 레벨과 비용 대비 효과의 관점에서 위의 세 가지를 조합하여 사용하는 경우가 많습니다. 또한 각종 단말이나 서버, 애플리케이션 등의 인증을 종합적으로 관리하는 것을 목적으로 한 'IDM(IDentify Management)'라는 기술도 있습니다. 한 번 인증받는 것만으로 여러 개의 다른 애플리케이션 및 시스템에 액세스할 수 있는 싱글 사인온이 가능합니다.

:: 인증 연계의 표준 규격으로는 OAuth, SAML, OpenID Connect 등이 있다.

클라우드 서비스의 활용이 진행되면서 인증 연계(federation)▼로서 아이덴티티 관리의 중요성은 커지고 있습니다. 예를 들어 클라우드 서비스와 사내 시스템을 인증 연계시켜 시스템을 제공하면, 이용자가 다른 아이디와 패스워드로 인증하지 않아도 사내 시스템에 한 번 인증하기만 하면 클라우드 서비스를 이용할 수 있게 됩니다.

:: 해시 함수
입력하는 메시지 길이에 관계없이 고정 길이 값을 출력하는 함수다. 입력하는 메시지가 같으면 같은 값을 출력(결정성)하고, 출력된 해시 값으로 원본 메시지를 생성할 수 없다는(단방향성) 특징이 있다. MD5나 SHA-1, SHA256 등이 있다. 서로 다른 입력 메시지에 대해 해시 값이 같아지는 것을 해시 값 충돌이라고 한다. 이용되고 있는 해시 함수에서는 충돌이 일어나기 어려운 알고리즘이 이용된다.

■ 전자정보 위조 방지 기술

공개 키 암호 방식을 응용해 작성된 전자정보(웹사이트 내용, 메일 내용, 전자문서 내용)가 변조되지 않았음을 증명하는 시스템이 있습니다.

- 핑거프린트

해시 함수▼로 주고받을 전자정보 데이터의 해시 값을 계산해 둡니다. 이 값을 핑거프린트라고 부릅니다. 만일 데이터가 조작된 경우, 해시 값을 계산해서 원본 핑거프린트 값과 다르다면, 그 데이터가 조작됐음을 알 수 있습니다.

- 디지털 서명

전송된 전자정보의 데이터가 변조되지 않았고, 본인의 것임을 확인할 수 있는 기술입니다. 데이터의 핑거프린트를 공개 키 암호 방식으로 주고받음으로써 실현됩니다. 보내는 사람은 데이터와 그 핑거프린트를 비밀키로 암호화해서 보냅니다. 받는 사람은 공개 키로 암호화된 핑거프린트를 복호화해서 전송된 데이터의 핑거프린트와 같은지 확인함으로써 조작되지 않은 본인의 것인지 알 수 있습니다.

- 타임스탬프

전자 데이터가 어떤 날짜 및 시간에 있었다는 것과 그 날짜 이후에 수정되지 않았음을 증명할 수 있는 기술입니다. 공적인 서류 등 데이터를 수정해서는 안 되는 경우(데이터를 작성한 본인이라도 수정해서는 안 되는 경우), 작성한 데이터에 타임스탬프를 부여해 놓음으로써 데이터가 그 시점에 존재했었다는 것, 그 이후 수정되지 않았다는 것을 증명할 수 있습니다. 구체적으로는 이용자는 증명하고 싶은 전자 데이터의 핑거프린트를 시각 인증기관에 보냅니다. 시각 인증기관은 핑거프린트를 받아 핑거프린트와 시각 정보를 맞추어 타임스탬프 토큰을 생성합니다. 그런 다음 암호화한 타임스탬프 토큰을 이용자에게 보냅니다. 전자 데이터의 완전성을 증명하기 위해서는 암호화된 타임스탬프 토큰을 시각 인증기관의 공개 키로 복호화하고 핑거프린트와 시각 정보를 취득함으로써 데이터가 그 시각에 존재했다는 것과 데이터가 위조되지 않았음을 확인할 수 있습니다.

PKI(공개 키 기반)

PKI(Public Key Infrastructure)는 통신 상대가 본인인지, 아닌지를 신뢰할 수 있는 제3자에게 증명받는 장치입니다. 이 신뢰할 수 있는 제3자를 PKI에서는 인증기관(CA : Certication Authority)이라고 합니다. 이용자는 CA가 발행하는 증명서를 가지고 통신 상대가 진짜인지 아닌지를 확인할 수 있습니다. 증명서에는 그 증명서의 주인에 대한 정보와 함께 주인만 복원할 수 있는 형태로 데이터를 암호화하기 위한 키도 포함되어 있습니다.▼ 이 키를 사용하여 통신 내용을 암호화하면 증명서가 다른 사람에게 노출되면 안되는 데이터(신용카드 정보 등)도 안전하게 주고받을 수 있습니다. PKI는 암호화 메일이나 HTTPS▼에 의한 웹 서버와의 통신에 사용됩니다.

:: 이 키를 '공개 키'라고 한다. 증명서의 주인만이 이 공개 키로 암호화된 내용을 자신이 갖고 있는 '비밀 키'로 복원할 수 있다('공개 키'와 '암호 키'에 대해서는 그림 9.5 참조).

:: HTTPS에 대해서는 388쪽 참조.

보안을 위한 프로토콜

04

1 IPsec과 VPN

예전에는 정보의 누출을 막기 위해 기밀 정보를 전송할 때에 인터넷과 같은 공공망(Public Network)을 이용하지 않고, 전용 회선에 의한 프라이빗 네트워크(Private Network)를 이용하여 물리적으로 도청이나 무단 수정이 일어나지 않도록 했습니다. 하지만 전용 회선을 사용하면 비용이 올라간다는 문제가 발생합니다.

이를 해결하기 위해 인터넷을 이용한 가상의 프라이빗 네트워크를 사용하게 되었는데, 이것이 바로 'VPN(Virtual Private Network)'입니다.▼ 인터넷에서는 보안을 높이기 위해 '정보가 노출되어도 해독할 수 없다', '무단 수정된 것을 감지할 수 있다'라는 방법을 취하고 있습니다. 이때 사용하는 것이 '암호화'와 '인증' 기술입니다. VPN은 이러한 기술을 이용하여 구축합니다.

:: VPN에 대해서는 152쪽 참조.

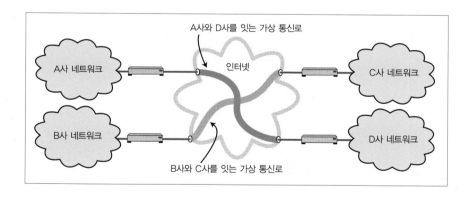

● 그림 9.6 인터넷을 이용한 VPN

VPN을 구축할 때 가장 일반적으로 이용하는 것이 IPsec입니다. IPsec에서는 IP 헤더의 끝에 '암호 헤더'▼와 '인증 헤더'▼를 붙입니다. 그리고 그 헤더 이후의 데이터를 암호화하여 해독할 수 없도록 합니다.

패킷을 송신할 때에는 '암호 헤더'나 '인증 헤더'를 붙여서, 패킷을 수신할 때에는 이러한 헤더를 해석하여 송신된 데이터를 복원하고 보통의 패킷으로 되돌립니다. 이러한 처리를 함으로써 암호화된 데이터는 해독할 수 없게 되고, 도중의 경로에서 데이터가 무단 수정되었을 때에는 그 사실을 판별할 수 있게 됩니다.

:: 암호 헤더
ESP(Encapsulating Security Payload) Header

:: 인증 헤더
AH(Authentication Header)

이로 말미암아 VPN을 이용하는 사용자는 특별히 아무것도 의식할 필요없이 가상으로 만들어진 안전한 회선을 이용할 수 있습니다.

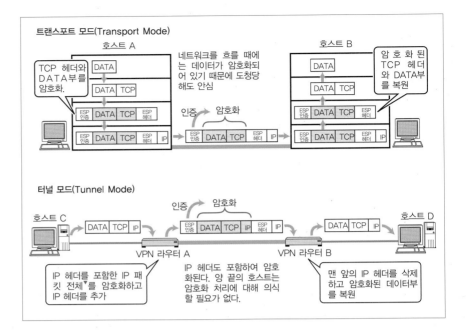

트랜스포트 모드(Transport Mode)

호스트 A

TCP 헤더와 DATA부를 암호화.

DATA

DATA | TCP

ESP 인증 | DATA | TCP | ESP 헤더

ESP 인증 | DATA | TCP | ESP 헤더 | IP

네트워크를 흐를 때에는 데이터가 암호화되어 있기 때문에 도청당해도 안심

인증 → 암호화

ESP 인증 | DATA | TCP | ESP 헤더 | IP

호스트 B

암호화된 TCP 헤더와 DATA부를 복원

DATA

DATA | TCP

ESP 인증 | DATA | TCP | ESP 헤더

ESP 인증 | DATA | TCP | ESP 헤더 | IP

터널 모드(Tunnel Mode)

호스트 C

DATA | TCP | IP

인증 → 암호화

ESP 인증 | DATA | TCP | IP | ESP 헤더 | IP

DATA | TCP | IP

호스트 D

VPN 라우터 A

VPN 라우터 B

IP 헤더를 포함한 IP 패킷 전체를 암호화하고 IP 헤더를 추가

IP 헤더도 포함하여 암호화된다. 양 끝의 호스트는 암호화 처리에 대해 의식할 필요가 없다.

맨 앞의 IP 헤더를 삭제하고 암호화된 데이터부를 복원

:: 암호 방식은 대부분 암호화하는 데이터의 길이가 특정 바이트 단위(64비트 단위 등)로 되어 있어야 한다. 이를 위해 실제로는 그림 9.7의 패킷에서 'DATA'와 'ESP 인증'의 사이에는 패킷 길이를 갖추기 위한 'ESP 트레일러'라는 패딩(채우기)이 삽입된다.

○ 그림 9.7 IPsec에 의한 IP 패킷의 암호화

❖ IPSec

IPsec는 RFC4301 'Security Architecture for Internet Protocol'로 책정된 네트워크층 프로토콜이며, IP 패킷 단위의 암호화/인증을 제공합니다. 네트워크층에서 보안을 구현하므로 상위층 애플리케이션에 별다른 변경 없이 보안 기능을 이용할 수 있습니다.

IPsec는 IP를 위한 보안 아키텍처로서 ESP(암호 헤더), AH(인증 헤더), IKE(키교환)▼로 구성됩니다.

:: Internet Key Exchange

ESP는 패킷 암호화에 관한 헤더 확장입니다(프로토콜 번호 50). AH는 인증에 관한 헤더 확장이며 패킷이 변조되지 않았음을 보증합니다(프로토콜 번호 51). ESP와 AH를 위해서는 공통 키가 필요하며 그 방법은 IKE로 규정되어 있습니다. IKE는 UDP 포트 500번을 사용합니다.

IPsec를 사용해 서로 통신하는 기기는 동등(피어)한 관계가 되어, IPsec 피어 사이에 SA(Security Association)라는 단방향 커넥션을 확립합니다. SA는 보안 프로토콜, 통신 모드, 암호화 방식 등 IPsec 통신에 필요한 파라미터 모음이라고 이해하면 좋을 것입니다. 양방향 IPsec 통신을 실시하는 경우는 두 개의 SA를 확립하게 됩니다.

:: 공통 키를 생성하기 위한 파라미터는 DiffieHellman(DH) 알고리즘을 사용해서 도청되어도 안전 확보가 가능하다.

IPsec에 의한 암호화 통신 순서는 IKE로 공통 키를 생성하기 위한 파라미터를 서로 교환해▼, 서로 공통 키를 생성하고 ISAKMP SA(IKEv2에서는 IKE_SA)를 확립하여 피어를 인증합니다. 그리고 IPsec SA(IKEv2에서는 CHILD_SA)를 확립하기 위한 파라미터를 ISAKMP SA(IKEv2에서는

IKE_SA) 암호화 통신으로 주고받아 IPsec SA(IKEv2에서는 CHILD_SA)를 확립한 후, IPsec SA(IKEv2에서는 CHILD_SA)의 보안 프로토콜, 통신 모드, 암호화 방식 등에 따라 암호화 통신을 실시합니다. 수신 후에는 복호화하여 인증을 검증하고, 상위 레이어에 패킷을 전달합니다.

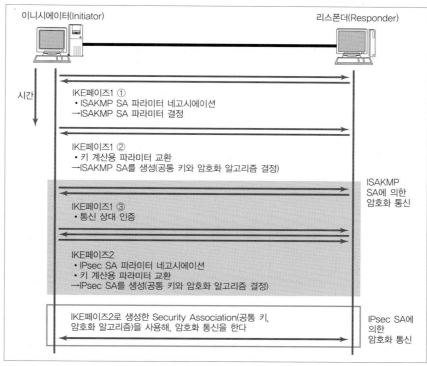

○ **그림 9.8** IKEv1를 이용한 IPsec 통신 절차

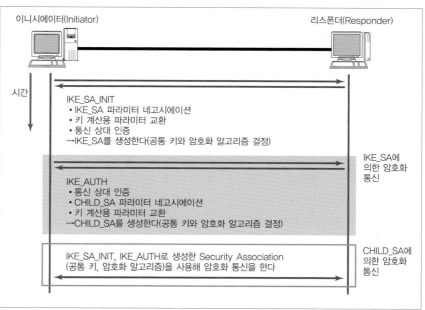

○ **그림 9.9** IKEv2를 이용한 IPsec의 통신 절차

② TLS/SSL과 HTTPS

최근에는 인터넷을 이용해 인터넷 쇼핑이나, KTX나 항공권, 영화나 콘서트 티켓의 예약이 많이 이루어지고 있는데, 이러한 결제 수단으로 신용카드를 이용하는 경우가 많습니다. 또한 인터넷 뱅킹 등에서 계좌번호나 비밀번호를 입력하는 경우도 많습니다.

신용카드의 번호나 계좌번호, 비밀번호는 개인이 갖고 있는 정보 중에서도 중요도와 기밀성이 높은 것들입니다. 따라서 이러한 정보를 네트워크를 통해 보낼 때에는 다른 사람에게 노출되지 않도록 암호화해서 보내야 합니다.

웹에서는 TLS/SSL[▼]이라는 장치를 통해 HTTP 통신의 암호화가 이루어집니다. TLS/SSL을 사용한 HTTP 통신을 'HTTPS'라고 합니다. HTTPS에서는 공통 키 암호 방식으로 암호화 처리를 합니다. 이 공통 키를 송신할 때에는 공개키 암호 방식을 사용합니다.[▼]

:: **Transport Layer Security /Secure Sockets Layer**

Netscape사가 처음에 제안했을 때의 명칭은 SSL였지만, 표준화 작업 시 TLS로 이름이 변경되었다. 이 두 가지를 합쳐 SSL이라고 부르는 경우도 있다.

:: 공통 키 암호 방식은 처리 속도가 빠르지만 키를 관리하기가 어렵고 공개 키 암호 방식은 키는 관리하기 쉽지만 처리 속도가 느리다는 특징이 있다. TLS/SSL은 이 두 가지 방식의 단점을 보완하고 장점을 살리기 위해 이러한 방법을 취하고 있다. 공개 키는 누구에게나 전달할 수 있기 때문에 키를 관리하기가 쉽다.

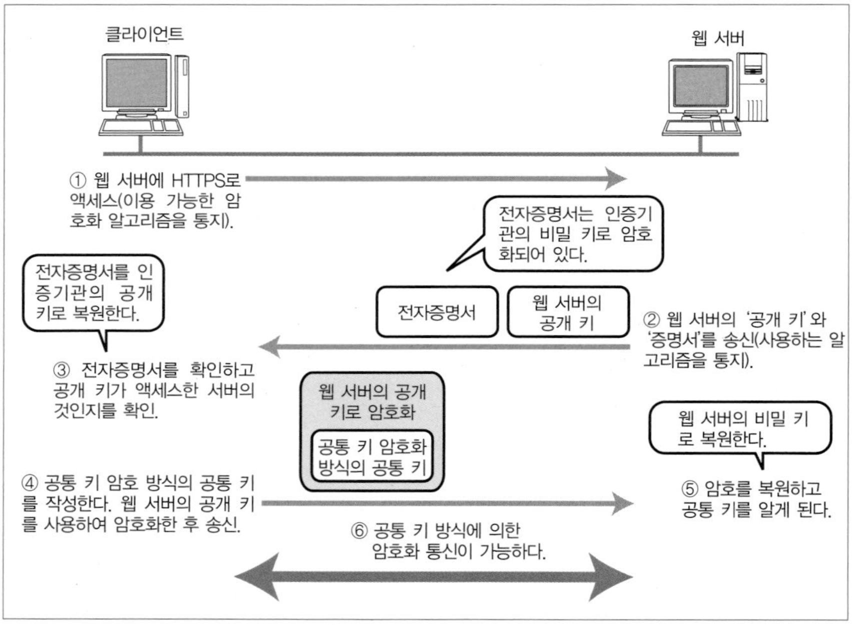

○ **그림 9.10** HTTPS

:: **CA**(Certificate Authority)

공개 키가 올바른지, 아닌지를 확인할 때에는 인증기관(CA[▼])이 발행하는 증명서를 사용해야 합니다. 주요 인증기관의 정보는 미리 웹 브라우저에 들어 있습니다. 웹 브라우저에 들어 있지 않은 인증기관의 증명의 경우에는 화면에 경고가 표시됩니다. 이 경우에는 인증기관이 올바른지, 아닌지를 이용자가 판단하게 됩니다.

HTTPS에 의한 안전한 통신을 실현하기 위해서는 웹사이트가 TLS/SSL의 기능을 구현할 필요가 있습니다. TLS/SSL는 1994년에 SSL 2.0이 구현된 이래, 많은 사이트에서 이용되고 있으며 프로토콜이나 암호 방식의 취약성에 대

:: 2018년 8월 현재 TLS 1.2가 최신 버전으로, TLS 1.3이 RFC 8446으로 책정됐다.

:: 폭넓은 클라이언트에 대응할 필요가 있는 경우, 호환성을 고려할 필요가 있다.

응하고자 버전 업이 이루어져 오고 있습니다.▼ 컴퓨터 성능이 향상됨에 따라 기존에는 안전하다고 여겨졌던 암호 방식이라도 해독 방법이 확립되는 상황이 되었으므로, 더욱 강도가 높은 암호 방식을 이용할 수 있는 최신 버전의 이용이 권장됩니다.▼ 앞으로 급속하게 보급될 것으로 보이는 TLS 1.3에서는 안전성과 성능이 향상됩니다.

덧붙여 TLS/SSL를 이용한 리모트 액세스 VPN은 SSL-VPN이라고 합니다. 원격 액세스 VPN에서는 외부 단말기에서 인터넷을 경유해 조직의 VPN 장치에 접속하고, 암호화 통신에 의해 VPN 연결을 가능하게 합니다.

원격 액세스 VPN에는 IPsec을 이용하는 것과 TLS/SSL를 이용하는 것이 있는데, 네트워크층에서 암호화 통신을 가능하게 하는 IPsec과 달리 SSL-VPN은 세션층에서의 암호화 통신이 되므로 용도에 맞게 고려해야 합니다.

3 IEEE802.1X

:: 인증 서버는 기업 네트워크에서는 RADIUS 서버를 이용하는 경우가 많다.

IEEE802.1X는 인증받은 기기만 네트워크에 액세스할 수 있도록 인증하는 장치입니다. 무선 액세스나 사내 LAN에서 주로 사용합니다. 원래는 데이터 링크층에서의 제어를 제공하는 장치였지만, TCP/IP와도 밀접하게 관련되어 있습니다. 일반적으로는 클라이언트의 단말, 액세스 포인트로서의 무선 기지국이나 레이어 2 스위치 및 인증 서버▼로 구성됩니다.

IEEE802.1X는 미확인 단말로부터 액세스 포인트에 대한 연결 요청이 있으면(그림 9.11 ①), 처음에는 모두 무조건적으로 연결 확인용 VLAN에 연결시켜 임시 IP 주소를 부여합니다. 이 시점에서 단말은 인증 서버에만 연결할 수 있는 극히 한정된 네트워크에 연결됩니다(그림 9.11 ②).

연결된 후 이용자는 사용자 ID와 비밀번호 입력을 요청받습니다(그림 9.9 ③). 그 정보가 인증 서버에서 확인되면 이용자가 사용 가능한 네트워크 정보가 액세스 포인트와 단말에 통지됩니다(그림 9.11 ④).

그런 다음, 액세스 포인트가 해당 단말을 네트워크에 연결하기 위해 필요로 하는 VLAN 번호로 연결을 전환합니다(그림 9.11 ⑤). 단말 측에서는 VLAN의 전환 후에 IP 주소를 리셋하고 재설정함으로써(그림 9.11 ⑥) 그 네트워크를 이용할 수 있게 됩니다(그림 9.11 ⑦).

공중 무선 LAN 등에서는 일반적으로 사용자 ID와 비밀번호를 암호화하여 인증하는 방식을 채택하고 있지만, IC 카드나 증명서를 이용하거나 MAC 주소를 확인함으로써 보다 강력한 제삼자의 이용을 제한하는 일도 가능합니다.

:: EAP(Extensible Authentication Protocol) 확장 인증 프로토콜

IEEE802.1X의 인증에는 EAP가 사용됩니다. EAP는 RFC3748 및 RFC 5247로 규정되어 있습니다.

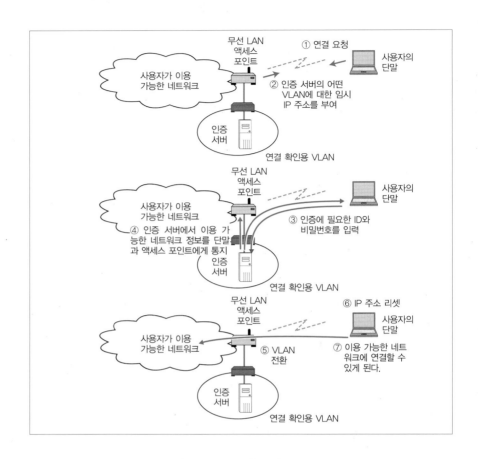

무선 LAN
액세스
포인트

① 연결 요청

사용자의
단말

사용자가 이용
가능한 네트워크

② 인증 서버의 어떤
VLAN에 대한 임시
IP 주소를 부여

인증
서버

연결 확인용 VLAN

무선 LAN
액세스
포인트

사용자의
단말

사용자가 이용
가능한 네트워크

③ 인증에 필요한 ID와
비밀번호를 입력

④ 인증 서버에서 이용 가
능한 네트워크 정보를 단말
과 액세스 포인트에게 통지

인증
서버

연결 확인용 VLAN

무선 LAN
액세스
포인트

⑥ IP 주소 리셋

사용자의
단말

사용자가 이용
가능한 네트워크

⑤ VLAN
전환

⑦ 이용 가능한 네트
워크에 연결할 수
있게 된다.

인증
서버

연결 확인용 VLAN

○ **그림 9.11** IEEE802.1X

IEEE802.1X 인증은 무선 LAN뿐만 아니라 유선 LAN에서도 이용되는 기술
입니다(136쪽 참조).

부록

인터넷상의 유용한 정보

01

1 해외

❖ IETF(The Internet Engineering Task Force)

- https://www.ietf.org/

IEEE(인터넷 기술 태스크포스)의 웹페이지입니다. TCP/IP 프로토콜의 표준화를 수행하는 워킹 그룹의 소개 및 메일링 리스트의 등록 방법 등이 게재되어 있습니다. RFC나 Internet-Draft도 여기서 입수할 수 있습니다. IAB이나 Internet Society 등에 대한 링크도 있습니다.

❖ ISOC(Internet Society)

- https://www.internetsociety.org/

ISOC(인터넷협회)의 웹페이지입니다. TCP/IP 프로토콜의 표준화 활동을 하고 있는 IETF의 모체가 되는 단체입니다.

❖ IANA(Internet Assigned Numbers Authority)

- https://www.iana.org/

IANA의 웹페이지입니다. 프로토콜 번호나 포트 번호 등 TCP/IP 프로토콜에서 이용하는 다양한 번호를 관리하고 있습니다. 포트 번호의 등록을 신청하는 페이지도 있습니다.

❖ ICANN(Internet Corporation for Assigned Names and Numbers)

- https://www.icann.org/

ICANN의 웹페이지입니다. IP 주소와 도메인명의 할당에 관한 정보를 얻을 수 있습니다.

❖ ITU(International Telecommunication Union)

- https://www.itu.int/

ITU(국제전기통신연합)의 웹페이지입니다. ITU의 표준서 배포 서비스(유료)에 관한 정보를 얻을 수 있습니다.

❖ ISO(International Organization for Standardization)

- https://www.iso.org/

ISO(국제표준화기구)의 웹페이지입니다. ISO의 표준서 배포 서비스(유료)에 관한 정보를 얻을 수 있습니다.

❖ IEEE(Institue of Electrical and Electronics Engineers)

- https://www.ieee.org/

IEEE(미국전기전자학회)의 웹페이지입니다. IEEE의 표준서 배포 서비스(유료)에 관한 정보를 얻을 수 있습니다.

❖ ANSI(American National Standard Institute)

- https://www.ansi.org/

ANSI(미국규격협회)의 웹페이지입니다.

2 국내

❖ KRNIC(Korean Network Information Center)

- https://krnic.or.kr

KRNIC(한국인터넷정보센터)의 웹페이지입니다. IP 주소의 신청 방법이나 KR 도메인의 등록 방법 등에 관한 정보가 있습니다.

❖ KISPA

- http://www.kispa.or.kr/

사단법인 KISPA(한국인터넷진흥협회)의 웹페이지입니다.

❖ Kinternet

- http://www.kinternet.org/

사단법인 한국인터넷기업협회의 웹페이지입니다.

종래의 IP주소군(클래스 A, B, C)에 대한 기초 지식

02

여기서는 종래의 클래스 A, 클래스 B, 클래스 C에 대해 자세히 소개합니다.

1 클래스 A

클래스 A의 경우, IP 네트워크 주소에 8비트, IP 호스트 주소에 24비트를 할 당합니다.

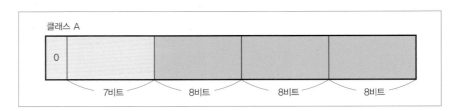

○ 그림 A.1 클래스 A

IP 네트워크 주소의 첫 번째 비트가 '0'이기 때문에 IP 네트워크 주소를 나타 내는 처음 8비트가 취할 수 있는 값은 아래와 같습니다.

| 00000000 (0) | → | 01111111 (127) |

0부터 127까지의 128개의 네트워크 주소 중 0과 127은 Reserved(다른 사용 을 위해 예약됨)이기 때문에 사용할 수 있는 IP 네트워크 주소의 수는 128에 서 2를 뺀 126개가 됩니다.

00000000.00000000.00000000.00000000 (0.0.0.0)	Reserved
00000001.00000000.00000000.00000000 (1.0.0.0)	Available
↓	
01111110.00000000.00000000.00000000 (126.0.0.0)	Available
01111111.00000000.00000000.00000000 (127.0.0.0)	Reserved

IP 호스트 주소는 IP 네트워크 주소 다음에 오는 9비트째부터 32비트째까지 의 24비트로, 이 부분에 올 수 있는 값은 다음과 같습니다.

| 00000000.00000000.00000000 |→| 11111111.11111111.11111111 |

따라서 '$2^{24} = 16777216$'가지가 됩니다. 이 중에서 모두 '0'인 것과 모두 '1'인 것은 Reserved로 되어 있습니다. 따라서 IP 주소로 할당할 수 있는 것은 클래스 A의 IP 네트워크 주소 하나당 16,777,214개가 됩니다.

2 클래스 B

클래스 B의 경우, IP 네트워크 주소에 16비트, IP 호스트 주소에 16비트를 할당합니다.

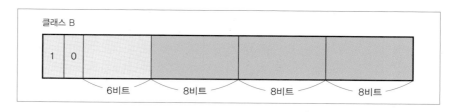

○ 그림 A.2 클래스 B

IP 네트워크 주소의 처음 2비트가 '10'이기 때문에 IP 네트워크 주소를 나타내는 처음 16비트가 취할 수 있는 값은 아래와 같습니다.

| 10000000.00000000 (128.0) | → | 10111111.11111111 (191.255) |

선두 2비트가 '10'으로 고정되기 때문에 그 다음 14비트로 조합할 수 있는 수는 '$2^{14} = 16384$'가 됩니다. 이 16,384개의 네트워크 주소 중 128.0과 191.255는 Reserved이기 때문에 사용할 수 있는 IP 네트워크 주소의 수는 16384에서 2를 뺀 16382개가 됩니다.

10000000.00000000.00000000.00000000 (128.0.0.0)	Reserved
10000000.00000001.00000000.00000000 (128.1.0.0)	Available
↓	
10111111.11111110.00000000.00000000 (191.254.0.0)	Available
10111111.11111111.00000000.00000000 (191.255.0.0)	Reserved

IP 호스트 주소는 IP 네트워크 주소 다음에 오는 17비트째부터 32비트째까지의 16비트로, 이 부분에 올 수 있는 값은 다음과 같습니다.

| 00000000.00000000 | → | 11111111.11111111 |

따라서 '$2^{16} = 65536$'가지가 됩니다. 이 중 모두 '0'인 것과 모두 '1'인 것은 Reserved로 되어 있습니다. 따라서 IP 주소로 할당할 수 있는 것은 클래스 B의 IP 네트워크 주소 하나당 65,534개가 됩니다.

3 클래스 C

클래스 C의 경우, IP 네트워크 주소에 24비트, IP 호스트 주소에 8비트를 할당합니다.

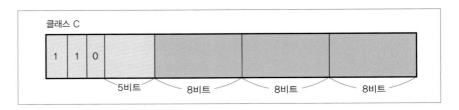

○그림 A.3 클래스 C

IP 네트워크 주소의 처음 3비트가 '110'이기 때문에 IP 네트워크 주소를 나타내는 처음 24비트가 취할 수 있는 값은 아래와 같습니다.

```
11000000.00000000.00000000 (192.0.0)
↓
10111111.11111111.11111111 (223.255.255)
```

선두 3비트가 '110'으로 고정되기 때문에 남은 21비트로 조합할 수 있는 수는 '$2^{21}=2097152$'가 됩니다. 이 2,097,152개의 네트워크 주소 중 192.0.0과 223.255.255는 Reserved이기 때문에 사용할 수 있는 IP 네트워크 주소의 수는 20971524에서 2를 뺀 2097150개가 됩니다.

```
11000000.00000000.00000000.00000000 (122.0.0.0)    | Reserved
11000000.00000000.00000001.00000000 (192.0.1.0)    | Available
↓
11011111.11111111.11111110.00000000 (223.255.254.0) | Available
11011111.11111111.11111111.00000000 (223.255.255.0) | Reserved
```

IP 호스트 주소는 IP 네트워크 주소 다음에 오는 25비트째부터 32비트째까지의 8비트로, 이 부분에 올 수 있는 값은 다음과 같습니다.

```
| 00000000 |→ | 11111111 |
```

따라서 '$2^8=256$'가지가 됩니다. 이 중 모두 '0'인 것과 모두 '1'인 것은 Reserved로 되어 있습니다. 따라서 IP 주소로 할당할 수 있는 것은 클래스 B의 IP 네트워크 주소 하나당 254개가 됩니다.

물리층
03

:: 0과 1로 된 숫자열

1 물리층에 대한 기초 지식

통신은 최종적으로는 물리층을 사용하여 전송됩니다. 즉, 이 책에서 설명해 온 데이터 링크층에서 애플리케이션층까지의 데이터(패킷) 전송은 물리층에 전달되어 수신처로 보내집니다.

물리층은 비트열▼을 전압의 고저나 빛의 점멸과 같은 물리 신호로 변환하여 실제로 정보를 보내는 역할을 하고 있습니다. 수신 측에서는 받은 전압의 고저나 빛의 점멸을 원래의 비트열로 되돌립니다. 물리층의 규격에는 비트와 신호의 변환 규칙, 케이블의 구조 및 품질, 커넥터의 모양 등을 규정하고 있습니다.

기업 내나 가정 내 네트워크는 주로 이더넷이나 무선 LAN 등으로 구축합니다. 구축한 네트워크를 인터넷에 연결할 때에는 통신 사업자나 프로바이더 등이 제공하는 공중 통신 서비스를 이용합니다. 여기에는 아날로그 전화회선이나 휴대전화, PHS, ADSL, FTTH, 케이블 TV, 전용회선 등이 있습니다.

이러한 회선은 그 종류에 따라 크게 아날로그 방식▼과 디지털 방식▼으로 구분할 수 있습니다. 아날로그 방식의 경우는 전송되는 신호가 연속적인 양의 변화로 처리되지만, 디지털 방식의 경우는 '0'과 '1'처럼 중간 값이 없는 비연속적인 양의 변화로 처리됩니다. 컴퓨터 내부는 '0'과 '1'로 된 이진수로 수치를 표현하는 디지털 방식으로 되어 있습니다.

컴퓨터 네트워크가 널리 사용되기 전에는 아날로그 방식의 전화가 보급되어 있었습니다.▼ 아날로그는 자연계에 존재하는 현상을 포착하는 데에는 적합하지만, 컴퓨터에서 직접 처리하기는 곤란합니다. 아날로그는 연속적으로 변화하기 때문에 값에 모호성이 있습니다. 장거리 전송의 경우에도 값이 미묘하게 바뀌어버리는 일이 있기 때문에 컴퓨터 간 통신에는 그다지 적합하지 않았습니다.▼

현재는 디지털 방식의 통신이 보급되어 있습니다. 디지털 통신에는 모호성이 없기 때문에 장거리 전송에서도 값이 바뀌지 않고,▼ 컴퓨터와의 친화성도 높아졌습니다. TCP/IP에 의한 통신은 모두 디지털로 이루어집니다.

요즘은 통신에 국한되지 않고 모든 분야에서 디지털화가 진행되고 있습니다. CD나 DVD, MP3 플레이어, 디지털 카메라, 지상파 디지털 방송 등과 같이 예전에는 아날로그였던 소리나 영상의 대부분이 디지털 방식으로 바뀌었습니다. 이러한 흐름은 TCP/IP 네트워크의 발전 및 이용과 밀접한 관련이 있습니다.

:: **아날로그**(Analog)
어떤 사물의 양을 나타낼 때 연속적으로 변화하는 양으로 표현하는 방법을 말한다. 아날로그식 손목 시계에서는 바늘이 연속적으로 문자판 위를 이동하여 시간을 가리킨다.

:: **디지털**(Digital)
어떤 사물의 양을 나타낼 때 '0'과 '1'처럼 중간값이 없는 비연속적인 일련의 수치로 표현하는 방법을 말한다. 액정 표시 디지털 시계에서는 초와 초 사이를 나타내는 중간 표시가 없는 수치로 시간을 가리킨다.

:: 종래의 전화는 아날로그 방식으로 되어 있다. 음성이라는 연속적인 공기의 진동을 연속적인 전압의 변화로 전달한다.

:: 모뎀(MODEM : MOdulator-DEModulator)을 사용하면 아날로그 회선을 사용하여 디지털 통신을 실현할 수 있다. 모뎀은 디지털 신호를 아날로그 회선에서 송신할 수 있는 형식으로 변조(Modulation)하거나, 아날로그 회선에서 받은 신호를 디지털 신호로 복조(Demodulation)할 수 있다.

:: 거리에는 한도가 있기 때문에 리피터로 연장할 필요가 있다. 또한 노이즈에 의해 값이 손상되는 경우도 있으므로 최상위 FCS나 체크섬으로 오류를 검출할 필요가 있다.

2 0과 1의 부호화

물리층의 가장 중요한 역할은 컴퓨터가 처리하는 '0'과 '1'을 전압의 변화나 빛의 점멸 신호로 대응시키는 것입니다. 송신 측에서는 '0'과 '1'로 된 데이터를 전압의 변화나 빛의 점멸로 변환시키고, 수신 측에서는 전압의 변화나 빛의 점멸을 '0'과 '1'로 된 데이터를 되돌립니다. 이에는 부록의 그림 A.4와 같은 방식이 있습니다.

또한 MLT-3과 같이 3단계로 된 부호화 방식은 전기적 신호에서는 가능하지만, 빛의 점멸에서는 실현할 수 없습니다.

100BASE-FX 등에서 사용하는 NRZI는 0이 연속되면 비트와 비트의 구분점을 알 수 없게 됩니다.▼ 이를 방지하기 위해 4B/5B 변환이라는 방법으로 변환시킨 후 송신합니다. 이는 4비트로 된 데이터를 5비트의 심볼이라는 비트열로 바꾸어 송수신 처리를 하는 것입니다. 이 심볼은 5비트 안에 반드시 1이 존재하기 때문에 4비트 이상 0이 계속되는 것을 예방합니다. 100BASE-FX는 이러한 변환을 하고 있기 때문에 데이터 링크 레벨에서는 전송 속도가 100Mbps이지만, 물리층에서는 전송 속도가 125Mbps가 나옵니다. 4B/5B 변환 이외에도 8B/6T나 5B6B, 8B19B 등과 같은 변환이 있습니다.

:: 예를 들어 0이 999비트 계속되는 것인지 1000비트 계속되는 것인지를 수신 측에서 판단할 수 없게 된다.

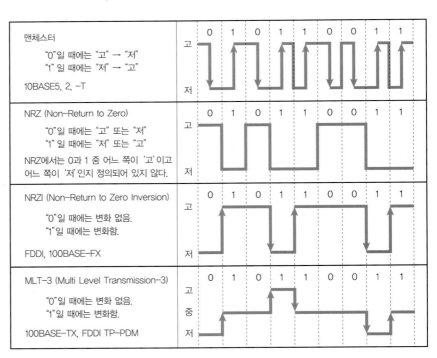

◎그림 A.4 주요 부호화 방식

컴퓨터를 연결하는 통신 매체에 대한 기초 지식

04

컴퓨터를 네트워크에 연결할 때에는 물리적인 매체로 연결해야 합니다. 이 매체에는 동축 케이블이나 트위스트 페어 케이블, 광섬유 등과 같은 유선에 의한 연결뿐만 아니라 전파나 적외선과 같은 무선에 의한 연결도 포함됩니다.

① 동축 케이블

이더넷 또는 IEEE802.3이라 불리는 것 중에는 동축 케이블을 이용하는 것이 있습니다. 동축 케이블의 양끝에는 50Ω의 종단 저항(터미네이터)을 붙입니다. 규격으로는 10BASE5와 10BASE2가 있으며, 전송 속도는 모두 10Mbps▼입니다. 10BASE5▼는 굵은 Thick 케이블을 사용하고, 10BASE2▼는 Thin 케이블을 사용한다는 점이 다릅니다. 10BASE5에서는 동축 케이블에 구멍을 뚫은 후 트랜시버라는 기기를 이용하여 연결합니다. 사용 중인 기기에 영향을 주지 않고 새로 증설하는 트랜시버를 붙일 수도 있습니다. 트랜시버와 컴퓨터의 NIC는 트랜시버 케이블로 연결합니다.

:: **Mbps**

Mega Bits Per Second의 약자로. 1초당 10의 6승 비트를 전송하는 단위를 말한다.

:: **10BASE5**

예전에는 Thick Ethernet이라고 불렸다.

:: **10BASE2**

예전에는 Thin Ethernet이라고 불렸다.

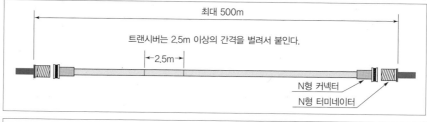

○그림 A.5 이더넷 케이블 (10BASE5)

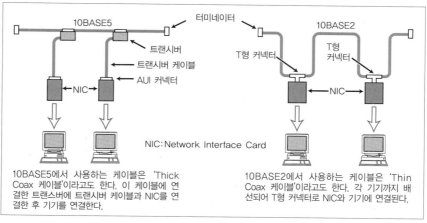

○그림 A.6 10BASE5와 10BASE2의 네트워크 구성

이에 반해 10BASE2는 BNC 커넥터(T형 커넥터)로 연결하고, 증설 시에는 일시적으로 단선 형태로 만들 필요가 있습니다.

2 트위스트 페어 케이블

:: **트위스트 페어 케이블**
(Twisted Pair Cable)

트위스트 페어 케이블▼(꼬임선)이란, 도선 2줄을 한 쌍으로 꼬아 만든 것입니다. 보통의 도선보다 노이즈의 영향을 적게 받고 케이블 안을 흐르는 신호의 감퇴를 줄인 것으로, 이에는 여러 가지 종류가 있습니다. 이더넷(10BASE-T, 100 BASE-TX, 1000BASE-T)의 매체로 가장 많이 사용합니다.

❖ 신호의 전송 방식

트위스트 페어 케이블에서 사용하는 신호의 전송 방식은 두 종류가 있습니다. 하나는 RS-232C를 사용한 통신으로 대표되는 방식으로, 그라운드 신호(0볼트)에 대해 송신하는 비트열을 대응시킨 변화를 한 줄의 선으로 흘려보내 처리합니다. 다른 하나는 RS-422로 대표되는 방식으로, 그라운드 신호를 사용하지 않고, 전송하는 비트열에 대응하는 신호(플러스 측 신호)와 그것과 정반대인 신호(마이너스 측)를 한 쌍으로 만들어 송신합니다. 후자는 플러스 측과 마이너스 측의 신호를 하나의 페어로 해서 트위스트 페어 케이블에서 전송하기 때문에 서로의 신호의 변화를 서로의 신호가 서로 제거하여 다른 통신에 영향을 미칠 가능성을 최소화합니다. 또한 수신 측은 그라운드를 사용하지 않고 플러스 측과 마이너스 측의 차이로부터 신호를 판단하기 때문에 외부로부터의 전기적 영향(노이즈)에 대한 내성도 높아집니다. 트위스트 페어 케이블을 사용하는 이더넷은 후자에 해당합니다.

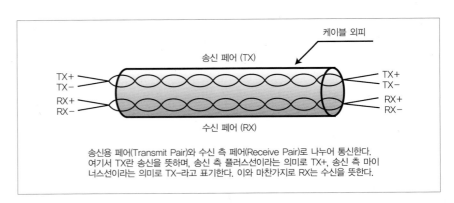

◑그림 A.7 트위스트 페어 케이블의 구조

송신용 페어(Transmit Pair)와 수신 측 페어(Receive Pair)로 나누어 통신한다. 여기서 TX란 송신을 뜻하며, 송신 측 플러스선이라는 의미로 TX+, 송신 측 마이너스선이라는 의미로 TX-라고 표기한다. 이와 마찬가지로 RX는 수신을 뜻한다.

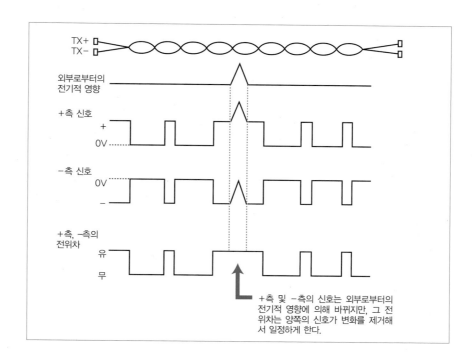

❖ 그림 A.8 트위스트 페어 케
이블의 신호 전달 방식

❖ 트위스트 페어 케이블의 종류

:: STP(Shielded Twisted
Pair Cable)

실드형 트위스트 페어 케이블

:: UTP(Unshielded
Twisted Pair Cable)

비실드형 트위스트 페어 케이블

:: 제어 시스템(370쪽 참조)에
서는 UTP에 부적합이 발생할
수도 있으며, 이 경우에는 STP
나 광섬유 케이블(402쪽)이 사
용된다.

:: 카테고리(Category. TIA/
EIA(Telecommunication
Industried Association /
Electronic
Industries Alliance : 미국통신
공업회/미국전자공업회)가 정해
놓은 트위스트 페어 케이블의
규격을 말한다. 카테고리가 높
은 것일수록 보다 고속 통신을
지원하는 규격이 된다.

❖ 표 A.1 대표적인 트위스트
페어 케이블의 종류

트위스트 페어 케이블에는 STP▼와 UTP▼라는 두 종류가 있습니다. 케이블 외
피 안이 트위스트 페어 케이블만으로 구성된 것을 'UTP'라고 합니다. 외피 아
래에 실드라고 불리는 알루미늄 박막이나 망과 같은 도선으로 내부의 트위스
트 페어 케이블을 보호하고 있는 케이블을 'STP'라고 합니다. 이 실드는 케이
블의 한쪽 끝 또는 양쪽 끝에서 그라운드(어스)에 연결됨으로써 외부로부터의
전기적 영향을 감소시킬 수 있습니다.▼

STP는 UTP에 비해 외부로부터의 전기적 영향에는 강하지만, 설치에 힘이 든
다는 점과 케이블 가격이 비싸다는 단점이 있습니다.

네트워크의 종류에 따라 사용하는 트위스트 페어 케이블의 종류도 달라집니
다. 100BASE-TX나 FDDI, ATM과 같은 통신 속도를 100Mbps 정도로 목표
로 하는 통신에 사용하는 카테고리▼ 5, 1000BASE-T에서 사용하는 인핸스드
카테고리 5(Enhanced Category 5)나 카테고리 6 등이 있습니다.

케이블 종류	통신 속도	이용하는 데이터 링크
카테고리 3	~10Mbps	10BASE-T
카테고리 4	~16Mbps	Token ring
카테고리 5	~100Mbps/150Mbps	100BASE-TX, ATM(OC-3), FDDI
인핸스드 카테고리 5	~1000Mbps	1000BASE-T
카테고리 6	~1000Mbps	1000BASE-T
카테고리 6a	~10Gbps	10GBASE-T

❖ 트위스트 페어 케이블의 페어 조합

보통 트위스트 페어 케이블은 2줄의 심선(동선)을 꼬아서 하나의 페어로 만들고, 4개의 페어(8심선)를 한 조로 해서 외피로 둘러싸 한 줄의 케이블로 만듭니다. 그리고 케이블의 양끝의 커넥터를 스위치나 허브, 패치 패널에 삽입해서 통신 기기와 연결시킵니다. 앞에서 말했듯이 트위스트 페어 케이블을 사용한 통신은 신호의 플러스 측과 마이너스 측을 페어로 해서 통신을 수행함으로써 그 효과를 발휘하는 구조로 되어 있습니다. 그래서 케이블을 커넥터로 연결할 때에 어떤 페어가 어떤 접속점과 연결될 것인지가 중요합니다.

이 페어와 접점의 번호 사이의 관계에도 여러 규격이 있습니다. 이더넷에서는 EIA/TIA568B▼(AT&T-258A)로 지정된 연결 방법을 사용합니다. 그림 A.9는 실제 페어와 접점의 관계를 나타낸 것입니다.

:: EIA/TIA568B는 빌딩 안 배선의 규격으로, 카테고리 n이라는 것도 이 규격으로 정의된 것이다.

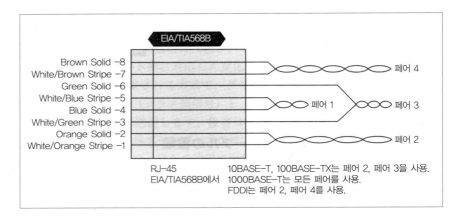

❖그림 A.9 트위스트 페어 케이블의 페어 조합

③ 광섬유 케이블

광섬유 케이블은 동축 케이블이나 트위스트 페어 케이블에 의한 연결에서 지원할 수 없는 몇 km 떨어진 원격지를 연결하는 경우나 노이즈와 같은 전자파 간섭으로부터 네트워크를 보호하는 경우, 그리고 보다 고속으로 전송하는 경우에 사용합니다.▼

:: 이더넷 등을 UTP에서 사용하는 경우, 스위치에서 기기까지의 케이블 길이는 보통 100m까지다. 또한 UTP나 STP 등의 도선 케이블은 낙뢰나 유전 등의 영향을 받을 가능성이 있지만, 광섬유는 이러한 걱정이 없다.

보통 100Mbps의 속도로 통신을 하는 경우는 멀티모드 타입의 케이블을 사용하지만, 보다 고속으로 장거리 통신을 하는 경우에는 싱글모드 타입 케이블을 사용합니다. 전자는 광섬유 자체의 굵기가 $50\mu m$에서 백 몇 십 μm 정도이지만, 후자는 몇 μm 정도가 되어 제조나 가공이 어렵습니다.

광섬유는 다른 미디어와 비교해서 연결이 어렵고 전문 기술과 기기가 필요합니다. 가격도 매우 비쌉니다. 그래서 광섬유를 사용한 네트워크를 구축하는 경우, 앞으로의 증설 계획 및 확장성 등을 충분히 검토한 후에 연결 경로나 사용 매체, 설치 회선 수 등을 결정해야 합니다.

광섬유는 ATM이나 기가비트 이더넷, FTTH에 사용될 뿐만 아니라 WDM 등의 기술의 등장으로 미래의 네트워크를 지지하는 통신 매체로 각광받고 있습니다.

:: **WDM**(Wavelength Division Multiplexing)
파장 분할 다중

WDM▼는 하나의 광섬유에 서로 다른 파장의 빛을 동시에 흘려보내 통신하는 방식입니다. 기가 bps 통신 속도를 단숨에 테라 bps까지 고속화할 수 있다는 기대를 모으고 있습니다. WDM 네트워크 내부에서는 전기 신호로 변환된 신호를 처리하는 라우터나 스위치가 아니라 빛 신호를 그대로 중계하는 광 스위치를 사용합니다.

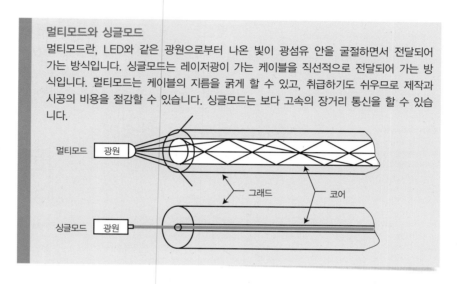

멀티모드와 싱글모드

멀티모드란, LED와 같은 광원으로부터 나온 빛이 광섬유 안을 굴절하면서 전달되어 가는 방식입니다. 싱글모드는 레이저광이 가는 케이블을 직선적으로 전달되어 가는 방식입니다. 멀티모드는 케이블의 지름을 굵게 할 수 있고, 취급하기도 쉬우므로 제작과 시공의 비용을 절감할 수 있습니다. 싱글모드는 보다 고속의 장거리 통신을 할 수 있습니다.

멀티모드   광원

싱글모드   광원

그래드   코어

◎ **그림 A.10** 멀티모드와 싱글모드

④ 무선

무선은 공간을 날아다니는 전자파를 이용합니다. 휴대전화나 TV 리모콘과 마찬가지로 케이블이 필요없습니다. 전자파는 파장에 따라 성질이 다릅니다. 파장인 긴 순서대로 γ선, X선, 자외선, 가시광선, 적외선, 원적외선, 마이크로파, 단파, 중파, 장파가 있으며, 각각의 용도도 다릅니다. 마이크로파 이상의 전자파를 통틀어 '전파'라고 부릅니다.

네트워크의 무선 통신에서 많이 사용하는 것은 '적외선'과 '마이크로파'입니다. 적외선은 PC끼리나 스마트폰과 PC 사이의 통신을 담당하는 IrDA 등에서 사용하는데, 극히 짧은 거리에서만 통신할 수 있습니다. 단파보다도 파장이 긴 마이크로파는 지향성이 강합니다. 그래서 두 점 사이를 연결하는 통신 회선이나 정지 위성을 이용한 위성 회선 등에 이용합니다. 이러한 무선 통신은 케이블을 끌어오는 것이 어려운 외딴 섬이나 산 속에서도 안테나만 설치되어 있으면 통신이 가능하기 때문에 최근 들어 많이 이용되고 있습니다.

무선 LAN 등에서는 2.4GHz 대의 극초단파라는 주파수대를 사용합니다. 전파가 퍼지는 것을 기다렸다가 전달되기 대문에 주파수대가 가까운 경우에는

:: 무선 LAN에서 사용하는
2.4GHz대는 사용허가가 필요
없다.

전파 간섭이 일어나 올바르게 통신할 수 없습니다. 그래서 전파를 이용한 통신에서는 주파수를 철저히 관리해야 합니다. 전파를 무차별적으로 발신하면 혼선되어 제대로 통신할 수 없기 때문에 주파수대에 따라서는 사용허가나 수신처가 필요한 경우나, 출력 또는 사용 환경이 제한되는 경우가 있습니다.▼ 또한 사용허가가 불필요한 장거리 무선 통신도 있습니다. 가시광선인 레이저 광선을 사용한 것으로, 가시광의 레이저 광선은 안전성이 높기 때문에 취급하기 쉽지만, 지향성이 강하다는 점에서 기기가 바람 등에 의해 흔들리지 않도록 해야 합니다.

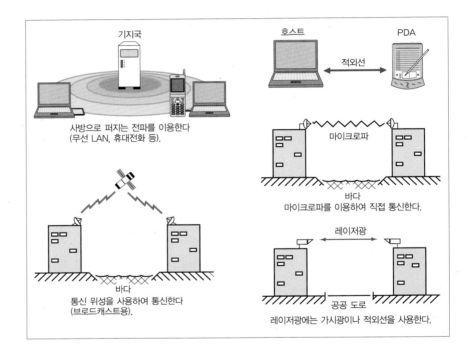

◆ 그림 A.11 무선 연결

현재 그다지 사용하지 않게 된
데이터 링크

05

1 FDDI (Fiber Distributed Data Interface)

FDDI는 광섬유나 트위스트 페어 케이블을 이용해 100Mbps의 전송 속도를
실현할 수 있어, 네트워크의 백본이나 컴퓨터 사이를 고속으로 연결하기 위해
이용됐습니다. 현재는 기가비트 이더넷 등 고속 LAN에 밀려 더 이상 사용하
지 않게 됐습니다.

FDDI는 토큰 패싱 방식(어펜드 토큰 패싱 방식)을 채택했습니다. 토큰 패싱
방식은 네트워크 혼잡할 때 폭주에 강하다는 특징이 있습니다.

FDDI에서는 각 스테이션이 광섬유로 링 형태로 연결됩니다. 일반적으로는
[그림 A.12]와 같은 구성이 됩니다. FDDI는 링이 끊어졌을 때 통신이 불가능
해지는 것을 방지하기 위해 2중 링을 구성하게 되어 있습니다. 2중 링에 속하
는 스테이션을 DAS(Dual Attachment Station), 단일 링에 속하는 스테이션
을 SAS(Single Attachment Station)라고 합니다.

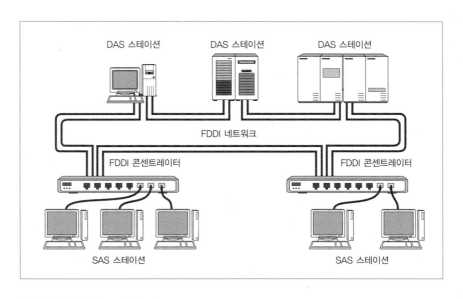

○ 그림 A.12 FDDI 네트워크

2 토큰 링(Token Ring)

토큰 링은 IBM에서 개발한 토큰 패싱 방식의 LAN으로 4Mbps 또는 16Mbps
의 데이터 전송 속도를 구현합니다. FDDI는 이 토큰 링을 발전시킨 것이라고
할 수 있습니다.

토큰 링은 기기 가격이 내려가지 않아 지원하는 벤더도 적었기 때문에 IBM 환경 이외에는 그다지 보급되지 않았고 이더넷 보급되면서 점차 사용하지 않게 되었습니다.

❸ 100VG-AnyLAN

100VG-AnyLAN은 IEEE802.12에서 표준화된 프로토콜입니다. VG는 Voice Grade의 줄임말입니다. 음성 등급(전화용)인 카테고리 3 UTP 케이블로 100Mbps의 속도를 실현합니다. 프레임 포맷으로는 이더넷과 토큰 링을 모두 지원합니다. 통신 방식은 토큰 패싱 방식을 확장한 디맨드 프라이어리티▼ 방식이 채택됐습니다. 이 방식에서는 스위치가 송신권을 제어합니다. 100Mbps LAN으로는 이더넷(100BASE-TX)이 보급되었고 100VG-AnyLAN은 거의 사용되지 않습니다.

∷ Demand Priority: 프레임에 우선순위를 매겨 우선적으로 보내고 싶은 상대에게 송신하는 것.

❹ HIPPI

HIPPI는 800Mbps 또는 1.6Gbps의 데이터 전송 속도를 실현해, 슈퍼컴퓨터끼리 연결하기 위해 이용됩니다. 최대 케이블 길이는 25m입니다. 단, 광섬유 변환 장치를 연결하면 수 km까지 거리를 늘릴 수 있습니다.

찾아보기

마스터링
TCP/IP 입문편 제6판

2012. 12. 15. 5차 개정증보 1판 1쇄 발행
2019. 10. 21. 5차 개정증보 1판 4쇄 발행
2021. 4. 30. 6차 개정증보 1판 1쇄 발행

지은이 | 이노우에 나오야, 무라야마 유키오, 다케시타 다카후미, 아라이 토오루, 가리타 유키오
감 역 | 진강훈
옮긴이 | 이영란, 김성훈
펴낸이 | 이종춘
펴낸곳 | [BM] ㈜도서출판 **성안당**
주소 | 04032 서울시 마포구 양화로 127 첨단빌딩 3층(출판기획 R&D 센터)
       10881 경기도 파주시 문발로 112 파주 출판 문화도시(제작 및 물류)
전화 | 02) 3142-0036
       031) 950-6300
팩스 | 031) 955-0510
등록 | 1973. 2. 1. 제406-2005-000046호
출판사 홈페이지 | **www.cyber.co.kr**
ISBN | 978-89-315-5690-2 (13000)
정가 | 25,000원

이 책을 만든 사람들
책임 | 최옥현
진행 | 김해영
교정·교열 | 김해영
본문 디자인 | 김인환
표지 디자인 | 박원석
홍보 | 김계향, 유미나, 서세원
국제부 | 이선민, 조혜란, 김혜숙
마케팅 | 구본철, 차정욱, 나진호, 이동후, 강호묵
마케팅 지원 | 장상범, 박지연
제작 | 김유석

■ **도서 A/S 안내**

성안당에서 발행하는 모든 도서는 저자와 출판사, 그리고 독자가 함께 만들어 나갑니다.
좋은 책을 펴내기 위해 많은 노력을 기울이고 있습니다. 혹시라도 내용상의 오류나 오탈자 등이
발견되면 "좋은 책은 나라의 보배"로서 우리 모두가 함께 만들어 간다는 마음으로 연락주시기
바랍니다. 수정 보완하여 더 나은 책이 되도록 최선을 다하겠습니다.
성안당은 늘 독자 여러분들의 소중한 의견을 기다리고 있습니다. 좋은 의견을 보내주시는 분께는
성안당 쇼핑몰의 포인트(3,000포인트)를 적립해 드립니다.
잘못 만들어진 책이나 부록 등이 파손된 경우에는 교환해 드립니다.